KB133763

현재를 보는역사
조선과 명청

현재를 보는 역사, 조선과 명청

－일국사를 넘어선 동아시아 읽기

2014년 9월 15일 제1판 1쇄 인쇄
2014년 9월 22일 제1판 1쇄 발행

지은이   기시모토 미오, 미야지마 히로시
옮긴이   김현영, 문순실
펴낸이   이재민, 김상미

편집   박윤선
디자인   달뜸창작실, 최인경

종이   다올페이퍼
인쇄   천일문화사
제본   광신제책

펴낸곳   너머북스
주소   서울시 종로구 누하동 17번지 2층
전화   02) 335-3366, 336-5131   팩스 02) 335-5848
등록번호 제313-2007-232호

ISBN 978-89-94606-30-9 03900

너머북스와 너머학교는 좋은 서가와 학교를 꿈꾸는 출판사입니다.

일국사를 넘어선 동아시아 읽기

현재를 보는역사
조선과 명청

기시모토 미오 | 미야지마 히로시 지음

김현영 | 문순실 옮김

너머북스

차례__

일국사를 넘어선 역사 읽기

1998년 4월에 『명청과 이조시대』(이하 원저라고 칭함)가 간행된 지 십수 년이 지났다. 그 사이에 일본에서 많은 독자가 읽어주었을 뿐만 아니라 김현영·문순실 선생의 번역으로 한국어판(『조선과 중국 근세 오백년을 가다』 역사비평사, 2003)이 출판된 것은 기대한 이상의 즐거움이었다. 두 분의 번역자를 비롯하여 힘써준 모든 분들에게 마음으로부터 감사의 말씀을 드린다.

그런데 한국어판의 부제가 '일국사를 넘어선 동아시아 읽기'였는데, 한국에서도 이 책의 특색이 부제와 같이 파악되고 있다는 것도 대단히 기쁜 일이었다. 그것은 원래 이 책의 집필에 임해서 조선사와 중국사를 밀접하게 관련이 있는 것으로 파악해가면서 동아시아 내지 북동아시아·동남아시아를 포함한 광범위한 시야에서 묘사해내려는 것이 두 집필자의 합의였기 때문이다. 그렇기 때문에 집필 분담을 할 때도 조선사와 중국사를 제1부·제2부 같은 형태로 분리해내지 않고, 각 장을 번갈아 담당하는 형태로 써가는 형태를 취하고, 또 제1장과 제5장, 제10장의 경우 하나의 장을 공동으로 쓰기도 하였다. 꽤나 어려운 작업이었지만 그러한 시도 속에서 필자는 공저자인 미야지마 히로시 교수로부터 많은 것을 배워가면서 명청 시대의 중국을 광역적인 역사의 흐름 속에서 파악할 수 있는 시점을 지니게 되었다고 생각한다.

원저의 간행으로부터 오늘날에 이르는 십수 년간의 연구동향을 되돌아보면, '일국사를 넘어선' 시점에 의하여 이 시기의 역사를 파악하려는 조류가 더욱 강해져왔다고 생각된다. '일국사를 넘어선' 시점이라는 것은 단순히 몇 개의 나라를 묶어서 보다 넓은 시야에서 비교하고 조감한다는 차원에만 머무는 것은 아니다. 오히려 그것은 각각의 '나라國'의 통합 자체가 어떻게 형성되고 재편되고 사람들의 의식 속에서 파악되어갔는가를 생성적으로 파악하려는 시점이라고 할 수 있다. 즉 오늘날 우리들이 당연한 것으로 치부하기 쉬운 '나라'의 틀을 다시 한 번 역사적인 관점에서 바로잡아 보려는 시도이다. 그러기 위해서는 일단 '나라'의 틀로부터 사고를 해방시키고 역사의 움직임을 넓은 시야에서 바로잡아 볼 필요가 있는 것이다. 이 책에서 다룬 14세기에서부터 19세기 초반까지는 동아시아에 있어서 오늘날과 연결되는 '나라'의 통합이 형성 내지 재편된 시기이고, '일국사를 넘어선' 시점을 특히 필요로 하는 중요한 시기의 하나라고 할 수 있다.

한국이든 중국이든 일본이든, '국가'라는 틀에 의해 역사를 구획지어서 국사와 세계사를 구별하고, 국사에 특별한 위치를 부여하는 것은 역사교육 등에서 통상적으로 이루어지고 있고, 그것이 일반의 '상식'이기도 하다. 언어나 문화의 연속성을 생각한다면 그것은 자연스러운 일이라고도 할 수 있을 것이다. 그러나 그러한 '상식'이 근대적 내셔널리즘을 지각없이 과거에 투영하여 오늘날 국가의 틀을 아득한 과거에까지 거슬러 올라가 적용함으로써 역사의 다이내믹한 움직임에 대한 감각을 무의식중에 둔화시켜갈 위험성도 부정할 수는 없다.

최근 십수 년 동안 일본의 역사학에서는 근대직인 '국가'의 틀에 사로잡힌 '일국사'적 관점에 대한 비판과 반성의 의식이 매우 강해졌다. 실상 이러한 비판과 반성은 역사학 내부만의 문제가 아니라 오히려 문화비평을 중심으로 하는 컬처럴 스터디 등의 영역에서 첨단적으로 제기되고 그러한 영역에서 이루어진 첨예한 논의가 인문사회학을 휩쓸고 가는 형태로 진행되어왔다고 말할 수 있을지도 모르겠다. 다만 사견으로는, 역사학이 문화비평과 다른 점은 기존의 언설을 도마 위에 올려서 방법적인 비판과 반성을 주안으로 하는 것이 아니라 오히려 견실하게 사료와 싸워가면서 광역적인 문화나 경제의 교류 및 그 가운데에서 '국가' 형성의 복잡한 양상을 구체적으로 밝혀나간다는 것이다. 그러한 견실한 작업을 통해서 바로 오늘날 우리들의 '국가'의 모습을 적절한 원근법하에서 역사적으로 파악할 수 있는 것이 아닐까?

청 왕조 국가의 성격

이 시기 국가 본연의 모습이라는 점에서 말하자면, 이 책의 중요한 부분을 이루는 청 왕조 국가의 성격에 대해서도 이 십수 년간 연구가 급속히 진전되어왔다. 그중 하나의 현저한 동향은 청 왕조의 만주왕조로서의 측면과 중화제국으로서의 측면을 어떻게 통일적으로 파악할 것인가 하는 문제에 대한 관심이 연구자 사이에서 자각적으로 공유되어왔다는 것이다. 종래 일본의 청 왕조 시대 연구에 대해서는 중국 역사 상의 한 왕조로서 청 왕조를 바라보는 관점에서 한문 사료를 이용한 '청대사淸代史' 내지 '명청사明淸史' 연구자와, 북방민족인 만주인이 세운 왕조라는 관점에서 만문滿文 사료를 중시하는 '청조사淸朝史' 연구자가 그다지 교류를 하지 않은 채 병존하는 경향이 지적되어왔다. 전자인 '청대사' '명청사'의 경우는 청 왕조가 가지는 만주왕조로서의 성격은 경시되든가 또는 중국 사회에 대한 억압 혹은 동화라는 한인漢人 중심 의 시점에서 평가되기가 쉽다. 한편 후자인 '청조사'의 관점에서는 청 왕조의 독자성이 강조되는 반면, 명나라에서 청나라로 교체되는 중국 사회의 연속적인 동향은 사상捨象되기가 쉽다. 그 결과 각각의 연구자 가 애써 정력적으로 연구를 진행하면서도 청 왕조 시대의 중국에 대해 서는 서로 다른 이미지가 병립한 채로 끝나고 마는 것을 피할 수가 없 었다. 그러한 상황을 극복하기 위해 '명청사'와 '청조사'에 두터운 업적 을 가진 각각의 연구자가 협력하여 새로운 통합적인 청 왕조 상像을 만 들려는 움직임이 나오고 있는 것이다.

　필자는 이 분류에 따르면, '명청사' 즉 한문 사료를 이용하여 중국사 의 흐름 속에서 청 왕조를 파악하는 유파에서 연구를 진행하여왔기 때 문에 '청조사'적 시점에 대해서는 확실히 취약한 부분이 있다. 원저를 집필할 때에는 제5장 '화이변태'에서 청 왕조 국가의 형성이나 제7장 '청 왕조의 평화'에서 청 왕조 국가의 성격에 관한 서술 등에서 '청조사' 적 관점을 도입하려고 의식적으로 노력하였지만, 행정제도 등에 관하 여 설명하는 부분에서는 "명대의 제도는 청대에 대략 답습되는 것이 기 때문에 두 시대를 함께 정리해서 서술하기로 한다(101쪽)"는 식으로 명과 청의 연속성을 당연한 것으로 다루고 있다는 점에서 '명청사'적인 편견이 노정되어 있다고 말할 수 있을 것이다. 이러한 점에 대해서는 몇 사람으로부터 비판을 받아서 반성하고 있는 참이다. 이번 개정판 출간에 즈음해서는 전체의 정합성이라는 점에서 말한다면 커다란 개정은 피하는 쪽이 좋다고 생각하고 또 커다란 개정을 할 용의도 없었기 때문에 그대로 두었지만, 불충분한 점으로써 여기에 기록해둔다.

청 왕조시대 중국에 관한 이 십수 년간 연구 진전의 또 하나 중요한 측면으로는 만주왕조와 한인세계의 관계 이외에 몽골, 티베트, 위구르 등 청 제국의 다양한 구성 부분에 대해서 많은 언어에 기초하여 연구가 진행되어온 것을 들 수 있다. 원저를 집필할 당시에는 필자의 능력 문제도 있어서 이들 지역의 상황에 대해서는 극히 간단하게 다루는 데 그쳤지만, 현재 연구수준으로 본다면 새로운 연구축적을 토대로 보다 복안적複眼的·다면적인 관점에서 청 제국의 모습을 묘사하는 것이 가능할 것이다.

나아가 이러한 청 왕조 국가의 성격을 같은 시기 세계의 여러 국가의 모습 속에서 어떻게 위치지울 것인가, 이것도 중요하고 흥미 깊은 과제이다. 이 시기 세계 여러 지역의 역사를 생각할 때에 이전과 같이 '진전된 유럽, 뒤처진 아시아'라는 고정관념이 이미 통용되지 않게 된 것은 근년 서양을 포함한 역사 연구자들이 공유하는 인식이 되었다. 그러나 물론 이 시기 유럽과 아시아의 국가나 사회 성격이 동일한 것은 아니고, 또 동아시아만을 봐도 중국, 조선, 일본 등의 나라들은 각각 서로 다른 개성 있는 국가·사회체제를 만들어왔다. 유럽의 역사를 모델로 하여 선진·후진을 판단하려는 방법이 이미 성립되지 않게 되었다면, 이들 지역들의 각각의 차이를 어떻게 파악하고 어떠한 세계상을 묘사하면 좋을까. 이는 현재에도 아직 충분히 논의가 이루어지지 않은, 지금부터의 과제라고 할 수 있다. 수십 년 후에는 이러한 문제에 대해서도 세계의 역사 연구자 사이에서 토론이 진행되어 일정한 공통 인식이 생기게 될까? 그것은 아직 알 수 없지만, 만약 그러한 의론이 활발하게 진행된다면, 명청 시대 중국에 대해서도 더욱 넓은 시야에서 새로운 빛을 비출 수 있을 것이다.

기시모토 미오

족보와 한국의 평등의식

일본에서 원저가 나오고 이번에 한국어 개정판이 나온 십수 년 사이에 필자의 신변에도 커다란 변화가 있었다. 2002년 5월부터 도쿄대학교에서 성균관대학교 동아시아학술원으로 근무처가 변경된 것이다. 한국에 머무른 지 벌써 10년 이상 흘렀지만, 여기에서는 한국에서 생활하면서 최근 가장 흥미를 가지고 연구를 진행시키고 있는 테마의 하나인 족보族譜에 대해서 이 책의 내용과 관련하여 서술하는 것으로 개정판에 대한 소회를 대신하려고 한다.

1945년 해방 이후, 한국과 북한의 역사학계를 중심으로 조선사 연구는 다양한 성과를 올렸지만, 그중에서도 가장 중요한 성과의 하나가 가족과 친족 조직의 역사에 관한 연구 진전이다. 한국에서는 현재도 동족집단(이에 대해서는 130쪽 참조)의 활동이 활발하고, 종족집단 구성원의 명단인 족보 출판도 활발하게 이루어지고 있다. 이러한 동족집단에 관해서 식민지 지배기의 일본인 학자들은 이를 고대 씨족집단의 유제遺制로 파악하고, 그것이 강고하게 잔존하고 있음을 이유로 들어 한국사의 정체성을 나타내는 것이라고 이해하였다. 그러나 해방 후 연구 진전에 따라 이러한 견해가 완전히 잘못된 것이고 동족조직은 극히 새로운 시대에 형성된 것임이 명확해졌다. 여기에서는 동족조직 형성과정을 개관하고, 그것이 조선사에서 가지는 의미에 대해서 논하기로 한다.

동족조직의 형성과정을 가장 잘 반영하고 있는 자료가 족보이다. 동아시아 각 지역에서 작성되어온 족보라고 불리는 가계家系의 기록은 중국 송대 이후에 편찬이 본격화되고 주변의 조선, 베트남, 류큐 등으로 보급되어갔다. 족보라는 가계의 기록은 한 사람의 인물을 기점으로 자손을 망라하여 기록한 매우 특이한 기록이지만, 조선에서는 15세기에 들어 족보 편찬이 시작되었다. 여기에서는 족보 자료가 가장 풍부하게 남아 있는 안동 권씨라는 동족집단의 족보를 예로 하여 그 역사를 개관해보자.

안동 권씨 족보로서 가장 이른 시기에 편찬된 것은 1476년의 것으로(성화보成化譜), 이는 현존하는 조선의 가장 오래된 간행 족보로 알려져 있다. 성화보 이후에 편찬된 족보로는, 1605년(을사보乙巳譜), 1654년(갑오보甲午譜), 1701년(신사보辛巳譜), 1734년(갑인보甲寅譜), 1794년(후갑인보後甲寅譜), 1907년(정미보丁未譜), 1961년(신축보辛丑譜)이 있고 이중에서 1605년의 을사보를 제외하고는 다른 모든 족보가 현존해 있다.

역대 족보를 비교할 때 가장 커다란 차이로 지적할 것은 새로운 족보가 편찬될 때마다 이전의 족보에는 수록되어 있지 않았던 가계家系가 등장한다는 점이다. 현재의 안동 권씨는 시조인 권행權幸으로부터 10세대世代에 해당하는 인물을 기점으로 15개의 파派로 나뉘어 있는데,

최초의 족보인 성화보에는 세 개의 파가 등장할 뿐이고 다른 12개 파는 모두 이후의 족보에서 새롭게 등장하는 파인 것이다. 즉 을사보에 다섯 파가, 신사보에 한 파가, 후갑인보에 다섯 파가 새롭게 족보에 편입되었고, 나머지 한 파가 안동 권씨의 구성원으로 정식 인정된 것은 실로 1985년의 일이었다.

이러한 현상이 의미하고 있는 것은 안동 권씨 집단이 매우 오랜 시간에 걸쳐서 형성되었고, 고대 씨족제도의 유제遺制가 결코 아니라는 것이다. 그리고 이는 안동 권씨에서만 보이는 특수한 현상이 아니라 현존하는 모든 부계 혈연조직에 공통된 것이다.

부계 혈연집단으로서의 동족집단 형성과정과 관련하여, 족보 편찬 방식에서 커다란 변화를 보이는 것은 족보에 수록된 친족 범위의 변화이다. 성화보에는 안동 권씨 인물뿐만 아니라 안동 권씨 여성들이 결혼하여 낳은 자손(안동 권씨에서 보면 외손)들도 수록되어 있다. 그것도 족보가 편찬된 시점까지 밝혀진 범위 내의 외손 계열 자손들도 모두 수록되어 있다. 안동 권씨에서 보면, 이들 외손들은 당연히 다른 성姓을 가진 인물이기 때문에 성화보는 안동 권씨 족보이면서 이성異姓의 인물들이 다수 수록되어 있다. 이러한 족보의 모습은 동아시아에서도 조선에서만 보이는 특이한 것으로 남계男系와 여계女系를 구별하지 않는 당시의 친족관념을 반영한 것이었다.

손孫의 내외內外를 구별하지 않고 수록하는 편찬 방식은 현존하지 않는 을사보에서도 같았다고 전해지고 있다. 그러나 이후의 족보에서는 외손의 수록 범위가 점차 축소되어간다. 갑오보는 을사보에 기초하여 안동 권씨의 남성만을 수록하는 방식으로 편찬된 것이기 때문에 조금은 예외적인 족보였다고 할 수 있다. 그러나 신사보에서는 외손을 증손 대까지만 수록하는 것으로 바뀌고, 나아가 갑인보가 되면 외손까지로 더욱 축소되어, 이후에는 이 방식이 관례화되었다. 이러한 변화는 부계 혈연결합을 중시하는 친족관념의 변화를 나타내는 현상으로 이제까지도 주목을 받아왔지만, 조선에서는 여계 친족이 중국보다도 훨씬 중시되는 경향이 일관되게 계속되었다는 점도 유의할 필요가 있다. 외손의 수록 범위를 축소하는 이유에 대해 신사보에서는 외손을 모두 수록하면 방대한 분량이 되어 너무 큰 부담이 되기 때문에 범위를 한정한다고 서술하고 있으며, 남계 중시를 그 이유로 한 것은 아니다. 실제로 18세기 이후에도 「내외자손보內外子孫譜」라든가 「외손보外孫譜」, 「외예보外裔譜」 등의 이름을 가진 족보도 다수 편찬되었으며, 족보에 수록되는 범위의 변화와 부계 친족결합의 강화는 구별하여 고찰할 필요가 있다.

부계 친족결합이 강화되는 경향은 유교적인 가족·친족관념의 보급 현상과 깊은 연관이 있지만, 그 과정도 오랜 기간에 걸쳐서였다. 이를 잘 보여주는 것이 동성同姓 간의 결혼과 여성의 재혼에 관한 족보 기재 방식의 변화이다.

성화보에서는 안동 권씨의 사위로 다수의 권씨가 등장한다. 이중에는 안동 이외의 지역을 본관으로 하는 권씨도 존재하겠지만 압도적 다수는 안동 권씨였다고 생각된다. 이는 안동 권씨끼리의 결혼이 널리 행해졌음을 의미하는 것으로, 유교적인 동성불혼同姓不婚의 원칙이 수용되고 있지 않았음을 시사한다. 동성불혼의 원칙은 양반 계층에서는 조선시대에 들어와 보급되었다고 생각되지만, 그 이외의 계층에서는 조선시대에도 안동 권씨끼리의 결혼이 널리 보인다. 그것이 보이지 않게 된 것은 18세기 이후의 일이다. 안동 권씨끼리의 결혼에 관해서 갑인보에서는 그 사실을 솔직하게 기록하고 있지만, 60년 후에 편찬된 후갑인보부터는 그 사실을 기재하지 않았다.

또한 여성의 재혼에 관해서도 성화보에서는 '후부後夫'라고 하여 두 번째 결혼 상대를 기재하여 여성의 재혼 사실을 그대로 기록하고 있다. 이러한 모습은 신사보 단계까지 계속되었지만, 갑인보부터는 재혼에 관한 기재가 소멸되어버린다.

이러한 변화는 유교적인 종법宗法 관념의 침투를 말해주는 것으로, 그렇게 되기까지에는 오랜 시간을 필요로 하였다. 따라서 조선에서 부계 동족집단결합의 형성과 강화는 조선시대 500년간에 걸친 것이었고, 일찍이 일본 학자들이 주장하던 고대의 유제遺制 따위는 전혀 아니었다. 동족결합의 본격적 형성이 이렇게 새로운 시대의 산물이었던 셈인데, 그렇다면 왜 이러한 변화가 생긴 것일까? 이 점에 관해서는 아직 충분한 의론이 이루어지지 않은 상황이고, 필자 나름의 생각은 있지만 다른 기회에 논하기로 한다.

조선에서 족보라는 기록은 양반들의 독점물로서 편찬되기 시작했지만, 시간이 흐름에 따라 양반 이외의 계층에도 족보 편찬이 보급되어갔다. 안동 권씨 족보에서 점차 새로운 가계가 편입되어간 것도 그 때문이지만, 이러한 족보의 보급·확대 현상도 조선사의 전개를 생각할 때에는 매우 중요한 문제이다. 그리고 족보 편찬이 성행하는 현상은 조선시대에 머무는 것이 아니라 현대에까지 계속되고 있다. 아니, 더욱 번성해가고 있다고까지 말할 수 있을 것이다. 이러한 현상이 생긴 원인으로는 양반이라는 것의 독특한 성격과 깊이 관계되어 있고, 이와 함께 조선시대와 현대의 연속성을 강하게 시사하는 것이라고 생각된다. 일찍이 양반의 증표로서 족보가 존재하였지만, 현재의 한국에서는 '족보도 없는 놈'이라는 말은 그 사람을 최대한 경멸하는 말로 사용되고 있는 것이다.

일본과 비교해 현재의 한국 사회는 훨씬 평등의식이 강한 나라가 아닌가 하고 생각하는 경우가 자주 있다. 경제적으로는 아마도 일본 쪽이 더 평등하겠지만, 의식의 문제로는 그렇다는 것이다. 노무현 전 대통령과 이명박 전 대통령도 어느 쪽인가 하면 중류 이하 가정 출신이라고 할 수 있지만 그러한 사람이 대통령이라는 최고 권력자가 될 수 있는 사회인 것이다. 이러한 강한 평등의식도 족보 편찬의 보급·확대 현상과 깊이 연결되어 있다고 필자는 생각한다.

미야지마 히로시

1장

동아시아 세계의 지각변동

···송·원 시대의 유산

가시적인 동아시아 세계

1402년, 조선에서 하나의 지도가 만들어졌다.「혼일강리역대국도지도
混一疆理歷代國都之圖」라는 이름의 지도가 그것이다. 이 지도는 중국·조
선·일본이 한 장의 지도에 그려진 최초의 동아시아 전도全圖라고 할 만
한 것이다. 그 유래를 보면, 명나라에서 가져온「성교광피도聲敎廣被圖」
와「혼일강리도混一疆理圖」를 합성한 이회李薈의 지도에 조선왕조 건국
공신의 한 사람인 권근權近이 조선도와 일본도를 보충한 것이라고 기
록되어 있다.

이 지도는 단순히 동아시아 전역을 표시하고 있을 뿐만 아니라 종래
의 중국 지도에는 그려지지 않았던 아라비아 반도, 아프리카, 유럽이
매우 부정확하기는 하지만 그려져 있다. 원나라 때 가져온 아라비아

지도의 영향을 받은 것이 분명하다. 동아시아 전체가 처음으로 지도라는 형태로 가시적으로 표시된 것이고, 이는 인도 서쪽으로 확대되는 광대한 다른 지역이 지도에 등장하는 것과 궤를 같이하는 것이다.

「혼일강리도」의 동아시아 전도 작성이 15세기 초에 나타났다는 것은 결코 우연이 아니다. 이는 10~14세기에 걸친 동아시아 세계의 교류가 현격히 진전한 것을 배경으로 한다. 그 발단은 중국 송대宋代의 갖가지 '생활혁명', '문화혁명'에 있다.

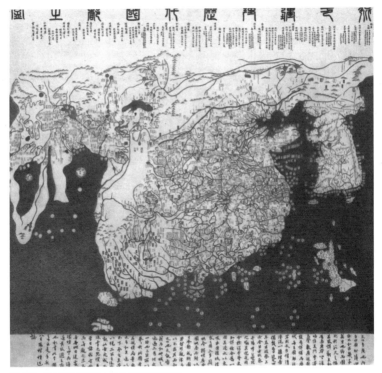

「혼일강리역대국도지도混一彊理歷代國都之圖」
이 지도는 일본 류코쿠대학龍谷大學이 소장한 것으로, 1988년에 규슈九州의 시마바라 시島原市 혼코지本光寺에서 '혼일강리역대국도지도'라고 이름 붙여진 또 다른 지도가 발견되었다. 두 지도는 매우 비슷하지만 일본 열도를 묘사하는 방법이 류코쿠도龍谷圖는 90도 벗어나 있는 데 비해 혼코지도本光寺圖는 보다 정확한 위치로 되어 있다.

표 1 세계의 인구추이 (단위: 100만 명)

지역 \ 연대	A.D.1	1000	1500	1750	1900	1975
중국	7–90 27.3	50–80 23.2	100–150 27.8	190–225 28.0	400–450 26.3	800–900 22.2
인도 · 방글라데시 · 파키스탄	50–100 30.3	50–100 29.0	75–150 27.8	160–200 24.8	285–295 17.3	740–765 18.9
서남아시아	25–45 13.6	20–30 8.7	20–30 5.6	25–35 4.3	40–45 2.6	115–125 3.1
일본	1–2 0.6	3–8 2.3	15–20 3.7	29–30 3.7	44–45 2.6	111 2.7
그 밖의 아시아 (구소련 제외)	8–20 6.1	10–25 7.2	15–30 5.6	35–55 6.8	110–125 7.3	435–460 11.4
유럽 (구소련 제외)	30–40 12.1	30–40 11.6	60–70 13.0	120–135 16.8	295–300 17.5	470–475 11.7
구소련	5–10 3.0	6–15 4.3	10–18 3.3	30–40 5.0	130–135 7.9	255 6.3
북아프리카	10–15 4.5	5–10 2.9	6–12 2.2	10–15 1.9	53–55 3.2	80–82 2.0
그 밖의 아프리카	15–30 9.1	20–40 11.6	30–60 11.1	50–80 9.9	90–120 7.0	315–355 8.3
북아메리카	1–2 0.6	2–3 0.9	2–3 0.6	2–3 0.4	82–83 4.9	237 5.9
중 · 남아메리카	6–15 4.5	20–50 14.5	30–60 11.1	13–18 2.2	71–78 4.6	320–335 8.3
오세아니아	1–2 0.6	1–2 0.6	1–2 0.4	2 0.2	6 0.4	21 0.5
계	270–330	275–345	440–540	735–805	1650–1710	3950–4050

중국 · 일본은 1000~1750년 사이에 세계인구에서 차지하는 인구비가 가장 높아진다는 것을 알 수 있다. 이 표에는 나타나지 않지만, 조선도 같은 경향을 보여준다.

주) 하단의 숫자는 각 지역의 추정최고인구수가 각 연도의 세계인구에서 차지하는 비율임.
출전) John Durand, Historical Estimates of World Population: An Evaluation, *Population and Development Review*, 3, no.3, New York, 1977.

중국의 긴 역사에서 당唐과 송宋 사이에 사회의 성격을 달리하는 시

대의 획기劃期가 존재한다는 주장에는 이의가 없을 것이다. 일본에서
는 그 시대구분 방법으로 고대와 중세 구분설, 중세와 근세 구분설이
라는 양대 학설이 존재한다. 서양의 중국 연구자 사이에서는 송대 이
후를 후기 중화제국이라고 부르며 당唐까지의 시대와 구별하는 것이
일반적이다.

황제 독재권의 강화와 그것을 지탱하는 과거科擧 관료층, 좀 더 넓게
말하면 사대부층의 성립이 당송 변혁기를 나누는 가장 현저한 징표일
것이다. 송학宋學=주자학의 성립도 사대부층의 등장을 떠나서는 생각
할 수 없다. 그러나 동아시아 규모에서 보면 당송 변혁기의 가장 중요
한 문제는 생활혁명·문화혁명의 측면에 있었다.

남북조南北朝·수당隋唐 시대부터 시작한 강남江南 개발은 송대에 커
다란 진전을 이룬다. 그래서 중국 농업의 중심이 화북華北 전작田作에
서 강남 도작稻作으로 전환되어 이와 함께 경제 중심지도 강남 지역으
로 옮겨간다. 이 강남 도작기술이 조선·일본·베트남 북부에 서서히
전파되어간다. 동아시아의 특징이라 할 수 있는 매우 높은 인구밀도는
이 강남 도작기술의 보급에 의해 처음으로 형성된 것이다.

도자기 제조기술, 면화 재배와 의복 재료로서의 목면 사용, 제지와
인쇄기술 등은 모두 송대에 사회적으로 보급되기 시작하면서 드디어
동아시아 공통의 문화가 되었다. 20세기 고도 대중소비시대가 시작되
기까지 동아시아의 생활문화는 그중 많은 것이 중국 송대의 생활혁명,
문화혁명에서 발단한 것이다.

10~14세기는 또한 동아시아 간의 교역과 교류가 눈부시게 진전된
시대이기도 하였다. 당나라 때까지는 보통 국가에서 사절을 파견했다

면, 이제 보다 다양하게 사람들이 이 지역을 왕래하였다. 사람·물자·정보의 활발한 왕래와 이에 따른 문화적 일체성의 강화가 「혼일강리도」의 작성을 가져온 것이라고 할 수 있다.

몽골 제국의 우산

동아시아에서 유럽에 걸쳐 유례가 없을 만큼 영역을 넓힌 몽골 제국의 성립은 세계사에서도 획기적인 일이었다. 동아시아 세계는 몽골의 우산 아래에서 서아시아의 발달한 상업·금융·교역의 노하우가 들어올 수 있었고, 이는 가장 중요한 사건이었다.

거래에 관한 풍부한 경험을 가진 서아시아 상인들을 동아시아에 끌어들였다는 것은 이 지역이 세계경제의 중심지로서 등장했음을 뜻한다. 고대문명의 발상 이래, 세계의 경제적 중심은 서아시아에 있었다. 그것은 무엇보다도 이 지역의 농업이 압도적으로 선진적이었기 때문이다. 그러나 앞에 서술한 중국 강남 도작의 발전은 서아시아의 선진성을 뒤엎었다.

세계 기후사상 10~12세기는 온난화가 세계적인 규모로 진행된 시기라고 한다. 이 온난화 시기는 송대와 딱 겹치는데, 몽골 제국은 송대의 번영을 계승하면서 중국의 부를 아시아 전역에 연결시키는 역할을 한 것이다. 그러나 송대의 번영을 지탱한 온난한 기후는 원元의 지배를 기다리기라도 한 것처럼 한냉화로 바뀌어 15세기의 소빙하기를 향해 갔다.

··· 흔들리는 고려왕조

공민왕의 반기

1351년, 고려에서는 공민왕이 즉위하였다. 원나라의 명령에 의해 공민왕이 즉위하자 전대前代 왕인 충혜왕은 강화도로 도망하였다. 이 왕위 교체가 이루어졌을 때, 공민왕은 아직 원에 머무르고 있었기 때문에 즉위식은 왕위 교체로부터 두 달여 후에 행해졌다. 원의 지배를 받은 고려에서는 왕위 교체도 원나라 뜻에 따라 이루어지며, 다음 왕위에 오를 세자는 원 황제의 '숙위宿衛(중국 황제를 호위하는 주변 여러 나라의 왕자들을 일컬음)'로서 원에 체재하는 것이 관례였다. 공민왕도 즉위 전 10년간 원에 체재하였다.

1354년, 원에 파견되어 있던 채하중蔡河中이 고려에 돌아와 원나라 재상의 말을 전했다. 한산동韓山童·한교아韓咬兒 등이 반란을 일으켜 홍건紅巾이라 칭하고 있으며, 그 세력을 크게 떨쳐 도둑 떼들이 봉기하여 천하대란의 상태이니, 공민왕에게 원군을 파견해 달라는 것이 그 내용이었다. 원의 통치가 흔들려 각지에서 반란이 일어나고 있는 실정이 고려에 처음 전해진 것이다.

공민왕은 이 기회를 잡아 100년 가까이 지속된 원의 지배로부터 벗어나려는 반원反元운동을 개시하였다. 첫 시작은 고려의 내정을 감시하는 기관인 정동행성이문소征東行省理問所를 폐지하는 것이었고, 원의 연호 사용도 중지하였다. 나아가 철령鐵嶺 이북에 군을 파견해서 원의 직할령이었던 동북 지역을 회복하기에 이르렀다.

공민왕은 국내 정치개혁에도 의욕적이었다. 이제현李齊賢·이색李穡

이제현(1287~1367)

진감여陳鑑如 작. 33세 때의 초상이라고 한다. 현존하는 가장 오래된 초상화의 하나이며, 국보로 지정되어 있다. 국립중앙박물관 소장.

등의 주자학자를 등용함과 동시에 전민변정도감田民辨正都監을 두어 권신들에 의한 토지·인민의 겸병을 막으려고 하였다. 안향安珦이 고려에 주자학을 전했다고 하지만, 이제현이야말로 최초의 주자학자라고 할 만한 인물이었다. 고려 말부터 조선 초기에 걸쳐 정계를 움직여가는 일대 세력이 된 유교 관료가 이때부터 등장한다.

공민왕은 이처럼 원의 국내정세 동요에 재빨리 대응했지만, 그 이후 고려가 반원反元 일변도였던 것만은 아니다. 조선왕조 성립에 이르기까지 고려와 원의 관계는 우여곡절을 겪는데, 이것은 고려 내부에 원과 결탁해서 기득권을 키우려는 세력이 존재했기 때문이다.

공민왕은 말년에 정치에 권태를 느껴 궁정에서 퇴폐적인 생활을 보내고, 그 때문에 환관에게 살해되고 만다. 공민왕의 죽음으로 고려의 국내외 정치는 혼란에 휩싸이게 된다.

경주의 설씨

원 통치하에 중국 각지에서 일어난 반란의 지도자들은 줄지어 고려에 사절을 파견하였다. 가장 빠른 예는 장사성張士誠이고, 뒤이어 방국진方國珍, 주원장朱元璋도 사절을 보내왔다. 주원장의 고려 접촉이 확실한 것은 명明을 건국한 직후의 일이다. 주원장은 제위에 즉위하자마자 설사偰斯라는 인물을 고려에 파견해서 자신의 즉위를 알리고 명에 신속臣屬할 것을 고하였다. 이때 명나라에서 온 설사는 고창高昌(중국 서북쪽 투르판吐魯番에 한족이 세운 국가)의 설씨偰氏로 위구르족 출신이었지만, 고려에도 위구르족 출신의 설씨 일족이 있었다.

1387년, 고려는 설장수偰長壽라는 인물을 명나라에 보냈다. 원말의 혼란 속에서 고려로 도망쳐온 한인漢人 송환 문제에 대해서 고려의 입장을 설명하기 위한 것이었다. 설장수는 경주 설씨다. 경주 설씨의 시조는 설문질偰文質이라는 인물로, 위구르족 출신이라고 한다. 설문질의 손孫에 해당하는 설손偰遜이 공민왕 때 고려에 귀화하였다. 설장수는 설손의 아들로 공민왕 11년에 문과에 급제하여 판삼사사判三司事까지 올랐다. 그가 명나라에 파견된 것은 중국에서 온 귀화족이었기 때문으로, 명과 고려 모두 설씨를 외교의 전면에 내세운 것이다.

경주 설씨 일족은 설장수 외에도 몇 명의 문과 합격자를 배출했다. 설장수의 두 아우 설경수偰慶壽·미수眉壽도 공민왕 때 문과 급제를 하였고, 특히 설미수는 조선왕조에서 예조판서까지 하였다. 설경수의 아들 설순偰循은 조선 태종 때 문과에 급제해서 세종 때에는 집현전 부제학이 되었다. 이 일족은 고려 말기부터 조선 초기에 걸쳐서 상당한 명문이었다고 해도 좋을 것이다.

조선의 동족집단에는 중국에서 온 인물을 시조로 모시는 집단이 상당수 포함되어 있다. 경주 설씨 외에 대표적인 집단으로는 연안 이씨, 남양 홍씨, 해주 오씨, 안동 장씨, 풍천 임씨, 함종 어씨, 거창 신씨, 원주 변씨 등이 그렇다. 연안 이씨나 남양 홍씨, 풍천 임씨 등은 조선 시기 굴지의 명문이었다.

이른바 귀화족인 이들 동족집단의 시조가 한국에 이주해온 시기를 보면, 전승적인 성격이 강한 경우와 이주 시기 및 이주한 선조가 명확한 경우로 나눌 수 있다. 후자의 대부분은 송·원대에 이주해왔다고 한다.

그러나 조선왕조에 들어오면 이러한 예는 거의 보이지 않는다. 바꾸어 말하면 고려시대까지는 이주민을 쉽게 받아들이는 관대한 사회였던데다가 원의 지배를 받는 시기에는 이러한 현상이 좀 더 현저하였다.

이성계의 대두

후에 조선을 건국한 이성계李成桂는 1335년 함경도 영흥에서 태어났다. 전주 이씨 일족이라고 하는데, 여진족 출신이라는 설도 있다. 아버지 이자춘李子春은 원 직할령이었던 함경도 지역 쌍성총관부雙城摠管府에 근무하는 무인이었다. 이 지역에는 여진족이 많이 살고 있었다. 이성계가 무신으로 성공하는 데도 그의 휘하 여진인의 힘이 크게 작용하였다.

공민왕이 반원운동을 개시해 쌍성총관부를 공격할 때 이자춘이 내부에서 호응해 일약 이름을 날렸다. 이성계는 1361년에 사망한 아버지의 뒤를 이어서 함경도 함흥을 거점으로 점차 세력을 축적해갔다. 특

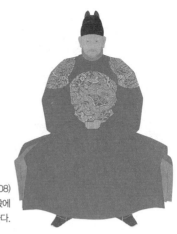

태조 이성계(1335~1408)
전주 이씨의 본관지인 전라북도 전주의 경기전慶基殿에
있는 초상이다. 의복의 용 문양이 선명하다.

히 왜구 정벌로 명성을 얻어, 왜구를 격퇴하는 데 같이 활약한 최영崔瑩
과 쌍벽을 이루게 된다.

공민왕이 1374년에 죽자 중앙 정계에서는 친원파가 힘을 되찾아 우
禑를 국왕으로 옹립하였다. 친원파의 중심인물은 이인임李仁任이었다.
덧붙이자면, 명의 공식기록에는 이성계가 이인임의 후사로 되어 있었
기 때문에 조선왕조에 들어와 명에 몇 번이나 이의 정정을 요구하는 사
신이 파견되기도 했다.

이성계의 최대 라이벌이었던 최영은 이인임을 물리치고 친원파의
중심인물이 된다. 한편 이성계에게는 이즈음에 계속 성장해온 유교 관
료 다수가 참여하였다. 정도전鄭道傳·정몽주鄭夢周 등이 그 대표 인물
이다.

1388년, 명은 일찍이 원의 직할령이었던 철령 이북의 땅을 명의 직
할령으로 할 것을 통고해왔다. 이에 대해 최영은 명의 요동 지역 정벌
을 계획하고, 고려군에 원정을 명하였다. 원정군의 지도자는 이성계였

선죽교

북한 개성 시내에 있는 선죽교 전경. 고려왕조의 존속을 꾀한 정몽주는 이곳에서 이방원 휘하의 사람에게 살해되었다.

지만, 그는 이 원정 도중에 조·중 국경을 흐르는 압록강 가운데 자리한 섬 위화도에서 군을 철수해 최영 등 친원파 무리를 일소하였다. 이른바 위화도회군이다.

이렇게 최대의 라이벌 최영을 격파한 이성계는 마침내 국정의 실권을 장악하였다. 그리고 1391년에는 과전법科田法이라는 새로운 토지제도를 도입해서 당시 매우 문란했던 사전私田의 폐해를 개혁하려고 하였다. 사전이란 관료들에게 조세징수권이 주어진 토지로, 고려 말기에는 사전의 사여賜與가 남발되어 국가 조세의 감소, 농민에 대한 가혹한 수탈 등 여러 가지 폐해를 낳았던 것이다.

이처럼 국정 개혁에 착수한 이성계를 두고 많은 관료들이 그를 국왕에 추대해야 한다는 목소리를 높였다. 그러나 정몽주는 고려왕조의 존속을 주장하며 이를 반대하였다. 정몽주가 이성계를 제거하려 한다고 생각한 이성계의 아들 이방원李芳遠(뒤의 태종)은 개성 선죽교에서 정몽주를 암살하였다. 이제 이성계에게 선양禪讓할 것을 반대하는 세력은 일소되었다. '왕씨' 고려로부터 '이씨' 조선으로 왕조가 교체되는 조건이 갖추어진 것이다.

···원 말기의 반란과 주원장

빈곤한 회서 지역

명 태조 주원장朱元璋의 출생 연도는 1328년으로, 이 시기는 세계적인 이상기후로 인한 경제 위축 및 혼란 속에서 동아시아 세계의 지각변동이 체감되기 시작한 때이다. 중국 역사에서는 일개 서민에서 왕후장상으로 출세하는 난세의 영웅이 적지 않았지만, 완전 무명의 빈민이 당대當代에 황제 지위까지 오른 예는 확실히 드물다. 주원장은 한漢 고조 유방劉邦과 함께 그러한 인물 중 한 사람이다.

주원장이 태어난 호주濠州(현재의 안휘성 봉양현)는 황하黃河와 장강長江 사이를 동서로 흐르는 회하淮河 근처이고, 유방이 태어난 패沛 지역에서도 그리 멀지 않다. 이 지역은 표고 차가 적은 평원에 황하, 회하라는 커다란 강이 흐르고 있어서 토사가 퇴적하기 쉽고 물 빠짐이 원활하지 않다. 비가 많이 내리면 갑자기 홍수가 일어서 물길이 변하고 대재해를 가져오는 한편, 비가 적게 내리면 심한 가뭄이 들어 후대에도 '10년에 9년은 흉작'이라고 할 정도로 재해가 많은 곳이다.

주원장은 이러한 빈곤 지역에서 빈농 집안의 넷째아들로 태어났다.

명의 황릉

빈곤 속에 죽은 아버지의 묘를 개수해서 만든 황릉. 안휘성安徽省 봉양현鳳陽縣에 있다. 황릉 건설에 즈음해 주위 민가의 분묘를 철거하려는 관료에게, 홍무제는 '이들은 모두 우리 집안의 오랜 이웃이니 철거하지 말라'고 하여 능역을 개방하고, 봄가을의 성묘도 자유롭게 하게 했다고 한다.

생장과정을 보면 막 태어났을 때 집 주위가 붉은 빛으로 둘러싸였다는 이야기를 시작으로 전설이 되기에 부족한 점이 없는데, 주원장 자신이 말하는 것을 들어보자. 주원장은 황제가 된 지 11년 후인 1379년에 고향의 부친 묘를 정비해 황릉으로 하였다. 그때 세운 석비石碑에 자신이 쓴 문장을 새기게 하였다.

옛날에 우리 아버지가 이 지방에 기거했는데, 농사에 어려움이 많고, 아침 저녁을 겨우 연명하는 생활이었다. 갑자기 역병이 유행하여 가족이 모두 재난을 당하였다. 그때 아버지는 64세, 어머니는 59세로 세상을 떠나고, 큰형도 죽어서, 한 집안이 모두 상을 당하였다. 지주는 이 괴로운 처지를 생각하지 않고 꾸짖기만 할 뿐 매장용 토지조차도 베풀어주지 않았다. 그때 지주의

형이 의로운 마음으로 이 토지를 준 것이다. 매장하려고 해도 관이 없어서 형편없는 옷을 덮어서 묻을 뿐. …… 더구나 가뭄이 계속되고 메뚜기 떼가 몰려 들었다. 사람들은 식량도 없고 초목으로 굶주림을 견디고 있어서, 다른 사람을 도울 여유가 있을 턱이 없고 마음은 불안에 떨었다. 이에 둘째형과 이야기 해 각각 집을 나가서 이 흉작을 이겨내기로 하였다. 형제가 이별하게 되자, 단장斷腸의 아픔에 눈물이 나왔다. 이웃 사람인 왕씨汪氏 노모老母가 예물을 준비하여 가까운 절에 소개해주어서, 승방僧房에 출입할 수 있게 되었다. 그러나 채 두 달이 안 되어 식사도 나오지 않게 되자 각자 방랑의 여로에 나섰다. 우리는 몸에 익힌 기술도 없어서 하늘을 우러러 망연자실할밖에. 자기의 그림자만을 길동무 삼아 아침 이슬을 뚫고 나가서 저물면 고사古寺에 들어가는 갈 곳도 없는 유랑의 나날들. 하늘을 보면서 산중에서 자고, 원숭이 소리를 들으며 밤의 달을 보면 마음은 처량하고. …… 영혼은 아득히 돌아가신 부모를 찾아가고, 실의에 빠져 초조함이 더했다. …… 바람에 흩날리는 쑥과 같은 신세였지만 마음은 부글부글 끓어올랐다. 3년간의 뜬구름 같은 생활을 거쳐 나이는 20세 남짓 되었다. 그때 회하 유역의 도적이 봉기해서 백성의 생활은 불안을 더하였다. 이에 어버이를 생각하고 고향을 생각하는 마음을 참을 수가 없어서 다시 원래의 절로 돌아왔다.

후에 명 왕조 300년의 기초를 닦은 주원장은 이렇게 겨우 연명해가는 탁발승으로서 청춘의 나날을 보낸 것이다. 바로 이 회상에 나오는 이웃 사람 왕씨의 자손에게는 후에 대대로 능 관리인의 지위를 부여하고, 묘지를 베풀어준 지주의 형에게도 세습 작위를 하사하였다.

원 말기의 반란들

주원장은 1344~1347년까지 방랑생활을 했는데, 이즈음에 이미 각지에서 산발적인 봉기가 일어나고 있었다. 그것이 커다란 집단을 이루어 확대된 것은 1350년대의 일이다. 그 계기가 된 것은 황하의 치수治水공사였다. 황하는 1344년에 대범람을 일으켰지만, 본격적인 치수공사는 1351년이 되어서야 겨우 시작되었다. 당시 민중반란을 두려워한 원 왕조는 인민들이 모이는 것을 엄격하게 금지했는데, 이 공사 때문에 15만 명에 달하는 인부를 징발해서 2만 명의 군대 감시 아래 집단 노동을 하게 한 것이다.

이것을 호기로 이용한 것이 하북河北·하남河南 일대에서 '천하가 크게 혼란하여(天下大亂) 미륵불을 보냈다(彌勒佛下生)'고 외치며 활동하던 백련교白蓮教 우두머리 한산동이다. 백련교는 원래 염불을 주체로 하는 정토종의 일파였지만, 미륵교나 마니교와 결합하여 천하대란과 미륵불에 의한 구제라는 종교 예언을 제창하여 신도를 규합하고 있었다. 그런데 당시 황하 유역에서는 "외눈을 가진 석인石人이 황하를 흔들어 움직여서 천하가 반란한다"는 요언謠言이 유행하고 있었다. 한산동은 동료들과 공모해서 공사로 파헤칠 예정인 황하의 옛 물길에 외눈의 석인을 묻어두었다. 그것을 파헤치자 인부들 사이에서는 동요가 일어나고 기적의 소문이 퍼져갔다. 한편 한산동은 스스로 북송北宋 최후의 황제 휘종徽宗의 8대째 자손이라고 칭하고, 붉은 두건을 군의 표지로 하여 반란을 일으켰다. 한산동은 바로 붙잡혀서 처형되었지만, 그 휘하의 유복통劉福通이 이끄는 홍건군은 안휘 북부·하남 방면으로 세력을 확대해갔다.

이 움직임을 전후로 각지에서 대규모의 반란이 발발하였다. 유복통의 홍건군(일반적으로는 동계東系 홍건군이라고 한다) 외에 호북湖北을 중심으로 하는 서수휘徐壽輝 등의 서계西系 홍건군, 절강浙江의 해적 방국진, 장강 델타(강남江南)에 근거한 소금 상인 장사성 등이 그 반란세력이다.

주원장 세력의 대두

주원장이 홍건군에 들어간 것은 유복통의 휘하였던 토호 곽자흥郭子興이 호주濠州를 점령한 1352년이었다. 곽자흥은 주원장의 말쑥한 얼굴이 마음에 들어 부하가 되는 것을 허락하였다. 그 후 주원장은 과감한 행동력을 발휘해서 급속히 두각을 나타내었고, 곽자흥의 양녀養女 마씨馬氏를 아내로 맞아 군단 실력자의 한 사람이 되었다.

곽자흥이 죽은 후, 군대의 실질적인 지도자가 된 주원장은 장강을 건너서 1356년에 집경集慶(응천부應天府, 현재의 남경)을 점령하고, 지방 정권의 성립을 위해 관제 등을 정비하였다. 그 후 그는 동쪽으로 진출을 꾀하였지만, 강대한 병력을 가진 강남 델타의 장사성과 결전을 치르는 것을 일단 피하여, 안휘 남부로부터 절강 동부를 거쳐, 장사성 세력의 남쪽으로 돌아들어가는 방침을 세웠다. 이 절동浙東 진출이 주원장 세력의 성격을 크게 전환시키게 된다.

이제까지 주원장과 함께 싸워온 무장들은 서달徐達, 탕화湯和 등을 비롯해서, 호주를 중심으로 하는 회하 상중류 유역(회서) 출신자가 많았다. 그들 대부분은 그 지역의 토호이고 무학無學이었지만 가혹한 환경에 단련된 전쟁 전문가였다고 할 수 있다. 그러나 유민적流民的 반란

집단에서 탈피해 정권 확립을 목표로 한 주원장은 단순한 무력집단에 만족하지 않고, 유교적 소양을 가진 지식인을 적극적으로 정권에 참여시키게 된다. 그 최초의 중요 인물이 이선장李善長이다.

이선장은 호주 남쪽에 있는 정원定遠 출신으로, "젊을 때부터 독서를 많이 해서 지모가 있고, 법가法家에서 배워 책략에 능하다"고 했다. 그는 주원장의 진영을 방문해서 주원장을 한漢 고조 유방에 비유하고, 유방과 같이 커다란 도량으로 인재를 발탁하고 살인을 즐겨하지 않는다면 천하를 취할 것이라고 말했다고 한다. 주원장은 이 말에 크게 마음이 움직여 이선장을 장서기掌書記로 임용하였다. 또한 주원장이 절동을 점령했을 때, 송렴宋濂이나 유기劉基 등 전국적인 명성을 가진 유학자가 그의 응천부에 찾아와 힘을 보탰다. 원래 절동은 남송 이래 저명한 학자가 배출된 지역이고, 원나라 때에도 정권의 요청에 협력하는 실천적인 지식인이 많았다. 주원장의 적극적인 유학자 등용정책으로 양자의 뜻이 일치한 것이다. 송렴 등 절동 유학자들은 그 후 주원장의 명 제국 건설과정에서 커다란 역할을 수행한다.

그런데 군웅의 항쟁 가운데, 1360년경 주원장의 주요한 라이벌은 두 세력으로 좁혀지게 된다. 하나는 서계 홍건군 출신인 진우량陳友諒이다. 그는 주군인 서수휘를 암살하고, 그의 군세를 이어서 강서·호북 방면에 한국漢國을 건설하였다. 또 한 세력은 소주蘇州를 중심으로 비옥한 곡창지대와 연해의 소금 산지를 경제기반으로 해서 그 부유함을 자랑하던 장사성이다. 응천應天에 근거를 둔 주원장은 동서로 이 양 세력 사이에 끼여 있는 형세가 되었던 것이다.

주원장은 먼저 1363년에 진우량을 강서江西 파양호鄱陽湖 결전에서

쳐부수고 서쪽을 확고히 한 뒤, 다음해 정월 응천에서 오왕吳王으로 즉위하였다. 장사성을 포위하는 형세가 된 주원장은 1366년에 대군을 동쪽으로 내려보내 장사성의 본거지에 진격시켰다. 다음해 그는 드디어 소주를 함락시키고, 중국 남반부의 지배를 확고히 하였다.

소주를 공격할 때 띄운 격문에서 주원장은 소금을 밀매하는 흉폭한 무리를 모아 반란을 일으킨 장사성의 죄상을 묻는 것과 함께, 본래 자신이 속해 있던 홍건군에 대해서도 부정적인 태도를 명확히 하였다.

> 불행히도 소민小民들은 요사한 술수에 잘못 걸려들어, 그 말의 잘못을 이해하지 못하고 미륵의 실재를 믿어, 미륵의 통치에 의해 곤고困苦로부터 벗어나려고 기원하고, 대중을 모아서 향을 피우고, 여주汝州·영주潁州에 웅거하며 황하·낙수洛水 사이에 세력을 넓혔다. 요언을 퍼트려 마침내 흉포한 음모를 실행해서, 성곽을 불지르고 공격하며 사대부를 살육하고 인민을 괴롭히는 갖가지 악행을 저질렀다.

이와 동시에 주원장은 종래 명목상 추대했던 소명왕小明王 즉 한림아(한산동의 아들)를 응천에 초대한다고 하고는 도중에 배를 전복시켜 살해했다. 게다가 주원장은 홍건군과도 완전히 절연하고, 스스로 황제가 될 준비를 하기 시작했다.

1368년 정월, 주원장은 응천 남쪽 교외에 이제 막 건설한 환구圜丘(하늘에 제사하는 단)에서 제천의 의례를 행하고, 황제 자리에 올랐다. 국호는 명明, 연호는 홍무洪武로 정하였다. 16년 전 겨우 하루하루 연명하던 상태에서 곽자흥 군에 투신했던 탁발승이 황제의 옥좌에 즉위한 것이다. 그 후 1인 황제의 치세는 하나의 연호로 통하는 일세일원一世一元 제도가 채용되었기 때문에, 주원장은 그 연호를 취해 홍무제라고 칭하였다. 또 그의 사후 주어진 묘호에 의해 태조라고 부르는 경우도 있다.

이 즉위식의 전해 10월에 응천을 출발했던 서달徐達이 이끄는 북벌군은 화북華北 각지를 평정하고, 1368년 8월에는 대도大都를 점령해서 원 황실을 북방으로 쫓아냈다. 중국 전역 대부분은 명 왕조하에 통일되었다.

• • • 명 왕조 지배의 확립

회서의 기풍

다른 군웅들과 비교했을 때, 주원장 집단은 몇 가지 특징을 가지고 있다. 그 특징은 주원장이 새로운 국가체제를 건설하는 때에도 이어졌다. 첫째는 가난한 회서 지역 출신으로 힘겨운 전쟁에서 이겨온 군대의 검약하고 강건한 기풍이다. 특히 부유한 지주나 상인에게 지원을 받고, 풍부한 재력과 화려한 문화를 자랑하던 장사성 세력과 대비해볼 때, 그 특질은 더욱 두드러진다. 장사성 정권에서는 오직汚職이 횡행하고 기강이 해이해졌지만, 돈만 있으면 마음껏 사치스러운 생활을 즐길 수 있는 방임적인 풍조를 좇아, 전란을 피하려는 대다수 부호나 문인이 장사성 정권하에 모여들었던 것이다. 그에 비해 명 왕조 성립 후 주원장의 통치는 부호나 부패관리에 대해서 단호한 조치를 취하는 것을 특징으로 하였다.

주원장은 장사성 세력을 멸하자 소주의 부호를 봉양鳳陽으로 이주시키고, 그 뒤에도 강남의 부자 등 약 20만 명을 봉양의 개간사업에 종사시켰다. 강남 최고의 부호 심만삼沈萬三의 토지를 비롯해 강남 대지주의 토지는 몰수되고, 정부는 그것을 '관전官田'으로 해서 농민에게 소작을 주었다. 주원장은 조칙을 내릴 때 자주 자신이 빈민 출신으로 백성의 어려움을 몸으로 체험했다는 것을 강조하였다. 그는 "오늘날 서민의 곤궁은 이제 막 날기 시작한 병아리, 이제 막 심은 나무와 같은 것으로, 그 날개를 뽑는다든가 그 뿌리를 흔드는 것은 허용할 수 없다"고 하여, 악덕 관리는 엄벌에 처하였다. 그 엄격함은 역사상 보기 드문 것으로, 예를 들면 부정으로 60량 이상의 부당이득을 취한 관리는 효수하고 나아가 그 가죽을 벗겨서 그 속에 풀을 채워 관청에 걸어두어 관리들이 경계로 삼도록 했다고 한다.

　대규모 인구조사·토지조사가 행해진 것도 명나라 초기의 특징이다. 각 호에 '호첩戶帖'이라는 조사 용지를 나누어주고, 가족 수부터 토지 재산, 우마 수까지 써넣게 하였다. 그것을 기초로 해서 '황책黃冊'이라는 호마다의 재산 대장을 만들어, 세나 요역을 부과하는 기준으로 삼았다. 한편 토지소유 신고의 부정을 막기 위해, 토지를 측량해서 한 필지 한 필지의 토지 형상을 지도로 기록한『어린도책魚鱗圖冊』이 만들어졌다. 각 필지의 토지 나열방식을 전체로 표시한 책머리의 총도總圖가 물고기의 비늘 같다고 하여 붙여진 이름이다.

　나아가 이러한 조사를 기초로 해서 이갑제里甲制가 만들어졌다. 이갑제란 110호를 1리로 하고, 1리 가운데서 부유한 자 10호를 이장호里長戶, 나머지 100호를 갑수호甲首戶로 하여 10호씩 10갑으로 나누어, 매

명 초기의 호첩
휘주에 남아 있는 당시의 호첩. 호주는 왕기불汪寄佛이라는 36세의 인물로, 처·아들과 형 부부로 구성된 5인 가족이다. 호첩을 기초로 지방관이 호적을 편성하고, 호첩은 그 집에 보관시켰다. (『휘주천년계약문서徽州千年契約文書』에서)

년 1이장里長과 1갑甲이 세의 독촉이나 범죄자의 구속 등 이里의 사무를 담당하는 것이다.

또 이장 외에 향촌에서 덕이 있는 자를 '이노인里老人'으로 임명해서 지역의 질서유지를 맡겼다. 이노인의 직무는 첫째, 간이재판 즉 토지 분쟁이나 싸움 등 간단한 사건에 대해 관청의 수고를 끼치지 않고 향촌 내에서 처리하는 것이다. 둘째, 행실이 나쁜 자의 이름을 '신명정申明亭'에 붙여 징계를 하는 것이다. 나아가 홍무제가 반포한 '6유六論(부모에게 효순하라, 어른을 존경하라, 향리에서 화목하라, 자손을 교육하라, 각자의 직분에 만족하라, 잘못을 저지르지 말라)'를 제창하여 민중을 교화하는 것도 향촌 '노인'의 직무였다.

총체적으로 원 왕조의 자유방임적인 정책하에서 빈곤한 농민의 희생을 바탕으로 번영하던 도시나 선진 지역 중심의 사회경제에 대해,

주원장은 강력한 긴축정책을 취한 것이다. 그것은 농민보호 정책임과 동시에 농촌의 질서를 아래로부터 규제하는 강력한 풍속 통제책이기도 하였다. 송·원대에 사치한 풍속으로 유명하던 장강 하류 지역도 "국조國朝(明)에 들어와서 그 습속은 일변하여 검소해졌다(정덕正德, 『송강부지松江府志』)."

유교적 정통주의

주원장 집단의 또 하나의 특징은 홍건군 일파로서 출발했으면서도 유민적 약탈집단과는 선을 그은 유교적 정통주의일 것이다. 전쟁을 하며 전전하는 과정에서 절동의 유학자들을 수뇌로 하여 정권의 기초를 확고히 하고, 일찍이 자신이 속했던 백련교 집단을 요사한 술법의 교도로 매도하기에 이른 것은 이미 살펴보았다. 황제로 즉위하기 이전부터 과거제도나 천지를 제사하는 제단의 건설, 율령의 편찬 등 중국 역대 왕조의 전통에 준하는 여러 제도의 정비가 일군의 학자에 의해 정력적으로 진행되었다. 주원장의 정권 획득은 이렇게 해서 널리 알려진 '천명을 받은 인의仁義 있는 군주'의 이미지로 지지받았다고 할 수 있다.

명 건국 후에도 명 일대一代를 관통하는 제도들을 착착 정비해간 것은 절동의 유학자들이었다. 특히 "일대의 예악·정책은 송렴이 재정裁定한 것이 많다"고 전해지는 것처럼, 송렴은 명 초기의 체제 만들기에 크게 공헌하였다. 주원장 자신이 유학적 교양과는 인연이 없는 환경에서 자라고, 또 성인이 되어서는 전쟁으로 많은 날들을 보냈음에도 불구하고 측근 유학자들에게 경서와 사서를 배우고, 황제가 되었을 때는 유교의 고전이나 역사에 대한 상당한 소양을 몸에 지니게 되었다. 황제가 직접 쓴 글, 예를 들면 앞에 인용한 '어제황릉비문御製皇陵碑文' 등도 '영위英偉한 기운'를 느끼게 해주는 훌륭한 문장으로 평가받고 있다. 그에게는 천하를 향한 야망과 유학의 교양은 밀접하게 연결되어 있었던 것이다.

공포정치

주원장이 이끈 초기 명 왕조 정권은 이 두 가지 특징을 각각 대표하는 회서의 무장들과 절동의 학자들, 즉 주원장의 정권 탈취를 문무 양면에서 지탱한 이 두 집단의 균형 위에서 이루어졌다고 할 수 있다. 회서 집단의 검약하고 강건한 기풍과 절동 집단의 유교적 정통주의가 맞물려 홍무제 시대의 정치에 진지하고 엄격한 특징을 부여하였다.

그러나 황제의 자리에 오른 주원장은 자신을 지탱하는 이들 집단의 어느 쪽에도 허점을 보일 수 없었다. 일찍이 동료의 입장이었던 무장들이 황제의 자리를 엿보지 않는다는 보장도 없었고, 지적 엘리트로서 자부심을 가진 학자들이 갑자기 출세한 자신을 경시하는 것은 아닌가 하는 불안도 있었다. 여기에서 그의 시기심과 의심은 신하에 대한 공포정치로 나타났다. "천하를 얻으려면 살인을 즐기지 말라"는 이선장의 충고에 따라서 천하를 얻은 주원장은 오히려 천하를 얻은 후에 '살인을 즐기는' 황제로 알려지게 되었다.

명 초기에 커다란 의옥疑獄·숙청 사건이 몇 개 있었는데, 그 첫째가 1376년의 '공인空印의 옥獄'이다. 원대에는 각 지방에 행중서성行中書省

주원장

주원장은 상당히 특이한 풍모를 가진 사람이었던 것 같다. 명대 중기의 수필 『숙원잡기菽園雜記』에 따르면, 홍무제는 화공을 모아서 자기의 초상화를 그리게 했지만, 열심히 비슷하게 그릴수록 마음에 들지 않아 했다. 한 지혜로운 화공이 황제의 뜻을 살펴 대강의 윤곽을 비슷하게 한 위에 온후한 모습을 그리자 황제는 크게 기뻐하여, 몇 장을 모사模寫시켜서 여러 왕에게 하사했다고 한다. 타이베이의 고궁박물원에 남아 있는 이 초상은 우직한 화공이 그린 것일까. (ⓒ C.P.C.)

(중서성의 출장기관이라는 의미로 줄여서 행성行省)을 두어 군정·민정을 통괄하였고, 명 초기에도 그 제도를 계승하였다. 이들 행성이나 그 밑의 부府·주州·현縣 등의 지방 관청은 매년 중앙의 호부戶部에 서리胥吏를 파견해서 재정 보고를 하게 되어 있는데, 호부의 조사로 잘못이 발견되는 경우에는 일부러 지방에 돌아가서 서류를 다시 작성하는 것이 어렵기 때문에 미리 장관의 공인을 날인한 미기입 용지를 준비해와 그 자리에서 다시 작성하는 것이 통례로 되어 있었다. 그런데 이것을 지방관의 부정이라고 갑자기 적발해서 수천 명의 지방관을 처형 또는 좌천시켰다.

이것은 단순히 지방관의 기강 숙정을 목표로 한 사건이 아니라, 그에 동반해서 중요한 제도개혁이 이루어졌다. 즉 군정·민정을 포함해서 강력한 권한을 가지고 있던 행중서성을 폐지하고 각 성에 승선포정사사承宣布政使司(재정 등의 행정 담당), 제형안찰사사提刑按察使司(감찰·재판 담당), 도지휘사사都指揮使司(군사 담당) 세 관청이 만들어진 것이다. 이것은 지방관의 권한을 분산해서 황제의 지방 지배를 강화하려는 움직임으로 볼 수 있다.

1380년에는 이선장과 동향 출신으로 승상丞相(중서성 장관) 자리에 있던 호유용胡惟庸이 모반죄로 체포 처형되었다(호유용의 옥). 호유용이 '공인의 옥'에서 주원장의 뜻에 따라 탄압을 주도하고, 그 뒤에 전횡을 일삼아 주위의 반감을 샀다는 것이다. 그러나 일본이나 몽골에 사신을 보내 모반 가담을 요구했다는 등의 죄상은 처형 후에 발표된 것이고, 오늘날까지 그 진위가 증명되지 않은 것으로 보아 날조일 가능성이 크다. 그때 호유용 일당으로서 처형된 사람들은 강남의 대지주를 중심으로 1만 5000명에 이르렀다. 명 왕조 최대 공신의 한 사람인 송렴마저 체포되었으나, 마황후가 단식을 하며 홍무제에게 간언했기 때문에 겨우 처형을 면했을 정도이다. 이 '호유용의 옥'은 10년 후에 재연되어, 그때도 이선장을 포함해서 수만 명이 처형되었다. 나아가 그 3년 후에는 '남옥藍玉의 옥'이 일어났다. 남옥도 호유용과 같은 정원현定遠縣 출신으로 서달 등 건국 공신 무장의 뒤를 이어서 몽골과의 전투 등에서 공적을 올린 사람이다. 그도 또한 모반죄로 처형되어 모두 합해 수만 명이 숙청되었다.

왜 주원장은 이러한 대규모 숙청 사건을 몇 번이나 일으킨 것일까? '호유용의 옥' 뒤에 중서성이 폐지되고, 중서성에 속한 6부가 황제 직속이 된 것에서도 알 수 있듯이 이러한 탄압이 '황제 권력의 강화'를 목표로 한 제도개혁과 연결되어 있었던 건 확실하다. 그러나 목적이 제도 개혁만이었다면, 이 정도의 대량 살인은 필요 없었을 것이다. 청대 중기의 역사가 조익趙翼은 "홍무제는 이때 이미 60여 세, 황태자는 유약하고 인자했으며 그의 사후 황태자가 된 손자는 더욱 유약하였다. 그래서 자신이 죽은 후의 일을 생각하지 않을 수 없어서, 이 두 차례의 대옥사(호유용의 옥과 남옥의 옥)를 일으킨 것이다(『이십이사차기二十二史箚記』)"라고 말하고 있다. 자신이 죽은 후 명 왕조의 지배에 조금이라도 위협이 되는 자들을 모두 이 세상에서 제거하려고 한 것이다. 이들 '옥'이 끝났을 때, 주원장과 함께 어려운 시기를 싸워 이겼던 건국 공신들은 몇 명을 제외하고는 거의 남아 있지 않았다.

"명 태조는 성현의 면모, 호걸의 기풍, 도적의 성품을 동시에 가진 사람이었다"고 조익이 평한 대로, 주원장은 유교적 교양을 가지고 소농민을 보호하는 인애仁愛 깊은 황제이고, 불굴의 의지를 가지고 난세를 이겨낸 영웅이며, 또 시기심과 의심이 발동해 옛 친구를 계속 살해한 냉혈한이기도 하였다. 주원장에 대한 후세 사람들의 평가는 다양하다.

300년 후, 청 왕조의 강희제康熙帝는 남방 순행시 홍무제의 능에 이르러서, 그곳에 "치세가 당·송보다 높다(治隆唐宋)"고 어필御筆로 쓴 비를 세웠다. 당 태종, 송 태조·인종 등 역대 명군이라고 칭해지는 몇몇 황제 중에서, 홍무제를 역사상 제일이라고 간주하는 평가도 적지 않은 것은 일개 빈민 출신으로 전란의 세상을 '치治'로 이끈 그의 강인한 의지, 수단을 가리지 않는 집념이—그의 어둡고 참혹한 측면까지 포함해서—'치治'를 추구하는 후세의 위정자 마음을 사로잡았는지도 모른다.

···조선왕조의 건국

태조 이성계의 즉위

위화도회군 이후 착실히 세력을 다진 이성계는 최영·정몽주 등 라이벌을 제거한 뒤, 드디어 1392년 7월, 고려 마지막 왕 공양왕으로부터 왕위를 양위받아 즉위하였다. 건국 이래 480년 가까이 계속된 고려왕조는 이때 멸망한 것이다. 그러나 즉위한 이성계 앞에는 여러 가지 난관이 산적해 있었다.

먼저 대외적으로는 명과의 관계가 최대 문제였다. 이성계는 즉위 후 바로 명에 사신을 보내 국왕 교체를 승인해줄 것을 요구했지만, 그 직함은 '권지고려국사權知高麗國事'였다. 여기에서 주의 깊게 봐야 할 점은, 국호가 아직 고려 그대로라는 것, '권' 즉 임시 국왕을 자칭하고 있다는 것이다. '권'이라고 한 것은 명나라의 승인을 얻은 다음 정식으로 국왕을 칭하기 위한 것이었지만, 이성계는 여기에서 왕조 교체 즉 역성혁명으로서 스스로의 즉위를 위치 짓고 있지 않다.

홍무제는 이성계의 왕위를 승인했지만, 조선 내정에 관해서는 무관심한 태도를 보였고, 정식 책봉관계는 맺지 않았다. 명 건국 당초에는 원과의 관계 때문에 고려와 적극적인 동맹이 필요했던 데 비해, 이즈음에는 원이 북방으로 물러나 있어 명나라로서는 이성계의 즉위에 그다지 관심을 가지고 있지 않았던 것이다.

그런데 1392년 겨울 견명사遣明使에게, 명은 국호 개정 문제를 제기해왔다. 이 제의가 명의 발의에 의한 것인지, 이성계 측의 사전 공작에 의한 것인지는 명확하지 않지만, 이성계로서는 때맞추어 강을 건너려

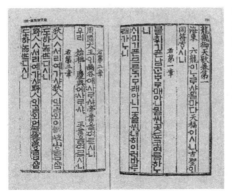

용비어천가

조선 건국의 위업을 칭송하는 송영가집 頌詠歌集으로, 정인지鄭麟趾 등이 편찬 했다. 모두 125장으로 이루어져 있고, 한 자·한글이 섞인 문체로 쓰여져 있다. 당 시의 한글을 알 수 있는 자료로서 귀중하 다.

던 참에 배가 온 셈이었다. 이에 조선朝鮮과 화령和寧이라는 두 가지 국 호를 명에 제시하였고, 명은 국호를 조선으로 할 것을 권하였다. 이러 한 경위로 1393년에 조선이라는 국호가 결정되고, 역성혁명으로서의 체제가 정비된 것이다.

그러나 국호가 정해진 후에도 이성계의 지위는 여전히 '권지국사權知 國事'인 채로였다. 명나라가 조선 국왕의 지위를 정식으로 인정해서 그 사령辭令(고명誥命이라고 함)이 수여된 것은, 1403년 제3대 태종 때에 이 르러서였다. 당시 명나라에서는 영락제가 무력으로 제위에 막 즉위한 때였다. 이러한 명나라의 국내사정으로 인해 조선과 관계를 강화할 필 요가 있었던 것이다.

용의 눈물

이성계가 안고 있던 또 하나의 커다란 문제는 국내의 통치체제, 특히 국왕과 정부의 관계에 관련된 문제였다. 조선왕조 건국 당초의 중앙관제는 기본적으로 고려시대의 것이 답습되었다. 중앙의 통치기구로서는 문하성門下省(행정)·삼사三司(재정)·중추원中樞院(군사)이 분립하고, 정부의 최고의사 결정기관으로는 이들 세 기관의 고관으로 구성된 도평의사사都評議使司가 설치되었다. 즉 정부 고관의 합의에 의해 국정을 운영해가는 형태로서, 그것은 고려시대의 전통을 계승하는 것이었다.

문제는 이 도평의사사와 국왕의 관계였다. 도평의사사의 구성원은 당연히 조선왕조 건국에 공이 있는 이른바 개국공신들 차지가 되었다. 정도전, 조준, 권근 등이 대표적인 개국공신이었다. 그들은 주자학을 건국이념으로 내세우고, 도평의사사를 통해 그 이념의 실현을 꾀하였지만, 그것은 왕권을 현저하게 제약하는 것이었다. 이렇게 해서 왕권王權과 신권臣權의 각축이 전개되었다.

왕권과 신권을 둘러싼 문제를 한층 복잡하게 한 것은 이성계의 개인적인 고뇌였다. 1996년부터 KBS 텔레비전에서 방송되어 대단한 인기를 얻었던 역사드라마 「용의 눈물」은 이성계와 그의 아들 이방원을 주인공으로 하면서, 조선왕조 건국 과정을 다룬 것이다. 용, 즉 국왕의 눈물이란 무엇인가?

이성계에게는 여덟 명의 아들이 있었다. 그중 위의 여섯 명은 첫째 부인 신의왕후 한씨가 낳은 아들이고, 밑의 두 명은 계비 신덕왕후 강씨가 낳은 아들이었다. 이성계는 막내인 이방석李芳碩을 사랑해 그를 왕위에 즉위시키기를 은밀히 바랐지만, 다수의 신하가 이에 반대하였다. 태평성대일 때라면 장남인 이방우李芳雨를, 난세일 때라면 유능한 다섯째 아들 이방원을 왕위에 올려야 한다는 것이 다수의 의견이었다.

이러한 차기 국왕을 둘러싼 갈등 속에서 조선왕조 건국의 최대 공로

자라고 할 만한 정도전이 이성계의 첫째 부인 아들들을 죽이고 이방석을 왕위에 즉위시키려 한다고 해서 이방원에게 살해되는 사건이 발생하였다. 나아가 이방원은 이성계의 계비 아들 두 명도 죽이고 말았다. 정도전에게 모의 사실이 있었는가 없었는가는 명확하지 않다. 이방원의 의도는 신권臣權의 약화를 꾀해 조선의 체제를 확고히 하려는 것이었지만, 이 사건을 계기로 이방원과 이성계 사이에 불화가 생기고 말았다.

이성계는 여러 신하들의 의견에 따라 이방원을 왕위에 즉위시키려고 했지만, 이방원이 이를 고사해, 결국 차남인 이방과李芳果가 즉위한다. 정종이 바로 그인데, 이성계는 상왕의 지위로 물러나게 되었다. 이 정종 대에도 '박포朴苞의 난'이 일어나, 이에 관여했다고 해서 이성계의 네번째 아들 이방간李芳幹이 추방되었다. 또 이 난을 계기로 사병이 금지되는 한편 도평의사사는 의정부議政府로 개칭되었다. 이러한 일련의 사태 배후에는 왕권의 강화를 꾀하려는 이방원의 의도가 작용하고 있었으며, 정종은 스스로 왕위의 위태로움을 생각해서 드디어 왕위를 이방원에게 양위한다. 제3대 태종의 탄생이다.

태종의 즉위에 이르는 일련의 경과에 울분을 풀 길이 없었던 이성계는 함경도 함흥으로 가버리고 만다. 태종은 이성계가 돌아오기(還御)를 바라서 몇 번이나 사자使者를 보내지만, 이성계는 태종이 보낸 사신을 그때마다 죽여버린다. 가고 아니 오는 사람을 '함흥차사'라고 하는 것은 이 고사에서 연유한다. 그러나 태종과 이성계의 대립은 어디까지나 개인적인 것이고, 왕권의 강화라는 태종의 일관된 방침은 이성계로서도 반대할 성질의 것은 아니었다. 1403년 이성계가 한성(현재의 서울)에 돌아오자 겨우 양측의 대립은 종지부를 찍었다. 한성은 1394년에 새 왕조의 수도로 정해져서, 주위 20킬로미터에 이르는 성벽이 구축되었다. 이후 이곳이 조선왕조 500년의 수도가 된다.

이미 정종 대에 도평의사사는 의정부로 개편되었지만, 1405년에 의정부의 권한을 대폭 축소하는 조치가 취해졌다. 즉 의정부가 관장하는 서무庶務를 6조(이·호·예·병·형·공)에 나누어 맡아 처리하게끔 하고, 6조는 정무에 관해 국왕에게 직접 보고하는 조치가 그것이다. 이 조치는 당초 반드시 순조롭게 실행되지는 않았지만, 1413년 이후에는 이 체제가 정착되어, 일단은 왕권의 신권에 대한 우위가 확립되기에 이른다. 조선왕조의 국가체제는 이렇게 해서 태종 대에 확립되었다. 태종 이방원이야말로 조선왕조 500년의 기반을 쌓은 인물이라고 할 수 있다.

위대한 발명, 한글

태종의 뒤를 이어 왕이 된 세종은 조선왕조 최고의 명군이라고 불린다. 세종의 통치시대는 태종에 의해 기초가 확고해진 국가체제하에서 갖가지 문화사업이 일제히 꽃을 피운 시대이다. 고려의 전통을 이은 금속활자의 주조는 1403년에 주자소鑄字所를 설치해 한층 더 발전을 거듭했다. 세종 대에는 갑인자甲寅字가 주조되어 간행사업이 활발하게 이루어져 많은 서적이 출판되었다.

세종 대에 출판된 서적으로는 다음과 같은 것이 있다. 조선왕조 건국의 과정을 그린 『용비어천가龍飛御天歌』, 역사서 『동국통감東國通鑑』, 지리서 『신찬팔도지리지新撰八道地理志』, 농서 『농사직설農事直說』, 의학서『향약집성방鄕藥集成方』, 역서曆書『칠정산내편七政算內篇』·『칠정산외편七政算外篇』등으로 실용적인 서적이 많이 출판된 것을 알 수 있다. 조선왕조사의 기본 사료가 되는『조선왕조실록』도 세종 대에 태조에서 태종에 이르는 3대 실록이 만들어져, 이후 실록 편찬의 기초가 되었다.

그러나 세종 대의 문화사업으로 무엇보다도 특기해야 할 것은 훈민정음(한글) 제정이다. 호학好學의 군주인 세종은 집현전이라는 기관을 만들어 준수한 영재를 모아 학문 진흥을 도모하였다. 훈민정음은 집현전에 모인 학자들의 노력 끝에 1443년에 제정되어, 3년 후 간행·반포되었다. 세계 문자사상 가장 새로운 문자의 하나이고, 언제 누구에 의해 만들어졌는가를 정확히 알 수 있는 드문 예이다.

이 한글의 자형字形이 어떠한 원리에 기초해서 만들어졌는가는 오랫동안 수수께끼였다. 타문자 기원설과 상징설 두 가지 견해가 대립되었지만, 1940년경 경상도에서 발견된『훈민정음 해례』라는 책에 의해서 이 문제가 매듭을 짓게 되었다. 이 책은 훈민정음 반포 당시에 저술된 것으로, 한글의 자음·모음에 대해 그 발생 원리가 명쾌하게 설명되어 있다. 그 책에 따르면, 한글이 발음기관의 상형에 의해 만들어진 것을 알 수 있다.

한글 제정은 조선의 문자사상 획기적인 사건이었는데, 왜 이 시점에서 독자적인 민족문자가 만들어진 것일까? 이 문제는 언어학적 측면과 역사적 측면이라는 두 가지 측면에서 생각할 필요가 있다. 언어학적 측면에서 말하자면, 한국어의 구조 자체가 독자적인 표음문자를 필요로 하였을 것이다. 한국어 음절의 특징상 자음으로 끝나는 것이 매우 많은데, 즉 하나의 음절이 자음+모음+자음의 형식을 취하는 것이

훈민정음

1443년에 제정된 훈민정음의 성립에 대해 간단히 살펴보자.

훈민정음에서는 먼저 17개의 자음자와 11개의 모음자가 정해졌다. 자음자 17자는 그 음을 발음할 때의 발음기관 모양을 상형화한 것이다. 크게 7종류로 나뉘어져서 비슷한 발음으로 되는 문자는 그 형태도 비슷하다.

자음 17자	아음牙音	ㄱ(k)	ㅋ(k')	ㆁ(ng)
	설음舌音	ㄷ(t)	ㅌ(t')	ㄴ(n)
	순음脣音	ㅂ(p)	ㅍ(p')	ㅁ(m)
	치음齒音	ㅈ(ch)	ㅊ(ch')	ㅅ(s)
	후음喉音	ㆆ(h)	ㅎ(h')	ㅇ(×)
	반설음半舌音	ㄹ(r)	반치음半齒音	ㅿ(z)

('는 유기음有氣音, ×는 무성無聲)

모음 11자는 ·(천), ㅡ(지), ㅣ(인)의 3문자를 기초로 해서 그 조합으로 만들어졌다.

ㆍ	ㅡ	ㅣ	ㅗ	ㅏ	ㅜ	ㅓ	ㅛ	ㅑ	ㅠ	ㅕ
(ʌ)	(ū)	(i)	(o)	(a)	(u)	(ə)	(yo)	(ya)	(yu)	(yə)

이상 28자가 기본문자가 되고 나아가 합성자음자, 합성모음자가 만들어졌다. 본문에서 서술한 것처럼, 조선어의 음절은 자음+모음+자음의 형태를 취하는 것이 다수지만, 이 경우에 최초의 자음을 초성, 모음을 중성, 마지막에 오는 자음을 종성이라고 한다. 모음으로 끝나는 음절(開音節)은 종성이 없는 경우이다. 훈민정음 제정시에 사용된 자음은 초성 39자, 중성 25자, 종성 36자였다. 그것은 다음과 같다.

초성순 ㄱ ㄲ ㅺ ㅴ ㅲ ㄴ ㅥ ᄉᄂ ㄷ ㄸ ㅼ ㅵ ㅳ ㄹ ㅁ ㅱ ㅂ ㅃ
ㅽ ㅸ ㅅ ㅆ ㅄ ㅿ ㆁ ㆀ ㅇ ㆆ ㅈ ㅉ ㅾ ㅶ ㅊ ㅋ ㅌ ㅷ
ㅍ ㅎ ㆅ

중성순	· ㅣ ㅏ ㅐ ㅑ ㅒ ㅓ ㅔ ㅕ ㅖ ㅗ ㅘ ㅙ ㅚ ㅛ ㅠ ㅜ ㅝ
	ㅞ ㅟ ㅠ ㅝ ㅡ ㅢ ㅣ
종성순	ㄱ ㄳ ㄴ ㄵ ㅀ ㄵ ㄶ ㄷ ㄹ ㄺ ㄾ ㄻ ㄼ ㄽ ㅀ ㅀ ㄽ ㄾ
	ㅀ ㅁ ㅁ ㅄ ㅄ ㅂ ㅄ ㅅ ㅅ ㅿ ㅿ ㅇ ㅈ ㅊ ㅋ ㅌ ㅍ ㅎ

따라서 이들을 조합해서 표현할 수 있는 음절의 수는 39×25×37(종성이 없는 경우를 포함) 즉 3만 6075종류라는 방대한 수가 된다. 실제로는 쓰이지 않는 조합도 있기 때문에 음절수는 이것보다 적게 되지만, 조선어를 나타내는 데는 이렇게 다수의 음절이 필요했던 것이다. 이에 표음문자로서 한글이 만들어지지 않으면 안 되는 기본적인 이유가 있었다고 생각한다.

한편 현재 쓰이고 있는 것은 기본문자 24자로, 초성 19, 중성 21, 종성 27종류로 되어 있다.

다음으로는 표기법인데, 예를 들면 '한글'이라는 말의 구조는 다음과 같다.

$$한 = ㅎ + ㅏ + ㄴ \qquad 글 = ㄱ + ㅡ + ㄹ$$
$$(h) \quad (a) \quad (n) \qquad (k) \quad (\bar{u}) \quad (l)$$

'한'은 '위대한', '글'은 '문자'를 뜻한다. 이때 알파벳과 같이 ㅎㅏ ㄴㄱㅡ ㄹ로 나열하지 않고 1음절자로 하나의 문자인 것처럼 표기한다. 여기에서는 한자 자형의 영향이 인정된다.

또한 훈민정음 제정시에는 발음대로 표기하는 것을 원칙으로 했지만, 이후 점차 단어의 독립성을 중시하는 방향으로 바뀌었다. 따라서 현재의 한국어·조선어에서는 문자와 발음 사이의 괴리가 상당히 커지게 되었다. 외국인이 한글을 배우려는 경우에도 이 문제로 고생하게 된다.

훈민정음
세종의 주도하에 제정된 훈민정음(한글)은 제정 3년 후인 1446년에 비로소 간행·반포되었다. 제정부터 간행까지 한글 사용에 대한 반대론도 많이 있었지만, 세종의 열의가 이것을 억제한 것이다.

많다. 따라서 다른 언어보다도 음절의 수가 훨씬 많아진다. 일본어는 100개도 안 되는 음절밖에 없고, 하나의 음절을 하나의 문자로 표시하는 것이 용이하지만, 한국어의 경우에는 음절 수가 1만 가까이 되는 것이다.

음절의 종류가 이렇게 많기 때문에 한 음절에 하나의 문자를 대응하면 1만 가까운 문자가 필요하게 되고, 이것으로는 한자와 마찬가지로 그 습득이나 사용이 극히 어렵다. 한자를 차용해서 만든 베트남의 민족문자 추놈(字喃) 등은 이 방법을 따르고 있지만, 그 번잡성 때문에 널리 보급되지 않았다.

이 문제를 해결하기 위해서는 자음과 모음의 종류만큼 문자를 만들고, 그 문자를 조합해서 음절을 나타내는 방법이 가장 합리적이다. 한글이 자음자와 모음자로 이루어진 표음문자가 되지 않으면 안 되었던 이유는 여기에서 찾을 수 있다. 따라서 다른 언어보다도 민족문자의 제정이 훨씬 곤란했던 것이고, 그 제정을 위해서는 음성학적인 치밀한 연구를 필요로 하였다.

역사적인 측면에서 보면, 한글 제정에 선행한 갖가지 민족문자의 성립이 중요할 것이다. 그중에서도 특히 주목되는 것은 몽골의 파스파 문자이다. 파스파 문자는 아시아에서는 최초의 체계적인 표음문자였는데, 이러한 표음문자라는 발상법 자체가 한글 성립에 커다란 자극을 주었다고 생각한다.

한글은 또 그 철자 방법이 독특하다. 즉 알파벳과 같이 자음자·모음자를 이어서 가는 것이 아니고, 한자의 변이나 방, 갓머리와 같이 자음자와 모음자를 조합해서 하나의 음절을 표시하는 방식을 취하였다. 표음문자이면서 한자의 작자법作字法을 받아들이고 있는 것으로, 말하자면 동양과 서양의 작자作字 원리를 융합한 것이다. 한글 제정 배경에는 뒤에 서술하는 것과 같은 국제적 시야의 확대가 있었다.

보기 드문 독재자 세조

세종 대에 설치된 집현전은 학문연구기관으로 출발했으면서도 점차 국왕 직속기관으로서의 성격을 띠게 되었다. 그리고 그 구성원이 국정을 좌우하는, 이전의 도평의사사 같은 역할을 하기 시작하였다. 세종의 뒤를 이은 문종 대에는 특히 그것이 현저하였다. 태종 때 왕권 우위로 결정난 듯했던 왕권과 신권의 대립이 다시 형태를 달리해서 나타난 것이다. 이러한 움직임을 밀어내고 왕권 우위를 새삼 확립한 왕이 세조이다.

세조는 세종의 둘째아들로 수양대군이라고 하였다. 형인 문종에 이어서 그 아들이 어린 몸으로 즉위(단종)했는데, 수양대군은 집현전의 관원들에게 권력이 집중되는 데 대해 불만을 가지고 있었다. 수양대군은 단종 치하에서 중신重臣이었던 황보인皇甫仁·김종서金宗瑞를 먼저 모반의 죄를 씌워 제거한 후, 국정의 중추를 자신이 장악하였다. 즉 의정부·이조·병조의 장관을 한 몸에 겸무한 것이다. 조선시대를 통틀어 왕족이면서 영의정(재상) 자리에 오른 것은 전무후무한 일이었다. 나아가 수양대군은 중외병마도통사中外兵馬都統使 지위에 올라 군사권마저도 장악하기에 이른다.

이러한 수양대군에게 어린 단종은 드디어 양위를 결의하고, 수양이 왕위에 올랐다. 일종의 무혈 쿠데타였다. 이에 대해 세종 대 이래의 중신이었던 성삼문·박팽년·하위지 등은 단종의 복위를 꾀하지만, 도리어 체포되어 거열형車裂刑 등에 처해졌다. 세조의 즉위에 반대해서 형에 처해진 6인의 신하를 사육신이라고 하지만, 이 밖에도 많은 관료가 정계를 떠났다. 이때의 정변으로 하야한 사람들은 아내나 모친의 고향에 이주해서 사는 경우가 많았는데, 이것은 지방으로 주자학이 보급되는 것을 촉진하였고, 사림파 세력이 등장하는 하나의 요인이 되었다.

세조는 집현전을 폐지하고 나아가 막강했던 의정부를 실권 없는 명목상의 기관으로 만들어 사형에 해당하는 죄의 재판 정도만을 취급하게 되었다. 모든 신권을 억누르고 왕권을 강화하려는 개혁이었고, 태종 때의 노선 부활이었다. 이렇게 해서 건국 초기 이래 계속된 왕권과 신권의 대립은 왕권의 우위 형태로 다시 안정되기 시작했다.

··· 넓어지는 국제적 시야

『해동제국기』

「혼일강리역대국도지도」의 제작에서 보이는 것처럼 14~15세기는 조선인의 국제적 시야가 현저하게 확대된 시기이다. 『해동제국기海東諸國記』도 당시 시야의 확대를 엿보게 해주는 귀중한 사료이다.

『해동제국기』의 저자는 신숙주로, 서문은 1471년에 쓰여졌다. 그 내용은 해동제국총도海東諸國總圖, 일본본국도日本本國圖, 일본국서해도구주도日本國西海道九州圖, 일본국일기도도日本國一岐(壹岐)島圖, 일본국대마도도日本國對馬島圖, 유구국도琉球國圖, 일본국기日本國紀, 유구국기琉球國紀, 조선응접기朝鮮應接紀로 되어 있다. 즉 이 책은 일본·류큐의 지도와 함께 양국의 국가 정세 및 조선과 일본의 외교관계를 서술한 것이다. 여기에 그려진 각종 일본 지도는 이른바 행기도行基圖(교기즈, 일본 최초의 전국지도)의 계통을 잇는 것으로 일본 지도사상 귀중한 사료가 된다.

신숙주는 조선 초기의 명문인 고령 신씨 출신으로 15세기 중반 최고의 정치가·외교관이자 또 뛰어난 학자였다. 1443년에 통신사通信使 서장관書狀官으로 일본에 파견되었고, 명나라에는 수차례 방문했으며, 세조 대에는 여진족 토벌에 종군하기도 하였다. 당시로서는 비할 데 없는 국제적 경험을 가진 사람이었다고 할 수 있다. 그는 또 한글 제정 때도 가장 핵심적인 역할을 하였다.

신숙주의『해동제국기』저술은 당시 국제관계상 필요에 의한 것이었

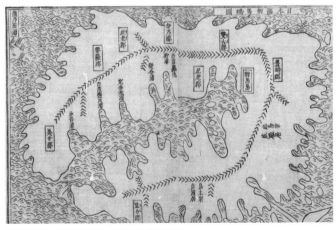

『해동제국기』중「일본국대마도도日本國對馬島圖」
『해동제국기』에 실려 있는 일본도 중 쓰시마를 그린 지도.

신숙주申叔舟(1417~1475)
문무에 두루 뛰어나서 외교관·학자로서도 걸출한 업적을 남겼다. 조선 초기에는 그와 같은 유형의 인물이 많이 배출되었는데, 그에 비하면 16세기 이후의 인물은 스케일이 작아 보인다.

다. 먼저 일본과의 관계에서는, 일본으로부터 조선에 사절을 보내오는 다이묘大名 등의 정체를 명확히 할 필요가 있었다. 권력이 분산되어 있었던 일본에서 누구를 외교상대로 할 것인가, 또 누가 왜구를 억제하는 힘을 갖고 있는가 등을 알 필요가 있었던 것이다.

또 조선왕조에 들어와 류큐와 정식 외교관계가 성립되어 있었지만, 대對류큐 무역은 동남아시아의 물자를 수입하는 데 중요한 부문이었다. 『해동제국기』의 편찬은 이렇게 당시의 현실적인 요청이 만들어낸 결과였다. 오지 도시아키應地利明에 따르면, 『해동제국기』에 보이는 「가마쿠라도노鎌倉殿」는 당시 무로마치室町 막부와 대립했던 코가쿠보古河公方이다. 오지는 이 사실로 보건대 조선의 일본에 대한 인식이 정확했음을 높이 평가하였다.

신숙주는 죽을 때, 일본에 대한 경계를 게을리 하지 말 것, 일본과 싸움을 만들지 말 것을 유언하였다. 그의 이 유언이 기우가 아니었다는 것이 100년쯤 후에 증명된 것이니, 도요토미 히데요시豊臣秀吉의 침략이 그것이다.

조선 사절이 본 중세 일본

『해동제국기』와 나란히 일본인에게 잘 알려진 서적으로 『노송당일본행록老松堂日本行錄』이 있다. 세종 즉위 직후인 1419년, 조선군은 왜구의 본거지로 생각되는 쓰시마를 공격하였다. 이른바 '오에이應永의 외구外寇'이고, 조선에서는 '기해동정己亥東征'이라고 부른다. 퇴위하여 상왕으로 있던 태종의 발의에 의한 것이었다. 이 사건이 발생한 다음해, 무로마치 막부가 보낸 사절과 동행해서 조선의 사절이 일본에 갔다. 『노송당일본행록』은 이 사절의 대표자였던 송희경宋希璟이 저술한 일본 기행문이다. 신평新平 송씨宋氏 일족으로 1402년 문과 급제, 1411년에는 명에 사절로 갔다 온 바 있는 저자 송희경은 신숙주와 같이 중국·일본 양국을 방문한 경험을 가진 사람이었다.

이 책이 일본에서 유명한 것은 일본의 1년 3모작을 기술한 사료이기 때문이다. 일본사 교과서 등에서 다음의 기술을 볼 수 있다.

아마가사키阿麻沙只 (尼崎) **마을에 숙박해 일본을 노래함**

일본의 농가는 가을에 논을 갈아서 보리와 밀(大小麥)의 종자를 뿌리고, 다음해 초여름에 보리와 밀을 베어서 묘종을 뿌리고, 초가을에 벼를 베고 메밀(蕎麥)을 뿌려서, 초겨울에 메밀을 베고 보리와 밀을 뿌린다. 한 논에 1년에 3번 씨를 뿌린다. 즉 강을 막아서 논을 만들고, 강을 터서 밭을 만든다.

무로마치 시대 일본 농업의 발전을 보여주는 사료이다. 그러나 같은 책에 있는 다음과 같은 기술은 왠지 거의 언급되지 않았다.

니시노미야利時老美夜(西宮) **점**店 **을 지나며**

곳곳에 신당이요 곳곳에 승려

노는 손은 많고 농사꾼은 적네

밭 갈고 물 긷고 여가가 없다 해도

늘상 들리느니 굶주린 자의 구걸 소리

일본은 사람이 많다. 굶주린 사람도 많고 또 병든 사람도 많다. 곳곳의 노변에 모여앉아 행인을 만나면 돈을 구걸한다.

『노송당일본행록』은 조선인이 쓴 최초의 본격적인 일본 기행문이다. 17세기 이후가 되면 조선통신사에 의한 일본 기행문이 많이 저술되는데, 그와 비교하면『노송당일본행록』의 일본 관찰은 신선하다. 17세기 이후의 기행문은 그 내용이 유형화됨과 동시에 유교적인 가치관에서 일본을 관찰하는 경향이 강해진다. 그에 비해『해동제국기』나『노송당일본행록』의 관찰은 신선한 놀라움으로 가득 차 있고, 조선에서도 유교적인 풍속이 아직 정착되지 않았던 것을 역으로 엿볼 수 있다.

이『노송당일본행록』이 오늘날까지 전해지는 것은 일종의 기적이라고 할 수 있는데, 그것은 이 책의 기구한 운명 때문이다. 송희경의 손으로 만들어진 원본은 그의 사후 행방을 알 수 없었는데, 송희경의 현손 玄孫(손자의 손자)에 해당하는 송순宋純이 우연히 이 책을 입수하게 된다.

이에 그는 책을 화려하게 장정하여 보관했지만, 1597년 정유왜란 때 잃어버려 책은 일본으로 건너간다. 이때 일본의 포로가 되었던 정경득鄭慶得이라는 인물이 도쿠시마德島에서 우연히 이 책의 사본을 발견해서 이것을 등사해 조선에 가지고 돌아왔다고 한다.

이 사본을 송희경의 6대손 되는 송징宋徵이 정경득의 집을 방문했을 때 발견해서, 드디어 송희경의 본가로 돌아오게 되었다. 이 책이 처음 간행된 것은 1800년의 일이다.

조선시대 서적에는 일본과 인연이 깊은 책이 많은데, 『노송당일본행록』도 그중 하나이다. 무라이 쇼스케村井章介에 따르면, 송순이 장정한 원본은 현재 도쿄 혼고本鄕의 고서점인 이노우에井上 서점에 소장되어 있다.

2장

명 제국의 확대

···명 정권 초기의 '남과 북'

명 왕조의 중심

주원장은 몽골족이 지배하는 원 왕조를 타도하고 새로운 왕조를 건설했기 때문에 중국 역사학계에서는 그를 '민족해방투쟁'의 영웅으로 평가하는 견해도 상당히 강하였다. 확실히 주원장은 "이적夷狄이 중국의 주인이 된다고 해도 100년을 넘기지 못한다"는 말로 한족漢族 지배 회복의 정당성을 주장하였다. 그러나 이적에 대한 증오를 표명하는 '민족주의'적인 성격은 전체적으로는 의외일 정도로 희박하다. 원 왕조도 중국 정통 왕조의 하나라는 것은 주원장에게는 당연한 생각이었다. 다만 그 지배방식이 점차 난맥상이 되고 천명天命이 떠났기 때문에 새로이 천명을 받은 한족의 왕조가 세워졌다는 것이다.

　몽골리아로 쫓겨난 몽골인들 중에도 명나라 군대의 공격을 받아 투항하는 자가 속출했고, 그들은 다시 명 왕조 치하의 중국으로 돌아왔다. 100년 가까이 유목생활에서 떠나 있던 몽골인들에게 북방의 초원은 결코 살기 좋은 곳이 아니었던 것이다. 명나라 쪽에서도 몽골인들을 받아들여서 위소제衛所制라는 군대제도에 편입시켰다. 이렇게 해서 명대가 되어서도, 특히 북방에서는 원대의 상황을 계승한 것 같은 다민족 구성의 사회가 계속되었다. 왕조가 바뀌었다고 해서 한꺼번에 순수 한족의 국가가 만들어지는 것은 아니다. 원대의 풍습과 기풍은 명 초기까지도 짙게 남아 있었다.

한편 명 왕조 정권의 기반이 남방에 있었던 것은 의심할 여지가 없다. 주원장은 장강 유역에서 정권의 기초를 굳혔기 때문에, 초기 명 왕조 정권을 지탱한 관료들의 상당수는 남방 출신자였다. 12세기 여진족이 세운 금金나라에게 수도 개봉開封을 점령당했던 송宋 왕조가 남으로 도망한 이래, 중국의 남반부 개발이 진행되어 경제면에서도 문화면에서도 장강 유역 이남, 특히 장강 하류 강남 지방의 중요성이 증가해갔다. 재정 기반이라는 점에서 보아도 남직예南直隸(현재의 강소·안휘성), 절강浙江, 강서江西, 호광湖廣 4성省에서 세금의 반 이상을 거둬들였다. 또 건국 후 바로 개시된 과거에서도 합격자는 대부분 문장쓰기에 능한 남방의 지식인이었다. 주원장이 장강 남안南岸의 남경南京(난징)을 수도로 정한 것은 정치의 중심과 남송南宋 이래의 경제·문화의 중심이 다시 살아났다는 것을 의미한다.

중국 역사상 장강 이남에 수도를 둔 왕조는 삼국시대의 오吳나라를 비롯해서 육조六朝 등 명 왕조 이전에도 자주 있었지만, 모두 중국의 남반부를 지배하는 데 머물렀다. 장강 이남에 수도를 두고, 황하 유역까

명 왕조 계보도

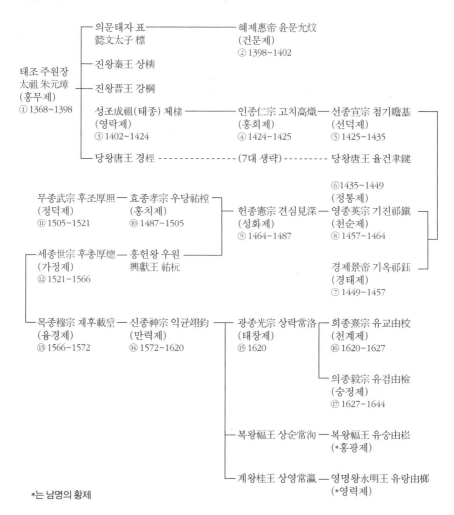

태조 주원장
太祖 朱元璋
(홍무제)
① 1368~1398

의문태자 표
懿文太子 標 ── 혜제惠帝 윤문允炆
(건문제)
② 1398~1402

진왕秦王 상숙

진왕晋王 강梱

성조成祖(태종) 체棣 ── 인종仁宗 고치高熾 ── 선종宣宗 첨기瞻基
(영락제)   (홍희제)   (선덕제)
③ 1402~1424   ④ 1424~1425   ⑤ 1425~1435

당왕唐王 경桱 ------------- (7대 생략) -------- 당왕唐王 율건聿鍵

⑥1435~1449
(정통제)

무종武宗 후조厚照 ── 효종孝宗 우당祐樘
(정덕제)   (홍치제)
⑪ 1505~1521   ⑩ 1487~1505

헌종憲宗 견심見深 ── 영종英宗 기진祁鎭
(성화제)   (천순제)
⑨ 1464~1487   ⑧ 1457~1464

세종世宗 후총厚熜 ── 홍헌왕 우원
(가정제)   興獻王 祐杬
⑫ 1521~1566

경제景帝 기옥祁鈺
(경태제)
⑦ 1449~1457

목종穆宗 재후載垕 ── 신종神宗 익균翊鈞
(융경제)   (만력제)
⑬ 1566~1572   ⑭ 1572~1620

광종光宗 상락常洛 ── 희종熹宗 유교由校
(태창제)   (천계제)
⑮ 1620   ⑯ 1620~1627

의종毅宗 유검由檢
(숭정제)
⑰ 1627~1644

복왕福王 상순常洵 ── 복왕福王 유숭由崧
(*홍광제)

계왕桂王 상영常瀛 ── 영명왕永明王 유랑由榔
(*영력제)

*는 남명의 황제

70

지 포함한 판도를 가진 왕조는 명이 처음이다. 말하자면 명은 남방에 중심을 두고 북방까지 지배의 손길이 미치는 형태였는데, 여기에서 발생하는 문제가 남북 균형의 결여이다. 즉 인재면에서 보아도 경제면에서 보아도 명 왕조 초기 정권은 남방에 치우칠 위험성을 안고 있었다. 화북이 정권 기반에서 소외되어서 몽골 등의 북방 세력에 대한 위력을 충분히 행사할 수 없는 위험성이다. 원 왕조처럼 다민족의 광역 국가를 유지해가지 못하고, 실질적으로 장강 유역을 중심으로 한 한족漢族의 지방정권으로 수축되고 말 가능성도 없지 않았다.

홍무제는 남방 출신 세력을 억제하고 북방 출신자 발탁에 신경을 쓰는 한편, 허술한 북방 통치를 강화하기 위해 자신의 아들 중 유력한 자를 북방의 장성長城 가까이에 배치하였다. 홍무제에게는 스물여섯 명의 아들이 있었는데, 그중 큰아들인 주표朱標를 황태자로 하고, 둘째아들은 진왕秦王으로서 서안西安에, 셋째아들은 진왕晋王으로서 태원太原에, 그리고 넷째아들은 연왕燕王으로서 북평北平(현재의 북경)에 분봉分封하였다. 아들들 중 연장자들로 하여금 북방에서 대몽골방위를 하게 한 것이다. 나머지 아들들도 전국의 요지에 분봉되었다.

건문제와 연왕

홍무제의 아들 중 가장 유능하고 무용武勇이 뛰어나다고 평가된 아들은 넷째인 연왕燕王 주체朱棣였다. 원나라 대도大都 시대의 분위기가 그대로 살아 있던 당시의 북평은 몽골인, 여진인, 서역 사람들이 섞여 사는 국제도시였다. 21세 때 북평에 부임한 그는 거기에서 뛰어난 장수들에게 단련 받으면서 대몽골 군사 훈련으로 나날을 보냈다. 연왕은 진왕晉王과 협력해 수차례에 걸쳐 몽골과 교전하여 승리를 거두었고, 아버지 홍무제로부터 "짐은 북쪽을 돌아볼 걱정이 없다"는 말을 들었다.

한편 황태자인 주표는 학자풍의 온후한 인물이었지만 홍무제 생전에 죽었다. 그의 후계자로 누구를 세울 것인가 결정하는 데 5개월 정도의 시간이 걸렸다. 주표의 아들 중 최연장자인 주윤문朱允炆은 젊은 나이에 신경질적인 성격인 데 비해 연왕의 무용과 리더십은 여러 사람의 인정을 받았기 때문이다. 홍무제 자신도 연왕을 후계자로 생각한 적도 있지만, 신하의 반대에 부딪혀 결국 윤문이 후계자가 되었다. 1398년 홍무제의 죽음과 함께 윤문이 열여섯의 나이로 제위에 즉위했으니, 이 사람이 건문제建文帝다. 건문제도 부친과 마찬가지로 학문을 좋아하는 이상주의자로서, 즉위 후 절동浙東 출신의 유명한 학자이자 송렴宋濂의 수제자였던 방효유方孝孺를 수뇌로 해서 내놓은 정책은 유학의 경전에서 배워 형벌의 완화나 세금의 경감을 내용으로 하는 덕치적 정치를 목표로 하는 것이었다.

북평을 거점으로 하는 연왕의 세력이 군사적인 색채의 강렬함이나 다민족적인 사회 기반에서 원 왕조의 뒤를 잇는 성격을 갖고 있는 데 비해, 남경의 건문제 정권은 오히려 남방 출신의 학자를 중심으로 한 문인적이고도 순 한漢문화적인 색채를 갖고 있었다고 할 수 있다. 홍무제 때부터 문제가 되었던 '남과 북'의 대비로 말하자면, 건문제 정권은 홍무제 때의 정권이 가지고 있었던 남인南人 정권으로서의 성격을 순수화했던 것이라고 볼 수 있다. 그에 대해 연왕 세력은 남인 정권의 틀을 넘어서 중심을 보다 북방 쪽으로 옮기려는 비전을 체현했다고도 할 수 있다.

그런데 건문제가 직면한 최대의 난제는 병권을 장악하고 각지에 분봉되어 있는 숙부들의 처우였다. 특히 북평의 연왕이 야심이 있다는 것은 일찍부터 소문이 나 있었고, 만약 방치해둔다면 남경 정권에 대한 위협이 될 것은 뻔했다. 남경에서 삭번削藩(왕들의 봉지封地 취소)의 방침이 정해지자 남경의 건문제와 북평의 연왕 간의 긴장은 높아져갔다. 1399년 연왕이 모반을 준비했다는 이유로 체포 명령이 내려지자, 연왕은 '황제 주변에 있는 악惡(難)을 숙청(靖)한다'는 슬로건하에 거병하였다. 햇수로 4년에 걸친 '정난靖難의 역役'이 시작된 것이다.

당초 세력의 우위를 자랑하는 정부군은 우세하게 전투를 진행하였다. 연왕이 직접 지휘할 수 있는 것은 원래 왕부王府를 호위하는 소수 군대에 한정되어 있었다. 그러나 연왕의 곁으로 남경 정부에 불만을 가진 화북 사람들, 특히 명에 항복해 북경 주변에서 위소衛所를 구성하고 있던 몽골인 집단이 속속 모여들었다. 그는 몽골의 기병을 자신의 군대에 편입시켜서 전력을 강화하였다. 정부군이 연왕군에게 결정적인 타격을 주지 못하는 사이에, 1401년 말 연왕은 전군을 이끌고 북평을 출발해서 정부군과의 결전에 나섰다. 다음해 6월 연왕은 남경을 함락시켰다. 건문제는 궁전에 불을 지르고 자살했다는데, 그 유체는 발견되지 않았다. 연왕은 7월 황제 자리에 올라 새로운 연호를 영락永樂이라고 정하고 북평으로 천도를 결정하였다.

연왕은 무력적으로는 완전한 승리를 거두었지만, 대의명분으로 말하자면 황제를 죽여서 그 지위를 찬탈한 대죄를 범한 것이 된다. 건문제의 측근이었던 강골의 유학자들은 건문제를 따라서 자살하거나 혹

영락제
영락제의 이상적인 인물은 당唐 태종이라고 알려졌는데, 미야자키 이치사다宮崎市定의 설에 따르면, 그는 스스로를 원 세조 쿠빌라이에 비유했다. 타이베이 고궁박물원 소장.

은 체포되어 연왕을 따르도록 강요당했지만 단호히 그것을 거부하였다. 특히 방효유는 당대 제일의 학자로서 세상의 주목을 받는 이였기 때문에 연왕은 그를 회유하려고 직접 불러 만났지만 거꾸로 격하게 힐난만 받았을 뿐이다. 고대 주周나라 때 주공周公이 조카인 성왕成王을 도와 선정을 행한 고사로써 자기변호를 하려고 하면, "성왕은 어디에 있는가(도와줄 조카인 건문제는 당신이 죽인 것이 아닌가)"라고 반박하고, 등극의 조서를 작성하라고 강요하자 "연적찬위燕賊簒位(연나라 적이 왕위를 빼앗았다)"라고 쓰고 소리 내어 우는 식이었다. 연왕은 분노에 차 방효유의 친척 873명을 그의 면전에서 한 사람 한 사람 처형했으나 끝내 그의 뜻을 꺾지 못했고 방효유는 사형되었다. 이에 연왕은 찬탈자에다가 잔인한 폭군이라는 오명을 덧쓰는 결과가 되었다.

즉위 후 영락제永樂帝(연왕)는 정통의 군주로서 건문제의 존재 자체를 말살하고자 건문이라는 연호를 취소하였다. 따라서 약 200년 후 명 말기가 되어 건문의 연호가 부활할 때까지, 영락제는 직접 홍무를 잇는 제2대 황제인 셈이었다.

북경 천도

대의명분을 중시해서 영락제에 반발하는 유학자들의 세력이 강한 남경이 영락제에게 살기 좋은 장소가 아니었을 것은 당연하다. 그러나 남인 세력의 저항을 배려하지 않을 수 없는 영락제로서는 바로 천도를 행하는 것도 불가능하였다. 영락제는 남경에 수도를 둔 채로 북경에서 자주 장기간 머무르며 정무를 보았는데, 결국 정식 천도가 실현된 것은 즉위 후 19년이 지난 1421년의 일이었다. 그러나 천도한 지 겨우 4개월 만에 막 낙성한 새 궁전에 벼락이 떨어져 세 채의 건물이 화재로 소실되었다. 이것을 하늘의 경고라고 해서, 남경에 돌아갈 것인가 북경에 머물 것인가를 둘러싸고 관료들 사이에서 격렬한 논쟁이 일어났다.

천도 후 3년 만에 영락제는 세상을 떠났지만, 그 후에도 남경으로 환도할 것인가를 둘러싸고 20년 가까이 의견이 정해지지 않았다. 수도라는 곳은 단순히 군사적·경제적인 편리성 여하에 그치지 않고 국가의 기본 성격과도 깊이 관련되는 중요한 문제이기 때문에 가볍게 결정지을 수 있는 사안이 아니었다. 영락제를 이은 홍희제洪熙帝는 거동이 불편할 정도의 비만이었다고 한다. 부친인 영락제와 닮지 않아서 무武보다 문文을 좋아하는 온화한 성격이었는데, 즉위 후 바로 남경 환도를 결정하고 북경을 '행재行在(임시 수도)'로 정하였다. 그는 뒤에 서술하게 될 정화鄭和의 남해 원정 등 영락제 시대의 대외 발전 정책을 모두 중지시키고, 내정 중시의 수성守成 방침으로 전환을 꾀하였다. 남경 천도는 그 일환이었다. 그러나 홍희제는 즉위 후 10개월 만에 급서하였다. 그의 아들인 선덕제宣德帝는 영락제와 닮은 무인 기질로, 아버지 홍희제가 정한 남경 환도 계획을 중지한 채 북경에 계속 거주하였다. 그리고 다음 정통제正統帝 때 정식으로 '행재'의 명칭을 버리고 북경을 수도로 정했다.

이렇게 수도의 위치를 둘러싼 조정의 동향은 두 번 세 번 바뀐 뒤 결국 북경이 수도로 결정되었다. 그러나 그 뒤에도 남경에는 북경에 준하는 중앙관제가 두어졌고, 북경과 남경은 타원의 두 중심과 같이 명 제국 통합의 두 극을 이루었다. 그리하여 명 제국의 '남북 문제'라고 할 남과 북의 긴장관계가 이따금 정치 표면에 떠올랐던 것이다.

새 수도 북경

영락제가 1403년 북평으로 수도를 정할 때 이름을 북경으로 바꾸었는데, 이것이 오늘날까지 이어지는 북경이라는 지명의 시작이다. 북경의 조영造營은 1406년부터 1420년까지 약 15년이라는 오랜 기간에 걸쳐 행해진 대사업이었다. 명·청 시대 북경성의 성벽은 정사각형이라기보다는 약간 동서로 긴 직사각형의 내성內城과 남쪽으로 비쭉 나온 외성外城으로 나뉘어 양자 합하여 凸형을 하고 있었다. 전체적으로는 원대의 대도大都보다 약간 남으로 치우쳐 있다.

현재의 북경 지도를 보아도 알 수 있듯이, 내성 부분은 동서남북으로 바둑판의 눈처럼 정연한 도로가 통하고 있다. 내성은 잘 짜인 도시

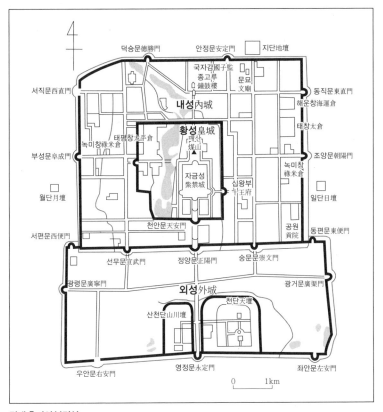

명대 후기의 북경성

현재의 북경 시가지는 물론 당시의 성벽보다도 크게 확대되어 있고, 성벽은 거의 남아 있지 않지만, 지하철의 환상선環狀線이 통하고 있는 곳이 대략 내성의 성벽에 해당한다.

계획을 기초로 영락 시대에 건설된 부분이다. 영락 연간에는 아직 외성은 건설되지 않았다. 그런데 수도 북경의 인구를 먹여 살리기 위해서는 남방으로부터 곡물을 비롯한 대량의 물자를 수송하지 않으면 안되었는데, 그 주요한 루트인 대운하는 북경성의 건설과 병행해서 정비되어 그 종점은 북경성의 동쪽에 있는 통주通州였다. 통주에서 운반된 물자는 내성의 남쪽에 집적되고, 정양문正陽門(정면 남문) 주변을 중심으

「**황도적승도**皇都積勝圖」(부분)
명대의 북경을 그린 그림. 정양문 부근의 번화한 시장 부분이다. 중국역사박물관 소장.

로 새로운 상업지구가 형성되었다. 북경에 수도를 정한 때로부터 100년 남짓 지난 가정嘉靖 연간에는 몽골이 침입해 북경을 포위한 사건이 일어났는데, 그때 성 밖의 상업지구를 지킬 목적으로 건설된 것이 외성이다. 당초에는 내성의 사면 전체를 둘러쌀 계획이었지만, 자금 부족으로 남쪽밖에 되지 않았기 때문에 북경성의 특징인 凸형이 형성되었다.

북경 외성이 북경을 멀리 강남으로 연결하는 창구라고 한다면, 내성 북쪽의 문은 몽골 등 북쪽 변경과 북경을 연결하는 창구였다. 중화민국 시대에 이르러서도, 낙타를 탄 캐러밴이 북경과 몽골 각지를 연결하였다. 봄에는 황사 섞인 바람이 불어오는 건조한 기후, 양고기 꼬치 파는 노점이 현재에도 많이 보이는 북경은 역시 초원지대와의 연결을 강하게 느끼게 하는 북방의 거리이다. 몽골 기병 덕택에 '정난의 역'에서 승리를 거두었다고도 할 수 있는 영락제의 몽골인 우대정책도 있어서, 1430년대 북경 거주민의 3분의 1은 몽골인이었다고 한다. 오늘날 북경 지명에 남아 있는 '후통胡同'이라는 말은 '골목'을 의미하지만, 원래는 몽골어로 샘을 나타내는 '후투쿠'에서 유래했다고 한다. 좋은 물을 구하기 어려운 북경에서 특히 마실 물이 나오는 샘은 귀중한 존재였다. 명·청 시대의 북경성에서도 이러한 몽골 시대의 자취가 짙게 남아 있었던 것이다.

•••영락 시대의 대외발전

몽골 원정

영락제 시대는 오로지 내정에 뜻을 두었던 홍무제 시대와는 달리 화려한 외정外征으로 빛난다. 젊었을 때부터 '웅무雄武의 재략'이라고 일컬어진 영락제의 성격도 성격이거니와, 혁혁한 무공에 의해 찬탈자라는 약점을 덮어 감추려는 동기도 있었을 것이다. 먼저 북방에서는 '정난靖難의 역役' 동안에 힘을 회복하고 있던 몽골 세력을 물리쳐야 했다. 이에 1410년 51세의 영락제는 스스로 50만 군대를 이끌고 장성 밖으로 토벌에 나섰다. 한인漢人 황제가 장성 이북의 사막지대에 친히 원정해서 승리를 거둔 것은 중국 역사상 전무후무한 일이었다.

명나라 때 사람들은 넓은 의미의 몽골족을 '달단韃靼(타타르)부'와 '와자瓦剌(오이라트)부'로 나누어서 파악하였다. '달단부'란 원 왕조의 후예인 몽골족을 가리킨다. 처음에는 북원北元 등으로 불렸지만, 1380년대에 남옥藍玉이 이끄는 명군의 원정에 의해 원 왕조 직계의 유력 후계자가 없어지게 된 다음부터는 달단부라고 불리게 되었다. 한편 '와자

부' 쪽은 원대부터 몽골리아의 서북에 위치하면서 몽골 황실과 혼인관계를 맺고 있던 부족이다. 다만 몽골 내부의 집단적인 결집 방식은 때에 따라서 다르고 항상 그렇게 명확히 두 개의 부족으로 나뉜 것도 아니다. 또한 달단이라는 명칭도 몽골인 자신이 그렇게 부르는 것이 아니라 명나라 쪽에서 마음대로 부르는 호칭에 지나지 않는다. 앞으로는 명나라 쪽에서 달단이라고 부르는 집단을 '(협의의) 몽골', 와자瓦剌라고 부르는 집단을 '오이라트'라고 부르기로 하겠다.

영락제의 몽골리아 원정은 몽골·오이라트를 모두 포함한 넓은 의미의 몽골족 전체와 명 왕조 중국의 대립이라기보다는, 몽골리아의 패권을 둘러싼 몽골 대 오이라트의 싸움에 명이 개입한 성격이 짙다. 몽골을 상대로 한 첫 번째, 오이라트를 상대로 한 두 번째 싸움에서는 어느 정도의 성과를 거두었지만, 몽골을 상대로 한 세 번째 이후의 연속 친정親征은 신하의 반대도 많았고 또 상대방 주력부대와도 조우할 수 없어서 다액의 군비를 낭비했을 뿐 실패로 끝났다. 당시 이제 막 천도한 북경의 궁전이 소실되고 남경 환도의 움직임도 있어서, 북경을 중심으로 하는 원 왕조적 광역 국가의 건설이라는 영락제의 비전은 커다란 타격을 받았다. 이 세 번의 친정은 그 동요를 봉쇄하려는 영락제의 초조함이라고도 할 수 있지만, 결국 통산 다섯 번째의 몽골 원정에서 돌아오는 길에 영락제는 병에 걸려 북경에 도착하기 전에 65세의 나이로 세상을 떠났다.

동북의 여진족

몽골리아의 동쪽, 현재의 중국 동북 지방은 여진(여직女直이라고도 한다) 족의 거주지였다. 금이 원에 의해 멸망한 후, 동북의 여진족도 원의 지배하에 들어가 있었지만, 홍무제의 동북 평정에 즈음해 여진 사람들은 차츰 명의 지배하에 들어갔다. 홍무제로부터 영락제 시대에 걸쳐서 내조來朝한 여진인 수장首長에게는 지휘指揮·천호千戶 등 무관 지위를 주고, 위衛 또는 소所의 개설이 명해졌다. 동북에서는 민정民政은 행해지지 않고 군정軍政만이 있었는데, 여진인들은 그 군사조직 속에 편입되어 있었던 것이다. 그렇다고는 해도 외이外夷로서 조공도 명령받았기 때문에 여진은 명 왕조의 내신內臣인지 외이인지 애매한 지위에 있었다고 할 수 있다. 여진족의 위소의 장들은 각각 조공을 위해 증서를 받아서 독립적으로 명과 교역을 하는 것이 가능해서 영락 연간에는 그러한 위가 200군데 가까이 있었다. 그들 중에는 농사를 짓는 자도 있었지만 집단을 꾸려서 수렵·채집을 주된 생업으로 하고 있어서 명과의 교역은 그들에게 커다란 이익을 가져다주었다.

　명나라에서 볼 때 여진은 동북 남부의 건주建州 여진, 송화강 유역의 해서海西 여진, 그보다 북쪽의 야인野人 여진, 이렇게 크게 셋으로 나뉘어 있었다. 명의 지배가 어느 정도 북방에까지 미치고 있었는가를 보여주는 물증으로서 현재 러시아령에 속하는 연해부 북단, 흑룡강 연안의 영령사永寧寺라는 절의 유지遺址에 세워져 있는 두 개의 비석이 있다. 이 두 개의 석비는 「칙수노아간영령사비기勅修奴兒干永寧寺碑記」·「선덕중건영령사기宣德重建永寧寺記」인데, 영락제 시대와 선덕제 시대에 환관 이시하(역실합亦失哈)라는 인물이 원정대를 이끌고 이 지방에 이르러서 누르칸(노아간奴兒干) 도사都司라는 통합기관을 만들어 흑룡강 하류로부터 카라프트까지 지배하에 두었다는 것을 기록하고 있다. 다만 이 누르칸 도사는 그 후 자연 소멸한 듯하며 사람들의 기억에서도 점차 사라져갔다. 19세기 말에 그 지역을 찾은 청 왕조 관리가 이 비의 내용을 소개함으로써 새삼스레 주목받게 된 것이다.

정화의 대항해

영락제는 북경에 세력 기반을 두면서 남방 진출에도 의욕적이었다. 안남(지금의 베트남) 왕위 찬탈 사건에 개입해서 안남 북반부를 점령하고, 직접 지배를 행한 것이 그 예이다. 그러나 명의 지배가 안정되었던 것은 5년 미만에 불과하고, 반명反明운동이 격화해 영락제 사후 수년 만에 명은 안남으로부터 철수하였다.

영락제가 남방에서 행한 사업으로 가장 유명한 것은 정화鄭和가 이끌었던 남해 원정일 것이다. 정화는 운남雲南의 가난한 무슬림(이슬람교도) 집안에서 태어났다. 환관이 되어 영락제를 모시고 '정난의 역'에서 세운 공적에 의해 그 재능을 인정받고 남해 원정의 지휘관으로 발탁되었다. 1405년부터 시작된 원정은 영락제 치세 중 여섯 번에 이르렀는데, 대외확장에 소극적인 홍희제가 원정의 중지를 결정했다가 선덕제 때 다시 부활해서 일곱 차례(1431~1433년) 원정이 행해졌다. 거의 30여 년에 걸친 대사업이었다.

대선 62척, 장병 2만 8000명 정도로 이루어진 첫 번째 항해는 현재의 상해 부근 유가항劉家港에서 출항하여 참파, 자바, 수마트라로부터 말

보선寶船

정화의 보선(함대의 중심을 이루는 대형선)의 크기·형상에 대해서는 여러 설이 있으며, 이것은 조선소 유적의 유물 등으로부터 추정한 복원 모형이다. (『중화고문명대도집中華古文明大圖集』에서)

라카 해협을 지나 인도 서안의 캘리컷에 이르는 것이었다. 당시에 이미 수마트라나 자바에는 화교가 다수 정착해 있었다. 수마트라의 구항舊港(팔렘방)에서 정화 함대는 화교들끼리의 다툼에 개입해서 한쪽을 '구항선위사舊港宣慰使'로 임명해 그 지역의 화교에 대한 감독을 명하는 등 해외 중국인에게 명 왕조의 위신을 세웠다. 첫 번째부터 세 번째까지의 항해는 모두 캘리컷을 목적지로 했고, 인도 서안 이상의 서쪽으로 가는 일은 없었다. 캘리컷은 원나라 때에도 많은 중국 상인이 방문한 지역이라, 중국인에게 어느 정도 친숙한 교역 범위였다고 할 수 있다. 그에 비해 네 번째 이후의 항해는 서쪽으로 더 나아간 페르시아 만 연안이나 아라비아 반도 등 이슬람 세계의 중심 지역에까지 이르러, 무슬림의 위정자에게 명에 대한 조공을 권하는 것을 목적으로 하였다. 네 번째 항해는 말라카 해협을 통해 본대本隊는 인도 서안으로부터 페르시아 만 연안의 호르무즈에 이르렀고, 여기에서 호르무즈 왕에게 칙서를 건네 사자나 기린 등 선물을 받아서 돌아왔다. 별동대는 수마트

정화 항해도(부분)

정화의 항해에 관한 많은 기록들은 뒤에 명의 대외정책이 수세로 전환하는 가운데 잃어버린 것 같다. 17세기 초에 편찬된 『무비지武備志』에 우연히 수록된 「해도海圖」는 정화의 항해 루트에 따라서 연안의 여러 항시港市의 위치나 섬들, 방위나 행정行程 등을 기록한 것으로 정화의 항해에 관한 귀중한 사료가 되고 있다. 아래 지도는 『정화의 남해대원정』(미야자키 마사카쓰宮岐正勝)에서 작성된 것이다.

라에서 본대와 나뉘어 몰디브 제도를 거쳐 동아프리카의 모가디슈나 말린디에 이르렀고, 아라비아 반도의 아덴 등을 통해 중국에 돌아왔다. 그 후의 항해는 모두 페르시아 만 및 그 서쪽을 목적지로 하였고, 마지막 일곱 번째 항해에서는 별동대가 메카에까지 이르렀다.

13세기 이후, 이슬람화의 물결은 동남아시아에까지 미치고 있었다. 정화의 항해는 그러한 중에 중국의 위상을 남중국해·인도양의 각 지역에 과시하고, 이들 지역과 명의 조공관계를 형성하려고 한 것으로, 이슬람교도인 정화는 대외사절로서 매우 적절한 인재였다고 할 수 있다. 이 항해를 통해 인도양 연안의 몇 십 개국이 명에 조공 사절을 보내게 되는 한편 남아시아·서아시아에 관한 중국인의 지식도 증대하였다.

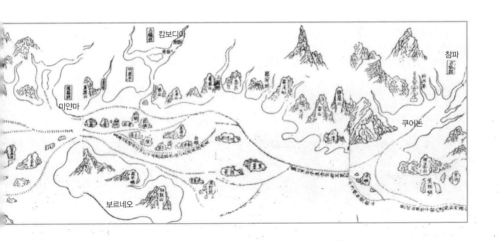

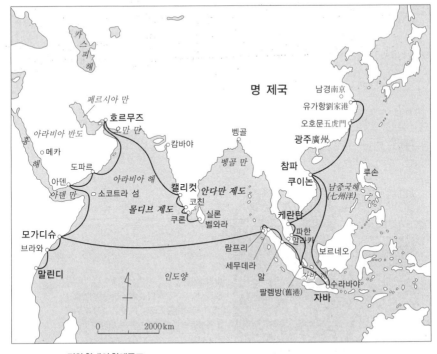

정화 함대의 항해루트

환관과 주변 민족

그런데 이러한 영락제의 대외진출에서 환관 그리고 한족漢族 이외의 사람들이 활약하고 있는 것은 흥미롭다. 이시하도, 정화도 그렇다. 정화는 앞에 서술한 것처럼 무슬림으로 본래 성은 마馬라고 한다. 마는 중국 무슬림의 대표적인 성으로 무하마드의 첫 음을 취한 것이다. 증조부인 바얀 때 운남에 이주했다고 하며, 원 왕조 시대에는 '색목인色目人'에 속했을 것이다. 정화는 당당한 대장부로 목소리가 낭랑하고 말재주가 있으며 머리가 좋은 사람이었다고 한다.

원래 홍무제 시대에는 한대漢代나 당대唐代 환관의 폐해를 교훈으로 해서, 궁정 내 문에는 "내신內臣(환관)은 정사에 관여할 수 없다"고 하는 철로 만든 게시판이 세워져 있었다. 유학적 소양을 가진 문인 관료의 힘이 우세했던 건문제 시대에도 환관이 활약할 여지는 없었다. 영락제가 환관을 중용한 배경에는 '정난의 역'을 치르면서 문인 관료들에게서 마음으로부터의 지지를 그다지 기대할 수 없는 사정도 있었을 것이다. 그러나 동시에 외국과의 교류·항쟁 속에서 단련된 영락제의 폭넓은 실력주의도 역할을 했을 것이다. 환관은 천한 자라는 멸시감이나 비非

명대의 환관
16세기 중반 가정제의 순행을 그린「명인출경입필도明人出警入蹕圖」에서. 조그만 배 위에서 폭죽을 터뜨리는 환관들. 타이베이 고궁박물원 소장.

한족에 대한 편견을 가지지 않고, 능력이 있고 또 외국 사정에도 상세하다면 자기의 심복 부하로 발탁해서 맡기는 것이 영락제의 통치 방식이었다.

환관이 정치 무대에서 활동하는 것이 명대 정치체제의 한 특징이라고 할 수 있다. 후에 서술하는 정통正統 연간의 왕진王振, 정덕正德 연간의 유근劉瑾, 천계天啓 연간의 위충현魏忠賢 등 황제의 총애를 받으며 전권을 휘두른 악명 높은 환관들은 물론이거니와, 제도상으로도 명대의 환관은 커다란 권한을 가지고 있었다. 명대의 환관은 군의 감독이나 세금 징수 등 본래는 일반 관료의 직무였던 분야에도 진출하였다. 보통 환관이라고 하면 후궁을 포함한 궁정 내의 사무를 맡는 자이고, 남성 기능을 박탈하는 것은 그 때문이라고 할 수 있다. 하지만 명대의 경우에는 궁정 밖에 나가 지방관의 감찰이나 황실용 물자 조달 등을 위해서 지방에 상주하고, 황실의 눈과 귀로서 손발이 되어 일하는 환관이 많았다. 환관이 궁정 밖에서 활동하는 이러한 제도도 영락제 시대에 생긴 것이라고 할 수 있다.

··· 명대의 조공 세계

명대의 조공관계와 해금

조공朝貢이라는 말은 중국 황제시대의 대외관계를 나타내는 키워드로서 자주 사용된다. 오늘날 우리들이 보통 생각하는 국제관계는 주권국가의 존재를 전제로 한다. 즉 다른 나라의 간섭을 받지 않고, 국가 내부의 일을 스스로 결정할 수 있는 최고 권력기관을 갖춘 독립국가가 대소·강약의 차이는 있어도 형식적으로 대등한 입장에서 외교(내지 전쟁)를 행하는 것이 근대적인 국제관계의 모델이라고 할 수 있다. 그에 비해 중국의 전통적인 국제 질서관은 대등한 국가 상호관계가 아니라, '중화'와 '이적夷狄'의 상하관계를 기축으로 구상되는 것이 특징이다. 문화의 중심인 '중화'는 문화 수준이 낮은 '이적'에 대해서, 비록 현재는 직접 지배가 미치지 않는다고 해도 잠재적으로 상하관계라고 생각하는 것이다. 주변 여러 나라가 중국에 정기적으로 사절을 보내 공물을 바치는 조공이라는 의례는 이러한 국제 질서관을 지탱하는 중요한 요소였다.

한대漢代 무렵부터 시작된 조공관계는 당대唐代에 이르러서 동아시아의 국제질서를 규제하는 정비된 제도로서 성숙기를 맞이하였다. 그 후 송대·원대는 조공관계보다는 민간의 상업 교역이 활발한 시기였다. 그에 비해 명 왕조에서는 16세기 후반까지 민간의 해외무역을 금지하고 조공무역으로 일원화하는 정부의 엄격한 대외무역 관리 정책이 행해진 것이 특징이다.

명 왕조는 홍무제 때부터 민간의 대외무역을 금지하는 정책을 취하였다. 해외무역에 대한 이른바 '해금海禁'인 것이다. 원래는 장사성張士誠이나 방국진方國珍 등 원말 반란집단의 잔여 세력들이 활동하는 것을 억제하는 것이 목적이었고, 소규모의 연안 교역까지 금지한 것은 아니었다. 그러나 명대 중기 이후부터 "아무리 조그만 배라도 바다에 닻을 내리는 것을 허락하지 않는다"는 엄격한 출해出海 금지가 명 왕조의 국시인 것처럼 간주되어, 민간 상인의 해상활동은 원칙상 허용되지 않게 된 것이다. 정화의 대항해 같은 화려한 해외 원정은 일견 민간무역의 융성을 보여주는 듯하지만, 영락제 때에도 해금은 계속되었고, 오히려 조공을 권유하는 대원정은 민간무역 금지와 서로 표리를 이루는 시책이었다.

홍무제 이래, 특히 영락제의 열성적인 조공무역 진흥책으로 인해 명에 조공하는 나라들이 많아졌다. 9세기 말 견당사의 폐지 이래로 단절된 일본의 조공무역도 이 시기에 부활하였다. 홍무제 즉위 후 곧바로 일본에 조공을 권하는 사절을 보냈을 때, 일본은 남북조 내란기라서 누구를 일본의 왕으로 인정할 것인가를 두고 혼란이 있는데다, 왜구 활동이나 호유용胡惟庸의 일본 통모通謀 혐의 등도 더해져서 양국 관계는 안정되지 않았다. 1392년 남북조 정권의 통일을 거쳐 일본에도 정치적 안정이 이루어지고 또 영락제의 적극적인 조공 권유 정책으로 인해, 1404년 아시카가 요시미쓰足利義満가 영락제로부터 감합勘合(무역 허가증)을 얻고 조공관계를 맺었다. 이후 150년 가까이 견명선遣明船에 의한 중일 무역이 행해진다. 또 이때 아시카가 요시미쓰는 영락제로부터 '일본 국왕'에 봉해졌다. 견수사·견당사 시기에는 조공만으로 책봉이 행해지지 않았던 것을 생각한다면, 이러한 책봉관계는 실로 '왜 5왕倭五王'* 이래의 일로, 중일관계의 역사에서도 특이한 시대였다고 할 수 있다.

---

* '왜 5왕'이란 중국 사서 『송서宋書』에 나오는 다섯 왕으로, 5세기에 남조의 송과 통교한 일본사 상 최초의 인물이다.

류큐와 말라카

15세기부터 16세기 초반의 백수십 년간은 명의 해금 정책과 표리를 이루는 조공무역의 안정기였다. 이 시기에 동아시아·동남아시아 무역의 중심으로 번영한 지역은 동쪽으로는 류큐琉球, 서쪽으로는 말라카를 들 수 있다. 기묘하게도 이 두 지역은 15세기 초반에 정치적인 결속이 성립되어 100년 남짓 상업적 번영을 누리고, 16세기 중반 이후 민간무역이 발전하면서 그 지위가 쇠퇴해갔다.

홍무제는 즉위 후 얼마 되지 않은 1372년에 류큐에 사절을 파견했고, 같은 해에 중산왕中山王 찰도察度(류큐어로는 지야나모이)는 명에 조공을 바쳤다. 당시 류큐에는 중산中山·산남山南·산북山北이라는 세 개의 강력한 세력이 치열한 세력다툼을 벌이는 삼산三山 시대였는데, 각각 모두 명에 조공을 바쳤다. 그러나 15세기 초반에 중산왕위를 찬탈한 상파지尚巴志가 산북·산남도 지배하에 넣어서 삼산三山을 통일하였다.

류큐는 명에 모두 171회 진공進貢했는데, 이는 두 번째로 조공 횟수가 많은 안남(베트남)의 89회와 비교하더라도 확연하게 차이가 나는 독보적인 제1위였다. 일본은 19회, 말라카는 23회이다. 류큐는 2년에 한 번 조공하는 이년일공二年一貢으로 제한되어 있었고, 매회 2~4척의 진공선進貢船이 복주福州에 입항해서 육로를 통해 수도로 향했다. 2년에 1회 진공하는 외에도 황제의 즉위 때 등의 임시 조공이 있어서 매년 진공선을 파견하는 일도 드물지 않았다. 류큐에는 '민인閩人(민閩은 복건성福建省의 다른 명칭) 36성姓'이라고 총칭되는 복건으로부터의 이주민이 도래해 중국과의 교류에 관련되는 업무를 담당하였다. 또 14세기 말 이후, 류큐는 명의 국자감(국립대학)에 유학생을 파견했고, 이는 명·청

류큐 진공선
류큐 진공품으로서 명대의 서책에 기재
되어 있는 것은 말·칼·금은세공물·마
노瑪瑙·상아·부채·동銅·석錫·포
布·각종 향목香木·호초胡椒·유황硫
黃 등이다. 광대한 무역 네트워크를 통해
각종 다양한 물품을 입수했던 것이다. 시
가滋賀대학 경제학부 부속자료관 소장
「류큐무역도병풍琉球貿易圖屛風」에서.

시대 내내 지속되었다.

　빈번한 조공관계로 인해 류큐에는 대량의 중국 생산품이 들어왔지
만, 이것은 물론 류큐 내부에서만 소비되는 것은 아니었다. 오히려 동
중국해와 남중국해를 잇는 전략적 거점으로서 류큐는 중국과 동남아
시아, 일본, 조선을 이어주는 교역의 중심이 된다. 류큐의 조공품 가운
데는 호초胡椒(후추)나 소목蘇木 등 동남아시아산 품목도 포함되었는데,
류큐가 샴, 안남, 자바, 팔렘방, 말라카, 수마트라 등 동남아시아 여러
지역과 활발한 교역이 이루어졌음은 류큐의 외교문서집『역대보안歷代
寶案』을 보아도 명확하다. 중국 상인의 해외 진출이 막혀 있던 이 시대
에 중국 상품을 대량으로 들여올 수 있는 류큐의 상인은 동아시아·동
남아시아 해역에서 주도적인 지위를 차지할 수 있었다.

　류큐가 그 당시 동아시아·동남아시아 해역의 동쪽 거점지였다고 한다면, 이 해역 서쪽에서 인도양과 남중국해를 잇는 거점은 말라카였다. 말라카 왕국의 시조는 팔렘방 사람으로, 14세기 말에 자바와 샴의 세력에 밀려 말레이 반도 남부 지역에 이르러 건국했는데, 건국하자마자 맞이한 것이 정화의 대함대였다. 신흥 말라카는 정화의 보호를 요청했고, 말라카의 장래성에 주목한 정화는 이를 승낙하였다. 명나라는 말라카와 책봉관계를 맺고 명의 보호하에 둠과 동시에, 샴의 아유타야 왕조에게 말라카를 침략하지 않도록 제의하였다. 그리고 이 지역을 원정 거점으로 하여 제3회 이후의 원정 항해에서는 반드시 이 지역을 중계지로 삼았다.

이러한 명의 보호 아래 말라카는 교역 거점으로서 급성장하였다. 그 이전에는 중국의 선박이 인도 연안에 가는 경우나 이슬람 상인의 배가 중국·동남아시아에 가는 경우 모두 각각 직접 목적지까지 항해했지만, 말라카의 융성으로 말라카의 동쪽과 서쪽의 배가 말라카에서 만나 상품을 교환하는 형태의 무역이 활발해진 것이다.

이 말라카에서도 류큐인은 눈에 띄는 존재였다. 16세기 초 포르투갈 사람 토메 피레스Tome Pires는 말라카의 류큐인에 대해 다음과 같이 쓰고 있다.

우리 왕국들에서 밀라노에 대해 말하는 것처럼, 중국인이나 기타 모든 국민은 레키오(류큐)인에 대해서 말한다. 그들은 정직한 인간으로 노예를 사지 않고, 비록 전 세계와 바꾼다고 해도 자신들의 동포를 팔려는 짓은 하지 않는다. 그들은 이에 대해서만큼은 목숨을 건다. …… 그들은 피부가 하얗고 중국인보다 좋은 복장을 입으며 기품이 있다. …… 레키오인은 자신의 상품을 자유로이 외상 판매한다. 그리고 대금을 받을 때 만약 사람들이 그들에게 사기를 쳤다면 그들은 칼을 들고 대금을 받아낸다. ……

그러나 포르투갈이 1511년에 말라카를 점령한 뒤부터는 류큐의 배가 말라카에 들어오는 것은 중지되고 말았다. 포르투갈에 의한 점령, 1641년 네덜란드 점령을 거쳐서, 19세기 전반 싱가포르가 건설되기 전까지 말라카의 번영은 지속되었다. 또한 류큐도 1609년 사쓰마薩摩 번의 침략 사건을 거쳐 여전히 일본과 중국 양쪽에 속한 국가로서 계속 동아시아 교역의 한 거점이었다. 그러나 류큐와 말라카가 가장 번영한 것은 역시 명의 해금海禁 정책에 따른 특권적인 지위를 누릴 수 있었던 15세기부터 16세기 초반이라고 할 수 있다.

• • • 수세에 선 명 제국

토목의 변

홍희제가 즉위하면서 아버지 영락제의 대외 확장정책을 대부분 거꾸로 뒤집는데, 그 뒤를 이은 선덕제 시대에는 영락제의 정책을 일부 부활시켰다. 이처럼 절충과 조화가 미묘하게 이루어지다가 대외 확장정책의 종말이 명확해진 계기는 1449년 오이라트와의 전투에서 황제 자신이 포로가 된 대사건 '토목土木의 변變'이었다. 이 사건을 이해하기 위해서는 먼저 당시 몽골리아 쪽 상황에 대한 이해가 필요하다.

영락제 사후 명 왕조의 간섭이 약해지자 몽골리아는 수많은 세력들의 항쟁 시대로 돌입했는데, 그중에서 몽골리아 통일을 향해 세력을 확대해간 것은 오이라트의 토곤Toghon, 그리고 뒤를 이은 그의 아들 에센Esen(야선也先)이었다. 에센은 경제적인 기초를 굳건히 하기 위해 명과의 조공무역에 비상한 의욕을 불태웠다. 앞절에서는 동남 방면의 해상 조공무역을 중심으로 서술했는데, 몽골이나 여진 등 북방 민족들과의 사이에서도 조공무역은 이루어지고 있었다. 그렇다면 북방 민족이 명과의 조공무역에서 얻은 물품은 유목민의 간소한 생활 속에서 어떻게 사용된 것일까? 예를 들면 호화로운 돈수(silk damask·단자緞子) 의복 등은 왕후 귀족의 권위의 상징인데, 에센이 요구한 것은 오히려 서역의 대상로隊商路를 통해 이루어지는 무역을 위한 상품이었다. 에센은 천산天山 산맥 동쪽 끝 상업 요지의 오아시스인 하미Hami(합밀哈密)를 확보, 위구르 상인과 제휴해서 동서무역의 이익을 얻었다.

서방의 무역 상대는 티무르 제국(첩목아제국帖木兒帝國)이었다. 티무르라고 하면 주원장과 대략 동시대의 영웅으로 사마르칸트를 수도로 해서 차가타이 한국, 일 한국, 킵차크 한국을 무찌르고, 몽골 제국의 서반부를 영토로 하는 대제국을 건설하였다. 몽골 제국의 영토를 동에서 계승한 것이 명이라고 한다면, 서에서 계승한 것이 티무르 제국이었다고 할 수 있는데, 그 중간의 간극은 메워져 있지 않았다. 티무르는 중국 명나라의 정복을 기도했으나, 원정 도중 1405년에 병사하였다. 에센은 진정 북방에서 명과 티무르 제국 사이의 간극을 메우는 위치에 있었던 것이다. 15세기 전반 티무르를 계승한 샤 루흐의 시대는 티무르 왕조의 전성기로서, 명과의 조공무역에서 얻은 상품이 티무르 제국에 커다란 이익을 주었다는 것은 상상하기 어렵지 않다.

에센은 명에 대한 조공 사절단 인원수를 급격히 증대시켜서, 처음에 50명으로 결정된 정수를 넘어서 1000명 이상의 인원을 파견하였다. 그 모두에게 은상恩賞을 주려면 재정적 부담이 커지기 때문에 명은 그 요구를 거부하고 사절단을 제한하게끔 하였다. 그러한 무역상의 알력을 명분으로 삼은 오이라트 군軍이 1449년 대거 명나라에 공격해 들어갔다. 이에 대해 당시 실권을 장악하고 있던 환관 왕진王振은 관료들의 반대를 물리치고 정통제를 옹위해서 군대를 이끌고 출정하였다. 그렇지만 에센의 정예군 앞에서 준비 부족이었던 명나라 군대는 어찌할 바를 모르고 전멸해, 북경 북방 약 100킬로미터의 토목보土木堡(하북성 회래현 부근)에서 황제가 오이라트의 포로가 되는 사태가 벌어졌다. 이것이 '토목의 변'이다.

북경 관료들은 생각지도 못한 사태로 대공황에 빠졌지만 병부좌시랑兵部左侍郎(병부의 차관) 우겸于謙의 지도하에 북경에서 농성하면서 정통제의 아우 경태제景泰帝를 황제로 세워 위기를 극복하였다. 에센의 목적은 원래 조공무역이었고, 명 왕조를 무너뜨려 중국 전역을 지배하려는 야망은 없었는지라 전쟁으로 인한 경제 파괴는 오히려 피하려고 하였다. 따라서 그는 포로가 된 황제에게도 예를 가지고 대우하고 평화적인 국교 회복을 요구해 1년 남짓 뒤 황제의 신병을 반환하였다.

끊어진 곳 없는 만리장성

귀환한 정통제는 1457년에 쿠데타를 일으켜 다시 황제로 복위하는 데 성공했지만(다시 즉위하였으므로 천순제天順帝라고도 한다), 토목의 변 충격에 의해 수비 중시로 전환한 대몽골 정책은 그 뒤에도 오랫동안 변하지 않았다. 뒤에 홍치제弘治帝에게 중용된 국방 정책의 전문가 유대하劉大夏는 그러한 신중파의 대표 격이라고 할 수 있는 인물로서, 환관의 부추김으로 대몽골 출병을 결심한 홍치제가 "태종 황제(영락제) 시대에는 자주 새외塞外에 출병했는데 지금은 왜 길 수 없는가"라고 묻자, "폐하의 무용이 태종보다 떨어지는 것은 아닙니다만, 장군도 병사도 말도 지금은 당시에 미치지 못합니다. 지금의 상책은 다만 지키는 것뿐입니다"라고 대답하였다.

그런데 토목의 변 이후 북방 정세를 보면, 에센은 종래 칸으로 옹립한 원나라의 종실 자손 토크타부하(중국명 탈탈부화脫脫不花)를 죽이고 칸으로 즉위하였다. 자신을 '대원천성대가한大元天聖大可汗'이라 칭하고, 명실상부하게 북방 세계에 군림하게 된 것이다. 본래 '대칸大汗'의 지위는 칭기즈 칸汗의 직계인 '황금 씨족'의 내부에서만 계승되어야 한다는 것이 북방 민족의 원칙으로, '황금 씨족'이 아닌 오이라트에게는 그 자격이 없었다. 그러나 에센은 그 규정을 깨트리고 '대칸'이라고 칭한 것이다. 그러나 얼마 후 에센은 부하에게 암살되고, 북방 세계는 다시 분열의 시대로 들어갔다. 몽골·오이라트 여러 집단은 격렬한 항쟁을 하면서 명의 변경에도 침입하여 종래 명이 지배한 오르도스 지역(황하가 크게 북방으로 굽어져 있는 부분)을 점령하였다.

오르도스로부터 내지로 유목민이 진입하는 것을 막기 위해 명나라는 급거 이 지역에 1200킬로미터에 달하는 새로운 토벽土壁 장성을 건설하였다. 나아가 장성의 동쪽에도 대대적인 보수를 가해서 동쪽은 산해관山海關으로부터 서쪽은 가곡관嘉峪關에 이르기까지 끊어진 곳이 없

북경 근교의 장성
현재 관광객이 많이 오는 팔달령八達嶺의 장성은 연와煉瓦로 덮었고 높이 8.5미터, 폭은 상부가 5.7미터나 되는 장려한 것으로, 이것은 명말에 정비된 것이다.

는 장성이 완성되었다. 이중으로 축성된 부분 등을 넣는다면 5000킬로미터 가까이에 달해 '만 리'라는 호칭이 그다지 과장은 아니다(명대의 1리는 약 600미터). 현재 장성으로 남아 있는 성벽은 대략 명대에 만들어진 것이다. 청 왕조에 들어서면 그 지배 지역이 장성의 훨씬 북방까지 확대되기 때문에 장성은 문자 그대로 길기만 하고 쓸모없는 것이 되어버렸다.

장성의 정비와 함께 북쪽의 변경지역에는 아홉 개의 군관구軍管區가 설치되었다. 이들 북방의 군관구에는 각각 총병관總兵官을 두어 수만 명의 군대가 상시 주둔하고, 대량의 군수물자가 투하되었다. 지리적으로는 중국의 변경에 위치해 있다고 해도, 명말에 걸쳐서 이 지역의 격동은 역사를 주변으로부터 변화시켜가는 뜨거운 초점이 된 것이다.

··· 명대 중기의 국가와 사회

성화·홍치의 성세

토목의 변으로 에센의 포로가 된 정통제는 그 후 쿠데타로 제위에 복귀하는 기구한 삶을 살다가 1464년에 죽었다. 그 뒤를 계승한 성화제成化帝(재위 1464~1487)와 홍치제弘治帝(재위 1487~1505)의 시대를 명말 사람들은 '성세盛世'라고 자주 회고한다. 다만 이 시대의 무엇이 성세였던가를 생각해보면, 그다지 눈길을 끄는 사건은 보이지 않는다. 대외관계에서 보면, 앞에 서술한 것처럼 15세기 후반은 방어책으로 시종일관한 시기였다고 할 수 있다. 그러나 방어책은 나름대로 성공했고, 장성 건설 이후 16세기 초반까지 몽골 공격이 그치지 않았다고는 해도 국가적인 위기라고 할 만한 중대 사태에 직면하는 일은 없었다.

황제 개인의 자질을 보더라도 이 두 황제에게 특별히 뛰어난 리더십이 있었다고는 생각하지 않는다. 말하자면 눈에 띄지 않는 황제들이었던 셈인데, 명·청사 연구자 중 이 두 황제의 성격적 이미지를 선명하게 머리에 떠올리는 사람은 아마 적을 것이다. 성화제는 관용 있고 온후한 성격이라고 평가되는 반면 우유부단한 기질이었다. 정무에도 열심이지 않았고 관료들을 접견하는 횟수도 적었다.

성화제의 아들 홍치제의 모친은 성화 연간의 소수민족 반란 때 잡혀서 북경에 끌려온 요족瑤族 출신 토관土官의 딸인데, 당시 궁정을 좌지우지하던 만귀비萬貴妃의 질투가 두려워 아이를 몰래 낳았기 때문에 성화제는 황자皇子가 태어난 것조차 몰랐다. 만귀비가 낳은 아들이 요절한 것을 시작으로 성화제는 아들을 가지지 못했기 때문에(만귀비가 다른

명대 영역도
아홉 개 군관구의 가장 동쪽은 요동진으로, 이는 장성 동쪽의 산해관보다 훨씬 동쪽이지만, 이 지역에도 토루土壘를 만들어 여진에 대한 방위선으로 삼았다. 거기에서 순차적으로 서쪽을 향해, 계진·선부진·대동진·태원진·유림진·영하진·고원진·감숙진이 된다. 그중 북경 방위의 중심이 되는 것이 계진과 선부진이었다.

비의 아들을 유산시키거나 살해했다고 한다) 유일한 사내아이가 된 그는 6세 때 아버지 성화제와 극적으로 대면해서 황태자가 되었다. 홍치제 또한 온후한 성격으로 조금은 강한 면이 결핍되었다고 평해진다. 그러나 신하의 의견을 잘 듣고 신하의 잘못을 덮어주는 관용이 있었다.

경제면에서 보면 성화·홍치 시대에는 산업의 발달이 그다지 뚜렷하게 드러나지 않지만, 전후 시기와 비교한다면 확실히 민중생활이 안정되고 부유해졌다. 명 초기의 엄격한 긴축정책과 그에 따르는 외정外征 시대가 끝나자 재정적인 압박은 완화되었다. 16세기 중반 이후에 보이는 것처럼 대외적인 긴장에 따른 세금부담 증가도 이 시기에는 아직 존재하지 않았다. 1487년에 완성한 구준丘濬의『대학연의보大學衍義補』는 유교 경전인『대학』을 해설하는 형식으로 명 초기 이래 정치의 좋음과 나쁨(良否)을 논한 제왕학 서적인데, "지금은 태평성세가 이어지고, 인구도 날로 증가하며, 천하의 토지 가격은 명나라 초기에 비해 열 배나 되었다"는 구절이 있다.

이즈음부터 사치 풍조와 학문의 보급 등을 지적하는 기사도 지방지地方志에 자주 등장한다. 홍무제 즉위로부터 100년 남짓, 드디어 민력民力이 회복되는 시기라고 할 수 있을까? "천하는 언제 태평해질 것인가? 짐은 어떻게 하면 옛날의 제왕처럼 될 수 있을까?"라는 홍치제의 물음에, 유대하劉大夏는 "치治를 구하는 데 너무 초조해서는 안 됩니다. ……다만 이치를 따라가면 자연히 태평하게 되는 것입니다"라고 답했다고 한다. 이 시기야말로 평범한 자질의 황제만이 실현할 수 있는, 일 없이 조용한 태평성대였다고 할 수 있을지도 모른다.

황제와 중앙관제

명의 통치체제가 일단 안정된 시점에서 당시 행정제도에 대해서 간단

명대의 행정기구

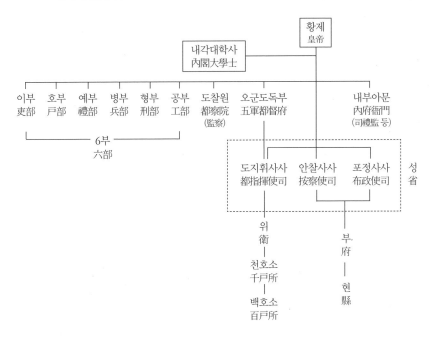

크게 보면, 명대의 관제는 일반 행정기관, 군정기관 및 환관을 관장하는 기관 등 세 부분으로 나뉜다. 중앙정부 행정 실무의 중심은 이부(관료 인사) · 호부(재정) · 예부(의례 · 과거) · 병부(군사) · 형부(사법) · 공부(토목 사업)로 이루어진 6부이고, 그 외에 감찰기관인 도찰원, 사법기관인 대리시大理寺, 공문서의 관리를 행하는 통정사사通政使司, 관리의 감찰 · 탄핵을 행하는 육과六科 등이 있다. 군무의 최고기관은 오군도독부이고, 각 성의 도지휘사사 및 위衛(5600명으로 편성) · 천호소(1200명) · 백호소(112명) 등의 지방 군사기관은 여기에 통할된다. 사례감司禮監을 필두로 하는 환관 240아문은 황성 내의 관리 사무를 맡았다.

히 알아보기로 하겠다. 명대의 제도는 청대에 대략 답습되는 것이기 때문에 두 시대를 함께 정리해서 서술하기로 한다.

명대 관제의 특색으로서 항상 지적되는 것이 황제 독재체제의 강화라는 점이다. 중앙관제의 기구도를 보면 확실해지듯이, 당대唐代에 존재한 3성(중서성, 문하성, 상서성)이 없어지고 황제와 6부가 직결되어 있다. '호유용의 옥' 이전에 이 6부는 중서성에서 다스렸고, 행정상의 문제들은 그 최고 책임자인 승상을 통해 황제에게 전해졌다. 원대에는 승상의 힘이 매우 강해서 원 황제 다수가 승상에 의해 옹립되어 즉위하였다. 홍무제는 그러한 폐해를 피하려고 '호유용의 옥'을 기회로 중서성과 승상을 폐지하고 황제가 6부의 보고를 직접 받아 정무를 처리하도록 했다.

6부 외에도 중앙정부에는 감찰·군무 등을 관장하는 많은 관청이 있었다. 이 기구들이 모두 황제에 직속해 있었다. 그러나 이만큼 다양한 업무를 황제 혼자서 관장하는 것은 불가능하다. 이에 영락제 때 내각이 설치되고, 몇 명의 내각대학사가 황제의 고문역으로서 주요 정무에 참여하였다. 내각은 황제의 측근으로서 중요한 역할을 한 바, 다른 행정관청과 통속統屬관계에 있는 것이 아니라 어디까지나 황제의 고문기관이었다. 관품도 당초에는 낮았지만 점차 그 지위가 향상되어 수석대학사가 재상으로 불리게 되었다. 청대 중기, 옹정제 시대에는 이에 더해 군기처軍機處라고 불리는 자문기관이 생겼다(1729년). 내각제도 자체가 상황 변화에 재빨리 대응하지 못했기 때문에 보다 기민한 대응을 할 수 있는 긴밀한 조직으로서 설치된 것이다. 당초에는 전시의 긴급한 군사 업무를 처리하기 위한 임시적 조치였지만, 그 이후 청말에 이르기까지 계속되었다.

지방 행정제도

명 초기 '공인空印의 옥獄'을 계기로 행중서성이 폐지되고, 각 성에 도지휘사사·승선포정사사·제형안찰사사를 둔 것은 이미 보았다. 청대에는 도지휘사사를 두지 않았지만, 그 대신에 포정사사·안찰사사에 더해 대략 각 성에 한 명의 순무巡撫, 나아가 2성에 1명의 총독을 두었다. 총독·순무란 명대에 도찰원이 지방 감찰을 위해서 파견한 관료로 처음에는 임시로 파견한 것이었지만 점차 제도화해서, 청대에는 지방 관제에서 최상급이 되었다. 성의 수에는 약간 변화가 있지만, 명대에는 13성, 그 외에 북경과 남경의 주변은 성을 두지 않고 직할지로서 각각 북직예, 남직예라고 불렸다. 청대에는 번부藩部나 동북 등 특별 행정구역을 제외하고는 중앙정부가 직접 지배하는 것이 18성이 되었다(직예直隸를 포함). 성은 몇 개인가의 부府로 나뉘고 각각의 부는 몇 개인가의 현을 통합하였다. 지방 행정기구의 말단에 있는 것이 현이다(주州, 청廳의 경우도 있다). 현의 수는 일정하지 않지만, 명대 초기에 1200개 정도, 청대 후기에 1600개 정도이다. 명나라 초기 홍무제가 실시한 인구조사에서는 전국의 인구가 약 6000만, 청대 후기에는 3억 이상이었기 때문에 1현당 인구는 평균 5~20만 정도가 된다.

그런데 각각의 현에는 지현知縣(현縣의 으뜸 벼슬아치)이 임명되어서 행정 전반을 처리하였다. 중앙정부에 의해 임명된 정식 관원은 지현과 몇몇 보좌관에 불과했다. 중국에서는 수隋나라 때부터 '회피제回避制'라고 불리는 제도가 있어서, 지방관을 파견할 때 그 출신지로 보내지 않는 것을 원칙으로 하였다. 때문에 지방관은 대개 자기가 익숙지 않은 지역에 부임하였고, 넓은 중국에서는 지역마다 방언이 크게 달라 지방관이 그 지역의 말을 전혀 알아들을 수 없는 경우도 있었다.

지현 밑에서 행정 실무를 처리하는 사람은 서리라고 불리는 관리였다. 서리는 대략 그 지역 출신 사람이 채용되었다. 임기나 정원은 있어도 없는 것이나 다름없었고, 친척이나 친구들끼리 오랜 기간에 걸쳐 독식하면서 직무를 사물화私物化해버리는 자도 있었다. 서리 일에 사람들이 몰려드는 이유는, 이것이 상당히 이익이 남는 직업이었기 때문이다. 서리는 정식 급료를 받지 않고, 재판이나 납세, 기타 관청에 관련된 일이 발생할 때 백성들이 지불하는 수수료를 수입으로 하였다. 서리의 조종에 따라서 재판에 진다든가 세금 미납으로 처벌을 받는다든

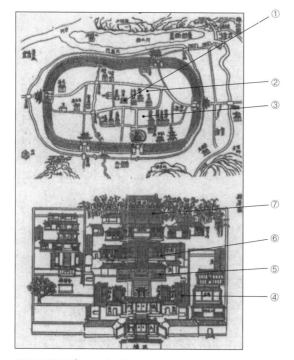

현성縣城(위)과 현의 관아(아래)
근대 이전의 중국에서는 일반적으로 현의 관아 소재지는 성벽으로 둘러싸여 있었는데, 그 성벽으로 둘러싸인 도시를 '성城'이라고 한다. 그림은 안휘성의 보통 현인 곽산현霍山縣를 그린 청대 중기의 지방지(건륭『곽산현지』). 현의 관청(①)을 비롯해서, 학교(②)나 성황묘(③, 성의 수호신의 묘) 등을 두고 있다. 현의 관청은 남쪽을 향해 건설되어 있고, 대문을 들어서서 나아가면 양쪽으로 서리의 집무실(④)이 있고, 정면에 재판 등을 하는 큰 마당(⑤), 그 뒤에 작은 마당(⑥), 북쪽으로 지현의 관사(⑦)가 있다.

청대 재판도
18세기 말에 나가사키에서 편집된 『청속기문淸俗紀聞』에서. 이 책은 청나라 상인에게서 들은 것을 기록한 것으로, 중국 남부 지역의 풍속을 상세한 삽화와 함께 전하는 책이다. 그림은 관청의 큰 마당에서 벌이는 재판 모습. 책상 뒤에 앉은 사람이 지현知縣, 책상 양쪽의 긴 옷을 입은 사람들은 서리, 책상 앞에 꿇어앉아 있는 사람이 조사를 받는 당사자. 그 좌우에 서서 발에 각반을 두른 사람들은 아역衙役 등으로 불리는 관청의 사용인이다. 일본 국립공문서관國立公文書館 소장.

가 하게 되면, 서민은 법 이외의 수수료나 뇌물이라도 울며 겨자 먹기로 지불하지 않을 수 없었다. 서리의 일은 한편으로는 공무이면서, 관청의 권위를 배경으로 하기 때문에 서민을 위협해서 돈을 번다. 그러나 다른 한편으로 이것은 사적인 영업이다. 중국의 정연한 지방제도의 말단은 공무라고도 할 수 없고 사적 영업이라고도 할 수 없는 애매한 영역을 생업으로 하는 이러한 사람들에 의해서 지탱되었던 것이다.

지현은 '부모관父母官'이라고 불렸는데, 부모와 같이 백성의 생활 전반을 배려하고 보살피는 것이 요구되었다. 황제도 인민의 부모라고 하지만, 지현은 말하자면 황제의 분신으로서 백성과 직접 접하는 것이다. 지현의 직무는 따라서 어버이의 아이에 대한 보살핌과 같이 모든 분야를 포함하는 총합적인 것이라고 하겠다.

그러나 그중에서 두 개의 큰 기둥이 되는 것은 징세와 재판이었다. 명초의 이갑제里甲制·이노인제里老人制는 이 징세와 재판의 말단 실무를 민간에 맡기려고 한 것이다. 원대의 서리의 폐해를 경계한 홍무제로서는 서리의 중간착취 기회를 가능한 한 없애려는 의도였다. 실제로 명대 중기까지 사람들은, 현의 관청에 나간다든가 지방관의 얼굴을 본다든가 할 기회가 대체로 적었다고 할 수 있다. 명 말기의 사람들은 명대 전반기에 대해 "향촌 사람들은 백발 머리가 될 때까지 관을 본 적이 없다", "일생 한 번도 성시城市에 간 적이 없는 사람도 있었다"는 등으로 회고하기도 하였다.

명대 중기 이후, 이갑제가 붕괴되자 납세나 요역으로 백성이 현의 관청에 갈 기회도 증가하고 또 분쟁이 일어났을 때 직접 현의 관청에 호소하려는 사람들도 많아지게 되었다. 소장의 접수일은 보통 3이 붙은 날과 8이 붙은 날로 10일간 2회가 있었지만, 1회에 100매에서 200매의 소장이 제출되는 것이 청대에는 드물지 않았다. "관청의 문은 남쪽으로 향해 나 있지만, 도리道理가 있어도 돈이 없는 자는 소송하지 말라"는 속담에도 보이듯이, 사람들 사이에 재판의 공정성에 대한 신뢰가 있었다고는 할 수 없지만, 그래도 백성들의 재판 소송은 활발하게 이루어졌다.

재판은 지현이 직접 관청 안 넓은 공간에서 구경꾼에게 공개하여 행하는 것이 원칙이었지만, 모든 소장을 처리하는 것은 도저히 무리였다. 대부분은 사실의 애매성을 지적하든가 "사소한 일로 관을 번거롭

청대 중기의 소장訴狀
청대 중기 이후의 소장은 이러한 칸이 있는 용지에 쓰여 있다. 소송의 내용은 범죄의 고발이 아니라, "아우의 처가 제멋대로인 자로 부도婦道를 지키지 않아서 조금 주의를 주면 칼을 휘두른다든가 목을 조른다든가 해서 어찌할 도리가 없다. 장래 불측의 사태가 있으면 안 되기 때문에 사전에 지현님께 신고해둔다"는 것이다. (『휘주천년계약문서』에서)

게 하지 말라"고 질책하든가 해서 퇴짜를 놓았다. 이에 제출하는 쪽은 지현의 주의를 끌려고 새삼 허풍을 쳐서 다시 써낸다. 그리하여 '무황불성장無謊不成狀(황당하지 않으면 소장이 아니다)'이라는 속담이 있을 정도였다. 이러한 허실이 반반인 소송을 대량으로 처리해가며, 악인惡人을 정확히 간파해 '훌륭한 판결'로 당사자를 납득시키고, 구경꾼을 감동시키는 자가 뛰어난 지방관으로 상찬되었다. 낯선 곳에 부임해서 걸핏하면 결탁해 부정을 행하는 서리들에게 위엄을 세우고, 지방 사람들 눈에 노출되어 소문의 표적이 되면서 몇 십만 명 분의 징세, 재판실무를 다스리지 않으면 안 되었기 때문에 부모관이란 상당히 어려운 직업이었다.

과거와 신사
이러한 지현을 포함해서 대부분의 관료는 과거科擧를 통해 등용되었다. 잘 알려져 있듯이, 수隋나라 때 시작된 과거는 송대에 관리 등용의 주요한 경로가 되고, 원대에 일시 중단되었지만, 청말 1905년에 폐지될 때까지 한결같이 유지되었다. 명대와 청대의 과거제도는 대략 같은 것으로 정리해서 그 대강의 내용을 서술하기로 한다.

먼저 과거제도의 최대 특색은 개방성에 있다. 노복이나 배우 등 천민으로 간주되는 자나 전과가 있는 자를 제외하고 수험 자격은 대략 모든 남자에게 열려 있었다. 물론 이것이 바로 기회의 실질적인 '평등'을 의미하는 것은 아니다. 오랜 기간에 걸쳐 수험공부에 몰두할 수 있는 자는 실제로는 부유층의 자제이든가 아니면 가난해도 어느 정도 과거 시험에 집착하는 지식인 가정에 한정되는 것이 사실이었다. 당시에는 국가가 관리하는 의무교육은 존재하지 않았다. 공부는 어버이와 당사

양향梁享의 「관방도觀榜圖」
이른 아침. 솔불을 들고 합격 발표의 게시(이것을 '방榜'이라고 한다)를 보러 몰려든 사람들.
타이베이 고궁박물원 소장.

자의 자발적 의지와 노력에만 맡겨졌고, 과거는 그 결과를 보는 것일 뿐이었다. 이처럼 방임적인 교육제도 아래 가정환경의 차는 넘기 어려운 조건이었다. 벌거숭이로 놀러다니거나 집에서 일이나 돕는 빈민층 아이들에게 원래 과거 같은 것은 별세계의 이야기인 것이다.

과거를 보는 것을 목표로 하는 아이는 5, 6세경부터 스승을 모시고 경전의 독서·암기나 쉬운 대구對句를 짓는 방법에서 시작해 경전의 해석이나 팔고문八股文이라고 불리는 과거용 문체를 쓰는 방법을 익힌다. 경전은 먼저 사서四書 즉 『대학』, 『중용』(주희朱熹가 『예기』 49편 가운데 『대학』·『중용』을 떼어내어 사서라 이름 붙임), 『논어』, 『맹자』가 필수이고, 텍스트로는 보통 주자의 주석본을 사용하였다. 그것이 끝나면 오경五經이지만, 이것은 과거시험에서는 『역경』, 『서경』, 『시경』, 『예기』, 『춘추』 중에서 선택할 수 있다.

팔고문이라는 것은 명대부터 쓰이게 된 과거시험 특유의 작문 방법으로, 길이는 보통 400~500자 정도이지만, 그중 네 개의 대구對句(1대 對를 2고股로 친다)를 포함해야 하기 때문에 팔고문이라고 한다. 대구라고 해도 몇 문자의 간단한 것이 아니라 복수의 행에 걸치는 긴 문구를 딱 맞게 조응시켜서 훌륭한 대구를 만드는 기술이 필요하다.

출제 방법은, 필수적인 사서제四書題를 예로 든다면, 사서 가운데 어떤 일부분이 출제된다. 그러면 수험자는 그 부분(사서 등은 완전히 암기해서 아무리 단편적인 것을 제시하더라도 원래의 문장 전체를 알 수 있다)의 취지를 저자(『논어』라면 공자)를 대신하여 저자의 어투로 서술한다. 즉 여기에서는 수험자가 성인의 의도를 어느 정도 자기의 것으로 체득하고 있는가가 평가되는 것이다. 과거 공부를 단순한 암기 학문으로 생각하기 쉽운데, 암기는 전제이고 기본적으로 평가하는 것은 이러한 '소논문' 형식이다. 유교 경전 이외에도 '책策'이라는 분야가 있어서 고금의 정치에 대해서 의견을 서술한다든가, 아니면 특히 명대에는 천문 등 자연과학계의 문제가 출제되기도 하였다. 그러나 총체적으로 유교 경전이 중심인 시험이었던 것에는 변함이 없다.

그들에게 최초의 시험은 주州·현縣이나 부府의 학교에서 행하는 '동시童試'라고 불리는 시험이었고, 여기에 합격하면 '생원生員(수재秀才라고 불리기도 한다)'의 자격을 얻는다. 이 '생원'이 되어서야 비로소 관리 등용시험인 과거를 볼 수 있다. 따라서 동시 그 자체는 과거가 아니다. 각 현에 있는 학교에서는 기본적으로 시험을 비롯한 생원에 대한 감독을 하지만, 우리가 생각하는 학교와는 달리 매일 수업을 한다든가 하는 것은 아니었다. 생원은 기본적으로 스스로 집에서 공부하여 면학에 정진하였다. 과거시험은 향시鄕試·회시會試·전시殿試의 3단계로 구분되어 있었는데, 성省에서 치르는 '향시'에 합격하면 '거인擧人'의 자격을 수여하였으며, 나아가 수도의 예부에서 치르는 '회시' 및 황제가 직접 시험관이 되는 '전시'에 합격하면 '진사進士'가 된다. 이들의 자격은 종신적이어서, 한 번 거인이 되면 회시에 떨어져도 처음부터 다시 시험을 보는 것이 아니라 몇 번이고 도전할 수 있었다.

명말에 이르러서는 전국의 생원 수가 50만 명 정도였다고 하는데, 그에 반해서 3년에 한 번 있는 과거시험에서 향시 합격 정원은 1200명 정도, 회시·전시 합격 정원은 300명 정도였다. 얼마나 좁은 문이었는가를 알 수 있다. 게다가 과거시험에는 무관을 등용하는 무과武科도 있었지만, 사회적 평가나 주목도에서 보면 무과는 문과에 훨씬 미치지 못하였다.

앞에 서술한 과거시험의 내용을 보아도 알 수 있듯이, 과거시험으로 평가되는 것은 법률의 자잘한 지식이나 징세상의 계산 등 실무적인 능력이 아니었다. 그러한 실무는 서리나 막우幕友(지방관의 사설 비서)의 일이었고, 중국 관료에게 요구된 것은 대국적 시야를 갖고 다양한 상황에 대응해서 좀 더 적절한 통치를 행할 수 있는 도덕적 능력이었다. 예를 들면 지방관의 재판에 대해서도 앞에 서술했지만, 여기에서 지방관에게 요구되는 자질은 정확히 법률을 적용해 판결을 내리는 능력이 아니라, 악인을 변화시켜 사람들을 감동시키고 화해시키는 높은 인격적 도덕성이었다. 관료에 대한 오늘날의 사고방식과 당시 사고방식 간의 커다란 차이가 여기에 있다.

현대의 관료제하에서 사람들이 관료(공무원)의 지시에 따르지 않으면 안 되는 것은 관료가 인간으로서 일반인보다 위대하기 때문이 아니라 관료가 법이나 행정규제에 따라서 공무를 행하기 때문이다. 우리는 사람으로서의 그 관료를 따르는 것이 아니라 그들이 집행하는 룰을 따르는 것이다.

이에 비해 당시 중국에서 사람들이 관료를 따랐던 것은 그가 인간으로서 서민보다 훌륭하다—그러한 도덕적 능력이 과거시험으로 인정된다—고 생각했기 때문이다. 그러한 능력이 있기 때문에 그는 관료로서 서민의 위에 선다. 일단 과거시험을 보면 그는 일반 서민보다 뛰어난 덕을 가진 인간이라는 보증서를 받은 것이 된다. 그 우월성은 그가 살아 있는 한 그의 것이었고, 그가 실제로 관료가 되지 않아도, 또 관료를 그만두고 은퇴한 후에도 그를 떠나는 것이 아니었다. 명·청 시대의 중국에서는 관직에 있었거나 또는 과거 자격 보유자를 가리켜서 '신사紳士', '향신鄕紳'이라는 말로 자주 불렀다. 그들은 지방 사회의 유력자로서 간혹 지방관과 병립할 수 있는 세력을 가지기도 했는데, 현임 관료가 아닌데도 그러한 세력을 가질 수 있었던 이유는 과거시험에 합격한 것 자체가 그들의 훌륭함을 증명해주기 때문이다. 게다가 현임 관료도 퇴임 후의 신사도 모두 요역 면제 등의 특권을 부여받고 또 교제 의례에 있어서도 일반 서민과 달리 한 단계 높은 신분으로 간주되었다.

물론 팔고문 같은 것에서 그러한 전인격적 능력이 측정될 수 있는 것인가 하는 반론도 있을 것이다. 당시에도 그러한 비판은 있었다. 작문기술 잔재주에 뛰어난 소인들이 출세에 혈안이 되어 있는 세계라고 차가운 눈으로 관계官界를 보는 사람들도 많이 있었다. 그러나 진정한 도덕적 능력을 가진 인물이 사람들을 통치해야 한다는 확신 자체는 중국의 황제시대 내내 흔들리지 않았다고 할 수 있다. 그리고 '진정한 도덕적 능력'을 만인에게 개방해서 공평한 방식으로 측정한다고 할 때, 갖가지 결함을 의식하면서도 채용하지 않을 수 없었던 것이 인격의 도야를 과제로 하는, 유학을 중심에 둔 교양 시험이었던 것이다.

황제가 되고 싶지 않았던 황제

그런데 성화·홍치 치세에 어느 정도 안정된 것처럼 보였던 명의 통치도 16세기에 들어가면 새로운 국제정세 속에서 커다란 변동이 다가왔다. 그 전환기라 할 만한 시기에 황제 자리에 오른 인물이 정덕제正德帝(재위 1505~1521)이다. '기대되는 황제상'이라는 것이 있다면, 정덕제는 아마 그 정반대를 실천한 인물이라고 할 수 있는데, 그는 명나라 역대 황제 중에서도 가장 인상 깊은 황제 중 한 사람이다.

정덕제는 15세에 즉위했는데, 황태자 시절부터 곁을 지킨 환관 유근劉瑾을 우두머리로 하는 '팔호八虎(황제의 세력을 등에 업고 호가호위하는 여덟 명의 환관을 여덟 호랑이라 불렀다)'의 환관들과 함께 부친의 상喪도 끝나지 않았는데 사냥이나 음악 등 놀이에 빠져 있었다. 반反환관파 관료들의 탄핵에도 불구하고 정덕제에게 읍소해서 위기를 넘긴 유근은 그후 전권을 장악하여 반대파의 이름을 '간당奸黨' 리스트에 늘어놓고 게시해 탄압하기 시작하였다. 그중에는 뒤에 명말의 사상적 흐름을 이끈 왕수인王守仁(왕양명王陽明)이 포함되어 있었는데, 그때 좌천된 귀주貴州의 산 속에서 그는 사상적 전기를 마련한다. 이것은 뒤에 서술하기로 한다.

정덕제는 유근을 비롯한 환관·배우·승려·도사道士 등과 함께 서화문西華門 부근의 별장 '표방豹房'에 거주하면서 방탕한 생활을 보냈다. 얼마 안 있어 유근은 모반죄로 체포되어 처형당했지만, 그 후에도 정덕제의 행동은 더욱 대담해져 대신들의 간담을 서늘하게 하였다. 처음에는 마음에 드는 무관 강빈江彬의 안내로 황성을 나가 북경의 거리나 교외를 몰래 돌아다니는 정도였다. 그런데 더 나아가 강빈이 향리인 선부宣府(북경 서북, 팔달령의 북쪽)에 대해서, "선부의 '가예인歌藝人' 중에는 미녀가 많고 또 변경의 전투도 볼 수 있습니다. 말을 달리면 순식간에 천 리인데 왜 조정의 신하들이 하라는 대로만 지루한 생활을 하고 있습니까"라고 꼬였다. 어떻게 해서라도 가고 싶어진 정덕제는 미복微服을 하고 변장한 채 선부에 가기로 결행하여, 일단은 거용관居庸關에

정덕제
『명사明史』에서는 정덕제를 '천성총명天性聰明'이라고 평하였다. 아마 그랬을 것이다.

서 저지당했지만, 며칠 후에는 관關을 돌파해서 선부에 이르렀다. 그곳
에서 그는 순행 도중 휩쓸어온 미녀들을 모아 주색을 즐겼다.

그는 전후 네 차례에 걸쳐 대몽골 전쟁에 나서 전과는 올리지 못했지
만, 그때마다 의기양양하였다. 네 번째 출정 때 정덕제는 "북구北寇가
자주 변경을 범해 정말 사방 군대의 약화가 걱정이 된다. …… 이제 특
별히 총독군무위무대장군총병관總督軍務威武大將軍總兵官 주수朱壽에게
명해 6군을 이끌고 출정하게 하라"는 명령을 내리고, 내각에 칙령을 기
초하도록 명했는데, 이 '총독군무위무대장군총병관 주수'란 자신을 말
하는 것이었다. 또 그는 스스로 자신을 진국공鎭國公에 봉하고 5000석
의 봉록을 하사하였다. 황제가 아니라 한 사람의 장군으로서 활약하
고, 목숨을 걸고 혁혁한 전과를 올려 평가받고 싶은 그의 욕망이 엿보
인다. 태원太原에까지 이른 그의 출순出巡은 반 년이나 되는 시간이 걸
렸지만, 눈바람을 무릅쓰고 험난한 난관을 헤쳐 나가는 가운데, 시종
이 도중에 병으로 쓰러져도 그는 말을 타고 궁시弓矢를 허리에 찬 지치

지 않은 모습이었다고 한다.

네 번째 출순에서 돌아온 그는 다시 남방 순행을 계획하는데, 이에 반대하는 신하들을 하옥하고, 11명을 곤장으로 때려 죽였다. 1519년, 강서江西 남창南昌에 봉해져 있던 영왕寧王 주신호朱宸濠가 반란을 일으키자, 정덕제는 또 '총독군무위무대장군진국공 주수(즉 자신)'에게 칙명을 내려서 출정시키고, 남순南巡의 숙원을 달성하려고 하였다. 그가 이끄는 군대가 북경을 나왔을 때, 당시 강서 지방의 순무부도어사巡撫副都御史 왕수인이 이미 주신호를 체포했는데, 정덕제의 자존심을 만족시키기 위해 남경에서 다시 주신호를 붙잡는 의식을 치르지 않을 수 없었다. 이 남순에서 돌아오는 도중에 정덕제는 대운하를 항해 중 배에서 떨어져 물에 빠진 것이 원인이 되어 병에 걸려 북경의 표방豹房에 돌아오자마자 죽었다. 임종에 즈음해서 그는 밖에 있던 환관에게 "이전의 일은 모두 짐의 잘못이고 그대들은 책임이 없다"고 말했다고 한다. 그때 나이 31세로, 과도하게 황음한 생활 때문에 아이는 없었다.

3장

양반의 세기 – 16세기 조선

••• 유희춘과 『미암일기』

『미암일기』

한반도 최남단에 가까운 전라남도 강진. 1989년 여름, 필자는 이 강진을 방문했다. 조선 실학의 집대성자로 불리는 다산 정약용이 18년간 지낸 유배지가 바로 이곳 강진이었기 때문이다. 그가 살았던 다산초당이 지금도 남아 있고, 초당 근처에 있는 바위에는 그가 새긴 '정석丁石'이란 두 글자가 선명하다. 앞에 펼쳐진 남해를 바라보면서 다산의 유배생활에 생각이 미쳤다.

강진에서 산을 하나 넘으면 해남 땅이다. 다음날 해남 연동蓮洞에 세거世居하는 해남 윤씨 종가와 유물전시관을 찾았다. 이 유물전시관에는 해남 윤씨 집안에 전해 내려오는 방대한 고문서 중 일부가 전시되어 있다. 해남 윤씨 가문은 3장에서 서술할 주인공 유희춘柳希春과 깊은 연고가 있는 일족이다.

　중일전쟁 발발 전후인 1936~1938년에 조선총독부 내에 있던 조선 사편수회에서 『미암일기초眉岩日記草』(이하 『미암일기』라고 함)라는 책이 간행되었다. 저자는 유희춘으로 1513년 해남에서 태어나 1577년에 사망한 인물이다. 『미암일기』는 유희춘이 유배지 충청남도 은진에 머물렀던 1567년 10월부터 그가 세상을 떠나기 이틀 전까지 11년에 걸쳐 쓴 일기다. 유희춘의 종가에 소장된 것을 조선사편수회가 조선사료총간朝鮮史料叢刊의 일부로 간행한 것이다. 전5책, 본문만 2100쪽이 넘는 방대한 분량의 서책이다. 제3책부터는 간행 당시의 시국을 반영해서 "쇼와昭和 12년(1937) 1월 4일 시행된 조선산금령朝鮮産金令에 의거하여 본서는 천금天金(양장본의 윗부분에 금박을 입히는 것)을 사용하지 않음"이란 쪽지가 끼여 있다.

　『미암일기』는 현존하는 사료가 적은 16세기 조선의 사회상황을 생생

해남 향교와 「미암일기」 원문
향교란 각 읍마다 설치된 국립교육기관으로, 과거 수험생들이 여기서 배웠다. 그러나 17세기 이후에 양반 자제들은 서원에서 수험준비를 하게 되어 향교의 역할은 그만큼 축소되었다. 해남 향교는 1482년에 세워져서 유희춘도 여기서 배웠다. 해남군 해남읍 수성리. ⓒ장희운

하게 전해주는 매우 귀중한 사료이다. 3장에서는 이 일기를 주된 사료로, 정부의 고관이었던 유희춘을 둘러싼 사회상황을 여러 각도에서 살펴보도록 하겠다.

16세기는 조선왕조 500년 역사 속에서도 특별히 중요한 의미를 가지는 세기였다. 조선왕조의 국가체제를 흔히 양반관료제라고 하는데, 바로 이 양반관료제가 체계적으로 성립되는 것이 16세기였다. 그리고 또한 이 체제를 지탱하는 양반, 즉 조선 특유의 지배 엘리트 계층이 성립되는 시기이기도 하였다. 16세기는 조선왕조 500년 역사를 조감하는 위치에 놓여 있는 것이다.

유희춘의 생애

유희춘은 아버지 유계린柳桂鄰과 어머니 최씨 사이에서 둘째아들로 태어났다. 아버지 유계린은 경상북도 선산善山을 본관으로 하는 유씨, 즉 선산 유씨로 전라남도 순천 출신이며 처가가 있는 해남에서 살았다. 평생 관직이 없었던 그는 유희춘의 이야기로는 암기력이 비상하여 한번 경사經史를 암송하면 결코 잊지 않았다고 한다. 이 가계는 유희춘의 증조부인 유양수柳陽秀가 과거 예비시험인 진사시進士試에 합격했다고는 하지만 대대로 관직이 없는 가계였다.

이에 비해 외할아버지 최부崔溥는 세상에 이름이 널리 알려진 인물로 1482년 문과에 급제하였다. 1488년, 부임지 제주도에서 돌아오는 길에 풍랑을 만나 중국 절강성浙江省에 표류해 왜구라는 누명을 쓰고 죽을 뻔하다가 무사히 귀국했다. 『표해록漂海錄』은 그때의 기록으로서

미암 바위

해남 향교에서 바라본 미암 바위. 유희춘의 아호인 미암은 이 바위 이름을 딴 것이다. 양반들의 호는 연고가 있는 지역의 명승에서 연유하는 것들이 많다. 박지원의 연암, 정약용의 다산 등도 그렇다. 해남군 해남읍 수성리. ⓒ장희운

유희춘의 노력으로 최부가 죽은 후에 간행된 것이다.

유희춘에게는 한 명의 형과 세 명의 누이가 있었는데, 형 유성춘柳成春과는 열여덟 살이나 나이 차이가 있었다. 유성춘은 1514년 문과에 급제하고 그 재능을 인정받아 호당湖堂으로도 선출되었다. 호당이란 장래가 유망한 인물에게 유급 휴가를 주어서 학문에 전념케 하는 제도로, 훗날 유희춘도 이에 선출되었다. 그러나 유성춘은 1519년 기묘사화己卯士禍 때 관직에서 쫓겨나, 그 후에는 시와 술에 빠져서 28세로 요절했다. 때문에 유희춘은 집안의 기둥으로서 중책을 짊어지게 되었다.

유희춘은 1537년 과거 예비시험인 생원시生員試에 합격, 다음해 1538년 문과에 급제하여 벼슬길에 들어섰다. 그러나 국왕 중종의 후사를 둘러싼 중앙 정계 다툼에 말려들어, 을사사화乙巳士禍(1545년) 때 실각, 유배되었다. 애초 유배지는 제주도였지만 그의 고향 해남에 가깝다는 이유로 함경북도 종성으로 옮겨졌다. 그래서 그 혹한의 땅에서 19

년에 이르는 유배생활을 보내지 않을 수 없었다. 다산의 18년이나 유희춘의 19년, 얼마나 긴 유배생활이었을까? 둘 다 학문에 전념한 유배생활이었으니, 그것은 지식인으로서 지조의 증거이기도 했다.

유희춘을 유배지로 몰아낸 세력이 정계에서 제거됨에 따라 1567년에 유희춘은 충청남도 은진으로 옮겨졌다. 현재 남아 있는『미암일기』는 이 은진 유배 이후에 쓰여진 것이다. 1567년, 선조가 즉위하면서 을사사화 죄인에 대한 명예회복이 이루어져서 유희춘도 비로소 죄를 벗었다. 뿐만 아니라 그는 중앙 정계로 복귀해 홍문관弘文館 부제학副提學 (정3품 당상관)에서 사헌부司憲府 대사헌大司憲(종2품)이란 높은 시위까시 오르고 그 생애를 마감했다. 홍문관은 국왕에 대한 유교 교육을 맡은 부서로 관료로서는 품계 이상의 명예로운 벼슬이었다.

유희춘은 독서를 좋아하고 기억력이 비상한 인물이었다. 아버지 유계린의 혈통을 이었던 것일까? 많은 저작을 남겼다고 하지만 일기와 문집 이외에『국조유선록國朝儒先錄』,『신증유합新增類合』등 현재 그 일부만이 남아 있을 뿐이다. 그는 홍주 송씨 송준宋駿의 딸과 결혼해서 일남일녀를 얻었다. 부인은 글재주가 뛰어나다는 평판이 높은 사람으로, 부부간에 여러 차례 시를 주고받았다. 부부가 함께 상희象戱(장기)를 즐겼으며, 때로는 친구와 함께 상희를 즐긴 것이 일기에도 보인다. 여러 일들을 부지런히 쓰는 성격인 유희춘은 그때마다 장기의 승패까지 기록하였다.

유희춘은 공사간에 생긴 일들을 하루도 빠짐없이 일기에 기록하였다. 그 상세함은 16세기 일기 사료로서는 세계적으로 손꼽히는 것이다. 자신의 친척이나 친구의 승진을 기뻐하고, 그들의 불행을 개탄하며, 매일 아침 부인이 꾼 꿈 이야기를 들으며 일희일비한다. 어느 날 일기에서는 코 아래 검은 수염이 생겼다고 부인과 함께 기뻐하는 흐뭇한 모습을 엿볼 수 있다. 그리고 진기한 선물을 받고서 우쭐해하는 모습도 보인다. 흥망성쇠를 거듭하면서 끝내 고관의 자리까지 올라간 신진 양반으로서 그의 모습은 지금도 독자에게 신선하게 비친다.

다채로운 등장인물들

『미암일기』에는 수많은 사람들이 등장한다. 유희춘은 매일 방문객들이나 관청·남의 집에서의 만남을 자세하게 기록하고 있어서, 당시 인간관계를 엿보기에 더없이 좋은 자료를 제공한다. 일기에 나오는 사람들은 크게 네 부류로 나누어진다. 우선 제일 많이 등장하는 사람들은 말할 것도 없이 유희춘의 친족들이다. 유희춘을 둘러싼 친족 네트워크에 대해서는 나중에 자세하게 서술하겠지만, 거의 매일이다시피 가족 이외의 친족들이 유희춘을 찾아온다. 뭐니뭐니해도 역시 그가 집안에서 가장 출세한 사람이었기 때문일 것이다.

조선에서는 친족 간을 표현하는 데 일본의 친등親等에 해당하는 말로 촌寸이란 말을 쓰는데, 일기에서는 11촌의 친족까지 등장한다. 11촌이라 하면 5대 내지 6대 선조에서 연결되는 친족인데, 그 정도까지 동족의식이 구축되어 있었던 것이다. 유희춘의 친족이라고 속여서 사기치는 자까지 있었다고 일기에 씌어 있다.

친족 다음으로 중요한 등장인물은 정계 선배, 동료, 후배 들이다. 특히 깊은 관계에 있었던 사람들은 유희춘과 같이 사화에 휩쓸려 유배나

조선의 팔도

퇴직을 당한 후 다시 정계에 복귀한 자들이었다. 그중에는 조선 제일의 주자학자로 손꼽히는 이황을 비롯해서 송순宋純, 민기문閔起文, 김난상金鸞祥 등 당대 일류 정치가나 학자들이 많이 포함되어 있었다.

유희춘이 홍문관 벼슬직에 오래 있었던 덕분에 홍문관 동료들과의 관계도 깊었다. 홍문관에는 명망 있는 학자들이 다수 등용되었는데, 여기서 유희춘과 같은 시기에 홍문관에 재직한 인물들을 보면 다음과 같다. 이황과 함께 조선 주자학의 쌍벽을 이룬 이이李珥는 유희춘의 부하 관료였다. 훗날 임진왜란 때 재상으로 유명한 유성룡도 홍문관 후

배웠다. 유희춘은 이 두 사람의 학식을 높이 평가하였다.

친족 다음으로 유희춘을 자주 찾아온 사람들은 청탁자들이었다. 유희춘을 통해서 관직을 얻거나 승진을 바라는 많은 사람들이 찾아왔다. 그중에서도 유희춘의 출생지이며 거주지인 전라도 지역 지방관들이 빈번하게 찾아왔고, 그들이 가져오는 선물들은 유희춘 가족의 생계를 유지하는 데 중요한 수입원이었다.

그 밖에도 유희춘과 친분이 있었던 사람들은 다양하다. 문과 급제 삼형제로 유명한 허성許筬·허봉許篈·허균許筠 중에서 위의 두 형은 유희춘을 스승으로 받들고 자주 찾아왔다. 막내인 허균에 대해서는 나중에 서술할 것이다. 조선 의학을 집대성한 책으로 일본이나 중국에서도 이름 높은 『동의보감東醫寶鑑』의 저자인 허준許浚도 자주 유희춘 댁을 방문해서 약을 두고 갔다. 임진왜란 때 의병장으로 이름을 남긴 김천일金千鎰도 유희춘이 아낀 인물이었다.

『미암일기』에 등장하는 인물만으로도 16세기 역사를 충분히 그릴 수 있을 듯하다. 아니 그 후손들을 찾아가보면 17세기 중요 사건들에 등장하는 인물들까지 다 유희춘과 어디선가 연결되는 경우가 많이 발견된다. 유희춘의 인맥이 넓다고 평가해야 할지 아니면 조선 정계가 협소하다고 평가해야 할지 그 판단은 잠시 제쳐두더라도, 『미암일기』를 3장 서술의 중심에 둔 이유가 바로 여기에 있다.

미야자키 이치사다의 조선 과거론

과거科擧라 하면 중국사학자 미야자키 이치사다宮崎市定의 저서『과거－
중국의 시험지옥』(일본, 中公新書)을 떠올리는 사람들이 많을 것이다. 이
책은 주로 중국 청나라 시대 과거시험의 실태를 소개하면서 중국 사회
상을 논한 평이하고도 탁월한 중국 전통사회론으로 명저의 이름에 걸
맞을 만하다.

미야자키의 중국 과거론은 널리 알려져 있으나 그의 조선 과거론에
대해서는 거의 알려진 것이 없는데, 「선조시대의 과거 은영연도科擧恩
榮宴圖에 대해서」란 논문이 그것이다. 여기서 미야자키는 교토 요메이
문고陽明文庫에 소장된 과거 은영연도에 대한 해설과 더불어 중국과 비
교해서 조선 과거시험의 특징을 논하였다.

미야자키가 소개하는 그림은 선조 13년, 즉 1580년에 실시된 과거시
험 합격자들에게 선조가 베푼 연회의 모습을 그린 것이다. 1580년이라
하면 유희춘이 죽은 3년 후의 일이며, 이 그림에 등장하는 과거시험관
박순朴淳, 강사상姜士尙은 『미암일기』에도 자주 등장하는 인물들이다.
유희춘도 여러 차례 과거시험관으로 선출된 일이 있어서 그 일을 일기
에 자랑스럽게 적고 있다.

이 그림에 그려진 문과 합격자 12명 중 11명이 수도인 한성 거주자들
이다. 여기서 미야자키는 조선시대 과거가 중국보다 많은 결함이 있다
고 주장하였다. 게다가 그는 다음과 같은 사실을 소개하면서 그 주장
에 힘을 실었다. 조선에서는 3년에 한 번 실시되는 정규 과거 문과(이것

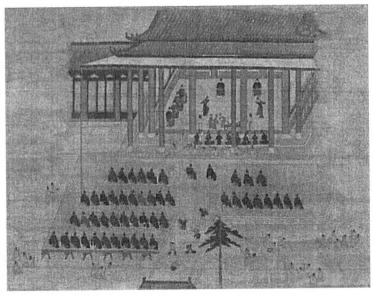

「선조 13년 알성시 은영연도宣祖十三年謁聖試恩榮宴圖」
선조 13년에 실시된 알성시 때의 은영연 모습을 그린 것이다. 알성시란 국왕이 문묘를 방문했을 때 실시
되는 임시 과거시험이다. 오른쪽에는 문과 합격자, 왼쪽에는 무과 합격자들이 그려지고 그림 밑에는 합
격자 명단이 쓰여 있다. 교토 요메이陽明 문고 소장.

을 식년문과라 함)에서 세 차례 시험을 보는 것에 비해, 두 차례 또는 한
차례만 실시되는 임시 문과가 조선에서는 자주 실시되었다. 또한 중
국의 경우처럼 과거시험을 보는 특별한 시험장이 조선에서는 설치되
지 않았고, 수험생들은 몇 명이라도 '시종들'을 거느리고 시험을 볼 수
있었다.

　미야자키의 착안점은 예리하다. 조선시대 과거가 여러 가지 허점이
있었던 것은 그의 말대로다. 그러면 왜 그렇게 되었을까? 결점 투성이
였다고 한다면 조선시대 과거시험은 어떤 역할을 했을까? 이는 따로
문제제기 되어야 할 것이다.

조선시대의 과거제도

한국에서는 이미 고려시대인 958년 이래 관리등용제도로서 과거가 정기적으로 실시되었다. 그러나 고려시대에는 고급관리로 나가는 방법으로 음서蔭敍제도, 즉 고관 자제들을 등용하는 제도가 큰 의미를 가졌다. 과거의 비중은 그만큼 낮았던 것이다. 조선왕조를 연 이성계는 그가 즉위한 해에 과거 실시를 선언하였고, 다음해에 조선시대의 첫 과거가 실시되었다. 그리고 그 후 차차 제도를 정비해서, 1894년 폐지될 때까지 500년에 걸쳐서 과거가 실시되었다.

과거에는 세 종류가 있다. 문관을 신발하는 문과, 무관을 선발하는 무과, 전문 기술자를 선발하는 잡과雜科가 그것이며, 무과는 고려시대에는 없었던 것이다. 이들 가운데 문과가 가장 중시된 것은 중국과 똑같다.

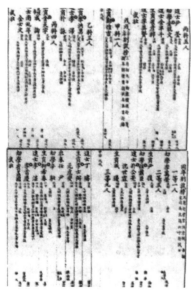

「중종 문과 방목中宗文科榜目」
문과 방목이란 문과 합격자 명단이다. 사진은 중종 33년 별시방 합격자 부분으로 3등의 여섯 번째에 유희춘의 이름이 보인다. 서울대학교 규장각 소장.

문과에는 3년에 한 번 실시되는 식년문과式年文科 외에 여러 가지 명목의 문과가 있었다. 국왕의 즉위나 세자 탄생 등을 명목으로 한 것들이 그것이다. 식년문과는 지방마다 실시되는 향시鄕試, 수도에서 실시되는 회시會試, 왕이 친림親臨하는 자리에서 실시되는 전시殿試 세 단계로 시험이 실시되었고, 전시 합격자의 정원은 33명으로 규정하였다. 33명의 합격자는 그 성적에 따라 을과乙科 3명, 병과丙科 7명, 진사進士 23명으로 순위를 정해서, 을과 제1인을 장원壯元이라고 불렀다. 갑과甲科를 만들지 않은 것은 조선 초기에 보이는 명나라에 대한 예우 때문이었다. 1467년부터는 갑·을·병의 세 순위로 고쳐지고 진사의 칭호는 다음에 논하는 바와 같이 문과 예비 시험에도 쓰이게 되었다.

문과와는 달리 이 예비단계 시험으로서 사마시司馬試 제도가 있었다. 정규 사마시도 3년에 한 번 실시되어, 지방마다 1차 시험과 수도(서울)에서의 2차 시험을 실시해서 합격자를 결정했다. 사마시에는 두 종류가 있는데, 문학의 재능을 보는 진사시進士試와 경서 이해의 재능을 묻는 생원시生員試가 그것이며, 양쪽 모두 정원이 100명이었다.

하버드대학의 와그너Edward W. Wagner 교수에 따르면, 조선왕조 500년 동안 문과 합격자는 1만 4592명, 필자의 계산으로는 1만 4333명이다. 유성춘·희춘 형제는 이 1만 4000여 명 중 두 사람에 불과하지만, 이 두 사람의 어깨에는 그들을 둘러싼 많은 친척들의 희망이 얹혀 있었다.

중국과의 비교

미야자키의 견해를 참고하면서 조금 다른 각도에서 중국과 조선의 과거를 비교해보기로 한다. 조선 과거의 최대 특징은 특정한 소수 가문에서 많은 합격자를 배출했다는 점이다. 가문이란 애매한 개념이기는 하지만 우선 최대의 친족집단 단위인 동족집단이라고 보기로 한다. 동족집단이란 성씨와 본관을 같이하는 부계 혈연집단을 일컫는다. 유희춘의 경우, 그는 선산을 본관으로 하는 유씨, 즉 선산 유씨란 동족집단의 일원이다.

조선왕조에는 300명 이상의 문과 합격자들을 배출한 동족집단이 다섯이나 존재했다. 왕족인 전주 이씨 843명을 비롯해서 안동 권씨 354명, 파평 윤씨 330명, 남양 홍씨 317명, 안동 김씨 304명이 그들이다. 이들 다섯 집단만으로도 모든 문과 합격자들의 15퍼센트를 차지한 셈이다.

또한 100명 이상의 합격자를 배출한 동족집단으로 범위를 넓히면 38개 집단이 여기에 해당한다. 그 문과 합격자들의 합계는 7502명으로 전체 합격자들의 반수를 넘는다. 조선시대 동족집단이 얼마나 존재했는가 알 수 없지만, 현재 남아 있는 3000여 개의 성씨를 기준으로 삼으면 약 1퍼센트의 동족집단들이 모든 문과 합격자의 반수 이상을 배출한 셈이다. 극심한 과점寡占 상태이며, 수십 명의 문과 합격자들을 배출한 종족집단을 찾기 어려운 중국의 명·청 시대 상황과 비교하면 큰 차이라 할 수 있다.

조선의 동족집단과 중국의 종족을 단순히 비교하는 데는 문제가 있을 것이다. 양쪽 모두 한 조상을 모시는 부계 혈연집단이긴 하지만 그 조직 원리에는 큰 차이가 있기 때문이다. 그러니 이제 친족집단의 범위를 조금 좁혀보자. 예컨대 조선시대에 한 인물을 조상으로 해서 그

표 2 조선시대의 문과 합격자 통계

시기	제1기 1392-1494	제2기 1495-1567	제3기 1568-1674	제4기 1675-1800	제5기 1801-1894	전체기 1392-1894
합격자수	1470	1627	2966	4544	3726	14333
	안동권安東權 51 광주이廣州李 26 진주강晉州姜 25 문화류文化柳 25 창녕성昌寧成 25 전의이全義李 25 밀양박密陽朴 24 광산김光山金 20 안동김安東金 19 전주최全州崔 19 경주이慶州李 19 남양홍南陽洪 19 김해김金海金 19	전주이全州李 41 광산김光山金 39 안동권安東權 38 안동김安東金 28 파평윤坡平尹 28 진주강晉州姜 27 경주김慶州金 26 순흥안順興安 25 창녕성昌寧成 24 여흥민驪興閔 23	전주이全州李 198 안동권安東權 77 파평윤坡平尹 73 남양홍南陽洪 66 청주한淸州韓 66 안동김安東金 58 광산김光山金 50 진주강晉州姜 47 밀양박密陽朴 47 전의이全義李 47	전주이全州李 352 파평윤坡平尹 117 남양홍南陽洪 115 안동권安東權 107 청주한淸州韓 106 연안이延安李 98 밀양박密陽朴 94 안동김安東金 89 청송심靑松沈 81 반남박潘南朴 78	전주이全州李 247 안동김安東金 110 남양홍南陽洪 97 파평윤坡平尹 94 청주한淸州韓 85 반남박潘南朴 85 풍양조豊壤趙 84 안동권安東權 81 여흥민驪興閔 79 대구서大丘徐 76	전주이全州李 843 안동권安東權 354 파평윤坡平尹 330 남양홍南陽洪 317 안동김安東金 304 청주한淸州韓 286 밀양박密陽朴 250 광산김光山金 247 연안이延安李 238 여흥민驪興閔 228
상위 10위	259 (17.6%)	299 (18.4%)	729 (24.6%)	1237 (27.2%)	1038 (27.9%)	3397 (23.7%)
상위 30위	541 (36.8%)	630 (38.7%)	1384 (46.7%)	2373 (52.2%)	2071 (55.6%)	6629 (46.2%)
가문수	336	361	407	441	368	834
1인 급제가문	52	60	60	87	66	325
본관불명	229	59	58	61	44	451

남계男系 자손들만으로 구성된 집단(이는 보통 문중이라고 불린다)을 단위로 보아도 100명 이상의 문과 합격자들을 배출한 가계는 3개가 알려져 있다. 박소朴紹(반남 박씨)의 자손 129명, 서성徐渻(대구 서씨)의 자손 120명, 홍인상洪麟祥(풍산 홍씨)의 자손 111명이다. 수십 명의 문과 합격자들을 배출한 문중이라면 흔치는 않아도 그리 드문 존재는 아니다. 오히려 그것이 바로 명문의 자격이었다.

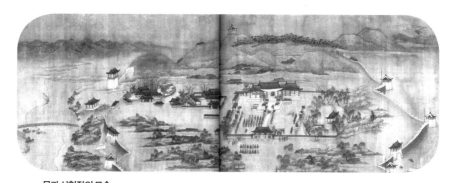

문과 시험장의 모습
한시각韓時覺이 그린 17세기 중반 함경도 길주의 문과 시험장 전경. 수험생들이 정렬해 있는 모습이 그려져 있다.

뛰어난 인재를 출신성분에 관계없이 등용한다는 원래 과거의 취지에서 보면 이러한 사태는 꺼림칙한 일이었다. 미야자키의 눈에는 그것이 허술하게 보였을 것이다. 그 원인을 살피기 전에 좀 더 조선시대 과거의 특징을 살펴보기로 한다.

조선시대에 상응하는 중국 명·청 시대의 전시殿試 합격자 수는 5만 1000여 명으로 추정된다. 인구수를 보면 조선시대 인구는 400만에서 1200만 명 정도로 증가했고, 중국의 인구 추이는 명초 6000만 명에서 청말 3억이며, 조선의 인구수는 중국의 20분의 1 정도 규모였다고 할 수 있다. 그러므로 인구 비율로 보면 조선시대 문과 합격자 수는 중국의 다섯 배나 많았던 것이다.

중국의 문과는 정원이 결정되어 있지 않지만, 한 회의 문과 최종 합격자 수는 300명 정도였다. 인구 비율로 보면 조선의 반 정도이며, 이것이 조선의 합격자 수가 많아진 원인의 하나라고 할 수 있다. 그러나 보다 근본적인 원인은 조선에서는 정규 문과 외에 임시 시험이 빈번하게 실행된 점이다. 그 결과 1만 4000여 명의 합격자 중 정규 식년문과 합격자들이 차지하는 비율은 40퍼센트에 불과했다. 이에 비해 중국에서는 명·청 시대 내내 임시 문과는 거의 시행되지 않았다.

이처럼 조선시대 과거는 중국과 비교해서 소수의 혈연집단에 의한 과점 상태, 인구 비율로 볼 때 많은 문과 합격자 수 등, 두 가지 중요한 특징을 지니고 있었다. 그리고 실로 이 두 가지 특징은 서로 밀접하게 연결되어 있었다. 실시 일정이 애초에 결정되어 있는 식년문과와는 달리, 임시로 실시되는 문과는 일정 공표에서 시험 실시까지가 극히 짧은 기간이었다. 게다가 임시 문과에서는 지방마다 실시되는 초시初試 없이 처음부터 서울에서 실시되는 경우가 많아 지방 수험생들에게는 그것만으로도 불리했던 것이다. 채점 역시 짧은 기간에 이루어져서 보통 시험 당일에 결과가 발표되었기 때문에 그런 점에서도 엄격함이 현저하게 떨어졌다. 그 때문에 특히 세력 있는 가문들에게는 임시 문과가 유리하게 작용했다. 같은 과거제도를 채용하면서도 조선과 중국은 그 양상이 크게 달랐던 것이다.

과거와 양반

조선시대 과거는 이렇게 허술한 면들이 있었다 해도, 널리 인재를 뽑는 본래의 기능을 다하지 못했다고는 할 수 없다. 이것은 기존 연구에서 거의 간과된 점으로 새로이 주의를 환기시켜야 할 부분이다. 필자의 집계에 따르면 문과 합격자를 배출한 동족집단은 834개다. 그중 한 명밖에 합격자를 배출하지 못한 집단이 325개 존재했다. 또 15~16세

「평생도平生圖」 중 「장원급제」 그림
「평생도」는 양반의 일생을 그린 일련의 그림으로, 이 그림은 그중 장원급제(과거 수석 합격)도이다. 장원으로 급제하는 것은 매우 명예로운 일이며, 처음부터 종6품 관직이 주어지는 특권을 가졌다.

기를 중심으로 문과 합격자들 중에는 본관을 알 수 없는 자들이 많이 확인된다. 이들은 본인이 소속되는 동족집단을 아직 형성하지 못했기 때문일 것이다. 본관이 분명하지 않은 자들은 모두 451명이나 되는데, 그들은 스스로가 문과에 합격함으로써 처음으로 동족집단을 형성한 존재, 즉 새로운 동족집단의 실질적인 시조가 되었던 것이다.

이 수치들은 이름 없는 가문에서도 문과 합격자를 계속 배출했다는 것을 단적으로 말해준다. 즉 많은 문과 합격자를 배출한 집단들이 존재하는 반면 좁기는 하지만 과거를 통해서 입신출세하는 길도 결코 막혀 있지 않았다. 유성춘·희춘 형제의 경우를 보자. 그들의 생가는 그들 아버지의 행장行狀을 보면 결코 무명 가문은 아니었다. 그러나 유성춘·희춘 형제가 과거에 합격한 쾌거가 없었더라면 선산 유씨라는 동족집단의 형성도 없었을 것이다. 동족집단이라는 조직은 과거에 합격한 자가 자신의 출생의 유서가 정통함을 과시하기 위해서 조상 중 특정한 인물을 시조로 삼아 시조로부터의 계보에 본인을 자리매김하면서 비로소 형성되는 것이다. 따라서 유성춘·희춘 형제 중 특히 홍문관 부제학이란 명예직에 있었던 유희춘이 바로 선산 유씨의 실질적인 시조가 되는 것이다.

유희춘 형제와 같은 예는 15~16세기에 그리 드문 일은 아니었다. 학문적 재능이 있는 다수의 젊은이들이 과거, 특히 문과에 도전해서 합격함으로써 출세길로 나아갔다. 양반이라는 조선시대 독특한 사회계층은 이러한 과정 속에서 처음으로 만들어진 것이다. 즉 양반이란, 조상 중 과거 합격자가 있는 부계 혈연집단의 구성원을 일컫는 계층 개념이다. 과거야말로 바로 양반의 도약대였다고 할 수 있다.

앞에서 조선시대 과거의 특징 중 하나로 소수 가문에 의한 과점 상태를 지적했으나, 이 과점 상태도 시대적 변화가 있었다. 표 2에서도 볼 수 있듯이 시대가 내려옴에 따라 과점 상태도 심해진다. 16세기까지는 과점 상태가 그리 심각하지 않았고, 과거 본래의 취지가 잘 살아 있던 시대였다. 『미암일기』의 필치에 나타나는 유희춘의 신선함은 당시 양반들의 신선함이기도 했던 것이다.

사림파 정권 성립의 의의

유희춘의 가까운 친척들 중에는 15세기 말에서 16세기 초에 거듭된, 이른바 사화士禍에 희생된 사람들이 많았다. 우선 형 유성춘이 그러했다. 유성춘은 1519년 기묘사화에 연루되어 관직에서 쫓겨났고, 그 후 복귀할 수 없었다. 유희춘의 외할아버지 최부도 1498년 무오사화로 관직을 박탈당하고, 1504년 갑자사화 때 사형되었다. 유희춘 부인의 외할아버지인 이인형李仁亨과 그의 사돈인 김종직金宗直도 무오사화 때 무덤이 파헤쳐지고 시체가 난도질당하는 부관참시剖棺斬屍 형에 처해졌다. 참으로 기가 막히는 이야기이다.

사화란 보통 중앙 정계에 진출한 신흥정치세력인 사림파士林派에 대한 탄압사건을 일컫는다고 보통의 개설서에 설명되어 있다. 그럼 사림파란 무엇인가? 이것도 개설서에서는 당시 중앙 정계를 좌지우지하던 훈구파勳舊派의 부패를 비판하여, 유교적 도덕정치 실현을 주장한 지방 출신 신흥세력이라고 설명한다. 이들 개설서의 설명은 아주 정확하지는 않지만, 대개 무난하다. 그러나 어딘지 애매한 감이 든다. 그들은 왜 중앙 정계에 진출한 것인가, 또한 왜 유교적인 도덕정치의 실현을 제창한 것인가, 그들과 대립한 훈구파들도 주자학 신봉자들이 아니었던가 등등의 의문이 충분히 해소되지 않기 때문이다.

사림파 등장의 역사적 의미에 대해서 좀 더 넓은 시야에서 볼 필요가 있을 것 같다. 필자가 여기에서 주목하고 싶은 점은 왕권王權과 신권臣權의 문제다. 앞에서 언급했듯이 조선은 건국 이래 왕권과 신권, 특히 왕권과 재상권의 각축이 거듭되어왔다. 초기의 각축전은 세조 때 왕권 우위의 형태로 일단 결말을 보았지만, 이것은 세조의 강력한 개성으로 인해 가능했던 것이다. 한편 재상권의 우위를 지향하는 고위관료들 중에서도, 왕가에 비해서 손색이 없는 명문 출신 개국공신의 가계들은 대다수 몰락해버렸다. 사림파란 동요를 거듭해온 왕권과 재상권의 관계를 보다 안정시키는 것을 목표로 한 정치 그룹이었다고 할 수 있다.

사림파의 정계진출 무대가 된 것은 삼사三司로 일컬어지는 사헌부·사간원·홍문관이었다. 그중 앞의 두 곳은 언관言官이라고도 하며, 국왕에게 간언하는 직책이었다. 언관은 시정時政에 대한 자유로운 발언이 인정되었으나, 인사권은 국왕과 재상에게 있었기 때문에 왕권·재상권에서 독립된 기관으로서의 역할을 충분히 다하지 못했다. 언관에 대한 이러한 제약을 극복하는 데 큰 의미를 지닌 것이 바로 홍문관의 지위 상승과 그 인사권의 독립이었다.

홍문관은 원래 경서와 사적史籍의 관리 및 국왕의 자문諮問에 답하는 것이 직무였다. 홍문관은 애초 언관들의 간언에 대한 국왕의 자문에 답하는 역할만 하다가, 성종 때 독자적인 언관으로서의 권한을 인정받을 수 있게 되었다. 사헌부·사간원에서 다루지 않는 문제들에 관해서

「호조낭관계회도戶曹郎官契會圖」
국가 재정을 관장하는 호조 낭관들의
회의 모습을 그린 것. 배경에는 서울 북
쪽의 북악산이 그려져 있다.

도 홍문관이 국왕에게 의견을 올리는 권한이 인정되었기 때문이다. 게
다가 홍문관은 문과 합격자들 중에서 우수한 인재를 뽑아 홍문록弘文錄
이란 명단을 만들어, 거기에서 홍문관원을 보충함으로써 인사면에서
도 독립성을 인정받았다. 홍문관의 이러한 변화는 사헌부·사간원의
언관 활동을 지원·강화하게 되었고, 이에 삼사 체제가 확립되었던 것
이다.

　이러한 삼사 체제는 성종 때 정비되었는데, 거기에는 재상권을 억제
하려는 성종의 의도가 작용하였다. 성종은 삼사 관원에 신흥 양반들을
대거 등용함으로써 재상권을 떠맡을 공신 세족의 힘을 봉쇄하려고 하
였다. 따라서 사림파는 왕권의 비호 아래 세력을 강화할 수 있었으며,
이것이 또한 사림파의 약점으로 작용했다. 즉 사림파 세력이 너무 강

해지면 왕권과 재상권이 손잡아 사림파를 억제하려고 했던 것이다. 이것이 표출된 것이 바로 사화였다. 성종의 뒤를 이은 연산군은 희대의 폭군이었는데 그의 폭정을 비판하는 삼사의 존재가 눈엣가시가 되어 이때 최초의 사화인 무오사화가 일어났다.

삼사 체제의 약점을 극복하기 위해서 중요한 의미를 지닌 것이 낭관郎官의 권한 강화였다. 낭관이란 육조六曹의 정랑正郎(정5품)·좌랑佐郎(정6품)을 일컫는데, 상급 관료들의 지시를 받아 정책을 구체화하는 일이 본래 업무였다. 그러나 연산군을 추방하고 즉위한(중종반정) 중종 때에 낭관이 정책 입안 자체에 관여하는 권한을 쥐게 되고, 또 후임을 스스로 추천할 수 있게 된다. 게다가 낭관과 삼사 간에 인사 교류가 빈번해지면서 재상권은 현저하게 약화되었다.

사림파 등장의 배경에는 이상과 같은 정치 운영면에서의 변화가 있었다. 따라서 사림파 등장의 역사적 의미는 다음과 같이 생각할 수 있다. 즉 왕권과 재상권의 대립을 축으로 한 양극 구조에 사림이라는 또하나의 정치세력을 더함으로써 보다 안정된 정치구조가 형성된 것이다. 그리고 신권이 재상권과 삼사·낭관권으로 분리됨으로써 왕권의 상대적 강화를 이룰 수 있게 했다.

그러나 왕권 강화에는 크나큰 제약이 있었다. 사림파는 스스로의 주장을 항상 '공론公論'이라고 주장했다. 사림이라는 말 자체가 지식인 집단을 의미하기도 했다. 그러므로 사림파의 등장으로 인해 정치 참여층이 현저하게 확대됨으로써 왕권은 공론의 크나큰 제약을 받을 수밖에 없었다.

⋯ 친족 네트워크

유희춘을 둘러싼 친족들

과거시험 때, 수험자들은 스스로의 4조四祖를 밝혀야 했다. 4조란 아버지·할아버지·증조할아버지·외할아버지를 일컫는다. 당시 사회에서는 어느 한 사람의 출신을 판단할 때 4조가 어떤 인물이었는지가 중시된 것을 알 수 있다. 아버지 쪽, 어머니 쪽 친족들과 함께 중시된 것이 배우자의 집안 즉 사돈이었다. 친족과 사돈은 엄밀하게는 구별되어야 하지만 여기시는 양자를 합쳐서 친족親族이라고 부르기로 한다.

『미암일기』에 등장하는 인물들 중 유희춘에게 중요하고 또한 빈번한 교류가 있었던 친족들은 네 부류로 나누어진다. 부계 친족, 사돈 친족, 외할아버지인 최부의 자손들, 사위 윤관중尹寬中의 해남 윤씨 일족이다. 네 친족 그룹을 그리면 다음과 같다.

도 1은 유희춘의 부계 조상들과 형제들 및 그 자손들이다. 유희춘의 바로 위 매형인 오천령吳千齡은 1555년 일본 배 70여 척이 달량포達梁浦(해남군)로 침입했을 때 전사하였다. 1510년에 일어난 삼포왜란三浦倭亂에서 보듯이 당시 조선은 대일무역 억제 정책을 펴고 있었다. 그 때문에 왜구倭寇(후기 왜구) 활동이 활발해졌는데, '달량왜변'이라고 불리는 이 침입도 그러한 동향의 한 단면이었다. 뒤에 서술할 최대 왜구라고도 하는 도요토미 히데요시豊臣秀吉의 침입 때도 유희춘의 친족이나 동료, 후배들이 많이 희생되었다. 그러한 면으로 봐도 유희춘의 인맥은 일본과 적지 않은 인연이 있었다.

도 2는 유희춘의 처갓집 친족들과의 관계다. 보다시피 여기에는 많

도 1 유희춘의 부계 계도

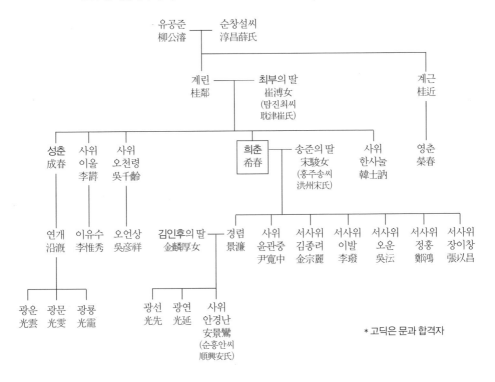

* 고딕은 문과 합격자

은 문과 합격자들이 포함되어 있어서 그의 부계 친족들보다 경력이 화려하다. 이러한 현상은 유희춘뿐만 아니라 그의 아버지 유계린의 경우도 똑같다. 유계린은 관직이 없었던 사람이지만, 그의 부인은 최부라는 저명한 사람의 딸이었다. 명성은 없지만 미래가 있는 청년과 유력 가문 딸의 결혼은 당시 전형적인 양반으로의 신분상승 패턴이었다. 유희춘이 이 사돈집을 통해서 사림파 영수인 김종직과 관계가 있었던 것도 흥미롭다.

도 2 유희춘의 처가 쪽 친족

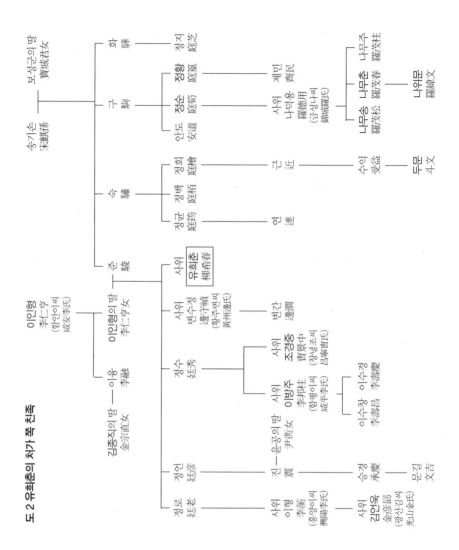

* 고딕은 문과 합격자

도 3 유희춘의 어머니 쪽 친족

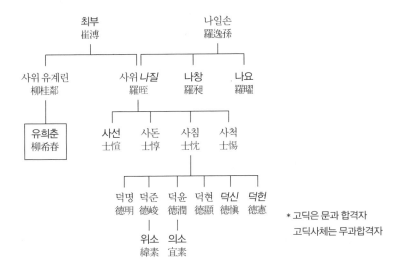

* 고딕은 문과 합격자
  고딕사체는 무과합격자

　도 3은 유희춘의 외계外系 친족들 즉 어머니 쪽 친족들이다. 외할아버지 최부는 아들이 없었지만, 둘째딸 사위인 나질羅晊이 전라남도 나주의 유력 가문 출신이었다. 이 일가는 17세기 당쟁에 휩쓸려서 흥망성쇠를 거듭하는데 그에 대해서는 후술하기로 한다.

　도 4는 유희춘의 사위 윤관중의 해남 윤씨 일가를 그린 것이다. 이 일가도 윤효정尹孝貞의 아들 세 명이 문과에 합격해서 양반으로 나서게 된 가문이다. 넷째아들 윤복尹復은 유희춘과 동기로 문과 합격한 동년배였다. 또한 맏아들 윤구尹衢의 둘째아들인 윤의중尹毅中은 홍문관에서 유희춘의 부하였기 때문에 매우 깊은 사돈관계에 있었다. 윤효정의 사위 문량文亮은 고려 말 중국에서 목화씨를 갖고 나와 조선에서 처음으로 목화 재배를 시작한 사람으로 전해지는 문익점의 후손이다.

도 4 해남 윤씨 일족

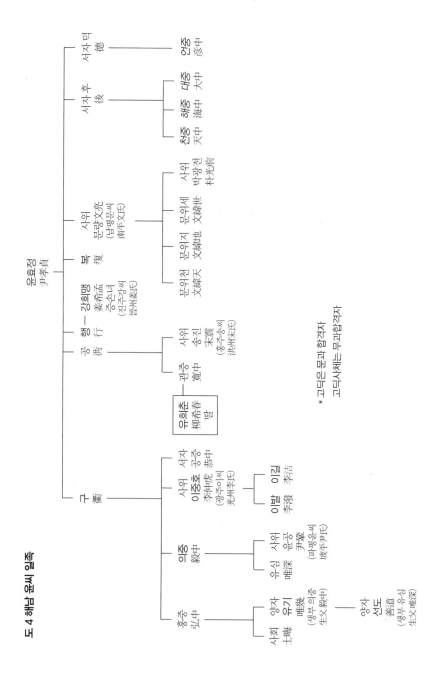

윤구의 맏아들 윤홍중尹弘中에게는 윤사회尹士晦라는 아들이 있었는
데, 그는 아버지의 첩과 정을 통했다가 들통나서 장살杖殺을 당하고 말
았다. 그리하여 윤의중의 둘째아들인 윤유기尹唯幾가 양자로 들어가
그의 뒤를 이었는데, 이 윤유기의 양자가 바로 17세기를 대표하는 문
학자로 이름 높은 윤선도尹善道이다. 유희춘 자신은 경학經學을 좋아하
고 문학적 재능은 없었던 듯하지만, 그의 주변에는 의외로 저명한 문
학자들이 많았다. 우선 유희춘의 부인이 그러했고, 친분이 있었던 송
순은 16세기를 대표하는 문학자 중 한 사람이다. 18세기에 저술된 지
리지 『택리지擇里志』에서 저자인 이중환李重煥은 전라도 사람들을 평하
기를, "풍류와 여색, 부와 사치를 좋아하지만 교활하고 경박하다"고 하
였다. 그의 비평을 떠나서 사실 전라도에는 문학과 회화 방면에서 저
명한 인물이 많은 것은 사실이다. 그 일단을 유희춘을 둘러싼 인맥에
서도 충분히 엿볼 수 있다.

이상 네 개의 친족구성도에 등장하는 인물들을 크게 유희춘의 친족
이라고 보면, 상당히 화려한 친족이라 할 수 있다. 무엇보다도 그 안에
29명의 문과 합격자들이 보이는 것이 그 화려함을 증명한다. 반도의
남쪽 끝에 자리 잡은 벽지 해남에서 태어난 유희춘이 이와 같은 폭넓은
친족 네트워크를 이룰 수 있었던 것, 이것이야말로 바로 양반 계층 발
흥의 원인이자 결과라 할 수 있다.

쌍계적인 친족 개념

『미암일기』에서 유희춘은 『해동제국기海東諸國記』의 저자인 신숙주申叔

柟를 지목해서 우리 족인族人이라고 하였다. 왜 신숙주가 유희춘의 족인이 되는가를 필자 주변의 자료로는 확인할 수 없다. 두 사람은 성씨가 다르므로, 여기서 유희춘이 말하는 족인이란 혼인으로 인한 사돈관계임이 분명하다. 이에서도 알 수 있듯이 유희춘의 시대에는 부계와 모계 구별 없이 양쪽을 동족으로 삼는 관념이 존재했다. 바로 쌍계적雙系的인 친족 개념이다. 본인보다 윗대에 대해서 그러했듯이 아랫대에서도 똑같았다. 즉 일본식으로 말하면 내손內孫도 외손外孫도 같은 동족 사람으로 간주된 것이다. 넓고 긴밀한 관계를 유지한 유희춘의 친족 네트워크노 낭시 친족 개념에서 유래한다.

이러한 쌍계적인 친족 개념이 있었기 때문에 재산 상속에서도 아들과 딸 구별 없이 남녀 균등 상속이 관행이었다. 상속시에 이미 딸이 사망한 경우더라도, 그 딸이 낳은 자식에게 재산이 상속되었다. 유희춘 부자의 예에서도 볼 수 있듯 비非명문가 남성과 명문가 여성의 결혼이 의미가 있었던 것도 남녀 균등 상속 때문이었다.

거주 형태를 보더라도 처가살이가 많았다. 유희춘의 아버지 유계린은 순천에서 태어났으나, 처가가 있는 해남에서 살았다. 해남에서 태어난 유희춘도 처갓집이 있는 담양으로 거처를 옮겼다. 일기에는 유희춘의 손자 유광선柳光先의 혼례 이야기도 나온다. 유광선은 전라북도 남원에 사는 김장金鏘의 딸과 결혼하는데, 혼례식은 처갓집에서 치르고, 유희춘의 집에는 혼례 후 며칠만 머물고 바로 남원으로 떠났다. 남자가 아내를 맞아들이는 일을 한국말로 '장가간다'고 표현하는데, 당시에는 그야말로 '가는' 것이었다.

유희춘 일가의 거주 패턴도 당시 양반들에게는 전형적인 것이었다.

즉 부인 쪽이나 어머니 쪽에 의지해 거주지를 여러 번 바꾸면서, 어느 한 사람이 출세하면 그때부터는 거기에 정착해서 대대손손 세거世居하는 패턴이다. 16세기 조선은 이러한 대규모 이동과 정착이 이루어지는 유동적인 사회였다.

족보 편찬의 시작

족보族譜란 한 인물을 시조로 하는 혈연집단의 구성 범위를 기록한 계보系譜다. 중국에서는 종보宗譜라고 불리는 경우가 많지만, 조선에서는 일반적으로 족보란 명칭으로 부른다. 1423년에 편찬된『문화유씨영락보文化柳氏永樂譜』가 족보의 효시이며, 16세기에 점차 많은 동족집단에서 족보를 편찬하게 되었다. 양반들이 등장함에 따라 그들이 스스로의 유서 깊음을 자랑하기 위해 족보를 만들기 시작했다. 서울 인사동이나 청계천 고서점 거리에 가면 많은 족보들이 쌓여 있는데, 지금도 그 편찬이 왕성하다.

　조선의 족보 편찬 역사상 17세기 전반까지 편찬된 것들을 초기 족보라 하며, 그 형식은 후대의 것과 크게 다르다. 가장 큰 특징은 어느 한 인물을 기점으로 해서 그 자손이 내계內系·외계外系 구별 없이 수록된 점이다. 가령 유희춘의 아버지 유계린을 시조始祖로 한 족보가 있다면, 거기에는 사위인 이울李爩이나 오천령의 자손들도 다 수록되는 것이 초기 족보방식이다. 이러한 족보는 중국에서는 전혀 예가 없는 것으로, 여기에는 당시의 쌍계적 친족 개념이 선명하게 나타난다.

　유희춘을 비롯한 많은 동족집단들도 족보를 편찬하였다. 그중에서도 유희춘 부인의 사촌사위인 금성 나씨錦城羅氏의 족보 편찬에는 흥미로운 경위가 전해진다. 금성 나씨 족보는 1767년에 처음으로 편찬되었다. 그전에는 이 일가도 나주 나씨羅州羅氏에 포함되었는데, 1692년에 나주 나씨 족보를 편찬할 때, '토당양나설土唐兩羅說'이 처음으로 제기되었다. 토당양나설이란 나주 나씨 속에 토착 계통과 중국에서 도래한 계통이라는 두 개의 별개 유파가 있다는 설이다. 즉 나주 나씨는 그 시조가 중국에서 도래한 사람이라는 전승을 가진 가문이다. 1692년 족보 편찬 때 이 문제에 대해 결말을 내지 못해서 족보도 초안 단계에 머무른 채 간행되지 못하였다. 결국 1767년이 되어서야 '토나土羅'를 주장하는 사람들이 본관을 금성(나주의 별칭)으로 고쳐서 그들만의 족보를 편찬하게 되었다.

나주 나씨와 금성 나씨의 예에서 볼 수 있듯이 동족집단이란 가변적인 측면이 있다. 즉 단일한 동족집단이 둘로 나누어지거나 다른 본관

송재사松齋祠
여기에는 금성 나씨인 나무송 · 무춘 형제가 모셔져 있다. '송재'는 이 형제의 증조부의 동생인 나세찬의 호이다. 금성 나씨 인물들도 상당수 담양 향안에 입록되었다. 나주시 문평면 동원리 ⓒ장희운

을 일컫는 두 개의 동족집단이 통합되는 경우도 있었던 것이다. 이러한 현상은 많은 경우 그때그때의 정치·사회 정세에 원인이 있었는데, 나씨 일족이 분관分貫한 구체적인 이유는 밝혀지지 않고 있다. 유희춘이 속한 선산 유씨도 원래 문화 유씨 출신이었다고 한다. 그 진실은 알 수 없으나 혹시 그것이 사실이라면 유성춘·희춘이라는 두 형제 출현으로 선산 유씨가 문화 유씨에서 분립되었다고 할 수 있을 것이다.

소설 『홍길동전』의 저자와 관련해서

『홍길동전』은 조선 최초의 한글 소설이며, 저자가 허균(1569~1618)이라는 것은 조선문학사 연구의 개척자인 김태준金台俊이 그의 저서 『조선소설사』(1937년 간행)에서 밝히면서부터 통설로 되어 있다. 『홍길동전』의 줄거리는 다음과 같다.

세종 때 서울 동대문 근처에 살고 있던 홍대신洪大臣에게는 인형仁衡과 길동吉童이라는 두 아들이 있었다. 길동은 서자로서 항상 천대받았다. 그 고통으로 길동은 집을 떠나 도적 무리에 투신해서 마침내 두목이 된다. 길동은 도적들과 활빈당이란 집단을 조직해 각지에서 지방관들이 부정하게 모아놓은 재물을 빼앗아 빈민들에게 나누어주었다. 정부는 길동을 잡으려고 혈안이 되었으나 둔갑술을 부리는 길동을 쉽게 잡을 수 없었다. 그래서 병조판서란 높은 벼슬을 주어서 그를 회유하려고 했으나 길동은 이를 거절했다. 그 후 그는 수하들을 거느리고 바다를 건너 율도국이라는 유토피아를 건설했다.

참으로 통쾌한 이야기다. 허균이라 하면 유희춘을 스승으로 모신 허성·허봉 형제의 막내동생이며, 유희춘이 좀 더 오래 살았다면 반드시 만났을 인물이다. 그런데 최근에 와서『홍길동전』의 저자는 허균이 아니라는 견해가 발표되었다(백승종,「고소설『홍길동전』의 저작에 대한 재검토」). 그 근거의 하나로 제시되는 것이『홍길동전』에서 중요한 줄거리를 이루는 서자庶子 문제다. 허균이 살았던 시대에는 서자에 대한 차별이 후대만큼 심하지 않았다는 것이 그 통설에 대한 비판 근거로 제시되고 있다.

필자는 이 시적이 타당하나고 생각한다. 유희춘에게는 서자가 없고 서녀만 있었는데, 유희춘은 그녀들의 결혼에 많은 신경을 쓰고 있다. 그리고 해남 윤씨 일가에 많은 서자들이 있는데, 그들도 자주 유희춘을 찾아와서 서로 환담을 나누곤 했다. 또한 양반들은 항렬자行列字라고 해서 같은 세대 사람들은 같은 돌림자를 쓰는 것이 통례였는데, 해남 윤씨 서자들도 적자들과 같은 항렬자를 쓰고 있다.『패관잡기稗官雜記』의 저자로 유명한 어숙권魚叔權은 15세기 명재상으로 이름 높은 어세겸魚世謙의 서손庶孫이었는데, 유희춘과 매우 친한 사이였다.『미암일기』를 읽어보면 적서嫡庶 구별은 엄격했으나 서자라 해서 가족으로부터 천대받는다는 구절은 없다.

『홍길동전』에 그려진 서자 차별의 현실은 18세기 쪽이 더 어울린다. 그렇다면 한글 소설의 시작이 통설보다 더욱 늦어지는데 그것은 또한 별개의 문제이다.

• • • 향촌사회와 지방통치

담양 향안

16세기를 양반의 세기로 일컫는 것은, 중앙 정계로 사림파 양반들이 진출한 데도 이유가 있지만, 지방통치 면에서 양반을 핵으로 한 체제가 이 시기에 이루어졌다는 사실 또한 아울러 중요하다. 양반을 중심으로 한 지방통치체제가 확립될 무렵에 큰 역할을 한 것이 향안鄕案이라는 양반들의 명단이다.

향안은 읍을 단위로 해서 작성되었다. 읍이란 도道 아래의 지방 행정단위인 부府·군郡·현縣 등의 통칭이다. 중국에서 군·현이라 하면 상하관계를 이루는데, 조선의 군·현은 병렬관계이고 단지 인구 규모나 정치적 중요성에 따라 군이라든가 현이라는 명칭이 붙여졌다. 향안이란 읍에 거주하는 양반들의 명단이다. 바꿔 말하면 향안에 이름이 등록되는 것이 그 사람, 또는 그 가문이 양반이란 증거가 되는 것이다. 따라서 향안 입록入錄에는 엄격한 자격심사가 이루어졌다.

향안 입록 때 가장 중시된 것은 가문이었다. 내·외·처의 3족, 즉 아버지·어머니·처의 가문이 심사 대상이 되고, 각각 3족의 3대 조상까지 거슬러 올라가면서 양반으로 부적절한 인물이 없는가가 심사되었다. 유희춘과 친분이 있었던 송순은 담양 출신이며 정부 고위직에 있었다. 그러나 처가 남원 출신으로 이름 없는 집안 출신이었기 때문에 그는 향안에 입록되지 못했다. 그래서 그는 고향으로 돌아가던 중에 담양 양반들의 집회(향회라고 한다)를 찾아가 장로들에게 진수성찬을 대접함으로써 간신히 입록을 인정받았다. 이 이야기는 허균이 소개한 유명한 일화로서, 향안 입록의 어려움을 잘 나타낸다.

유희춘이 거주한 담양의 향안은 담양 향교에 소장되어 있다가 최근 전형택全炯澤이 발굴해서 소개했다. 현존하는 담양 향안은 16세기 말에서 18세기 초에 걸친 4종류가 있다. 그중 앞 시기에 만들어진 2개 향안에는 1597년에서 1654년 사이의 향안 등록 명단이 기재되어 있는데, 유희춘 친족으로 이름이 보이는 사람은 도 5와 같다. 유희춘의 두 손자 유광선柳光先·광연光延 형제, 유광선의 아들 유익원柳益源이 등록되어 있다. 유희춘 일족이 담양에서 양반으로 인정받았던 것을 이 향안에서 볼 수 있다.

그러나 도 5에서 무엇보다도 주목되는 사실은 유희춘의 처조부 송기손宋麒孫의 자손들이 거의 다 향안에 등장한다는 것이다. 그 안에는 송기손―송준宋駿―송정언宋廷彦―송진宋震의 가계나, 송기손―송숙宋驌―송정회宋庭檜―송근宋近의 가계와 같이 과거 합격자가 한 사람도 없는

담양 향교
1398년에 창건되었다고 전해지지만, 현재 건물은 1693년에 중건된 것이다. 사진 왼쪽 앞에 보이는 비석은 담양 역대 수령들이 세운 학비學碑이다. 담양군 담양읍 향교리. ⓒ장희운

도 5 담양의 향안 등록자(홍주 송씨 관계)

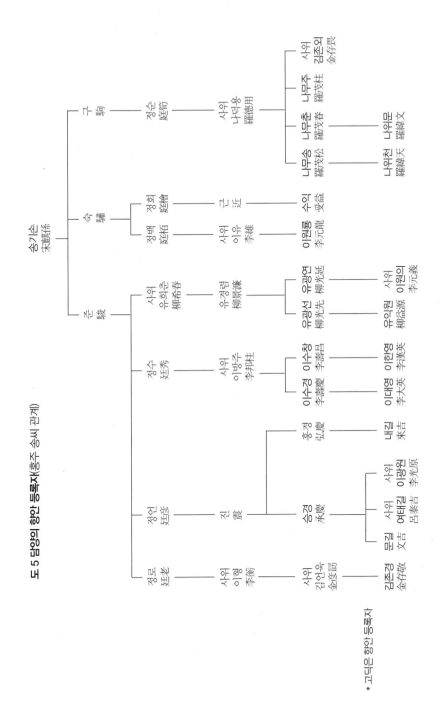

* 고딕은 향안 등록자

가계도 포함되어 있다. 과거 합격자 및 그 직계 자손이라는 양반의 원래 말뜻에서 보면 그들은 이에 해당하지 않는다. 그런데도 송진이나 송근은 향안에 등록되고 양반으로서 사회적 인지를 얻고 있다. 우리는 여기서 본래 양반 개념이 아니라, 사회계층으로서 양반이란 개념이 성립했던 것을 볼 수 있다. 송기손 일족은 대대로 담양에서 세거하며 그 안에서 수명의 과거 합격자를 배출하고, 또한 과거 합격자들과 혼인관계를 거듭한 결과 가문 전체가 양반으로서의 사회적 지위를 획득한 것이다.

양반은 신분인가?

필자는 사회계층으로서 양반이 성립되었다고 했다. 그러나 독자들 중에는 양반이란 신분이 아닌가 하는 의문을 가지는 사람들도 있을 것이다. 앞에서 언급한 예를 보면 송진이나 송근의 자손은 출생과 함께 양반의 지위를 얻었기 때문이다. 개설서를 보아도 많은 경우 양반을 조선시대 지배신분으로 설명하고 있다. 그러나 양반을 신분으로 파악하는 것은 정확한 이해가 아니다. 좀 더 덧붙여서 설명하기로 하자.

1653년에 작성된 담양 향안에는 유희춘 자손들의 이름은 한 명도 보이지 않는다. 양반 자체가 신분이라면 이러한 현상은 없었을 것이다. 즉 한번 획득한 양반으로서의 사회적 인지가 시간 경과에 따라 소멸되어버리는 경우가 있다는 것, 이것이 양반을 신분으로 파악할 수 없는 첫 번째 이유이다.

또 하나의 이유는 양반으로 인지되는 것은 향안이 작성되는 단위인 읍내에서만 유효했다는 것이다. 예컨대 송진이나 송근의 자손들이 담양을 떠나서 다른 지방으로 옮긴 경우를 생각해보면 그들이 새로 옮긴 곳에서 양반으로서 지위를 얻는 것은 거의 불가능할 것이다. 유희춘 일가는 그의 세대부터 해남에서 담양으로 옮겨 살았는데, 담양에서 양반으로 인정된 것은 무엇보다도 유희춘 자신이 문과 합격자이고 정부 고관이었기 때문이다. 이러한 현상도 양반을 신분 개념으로 파악하면 설명이 어려운 부분이다.

예전에 필자는 『양반』(2014, 너머북스)이란 책에서 조선시대 양반 개념을 이해하는 어려움에 대해서 송준호 교수의 글을 인용하면서 서술한 바 있다. 여기서 다시 송 교수의 함축성 있는 글을 보자.

조선시대에 한 특권층으로 존재하였던 양반에 관하여 그 개념을 정확하게 규정한다는 것은 매우 어려운 일이다. 그러나 여기서 한 가지 분명히 말할 수 있는 것은 그것이 법제적인 절차를 통해서 제정된 계층이 아니라 사회관습을 통해서 형성된 계층이요, 따라서 양반과 비양반의 한계기준이 매우 상대적이요 주관적인 것이었다는 사실이다. 조선시대의 사회 계층을 논할 때 경계해야 할 점의 하나는 그것을 저 중세유럽이나 도쿠가와德川기의 일본에 존재하던 계급 제도와 비슷한 것으로 착각해서는 안 된다는 점이다. 예컨대 도쿠가와 기期의 일본 사회에 있었던 사농공상士農工商의 구별은 어디까지나 법제에 의한, 따라서 강제성을 띤 것이었지만 조선시대의 사농공상은(공상의 경우는 예외가 되지만) 그러한 것이 아니었다.

그러나 양반과 비양반의 한계 기준이 상대적이요 주관적이었다고 해서 그것이 애매한 것이었다고 생각한다면 이는 잘못이다. 실제에서는 지극히 명확한 기준이 있었다. 다만 그 기준은 성문화된 그리고 언제 어디에서나 적용될 수 있는 객관적인 것이 아니라, 주어진 상황에 따라 변경 설정되는, 즉 어느 특정한 지역의 특정한 상황하에서 관련된 사람들의 의식구조상에 설정되는 주관적이고도 상대적인 기준이었다.

─송준호, 『조선사회사 연구』

따라서 양반이란 신분이 아니다. 지주 등의 경제적인 개념으로서 계급과 직결되는 것은 더욱 아니다. 양반 개념의 이러한 종잡을 수 없는 점에 바로 조선시대의 여러 가지 드라마를 만들어낸 가장 큰 열쇠가 숨어 있었다.

유향소와 경재소

향안에 등록된 양반들은 정기적으로 회합을 열었다. 이를 향회鄕會라고 하는데, 『미암일기』에도 지방자치회의로서 향회에 대한 이야기가 실려 있다. 유희춘이 담양에 머무를 때 홍문관 부제학으로 취임이 결정되었는데, 담양 양반들이 이를 축하하기 위해서 향회를 열었다는 것이다. 여기서 유희춘은 이미 늘그막에 담양 향회 구성원, 즉 향안에 등록되었던 것 같다. 해남 출신인 그가 이주지인 담양의 향안에 등록된 것은 예외적으로 빠른 향안 등록이었다. 그의 출세와, 사돈 집안인 송씨 일가의 위세가 담양에서 당당했기 때문에 가능했던 것이다.

향회의 또 하나의 목적은 읍내 양반들의 친목과 세력 과시였지만, 보다 중요한 것은 유향소留鄕所 임원을 선출하는 데 있었다. 유향소란

읍의 장관(수령)의 지방통치를 보좌하는 기관으로, 향리(지방행정 사무 담당자, 중국의 서리胥吏에 해당)의 감독이나 지방 풍속을 바로잡는 일을 그 임무로 삼았다. 유향소는 15세기에는 존속과 폐지가 되풀이되었지만 15세기 말 이후에는 상설기관이 되었다. 유향소는 수령守令이 근무하는 관아 다음 지위에 있다는 이유로 이관貳官이라고 불리고 준準공식적 성격을 띠었다. 유향소의 임원은 향안 등록자 안에서 향회에 의해 선출되었는데, 이것은 재지在地양반들의 조직이 지방통치체제의 일익을 담당했다는 것을 뜻한다.

고려시대에는 이족吏族들이 지방통치의 실권을 장악하고 있었다. 그런데 조선시대에 들어서 이족의 일부가 양반화하는 한편, 그대로 이족 지위를 유지한 자들은 향리로 명칭을 바꾸면서 그 힘을 상실해갔다. 15세기 말 이후로 유향소가 상설화되고 그 운영도 양반들이 담당하게 되면서 향리는 완전히 실무담당자의 지위로 전락했다. 16세기에 양반 중심의 지방통치체제가 확립되었다는 것은 이상과 같은 의미 때문이다.

향회에서 선출되는 유향소의 임원은 그 우두머리인 좌수座首와 그를 보좌하는 별감別監이었다. 『미암일기』에는 유희춘이 서울에 있을 때도 담양 좌수를 누구로 할 것인지에 대해서 향회가 그에게 의견을 구하는 기록이 자주 보인다. 이를 보면 좌수를 선정할 때는 중앙정부 직위 때문에 서울에 있는 향안 등록자들에게까지 의견을 구했다는 사실을 엿볼 수 있다. 일기에 따르면 유희춘의 처남인 송정수는 담양 별감·좌수를 역임한 인물이었다. 또한 송정수의 형 송정로宋廷老의 사위인 이형李衡도 한때 담양 좌수를 했다. 송기손 집안이 담양에서 얼마나 명망가였는지를 좌수 취임 상황에서도 알 수 있다. 좌수·별감에는 그 지방 세력

가문에서 과거에 합격하지 않은 인물들이 선출된 듯하다.

읍마다 조직되었던 유향소와 쌍을 이루는 기관이 경재소京在所이다. 경재소란 각 읍의 서울 연락처이며 현재 일본 각 현의 도쿄사무소와 같은 것이다. 경재소 역할은 각 읍에서 공무 때문에 상경한 사람들을 돌보거나 서울과 지방 사이 연락을 담당하는 것이었다. 경재소 책임자도 좌수라고 했다. 이 좌수는 원래 읍 거주자 안에서 선출하기로 되어 있었으나, 유희춘 시절에는 호적을 지방에 두고 서울에 거주하는 자 안에서도 선출되었다. 경재소 좌수 임명권도 향안 등록자들이 쥐고 있었다.

경새소는 17세기에 폐지되지만 유향소와 경재소가 병존한 16세기에는 중앙과 지방 사이의 의사소통이 원활했다고 할 수 있다. 그것을 가능하게 한 가장 큰 요인은 지방 출신으로서 고위 관직에 올라가는, 즉 신흥양반층이 많이 생긴 데 있었다. 유희춘은 신흥양반의 전형적인 한 예이며 17세기 이후에는 이런 예가 차차 드물어진다. 참으로 16세기는 양반의 세기로 일컫기에 적절한 시기였다.

개발의 시대

양반들의 전국적인 이주와 정착이 가능했던 원인의 하나는 15~16세기에 걸친 개발의 진전이다. 특히 한반도의 남부인 전라·경상 양도에서는 농지개발의 진전이 현저했다. 『미암일기』에도 당시 개발상황을 엿볼 수 있는 서술이 풍부하게 기재되어 있다.

유희춘의 고향인 해남에서는 해안 간척이 대규모로 이루어졌다. 한반도 서해안은 세계적으로도 손꼽힐 만큼 간만의 격차가 심하다. 여담

해남 윤씨 유물전시관
해남 윤씨 종가 앞에 있는 유물전시관의 외관과 내부 전시물. 여기에 소장되어 있는 사료의 수는 전라도 지역에서도 손꼽히는 것으로, 이 가문의 경제력을 여실히 나타내고 있다. 해남군 해남읍 연동리. ©장희운

이지만 19세기 후반에 구미 여러 나라들이 조선에 통상을 요구하러 왔을 때 이 심한 간만의 격차가 구미 선박들을 괴롭혔던 것이다. 15~16세기에는 간만 격차를 이용한 간척과, 거기에 논을 조성하는 것이 활발하게 진행되었다.

『미암일기』를 보면 어느 날 해남현의 전 현감縣監(현의 장관)이었던 임응룡任應龍이 유희춘을 찾아와 다음과 같이 말하는 장면이 있다. "해남 사람들은 유희춘에 대해 다음과 같이 말한다. 시골생활을 하면서도 해안을 간척해서 논을 만들지도 않고, 집안에 양인良人을 숨겨두고 노비와 같이 부려먹는 일도 없다. 참으로 청빈무쌍한 사람이다." 즉 간척에 힘을 쏟지 않는 유희춘이 희귀한 존재로 보일 만큼 당시 세력가들은 대규모 간척을 실행하고 있었던 것이다. 간척에는 물론 많은 사람들이 동원된다. 거기에 동원되는 것은 양인 신분이면서도 가난 때문에 양반 집에 주거하면서 노비와 같은 천대를 받는 사람들이었다.

유희춘과 사돈관계였던 해남 윤씨 가문은 그 부유함으로 소문이 자

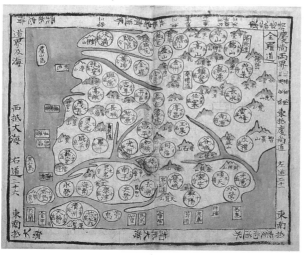

「전라도도全羅道圖」
조선 후기에 그려진 필사본 「천하도天下圖」 중 전라도 부분이다. 원형 윤곽선 안에 지명을 써서 배치하고 산은 초록색으로, 강과 바다는 푸른색으로 채색했다. 인천시립박물관 소장.

자했다. 그 해남 윤씨의 경제력을 지탱한 것이 바로 간척으로 인한 논의 개발이었다. 해남 윤씨 종가에 지금도 소장되어 있는 고문서 중에는 17~18세기 재산 상속문서가 다수 포함되어 있다. 이를 보면 이 가문이 해남 해안부에 농지를 집중적으로 소유했던 상황을 살필 수 있다.

『미암일기』의 1574년 5월 1일조條에 성균관(국립대학) 유생인 고상안高尙顔이란 사람이 등장한다. 고상안은 경상북도 용궁龍宮 출신으로, 1576년 문과에 급제하고, 경상도 각지의 지방관을 역임했다. 그는 퇴임 후 지방관을 할 때의 견문에 기초해서 『농가월령農家月令』이라는 농서를 저술했다. 『농가월령』은 고상안의 후손 집에 묻혀 있다가 근래에 학회에 소개되어 주목받고 있다. 이 책에서는 벼농사 방법으로서 모내기를 하는 이앙법移秧法이 구체적으로 설명되어 있다. 강우량이 불안정한 조선에서 벼농사의 주류는 모내기가 아닌 농지에 직접 씨앗을 뿌리는 직파법直播法이었는데, 16세기에는 경상도 지방에서 이앙법이 보급되기 시작했던 것을 살필 수 있다.

『미암일기』에는 유희춘이 농지를 소유하고 있었던 전라도 지역의 농업 양상에 대한 서술이 자주 보인다. 전라도에서는 아직 직파법이 주류였고, 농업 발전은 경지의 외연적인 확대에 의한 것이었다. 그리고 제주도에서 가져온 사산도査山稻라는 품종이 종래의 벼에 비해 두 배나 수확을 거둘 수 있었던 것도 일기에 소개되어 있다.

16세기에는 남녀 균등 상속이 관행이었는데, 이러한 상속법은 농지 확대의 진전으로 인해 가능했다고 생각된다. 양반들은 새로운 이주지에서 농지를 개발하고 거기에 정착해갔다. 16세기 양반들의 한쪽 다리는 풀이 무성한 농촌에 걸쳐 있었던 것이다.

양반들의 경제력

어느 날 일기에 유희춘과 부인이 집안 살림 변통을 상의하는 이야기가 나온다. 유희춘 부부는 담양에 논 7섬 9마지기, 밭 1섬 18마지기를 소유하고 있는데, 이것을 가지고는 부족하니 농지를 좀 더 구입하자고 결정한다. 마지기란 파종 양에 따른 농지의 넓이를 나타내는 단위다. 일본에서 말하는 '한 마지기(잇토마키, 一斗蒔き)의 토지'와 같은 뜻이다. 조선에서는 1석이 20두, 15~20마지기가 1헥타르로 계산된다. 그러므로 유희춘은 담양에 9~12헥타르 정도의 농지를 소유한 셈이다. 아마 담양 이외에도 출신지인 해남 등지에 농지를 소유하고 있었던 걸로 추측되지만 그 규모는 알 수 없다. 농지와 아울러 중요한 재산인 노비는

약 100명가량 소유했던 것을 일기를 통해 알 수 있다.

당시 양반들의 경제력을 전해주는 사료로는 재산 상속 때 작성되는 상속문기相續文記가 가장 가치가 높다. 유희춘 일가의 상속문기로는 유희춘의 외아들인 유경렴柳景濂이 세 자녀에게 분재했을 때의 문기가 남아 있다. 그 문기에 따르면 유경렴이 자녀들에게 남긴 재산은 농지가 500여 마지기, 노비가 56명이었다. 뒤에 서술하겠지만 유경렴 시절에는 가문의 가세가 하강선을 그리고 있을 때니, 유희춘 생존시의 재산 규모는 이 수치보다 약간 컸을 것이다. 30헥타르쯤의 농지와 100여 명의 노비라면 당시 양반의 재산 규모로는 중상 정도라고나 할까?

유희춘은 오랜 유배생활을 보냈는데, 그때의 생활은 매우 힘겨웠던 것으로 추측된다. 형 유성춘의 손자인 유광문柳光雯은 일찍이 부모를 잃고 종성鍾城에 유배중인 유희춘의 집에 임시로 거처했던 것 같다. 후에 유광문은 가난한 유배생활에도 불구하고 자신을 돌보아준 유희춘 부부에 대한 감사의 말을 눈물을 흘리며 전하고 있다.

그러나 중앙 정계로 복귀한 이후, 유희춘은 상당한 부를 축적한 것 같다. 일반적으로 조선시대 관료들의 월급이란 대단찮은 액수였다. 조선 초기에는 관료들에게 과전科田이나 직전職田 등의 명목으로 일정한 토지 수조권收租權이 주어졌지만, 16세기 중반 이후에는 봉록俸祿만 지급되었다. 봉록은 매달 지급되는 봉俸과 3개월에 한 번 지급되는 녹祿으로 나누어지는데 녹이 중심이었다. 유희춘은 최고 종2품까지 승진했는데, 종2품의 녹은 1년에 쌀 49석, 보리 2석, 대두 17석, 밀 8석, 명주 5필, 면포 14필, 저화楮貨 8장이었다. 저화란 닥나무로 만든 지폐로, 저화 1장이 쌀 2석에 해당한다. 관료의 봉록만으로 축재는 도저히 무리지만 고급관료인 유희춘은 녹봉 이외에 여러 경로의 공식·비공식적인 수입원이 있었다.

녹봉 이외에 공식적인 수입으로는 우선 진상進上의 분급分給을 들 수 있다. 진상이란 지방마다 특정한 물품을 국왕이나 중앙정부 여러 기관에 상납하는 제도이다. 중앙기관의 진상품은 그 기관에 속하는 관료들에게 분급되는데, 이것이 부족한 녹봉을 채우는 중요한 수입원이 되었다. 또 고급관료들에게는 재임 중에 한해서 일정한 수의 공노비가 지급되었다. 노비에는 왕실이나 정부기관이 소유하는 공노비와 개인이 소유하는 사노비가 있었다. 유희춘은 사노비 이외에도 공노비를 지급받아 그들을 사역하거나 공물을 수취할 수 있었다.

비공식 수입으로는 무엇보다도 각종 증답품이 큰 의미를 가졌다. 그중 대부분은 뇌물성을 띠는 것이었지만 뇌물 자체가 반드시 부정행위라는 법은 없었다. 정도가 문제이지 정도를 넘는 뇌물이 아니면 아무도 문제 삼지 않았던 것이다. 일기에는 유희춘이 담양 집을 신축하는 이야기가 나온다. 그때 유희춘은 담양이나 주변 지역의 지방관에게 부탁해서 공사에 필요한 인력을 동원하였다. 이러한 행위는 발각되면 문제가 되지만 유희춘의 지위로 인해 묵인되었다.

이러한 공식·비공식 부수입은 봉록의 몇 배에 해당하는 것이며, 따라서 유희춘은 정계로 복귀한 지 10년 만에 상당한 재산을 남길 수 있었던 것이다. 그러나 일기를 보면 전체적으로 그의 집안 생활은 의외로 검소하다는 인상이 강하다. 예를 들면, 판소리『춘향전』에서 그려진 18세기 양반들의 사치에 비하면 그의 식생활은 매우 검소한 것이었다. 물론『춘향전』은 꾸며낸 이야기지만 거기에는 18세기 사회상이 크게 반영되어 있을 것이다.

　16세기의 양반, 특히 유희춘과 같은 신흥양반의 검소한 생활 모습은 화폐경제의 미발달과 깊이 관계되어 있다. 유희춘의 생활은 대부분 현물경제였다. 당시 쌀이나 면포가 화폐 역할을 하고 있는 단계로서 저화 보급은 극히 제한된 것이었다. 축재 방법으로는 기껏해야 토지에 투자하는 것이 고작이고 대량의 증답품을 얻어도 바로 소비할 수밖에 없었다. 16세기 유학자들이 주장한 정치론·사회론을 이해하기 위해서는 이러한 당시 경제상황을 염두에 둘 필요가 있을 것이다.

···양반의 정신세계

독서광 유희춘

『미암일기』에는 실로 다양한 책 이름들이 나온다. 후지모토 유키오藤本幸夫에 따르면 일기에는 500여 권의 책들이 소개되는데, 그 대부분의 책들을 유희춘은 다 보았다고 하니 대단한 독서광인 셈이다. 유희춘은 다양한 방법으로 책을 모았다. 교서관校書館에서 일할 때는 공무로서 유교 경전儒敎經典 등의 수집에 힘을 썼다. 지인知人을 통해서 입수하거나 때로는 본인이 소유한 책과 교환하는 장면을 일기 여러 곳에서 볼 수 있다. 입수하기 어려운 중국 서적들은 명나라에 사절로 가는 사람들에게 부탁해서 구입하거나 했다.

　책을 입수하는 방법으로 또 하나 주목되는 것이 서점을 통한 구입이다. 일기에는 "책쾌冊儈 아무개가 왔다"는 서술이 몇 군데 나온다. 조선에서 서점 설치가 허락된 것은 1551년이라고 한다. 실제로 1554년에 간행된 어숙권의 『고사촬요故事撮要』에는 '서책시준書册市准'이라고 해서 책의 시장가격이 제시되어 있다. 어숙권에 대해서는 앞에서 언급했지만, 유희춘과 자주 책에 대한 정보를 교환하였다. 같은 독서광으로서 이야기가 활기를 띠었을 것이다.

유희춘이 읽었던 책 종류는 다양한 분야에 이른다. 중국 간행본은 당시에는 귀중품이었기 때문에 대부분이 조선 간행본인데, 조선 간행본 중에도 중국책들이 많이 포함되어 있다. 근엄하고 실질적인 인물로 보이는 유희춘이 『전등신화剪燈新話』같은 연문학서軟文學書를 읽은 사실도 흥미롭다. 사실 유희춘은 을사사화로 실각하기 전에 기생과 염문이 있었다고 한다. 일기에서 보이는 성실하고 정직한 모습은 혹 유배 생활 이후의 일인지도 모른다.

15~16세기는 조선의 인쇄 역사상 매우 호황을 누린 시대였다. 동활자가 국가적으로 여러 번 만들어지고, 활자본이 많이 출판되었을 뿐만 아니라 목판본도 지역 관아·사찰·서원書院 등에서 활발하게 인쇄되었다.

주지하다시피 조선은 세계적으로 가장 처음 금속활자를 만든 나라이다. 그러나 그 평가에 대해서는 의견이 나누어진다. 세계 최초라고 높이 평가하는 반면, 그 역사적 의의를 인정하지 않는 견해도 있다. 구텐베르크로 시작되는 서양 금속활자와 인쇄술의 발전이 '인쇄혁명'으로 불릴 만큼 문화적·사회적·정치적으로 큰 의미를 가졌던 것에 비해, 조선의 금속활자 주조는 그런 역할을 하지 못했다는 것이 후자의 입장이다. 필자는 양쪽 다 극단적이라고 생각하는데, 여기서 지적하고 싶은 것은 한자漢字의 특성이다. 한마디로 말해서 한자는 활자에 적합하지 않은 것이 아닐까? 알파벳과 같은 소수少數 문자는 활자 주조의 기계화도 간단하지만 만萬 단위의 다른 활자를 필요로 하는 한자는 '인쇄혁명' 같은 일이 일어날 리가 없었던 것이다. 이러한 문자의 문제를 제외한 논의는 거의 의미가 없는 것이 아닐까 생각한다.

조선 금속활자의 의의는 조선 상황에 맞추어 생각해야 한다. 15~16세기 금속활자의 대량 주조와 그를 사용한 관본官本 출판은 지방 출판이나 민간 출판의 간행을 촉진시켰다는 점에서 큰 의미가 있다. 즉 바르고 아름다운 문자로 만들어진 금속활자는 지방 관아나 사찰, 서원에서 목판 작성의 모범이 되었고, 전국적인 출판의 융성을 초래하였다. 유희춘의 풍부한 소장 서적들은 그것이 반영된 결과이다. 인쇄 문화의 발전은 풀이 무성한 농촌에서 양반의 출현을 가능하게 했고, 양반의 등장이 출판사업의 성행을 지탱한 것이다.

계몽정신

『미암일기』에 보이는 책들 중에는 유교 관련 서적들의 '구결口訣'이나 '언해諺解'가 많이 포함되어 있다. 구결이란 한문에 조선식 조사助詞를 붙인 것이며, 언해란 한문을 한글로 번역한 것이다. 구결에 의해 한문을 내리읽는 방식은 조선시대 이전부터 널리 행해왔으며, 언해는 당연히 한글이 만들어진 시기부터 시작되었다. 16세기의 언해로 주목받는 것은 유교 경전과 향약鄕約의 언해인데, 유희춘은 이에 깊이 관여한 인물이었다.

「서당도」

단원 김홍도(1745?~?)의 걸작 『풍속화첩』 전25
면 중 하나로, 서당을 그린 그림. 서당은 초등교
육을 담당한 민간교육기관으로 18~19세기에
널리 보급되었다. 국립중앙박물관 소장.

유교 경전인 사서오경四書五經 언해는 이미 세종 대에 왕명으로 시작
되었지만 간행되지는 못했다. 경서 언해의 노력은 계속되어, 선조 18
년(1585)에 사서四書와 『주역周易』, 『서경書經』, 『시경詩經』의 언해본이 처
음 간행되었다. 이른바 칠서七書 언해가 그것이다.

칠서 언해본은 유희춘의 사후 발간되었으며, 『미암일기』에는 경서
언해 이야기가 자주 나온다. 유희춘은 여러 언해 중 이황의 것이 무엇
보다도 우수하다고 역설하면서 그 간행을 건의하였다. 유희춘 본인도
경전 해석을 둘러싸고 때로는 의견을 개진해 한글 해석을 일기에 쓰고
있다. 칠서 언해는 이황의 언해에 이이가 손질한 것을 토대로 교정청校
正廳이라는 특설 기관에서 실현되었다.

향약의 언해는 『주자증손여씨향약언해朱子增損呂氏鄕約諺解』란 제목
으로 1573년에 간행되어 전국적으로 반포되었다. 중국 송나라 시대 여
씨 향약에 주자가 손질한 것을 언해한 것이다. 향약은 유교적 이념으
로 민중을 교화하는 것을 목적으로 하였다. 조선에서 향약을 널리 보

급하려고 한 인물이 김안국金安國이었는데 그가 바로 유희춘의 스승이었다. 그러므로 유희춘도 향약 실시에 대단히 열성적이었으며, 여씨향약을 그대로 실시하는 것이 아니라 조선의 실정에 알맞게 개량하려고 노력했다.

유희춘이 늘그막에 심혈을 기울인 것은 『유합類合』의 신판 편찬 작업이었다. 『유합』은 15세기에 조선에서 만들어진 한문 입문서다. 이와 같은 책으로 중국의 『천자문』이 유명하며, 조선에서도 사용되고 있었다. 『천자문』은 주지하다시피 기초적인 한자 1000자字를 사자일구四字一句의 시 형식으로 만든 것이다. 1000자나 되는 한자를 중복 없이 시로 만든다는 것 자체가 무리이며 기억하기 불편한 점이 있었을 것이다. 『유합』은 수목數目, 천문天文, 신체身體 등의 항목별로 한자를 배열해서 학습하기 쉽게 편찬되었다. 유희춘은 이 『유합』을 기초로 해서 한자 한 글자마다 한글로 음독과 훈독을 붙여 책으로 만들었다. 이 책이 『신증유합新增類合』으로, 1576년 유희춘이 죽기 1년 전에 간행되었다. 상하 2권으로 모두 3000자가 수록되어 있다.

『신증유합』과 비슷한 책으로는 1527년에 간행된 『훈몽자회訓蒙字會』가 유명하다. 다만 『훈몽자회』는 한자 한 글자마다 뜻이 제시되어 있어서 옥편玉篇으로서의 성격이 강했다. 그에 비해 『신증유합』은 『천자문』처럼 한자 암기학습용이며 보다 계몽적인 성격이 강했다. 이 책을 편찬하면서 유희춘은 자주 손자인 유광연의 조언을 받아들여 한자의 훈독을 고쳤다. 유희춘의 할아버지다운 인자한 모습이 보이는 것 같다.

그런데 세종 대에 제정된 한글은 언문이라고 천시되어 지식인들은 돌아보지도 않았다고 쓰여진 책이 있다. 그러나 정말 그랬을까? 당시

『신증유합』

한자 3000자에 대해 그 뜻과 음이 한글로 표시되어 있다. 『미암 일기』에는 사진에 보이는 '고股'자의 해석을 손자 유광연의 의견 에 따라 고친 이야기가 나온다.

지식인들도 한자 학습 때 조선식 발음으로 그 음을 읽었을 것이다. 그렇다면 한자 발음이 한글로 표기된 편이 학습 효과가 컸을 것이며, 거기에 한글로 한자의 뜻이 번역되어 있으면 더할 나위 없다. 그러므로 한글 제정은 한자를 배우는 데도 큰 의미를 지녔다고 생각하는 것이 자연스러울 것이다.

한글은 연산군 재위중 사용이 금지된 적도 있어서 그 보급이 순조로웠던 것만은 아니다. 그러나 16세기에 들어서 언해본이나『훈몽자회』, 『신증유합』 등이 간행됨에 따라 보급이 진행되었다. 계몽의 세기로서의 16세기는 한글 제정이 있었기 때문에 비로소 가능했다.

16세기 대유학자들

16세기는 조선 주자학이 확립된 시기였으며 또한 그 황금기이기도 했다. 퇴계 이황(1501~1570), 율곡 이이(1536~1584) 두 대유大儒를 비롯해서, 이황의 논쟁상대였던 기대승奇大升(1527~1572), 이이의 논적인 성

신사임당의 「초충도 草蟲圖」
이이의 어머니이자 조선시대 대표적 여성화가인 신사임당의 「초충도」(전8폭) 중 가지를 그린 부분. 신사임당은 현재도 현모양처의 전형으로 그 평가가 높다. 국립중앙박물관 소장.

혼 成渾(1535~1598) 등이 모두 16세기를 살았던 인물들이다. 이러한 대유학자들 속에 놓고 보면 유희춘의 존재는 미미하다. 유희춘에게 이황은 존경하지 않을 수 없는 대선배이고, 기대승·이이는 그 재주를 높이 평가한 후배들이었다.

조선 주자학은 주자학의 기본 이념인 이理와 기氣의 본질을 둘러싼 이기 논쟁을 두고 전개되었다. 주리主理를 주장한 이황과 주기主氣를 주장한 이이의 2대 학파 형성이나, 이후 전개에 관해서는 여기서 다루지 않겠다. 문제는 왜 16세기에 이들 대유학자들이 일제히 등장했는가 하는 점이다.

주지하다시피 주자학은 조선시대에 들어와 국교화되었으나, 초기

주자학은 극히 실천적인 것이었다. 조선왕조는 주자학적인 이념을 기초로 삼아 새로운 국가체제 구축을 지향하였다. 말하자면 주자학의 정치학적 측면이 중시되었다고 할 수 있다. 정도전의 『조선경국전』으로부터 성종 대의 『경국대전』 완성에 이르는 과정이 이를 잘 보여준다. 한편 주자학의 철학적 측면이나 수양론적 측면은 그다지 깊이 추구되지 않았다. 이것이 15세기까지 조선 주자학의 실정이었다.

16세기 주자학이 이기 논쟁이라는 철학적 전개를 보인 것은 이러한 의미에서 조선 주자학의 새로운 국면을 여는 것이었다. 왜 철학이었을까? 사림파의 등장과 정계 진출이 그 이유였다고 생각할 수 있다. 앞에서 말했듯 사림파의 과제는 국왕과 신하의 관계를 어떻게 안정시키는가에 있었다. 따라서 그들은 국왕에 대해 성인聖人교육을 실천함과 동시에 신하된 자로서의 인간 수양을 강조한 것이다. 사람이란 무엇인가, 사람은 어떻게 사람이 될 수 있을까, 이러한 질문은 16세기 지식인들의 극히 실천적인 질문이었다. 후세에 비판 대상이 된 16세기 주자학의 도학적 성격도 극히 시대적인 산물이었던 것이다.

『미암일기』에서도 충분히 엿볼 수 있듯이 이 시기에는 주자학상의 견해 차이가 정치적인 당파와 결부되는 일은 거의 없었다. 격심한 논쟁을 벌인 이황과 기대승도 서로 깊이 존경하는 사이였으며, 이황은 기대승의 비판을 받아들여 자신의 견해를 크게 수정하였다. 유희춘이 이 세 대유학자들과 친하게 어울릴 수 있었던 것은 그의 훌륭한 인품에 기인한 것이기도 하지만, 새로운 정치를 추구하는 활기 넘치는 16세기가 아니고서는 있을 수 없는 현상이었던 것이다.

문학하는 마음

유희춘의 주변에는 문학자들이 많았다. 그중에서도 유희춘의 선배이 자 친분이 있었던 송순은 16세기를 대표하는 문학자였다. 본관은 신 평新平으로 1493년에 태어났다. 그가 『노송당일본행록老松堂日本行錄』 의 저자인 송희경宋希璟의 현손인 것은 앞에서 언급한 바 있다. 송순은 1519년 문과에 급제했으나 정계 변동 속에서 출사와 은둔을 거듭했으 며, 은둔생활 중에 많은 시를 남겼다.

> 십 년을 경영히여 초려삼간草廬三間 지여내니
> 나 한 간 달 한 간에 청풍 한 간 맛져두고
> 강산은 들일 듸 업스니 둘러두고 보리라

이것은 18세기 이후 시조時調로 불리는 정형 운문시인데 당시에는 단가短歌라고 불렀다. 송순의 은둔생활상이 엿보인다. 시조는 고려시 대에 그 원류가 있다고 하지만 16세기에 문학으로서의 지위를 확립했 으며, 송순은 그 확립에 크게 기여한 인물 중 한 사람이다.

> 곳이 진다하고 새들아 슬허마라
> 바람에 훗날리니 곳의 탓 아니로다
> 가노라 희짓는 봄을 새와 므슴하리오

이것은 단순한 서정시가 아니다. 거듭되는 사화에 흥망성쇠했던 당 시 지식인들의 마음을 노래한 것이다. 16세기 시조 작가로서 송순과 쌍벽을 이루는 인물이 개성의 기생이었던 황진이黃眞伊다. 당시 기생들은 뛰어난 예술가이자 지식인이기도 했다. 아래 시조는 현재에도 잘 알려진 그녀의 절창이다.

동지冬至ㅅ달 기나긴 밤을 한 허리를 버혀내어
춘풍春風 니불 아래 서리서리 너헛다가
어론님 오신 날 밤이여든 구뷔구뷔 펴리라

송순은 또한 장가長歌인 가사歌辭의 작가로 문학사상에 이름을 남겼다. 그가 고향 담양에 만든 면앙정俛仰亭을 주제로 한 「면앙정가」는 본격적인 가사의 성립을 알리는 시이다. 한글이 제정된 지 1세기 만에 한글을 사용한 표현 방법이 세련되어졌음을 알 수 있으며, 송순의 뒤를

면앙정
송순이 관직생활에서 물러난 후 지낸 정자. 주위의 명승 덕분에 그는 여기서 많은 시조 · 가사의 걸작을 썼다. 담양군 봉산면 제월리.

「뱃놀이」
풍속화가로 김홍도와 쌍벽을 이룬 신윤복(1758∼?)이 그린 뱃놀이 그림. 양반들이 기생들에게 시중들
게 하면서 뱃놀이를 하는 모습이 그려져 있다. 신윤복의 그림에는 여성들이 많이 그려져 있는 것이 특징
이다. 국립중앙박물관 소장.

이은 송강松江 정철鄭澈은 이른바 송강가사松江歌辭로 가사문학의 한 정
점에 이른다. 정철도 유희춘과 친한 인물로 일기에 자주 나온다. 그도
역시 당쟁 속에서 부침을 거듭한 사람이었다.

　16세기에 들어서 시조나 가사가 왕성하게 지어진 데는 두 가지 중요
한 배경을 들 수 있다. 하나는 이미 언급한 한글의 보급이며, 또 하나는
정쟁政爭의 영향이다. 반복되는 사화로 인해 당시 지식인들의 삶은 결
코 평탄하지 못했다. 실각·유배·사형의 위험성이 항상 따라다닌 것이
다. 이러한 시대상황이 지식인에게 사색을 깊게 하며, 비판적 인식을
갖게 하였다. 종래의 한문학 주체에서 벗어나 한글을 사용한 국문학의
세계가 열리자 '문학하는 마음'은 이윽고 지식인 이외의 계층에도 퍼지
게 된다.

···시대의 변천

그 후의 유희춘 일족

조선사편수회 간행 『미암일기초』 제5권에는 부록으로 유희춘의 문집에서 채록된 그의 한시漢詩 등이 실려 있다. 그중에는 유희춘이 죽은 후이 일족의 상황을 전해주는 흥미 있는 사료가 두 건 보인다.

하나는 1600년 박장경朴長卿 등 다섯 명이 순찰사 이홍로李弘老에게올린 상서上書이다. 여기에서 박장경 등은 유희춘의 외아들 유경렴이 빈곤에 허덕이는 상황을 전하며, 그를 구제할 것을 호소하고 있다. 유경렴에 대해서는 "성격이 원래 세상일에 어두워, 이익을 구하는 것은 여러 사람의 뒤에 있고, 책임은 다른 사람의 앞에 있다. 선대의 묘가 있는 땅을 떠나서 헤매인 날이 얼마나 되는지 알 수 없다"고 하였다. 1600년이라면 임진왜란이 겨우 종식되었으나 그 전화戰禍가 아직 가시지 않았던 시기이다. 유경렴 일가는 아마도 이 전화의 영향으로 뿔뿔이 흩어진 상태에 있었던 것 같다. 이 상소에 대해서 이홍로는 담양 부사府使에게 유희춘의 제사가 끊어지지 않도록 매달 얼마씩 물품을 유족들에게 보내도록 지시하였다.

또 하나의 문서는 1634년 사시관賜諡官 한흥일韓興一이 유희춘의 본가를 방문했을 때의 기록이다. 한흥일은 이덕형李德馨, 성혼成渾에게 시호가 내려진 것을 전하기 위해서 경상도에 다녀오는 길에 광주에 들렀고, 이때 유희춘의 고택이 있는 담양 대곡을 찾아간 것이다. 한흥일을 맞은 주인은 유희춘의 증손인 유익원柳益源과 유익청柳益淸이었다. 거기서 유익원은 진안 현감鎭安縣監, 유익청은 승의랑承議郎이란 직명

미암 사당(위)

학자로서도 명망이 높은 유희춘은 죽은 후에도 후학들로부터 존경을 받았다. 그 때문에 담양 양반들이 그를 모시는 의암서원義嵒書院을 만들었는데 현재 그 건물은 남아 있지 않다. 미암 사당은 유희춘의 후손들이 세운 것이며 그의 문집인 『미암집』 판본이 여기에 보관되어 있다. 담양군 대덕면 장산리.

모현관慕賢館(아래)

유희춘을 모신 미암 사당 근처에 새로 지어진 모현관. 1957년 건립. 『미암일기』 원본이 현재 여기에 보관되어 있다. 담양군 대덕면 장산리. ⓒ장희운으로 등장한다. 둘 다 유희춘 후손이라는 이유로 말직이 주어졌을 것이다. 이 두 문서 양쪽에 유희춘 처의 6촌 조카인 나무송羅茂松의 이름이 보인다. 빈곤한 유희춘 후손들에게 그가 중심이 되어 도움의 손길을 뻗친 것이라 생각된다.

이들 문서가 보여주는 대로 유희춘이 죽은 후, 그의 일족은 몰락의 길을 걸었다. 유성춘·희춘 두 형제가 모두 문과에 급제했다는 쾌거, 게다가 홍문관 부제학이란 명예로운 지위까지 올라갔음에도 불구하고 몰락한 것이다. 무엇보다도 유희춘 이후 이 일족에서 한 사람의 과거 합격자도 배출하지 못했던 것이 몰락의 가장 큰 원인으로 생각된다. 그리고 그 결과 이 일족은 담양 향안에서도 이름이 사라진다.

이러한 유희춘 일족의 발자취는 15~16세기 대거 출현한 신흥양반들의 한 전형이었다. 과거에 합격함으로써 획득한 지위도 자손들의 행적에 따라 쉽게 잃어버리는 것이었다.

무대는 바뀌고

유희춘 일족의 몰락은 시대 흐름의 한 장면이었다. 『택리지』의 저자 이중환은 15~16세기의 정치사를 총괄하면서 다음과 같이 말하였다.

대개 조선의 벼슬제도는 고대의 것과는 다르다. 비록 삼공육경三公六卿(삼의정三議政과 육조의 장관)을 두고 여러 관청을 감독 통솔하도록 되어 있으나, 중심은 대간臺諫(사헌부와 사간원)에 두었다. 풍문을 조사하고 혐의스러운 풍문이 있으면 이를 탄핵하는 권한이 인정되었는데, 작은 일이라도 잘못이 자신에 관련된 말이 있으면 그 벼슬자리를 피하며, 수령 임명에 있어 그 자격을 심사하는 법을 오직 대간에 맡겨서 의논하는 것을 일삼게 하였다.

무릇 내외의 관직을 임명하는 것은 삼공이 아니하고 오로지 이조吏曹에 전권이 있다. 또한 이조의 권한이 너무 큰 것을 염려해서 삼사(사헌부, 사간원, 홍문관)의 관원을 추천할 때는 판서에게 맡기지 않고 오로지 이조 낭관郎官에게 맡겼다. 따라서 이조의 정랑·좌랑은 대간을 추천하는 권리를 주도하게 되어 삼공육경은 그 관위는 높고 크지만, 이조의 낭관이 삼공육경에 대해 조금이라도 불만스러운 일이 있으면 바로 삼사의 관원으로 하여금 논박하게 하였다. 조정의 풍속이 염치를 숭상하고 명망과 설개를 존중하기 때문에 한 번이라도 탄핵을 당하면 사직할 수밖에 없다. 이런 까닭으로 이조 낭관의 힘은 삼공과 비슷하다. 이것은 큰 관직과 작은 관직이 서로 얽히고 상하가 서로 제어하도록 한 것이다. 이리하여 300년 동안을 내려오면서 권세를 크게 농간한 자가 없이 지낼 수 있었다. 이것은 건국 초기에 고려조의 군약신강君弱臣强의 폐단을 거울삼아 그것을 방지하는 방도를 궁리한 때문이다. 때문에 삼사 중에서 명덕이 있는 자를 엄선해서 이조 낭관으로 임명하고 또한 그의 후임자는 스스로 추천하게 하였다.

이조 낭관의 인사권을 이조 판서에 소속시키지 않는 것은 그 임무가 중대하기 때문에 한결같이 공의公議에 부치기 때문이다. 이리하여 승진 인사 결정에 있어서 우선 이조 낭관을 결정하고, 다음에 차례로 나머지 이조의 인사를 결정해서, 다른 관아에 이르는 것이다. 한번 이조 낭관을 경험하면 큰 사건이 없는 한 공경公卿까지 승진이 약속되었다. 따라서 그 지위는 명名과 이利를 함께 부여받아 젊은 신진들 속에서 희망하지 않는 자가 없었다. 그러나 이러한 방법을 실시한 지가 오래됨에 따라 그 지위를 둘러싸고 쟁단爭端이 일어나지 않을 수 없었다.

16세기는 삼사와 이조 낭관의 지위가 확립되고 왕권과 신권이 안정된 시기였다. 그러나 이중환이 말한 대로 쟁단이 16세기 말에 표면화하기 시작한다. 당쟁이 그것이다.

당쟁의 시작

이중환은 앞의 글에 이어서 당쟁의 발단을 다음과 같이 말하고 있다.

선조조에 김효원은 명성이 높아서 이조참의에 추천되었는데, 척신인 이조참의 심의겸沈義謙이 이를 허락하지 않았다. 김효원은 명가의 자제로 학행과 문장이 뛰어났고 현인과 능력 있는 자들을 즐겨 추천하여 젊은 선비들의 마음을 크게 얻었다. 이에 선비들이 현인을 방해하고 권력을 농단한다고 시끄럽게 심의겸을 공격하였다. 심의겸은 비록 척신이지만 일찍이 권간을 물리치고 선비들을 부추겨 일어나게 한 공로가 있어서 나이가 많고 지위가 높은 사람들은 그를 옹호하였다. 이에 선배와 후배가 갈라지고 미미한 것에서 시작하였지만 크게 되었으니, 계미년과 갑신년 사이에 동서의 이름이 처음 나뉘게 되었다. 동인東人은 김효원을 지지하는 유성룡柳成龍, 김우옹金宇顒, 이산해李山海, 정지연鄭芝衍, 정유길鄭惟吉, 허봉許篈, 이발李潑 등이며, 서인西人은 심의겸을 지지하는 박순朴淳, 정철鄭澈, 윤두수尹斗壽, 윤근수尹根壽, 구사맹具思孟 등이었다. 이것이 즉 붕당의 시작이었다

김효원과 심의겸의 집이 각각 서울 동쪽과 서쪽에 위치했기 때문에 동인, 서인의 명칭이 생겼다고 한다. 사림파 정권의 탄생으로 이조 낭관의 권력이 증대했지만, 그 다음에는 그 지위를 둘러싸고 사림 내부에서 분열이 생긴 것이다. 게다가 이 싸움은 사화와는 달리, 정계 중추부뿐만 아니라 다수의 사람들을 휘말려들게 할 가능성이 컸다. 왜냐하면 사림 내부의 분열로 인해 사림파를 뒷받침해준 공의公議(=공론)의 분열을 일으킬 위험성이 있었기 때문이다. 유희춘과 가깝게 지냈던 허봉, 이발의 이름을 볼 수 있는데 그들은 동인의 중심인물들이었다. 유희춘의 수변 인물이나 그 자손늘도 16세기 말에서 17세기에 걸쳐 당쟁의 파도에 휩쓸리게 된다.

좁아지는 국제적 시야

유희춘은 재직 중에 여러 번 중국이나 일본에서 온 사절들과 만났다. 그러나 양국의 사정에 적극적인 관심을 기울인 적은 없었던 것 같다. 앞에서 언급한 바와 같이 조선왕조 건국 초기에는 긴장된 국제관계로 인해 이역에 대한 관심도 그만큼 컸다. 그러나 16세기에 들어서면서 삼포왜란三浦倭亂과 같은 문제가 가끔 생기기는 하나 국제관계는 대체로 평화로웠다. 유희춘의 무관심도 이러한 시대 상황을 반영한 것이라고 생각한다.

16세기 전반기 가장 큰 국제문제는 은銀무역을 둘러싼 것이었다. 명나라에 대한 조공 부담을 덜려고 세종 대 이후 금은의 채광 억제 정책을 폈지만, 16세기 초 새롭게 은을 채취하는 방법이 개발되면서 사태가 급변했다. 연鉛으로부터 은을 추출하는 방법인데, 1503년 김감불金 甘佛과 김검동金儉同이 발견했다고 한다. 이에 따라 종래 연 산지로 유 명했던 함경남도 단천端川에서 은이 대량으로 산출되었다. 그리고 이 은이 수출입 금지의 망을 뚫고 중국으로 빈번하게 수출되었다. 더욱이 1538년 이후 일본에서도 많은 은이 유입되어, 그것도 중국에 밀수출되 었다.

은 수출을 담당한 자들은 조공 사절을 수행하는 상인들이며, 그들은 비단 등 고급품을 수입했다. 그리고 훈구파 정부 고관들이 이러한 고 급품의 수요자였다.

은 무역을 둘러싼 새로운 사태는 여러 가지 문제를 일으켰다. 일본으 로의 면포 대량 유출, 사치 풍조, 중국과의 무역로에 인접한 지방의 피 해 등이 특히 큰 문제였다. 또한 국내에서 금은이 산출되지 않는다는 이유로 명나라에 공은貢銀 부담을 피해왔던 조선으로서는 은의 밀수출 이 발각되는 일은 조공 그 자체를 위기에 빠뜨릴 가능성이 있었다. 따 라서 정부는 은 수출을 엄금하는 조치를 취했으나 정부의 핵심 중추부 가 밀무역을 필요로 했기 때문에 좀처럼 효과를 거둘 수 없었다.

사림파 정권의 성립은 이 문제에도 일대 전환을 가져왔다. 훈구파의 사치를 철저히 비판한 그들은 무역 정책에도 엄격한 태도를 취해 은 밀 수를 엄벌로 다스렸다. 사림파의 정치적 관심은 어디까지나 국내 지향 적이었다. 새로운 정치질서의 확립에 전력을 다한 그들에게 15세기 관 료들과 같은 넓은 국제적 시야는 볼 수 없었다. 국제적 조건도 마찬가 지였다. 그 결과가 임진왜란으로 나타나게 된다.

4장

후기 명 제국의 빛과 그림자

• • • 북방 방위와 재정 문제

풍속의 변화

16세기 중반쯤부터 중국인들은 세상이 급격히 변화해간다고 느끼기 시작했다. 송강부松江府(현재의 상하이) 사람 범렴范濂이 "순박한 풍속이 경박해지는 것은 큰 강이 흘러가 원래로 거슬러 올라가지 못하는 것과 같으며, 예로부터 이것을 개탄해왔다"고 말한 것처럼, 시세의 쇠락을 한탄하는 일은 세상에 대해 잔소리가 많은 지식인이 있는 한 어느 시대에서나 있었던 일이다. 그러나 범렴에 따르면 가정嘉靖(1522~1566) · 융경隆慶(1567~1572) 연간 이래 그 기세는 그칠 줄을 몰랐다.

세력가가 앞서서 사치음탕의 풍조에 물들고 유관儒冠을 쓴 학자들은 악한 일에 대한 요령이나 오만한 태도에만 숙달해, 전에는 들어보지도 못한 기묘한 소식이나 현상이 날마다 해마다 속출한다. 마을 노인이나 소몰이 아이들까지도 큰 쥐처럼 탐욕스럽게 남을 이용하려고 하고, 시골처녀나 노파까지도 모두 요사한 여우에 홀린 것 같다. 윤리의 가르침은 소용없어지고 인간관계의 근본 규범(綱常)도 소멸해버렸다.

—『운간거목초雲間據目抄』권2, 1593년 서문

이러한 변화를 목격한 동시대 사람들에게 명 왕조 말기는 혼란과 불안이 가득 찬 말세였다. 그러나 한편 현대 역사학에서는 명말·청초를 일반적으로 중국사에서 유례없는 발전기로 간주한다. 16세기에서 17세기에 걸쳐 '근대'로의 발전을 예감케 하는 다양한 사실과 현상들이 중국에서 봇물 터지듯 분출하였기 때문이다. 예를 들면, 뒤에 따로 서술할 도시경제와 장거리 상업의 발전, '자본주의 맹아'라고 불리는 부농 경영이나 공장제 수공업의 전개 등 경제면의 새로운 동향과 더불어 출판업의 융성에 따른 정보량의 급격한 확대, 전제정치專制政治에 대한 비판 고조, 진부한 도덕적 설교보다 자신의 마음과 내면을 중시하려는 태도 등의 사상사·문화사의 새 조류도 포함하고 있다.

그리고 무엇보다도 이 시대는 기성 체제를 넘어서려는 에너지나 사회와 개인의 관계를 규명하려는 절박한 정열이 400년 후의 우리도 직접 느낄 수 있을 만큼 열기로 가득했던 시대다. 상품경제의 발전 등 이 시기의 변화 일부는 그 후 청대를 통해서 이어가지만 명말 특유의 일종의 열광적인 사회적 분위기는 청대 중기에 가서는 진정된다.

그러면 왜 이 시기에 이러한 변화가 나타났을까? 16세기는 세계사적으로 보아도 격동의 시대였다. 이 시기의 북반구를 조감해보면 유럽

『금병매金瓶梅』삽화
작자 불명의 『금병매』는 "요망한 여우에 홀린 것 같은" 명말 세속의 문란을 상징적으로 나타내는 '음서淫書'로 불린다. 그림은 상인인 주인공 서문경西門慶이 요염한 유부녀 반금련潘金蓮에게 구애하는 장면. 젓가락을 떨어뜨린 척하면서 탁자 밑의 반금련의 발을 만지는 서문경. 반금련이 (웃으면서) "무슨 짓이에요. 큰소리 지를 거예요." 서문경 (무릎을 꿇고) "사모님, 제발!"

이나 아시아에서도 국가·지역 간의 분쟁이나 통합, 신흥세력의 발흥, 도시의 발달, 사람과 물자의 이동, 사회불안과 종교적 혁신, 질서의 근원을 제기하는 새로운 사회사상 등 공통된 사상事象을 볼 수 있다. 여기에는 신대륙의 풍부한 은銀으로 뒷받침된 국제상업의 활성화와 그에 따른 지역적·계층적 긴장의 증대란 공통된 배경이 있었다. 당시 대다수 중국 사람들은 물론 이러한 세계의 동향을 알 리 없었으나, 세계적인 변동의 파도는 확실히 중국의 지방사회 깊숙이까지 그 충격을 전하였다. 동시에 이 충격이 가져온 변화는 천편일률적인 것이 아니었으니, 세계 각 지역은 각각 독자적인 방법으로 이 충격을 극복해 사회재편을 실현해나갔다. 여기에서는 우선 16세기 중국이 직면한 대외관계의 변화에 주목해보자.

북방 정세−장성을 넘는 한인들

북방 몽골과 동남 연안의 왜구(倭寇), 즉 '북로남왜(北虜南倭)'라고 불리는 이 두 세력은 명대 내내 정부의 골칫거리였는데, 그 위협이 정점에 달한 것이 16세기 중반이었다. 에센 사후, 몽골리아에서는 에센의 압박으로 세력이 약화된 동방 몽골리아(타타르)계 부족과 지도자를 잃어 분열된 오이라트계 부족이 군웅할거 상태에 빠져 있었기 때문에 명에 대한 압박은 일시적으로 약해진다. 15세기 말에서 16세기 초까지 몽골 지역을 지배한 다얀 칸Dayan Khan(달연간達延汗)은 내몽골리아를 통일하고 명나라와 조공무역을 개시하는 등 긴밀한 관계를 구축하고 있었다. 다얀 칸이 죽은 후 내분으로 조공무역이 중지되자 새롭게 세력을 키워 칸의 자리에 오른 알탄 칸Altan Khan(아륵탄한阿勒坦汗, 다얀 칸의 손자)이 조공무역 재개를 요구하며 해마다 화북(華北)을 침입하였다. 칭기즈 칸의 직계 자손이라고 칭한 알탄 칸의 지휘 아래 몽골은 또다시 명을 위협하는 강력한 세력이 되었던 것이다.

이처럼 몽골 세력이 위세를 떨치게 된 데에는 단지 몽골 쪽의 사정뿐만 아니라 북방 변경사회 깊은 곳에 미친 변화가 있었다는 것을 간과할 수 없다. 『명실록(明實錄)』 가정 2년(1524) 12월 갑자(甲子) 기사에 "근년에 변경의 간민(奸民)들 중 노(虜)(몽골)에 도망가서 몽골 쪽 간첩이 된 자들이 많다. …… 그 이유는 근년에 생계가 힘들고 군수물자 징발도 가혹한 데다가 무능한 관리들이 착취를 일삼아 오히려 이쪽을 떠나 저쪽을 따르는 것이 낫다고 생각해서이다. 이 죄는 말할 것도 없이 처벌해야 하지만 그 사정은 가엾게 여기지 않을 수 없다"고 쓰인 것처럼 생활고로 인해 장성(長城) 북방으로 도망가는 한인(漢人)들이 증가하였다. 일반 농민

뿐만 아니라 북쪽 국경을 수비하는 군인들 중에도 위험한 업무와 부족한 군량에 불만을 가지고 반란을 일으킨 후 징벌이 두려워 몽골 측으로 돌아서는 사람들도 나타났다. 사교邪敎로 탄압받았던 백련교도白蓮敎徒들도 장성의 북방으로 자유의 땅을 찾아갔다.

이 한인들은 알탄 칸의 비호 아래 토지를 개간하고 한인 거주구를 형성했다. 그들의 생활 거점으로서 판승板升이라고 불리는 크고 작은 성벽 도시들이 건설되고, 1570년 무렵 주민의 수는 무려 5만여 명 정도였다고 한다. 알탄 칸의 근거지에도 대판승大板升이 건설되었는데 이것이 뒷날 귀화성歸化城이 되었고, 현재는 내몽골 자치구의 중심도시 후허하오터(호화호특呼和浩特)이다.

명의 변경 방비군의 속사정을 잘 아는 군인들이 안내하기 때문에 알탄 칸 군대는 해마다 손쉽게 장성의 방어선을 돌파할 수 있었다. 1550년 알탄 칸 군대는 북경까지 쳐들어와 8일간에 걸쳐 성을 포위했다(경술庚戌의 변). 북경 수비군은 성안에 틀어박혀 주위 알탄 칸 군대의 약탈 방화에 대해 수수방관할 수밖에 없었다. 알탄 칸의 목적은 중국 정복이라기보다 조공무역 재개를 위해 명 정부를 압박하는 데 있었기 때문에 침입 후 바로 철수하는 것이 일반적이었다. 그러나 이 시기 명 정부는 몽골의 침입에 대해 거의 손을 쓸 수 없는 상태였다.

명 왕조의 재정과 은 문제

이와 같은 상태에서 북방의 군사비는 증대할 뿐이었다. 원래 명 초기의 재정은 현물주의로 세금의 대부분을 점유하는 토지세는 쌀이나 보리로 납부하는 것이 원칙이었으나, 15세기 중반부터 북쪽 국경 방비용 군량의 은銀 납부가 시행되어 은 재정으로 전환이 진행되고 있었다. 전국의 토지 소유자들은 매년 은을 입수해서 세금으로 지불하게 되었다. 북방 군사비의 증대는 무거운 부담이 되어 사람들을 짓눌렀다. 북방에는 해마다 거액의 은이 운반되고 그 때문에 국내에서는 심각한 은 부족 상태가 되었다. 세금을 지불하려고 해도 은을 입수하지 못해 체납자가 늘어났다. 거기서 세금을 독촉·납입하는 일을 담당하는 양장糧長·해호解戶 등의 요역에 충당된 사람들은 관청의 엄혹한 징수로 인해 곤궁에 빠졌다. 그들은 뇌물을 써서 요역을 피하거나 토지를 버리고 도망

도 6 명대 후기 태창은고太倉銀庫 세입세출액

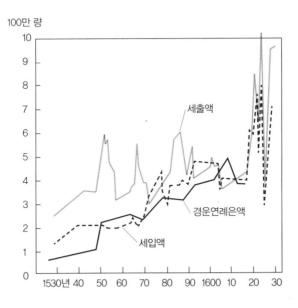

명대 후기 중앙 국고(태창은고)에서 지출된 북방 방비를 위한 경상비(京運年例銀額)와 국고 은 세입·세출액. 경운연례은액의 급증과 국고의 적자 상태를 볼 수 있다.

가기도 하여 세금의 징수는 더욱더 정체되었다.

1520년대부터 세금과 요역의 부담은 사람들의 관심을 끌게 되었다. "근년 이래 토지를 많이 소유한 자는 상등호上等戶로 규정되어 양장의 요역을 맡게 되니 1, 2년이 되면 거의 파산할 지경이다. 그래서 사람들은 그 부담이 두려워 땅을 사지 않기 때문에 땅값이 급락했다(유변俞弁, 『산초가어山樵暇語』, 1528년 서문)." "일찍이 널리 사방의 백성을 보니 홍치弘治(1488~1505) 이전에는 민간에도, 국고에도 저축이 있었고 산림천택山林川澤에는 여리餘利가 있었다. …… 지금은 상하 모두 불안한 양상으로 부족을 한탄하여 세금 독촉은 닐이 길수록 임해지니 요역이 끝이 없다(장치張治, 『장용호선생집張龍湖先生集』 권6, 16세기 중기)"는 등 세금이나 요역의 증대로 인해 전국적인 궁핍이 심화되었다. 불공평한 세금 징수를 방지하기 위해 각종 세목稅目·역목役目을 은으로 환산해서 단일화하고, 토지나 인정人丁에 따라 기계적으로 할당해서 간편화를 도모하는 '일조편법一條鞭法' 등의 개혁은 이러한 궁핍화나 재정 위기에 직면한 명 왕조의 필사적인 대응책이었다.

···동남 연안의 왜구

일본 은의 등장

그러면 당시 전국적인 은 부족을 해결할 방도는 없었을까? 명 왕조 초기에는 중국 국내에서도 절강이나 복건을 중심으로 연 100만 량 이상의 은이 채굴되었으나 15세기 중반 이후에 은 생산량이 낮아져 국내산

은에 의지할 수 없는 상황이었다. 이때 등장한 것이 일본 은이다. 일본의 은은 1530년대에 우선 조선과의 무역에서 등장한다. 16세기 초 조선에서 단천端川 은광이 개광됨으로써 은의 흐름은 조선으로부터 일본·중국으로 향하고 있었다. 그러나 1530년대에 이르러 일본에서 조선으로 은이 대량 유입되기 시작하면서 역전 현상이 일어났다. 조선 측은 일본과의 무역을 엄격히 제한했지만 1540년에 일본 은이 중국으로 향하기 시작하면서 생사生絲와 은의 교역이 극적으로 급증했다. 같은 시기에 일어난 중국 국내 은 수요의 고조가 일본에서 중국으로 향하는 은의 흐름을 가속화시킨 것은 당연한 일일 것이다.

1540~1550년대의 『조선왕조실록』에는 '황당선荒唐船'의 표착漂着에 관한 기록이 많이 보인다. 이 배들은 중국 남부와 일본 사이를 왕래하던 것이며 항해 도중 조난해 조선 서해안에 표착한 것이다. 대다수 황당선은 '고건쌍범高建雙帆'이라고 표현된 것에서도 알 수 있듯이, 승무원만도 100명이 넘는 대형 선박이었다. 이러한 황당선의 갑작스런 출현은 1540년대 들어서 중국 남부와 일본의 무역이 활성화되었던 것의 반영이라 할 수 있다.

그러나 이 무역이 순조롭게 확대된 것은 아니었다. 명 왕조 역대의 해금령海禁令으로 민간의 해상무역은 금지되어 있었다. 또한 1523년 오우치 씨大內氏와 호소카와 씨細川氏가 각각 파견한 조공 사절 사이에서 상륙지인 절강성 영파寧波에서 조공 순서를 다투는 폭력사건이 일어난 후(영파쟁공寧波爭貢 사건), 일본의 견명선遣明船 무역에 대한 명 왕조의 제한이 엄격해진다. 은의 흐름은 명 왕조가 만든 장벽에 의해 제도적으로 막혀 있었던 것이다. 이 장벽을 무너뜨리려는 세찬 기세 속에서 무장 밀무역 집단인 왜구가 급성장했다.

왜구 집단의 성장

가정 연간 초기인 1520년대부터 중국 연해에는 밀무역의 거점이 출현하였다. 하나는 절강 연해의 쌍서雙嶼, 또 하나는 복건 남부의 장주漳州월항月港이다. 이광두李光頭나 허동許楝 형제 등 유명한 왜구의 두목들이 말라카의 포르투갈인이나 일본 하카타博多 상인 등을 끌어들여 이지역에서 무역을 행하고 막대한 이익을 얻었다. 그중에서도 가정 연간대왜구시대를 이끈 거두라 하면 왕직王直을 들어야 할 것이다.『주해도편籌海圖編』에 따르면 왕직은 휘주徽州 흡현歙縣 사람이다.

불우한 젊은 시절을 보냈지만 호탕한 성격을 지녀 장년에 이르러 지략과 활달한 기질로 사람들의 신임을 얻었다. 섭종만葉宗滿·서유학徐惟學·사화謝和·방정조方廷助 등 당시 젊은 도적들은 모두 그와 가까이 지내는 것을 기뻐했다. 한번은 서로 이야기 나누길, "중국 법령은 엄격해 자칫하면 금법에 걸린다. 차라리 해외에서 마음껏 날개를 펴는 것이 낫지 않은가." ……가정 19년(1540), 해금이 아직까지는 그렇게 엄격하지 않은 시기에 왕직은 섭종만과 함께 광동廣東으로 가서 거함巨艦을 건조해 유황이나 생사 등 금지된 물품들을 싣고 일본이나 샴, 서양西洋(동남아시아 서부를 가리킴) 국가들에 이르러 왕래 무역을 한 지 5, 6년 만에 헤아릴 수 없을 만큼의 부를 모았다. 이인夷人들은 그에게 크게 감복해서 그를 '오봉선주五峯船主'라고 불렀다. 거기서 서해徐海·진동陳東·섭명葉明 등 도망자들을 불러서 장령將領으로 삼

1644년 초의 세력범위
중국선의 주요 기항지
0
1000km
북경北京
조선
나가사키
이자성李自成
남경南京
영파寧波
류큐琉球
장헌충張獻忠
복주福州
대만
광주廣州
하문
廈門
마카오
젤란디아 성(安平)
미얀마
대월大越
라오스
마닐라
후에
타이
훼호
세부
아유타야
캄보디아
광남廣南
스루
리고르
브루나이
파타니
아친
파한
말라카
스카다나
반자르마신
모르카 제도
팔렘방
반탐
바타비아

명청 교체기의 동아시아 · 동남아시아 해역

고 자금력으로 왜의 우두머리인 가도다로門多郎 · 지로次郎 · 요쓰케四助 · 시로四郎 들을 끌어들여 수하 집단으로 하고 또한 조카 왕여현王汝賢, 양자 왕오王激를 심복으로 삼았다.

왕직은 일본의 마쓰우라松浦·고토五島를 본거지로 해서 활동했다. '오봉五峯'이란 호도 여기서 유래되었다고 한다. 당시 고토에는 수백 척의 배가 드나들며 중국의 물자와 일본의 은을 교역했으며, 왕직은 자신을 '휘왕徽王'이라 칭하면서 그 무역을 좌지우지했다.

동아시아 연안에서 약탈이나 밀무역을 하는 무장 선단을 원말元末이래 줄곧 '왜구'라고 불러왔는데 가정 연간의 '왜구'가 '왜인'만은 아니었다는 것은 당시 사람들 사이에서도 자주 지적되었다. "근일 동남 왜구 중에는 중국 사람이 많고, 체력·담력 및 지모 있는 자들이 이따금 왜구가 된다. …… 왜노倭奴는 중국인을 앞잡이로 삼고, 중국인은 왜노를 보좌로 하여 서로 결탁해서 해도海島에 출몰하고 눈 깜짝할 사이에 천리를 달려서 그 뒤를 밟을 수가 없다(정효鄭曉, 『금언今言』)." 당시 몇몇 기록들을 보면, '진왜眞倭'라면 "머리를 깎고 새처럼 의미 불명의 말을 하고 무늬 있는 옷을 입고" 있기 때문에 원래 쉽게 구별할 수 있을 텐데 간민들이 "사람들이 왜를 호랑이만큼 두려워한다"는 것을 이용해 굳이 "머리를 깎고 새와 같은 말을 하고 짧은 옷에 맨발"인 왜인 같은 모습으로 사람들을 위협한다고 서술하고 있다.

게다가 그들 밀수 상인들의 배후가 된 것이 동남 연안 항구도시의 부유한 세력가들이었다. 이들 당당한 '의관衣冠의 집' 즉 과거에 급제한 신사紳士들이 적지 않게 해적들과 결탁하고 있었다. 예컨대 복건 남부 천주부泉州府의 임희원林希元은 진사 출신으로, 그의 저작은 과거 수험생들의 필독서가 될 만큼 상당히 이름 높은 주자학자였다. 그런데 왜구 토벌의 특명을 받고 파견되어온 주환朱紈의 탄핵문을 보면 임희원이 왜구와 결탁해서 관청을 능가하는 권력을 휘둘렀음을 알 수 있다.

「왜구도권倭寇圖卷」(부분)
습격하는 왜구와 응전하는 명군, 도쿄대학 사료편찬소 소장.

대문에는 '임부林府' 두 글자를 써 붙이고 제멋대로 백성들의 소장을 접수
해서 마음대로 고문·심문을 하고, 혹은 제멋대로 고시告示를 내어 관을 업
신여긴다. 한결같이 금지된 큰 배를 만들어 나룻배란 구실 아래 도적들의 장
물이나 금제 물품을 운반하고 있다. …… 장주漳州·천주泉州 지역은 본디 도
적들의 소굴이지만, 향신鄕紳들의 나룻배야말로 바로 도적들의 날개이다.

—『벽여잡집甓余雜集』 권2

다만 임희원의 인품에 대한 당시의 전반적인 평가는 결코 나쁘지
않았고 지방사회를 위해 마음을 쓰는 '청렴강직'한 인물이었다고 전
해진다.

가정의 대왜구

주환은 1547년에 파견된 이래 왜구 박멸을 위해 엄격한 단속을 행하였
으나 "외국 도둑을 없애는 일은 쉽지만 중국 도둑을 없애는 일은 어렵

다. 중국 연안의 도둑을 없애는 일은 그래도 쉬우나 중국 의관衣冠 도둑을 없애는 일은 무엇보다도 어렵다(『명사明史』주환전)"는 자신의 한탄대로 세력가의 모략에 걸려 실각한 후 1550년 실의에 빠진 채 자살했다. 그리하여 연안 단속이 완화되고 1553년경부터 해적 집단이 해마다 연안 지역을 겁탈하는 이른바 '가정의 대왜구'가 시작된다. 유희춘의 매부妹夫였던 오천령이 전사한 달량왜변도 이러한 활동의 일환이었다.

절강 연안에서 왜구 토벌에 종사하던 휘주 출신의 호종헌胡宗憲은 왕직을 체포할 계책을 짜내어, 왕직의 가족이나 부하를 옥중에서 풀어 후하게 대집함과 동시에 고도五島에 사자를 보내 왕직에게 귀순을 권하였다. "귀순하여 공적을 세우고 가족과 함께 안전하게 사는 것이야말로 전화위복이라 할 상책이 아닌가"라는 권유를 받은 왕직은 마음을 돌려 우선 부하를 파견해서 당국의 진의를 확인한 후 1556년 말에 귀국해, 총독으로 승진해 있던 호종헌에게 출두하였다. 그 결과 왕직은 체포되어 1559년 참형에 처해지고 명 당국은 왜구 최대의 우두머리를 쓰러뜨리는 데 성공하였다.

백전연마의 노련한 왕직이 손쉽게 함정에 빠진 것은 이해하기 힘든 일인데, 당시 관헌과 왜구는 늘 적대관계에 있었던 것이 아니라 관헌이 왜구 집단의 활동을 눈감아주는 대신에 왜구 집단 쪽에서도 자신들의 라이벌 집단을 토벌해서 관헌에 협력하는 등 기묘한 공생관계도 드문 일이 아니었음을 유의할 필요가 있다.

일본인에 대한 이미지

명말에는 상인 등을 독자층으로 한 일용 지식을 집성한 소형 백과전서가 많이 출판되었다. 그 속에는 상반신은 벗고 칼을 빼어든 정형화된 '왜인' 그림이 많이 수록되어 있다. 왼쪽 그림은 여진女眞의 무인武人. 도쿄대학 동양문화연구소 소장.(『학해군옥學海群玉』에서)

북로남왜 문제의 완화

그 후 명장 척계광戚繼光 등의 활약에 힘입어 왜구를 제압하는 데 거의 성공한 명 왕조는 유화정책을 취하기 시작하였다. 1567년경에는 해금을 완화해 민간의 해상무역을 허락하는 정책 전환을 단행하였다. 위험시되었던 일본으로의 도항은 변함없이 금지 대상이었으나 민간 상인들의 배가 장주에서 도항 증명서를 받은 뒤에 동남아시아 여러 지역에 가서 해외 무역을 하는 것이 인정되었다.

마침 같은 시기 북방에도 변화가 있었다. 알탄 칸의 손자인 바한나기(파한나길把漢那吉)가 여자 문제 때문에 명 왕조에 돌연 투항해왔던 것이다. 명 왕조는 바한나기의 반환 조건으로 알탄 칸 수하에 있는 도망한 한인漢人들을 보내줄 것을 요구하였다. 원래 무역을 재개하는 것이 목적인 알탄 칸은 명과 우호관계를 구축하고자 도망 한인의 인도에 응하였다. 그리고 1571년 알탄 칸과 명 정부는 화의를 맺어(융경화의隆慶和議) 알탄 칸은 순의왕順義王으로 책봉되고 그 거점이었던 대판승은 '귀화성'이라는 이름으로 불리게 되었다. 대동大同·선부宣府 등 국경 지역에서는 마시馬市라고 불리는 시장이 개설되어 몽골의 말이나 모피, 명의 직물·곡물, 솥 등 생활용품이 거래되었다.

이리하여 몽골 방면의 군사적 긴장이 완화됨과 동시에 알탄 칸의 지배방식도 크게 변하였다. 그 이전의 알탄 칸은 유목민의 천막생활에서 벗어날 길이 없었는데, 그 이후 역대 순의왕은 한족풍의 성벽 도시인 귀화성을 거점으로 한漢 문화를 받아들이고 정착 농경민들도 지배하는 '목농왕국牧農王國(하기와라 준페이萩原淳平의 말)'을 구축한 것이다.

북로남왜와 은의 흐름

그런데 1550년대에 최고조에 달해 1570년 전후에 완화된 북로남왜의 위기의 리듬이 일치한 것은 단순한 우연이 아니었음을 알 수 있다. 이 두 가지는 은의 흐름을 매개로 깊이 연관되어 있었다. 북방의 긴장이 고조될수록 은의 북방 집중은 강화되고 국내의 은 부족은 심각해진다. 국내 은 부족이 심각해질수록 위험을 무릅쓰고 밀무역에 나서는 모험가들의 이익도 증대한다. 이리하여 북방 변경에서도 동남 연안에서도 폭력적인 항쟁과 상업적 이익을 표리로 한 활발한 시장이 확장되어 한인이나 다른 민족을 불문하고 이익에 끌린 사람들이 거기에 흘러들어간다. 북방의 '목농왕국'도 남방의 '왜구적 상황(아라노 야스노리荒野泰典

스페인이 주조한 8레알 은화
명말 이후 중국으로 유입된 아메리카 은화의 대표적인 것은, 무게 26그램 정도의 8레알 은화였다. 이들 은화를 중국인은 '쌍주은雙柱銀(지브롤터 해협을 뜻하는 헤라클레스의 양 기둥이 새겨져 있다)', '화변 은花邊銀(주위에 새긴 자국이 있다는 뜻)'(왼쪽), '불두은佛頭銀(국왕의 초상을 부처 머리로 생각한 것)' (오른쪽) 등이라고 불렀다. 20세기 초에 이르기까지 동아시아 해역에서 국제통화 역할을 한 것은 이 크기의 은화였다.

의 말)'도 이렇게 되어 명 제국의 남북에 형성된, 화이華夷를 나눌 수 없는 변경인邊境人의 세계였다.

1570년 전후의 긴장완화 이래 중국으로 흘러들어가는 은의 양은 급속히 증대하였다. 안데스 지역의 포토시Potosi 은산 개발 등으로 16세기 중반 이후 대증산을 한 신대륙의 은은 1557년 마카오 거주가 허락된 포르투갈 상인들의 활동으로 이미 남아시아를 경유하여 유입되었는데, 1571년 스페인이 마닐라를 건설한 이후에는 태평양의 범선 무역을 통해 더욱 대량으로 중국에 유입된다.

필리핀에서 스페인인이 본국으로 보낸 보고에 "매년 이 지방(필리핀)에서 30만 페소의 은이 중국으로 계속 유입되어 올해는 50만 페소에 이르렀다. 중국인은 이 지역에서 금을 가지고 가고, 한번 유출되면 다시는 이 지역에 돌아오지 않는다(1586년)", "(멕시코에서 스페인으로 밀수입된

은정銀錠
중국 내에서 일반적으로 은은 은화 형태 말고 다양한 형상의 덩어리로 유통되었다. 각각 은덩어리의 순도와 무게(기본단위는 1량=37그램 정도)를 그때마다 채워서 거래하였다. (『중화고문명대도집中華古文明大圖集』에서)

은은) 영국인, 프랑스인, 네덜란드인 및 포르투갈인의 손에 옮겨가고, 그들에게 이익을 준 후 포르투갈인에 의해 동인도로 수송된다. 인도에서 네덜란드인, 페르시아인, 아라비아인, 무굴인 등 적국민의 손으로 건네지고 마지막에는 은의 집중지인 중국으로 흘러 들어가버린다(1637년)"라고 하듯이 그 후 17세기 전반까지 동으로 돌든 서로 돌든 어느 쪽으로든 중국은 수출되는 신대륙 은의 최종 목적지로 간주되었다.

중국 내의 왕성한 은 수요에 의해 16세기 후반에서 17세기 전반에 걸쳐 중국은 마치 블랙홀처럼 세계의 은을 계속 대량 흡수하였다. 최근 연구에 따르면 16세기 후반 중국으로 유입된 은은 2100톤에서 2300톤(그중 일본 은이 1200~1300톤), 17세기 전반에는 5000톤 정도(그중 일본 은이 2400톤)라고 추계된다.

・・・명말의 도시와 농촌

관료 · 상인의 축재

그러면 이처럼 외국 은이 대량 유입됨으로써 중국 국내의 은 부족은 어느 정도 해결되었을까? 언뜻 보면 기묘하게 생각되는 것은 상당한 양의 은이 유입되었을 16세기 말에도 여전히 많은 지식인들이 '은 부족'을 개탄했다는 것이다. 관료 곽자장郭子章이 1582년 무렵에 쓴 「전곡의 錢穀議」란 글에는 "지금 천하는 흉년이 계속됨에도 불구하고 곡물 가격은 점점 더 내려갈 뿐이다. …… 지금 천하는 곡물 가격 하락에 시달리고 있는데도 백성은 갈수록 굶주리고 있다. …… 그 이유는 곡물이 많아서가 아니라 은이 부족해서다. 은이 부족하면 곡물을 싸게 팔아서 세금 납부용 은을 마련할 수밖에 없다. 곡물을 싸게 팔면 남는 곡물이 적어지고 곡물이 적어지면 백성의 생활은 어려워질 뿐이다"라고 쓰여 있다. 실제로 전국적인 쌀값 동향을 보아도 17세기 20년대에 이르기까지 쌀값은 거의 상승세를 보이지 않는다(도 7).

신대륙의 은이 16세기 유럽에서 가격혁명price revolution을 일으킨 것은 잘 알려진 사실이다. 당시 중국이 '세계 은의 종착점'으로 간주되었다면 중국에서도 조금씩은 물가가 올라갔어야 하지 않을까? 그런데도 물가하락이 지속되고 '은 부족'을 개탄한 이유는 무엇일까?

여기에서 주목할 것은 16세기라는 시대가 관료나 대상인의 놀라울 만큼의 재산 축적을 특색으로 한 시기라는 것이다.

'승관발재陞官發財(관료가 되어 한 재산을 만든다)'라는 중국인의 말처럼 일반적으로 중국에서는 유독 청렴결백에 목숨 거는 사람이 아닌 한에

도 7 16~18세기, 중국의 쌀값과 영국의 밀 가격

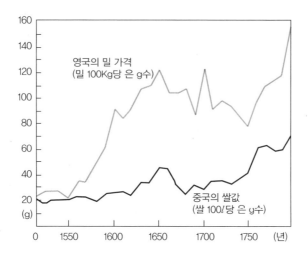

영국의 밀 가격
(밀 100Kg당 은 g수)

중국의 쌀값
(쌀 100*l*당 은 g수)

16세기 영국의 밀 가격은 급속히 상승하고 있는데 중국의 쌀값은 같은 시기에 거의 오르지 않았다.

주)모두 10년 평균치
출전)펑신웨이彭信威, 『중국화폐사』(제3판, 上海人民出版社, 1965); W. 아벨, 『농업공황과 경기순환』(寺尾誠譯, 未來社, 1972)

는, 관료가 된다는 것은 재산을 모으는 것과 불가분한 관계에 있었다. 하지만 거기에도 시대적 파도가 있다. 송강부松江府 사람 하량준何良俊의 관찰에 따르면 홍치 연간(1488~1505) 이전에는 송강부의 사대부들이 지나치게 재산을 축적하는 경우는 그다지 없었다. 고급관료가 된 사람도 그 재산은 일반인의 10배 정도로 은퇴 후 생활도 생원 때와 다름이 없었다. 그런데 정덕正德 연간(1506~1521) 이후 관료들은 다투어 이익을 추구해 10만 량 이상의 재산을 구축하게 된다는 것이다(『사우재총설四友齋叢說』 권34, 1569년 서문).

대상인의 축재도 명말의 특징이었다. 그중에서도 유명한 것은 휘주

徽州 상인(신안新安 상인이라고도 한다)과 산서山西 상인(산우山右)이다. 사조제謝肇淛의 수필『오잡조五雜組』에는 다음과 같이 서술되어 있다.

부자로 유명한 상인은 장강長江 이남에는 우선 신안新安, 이북에는 산우山右이다. 신안의 대상인 중에는 생선이나 소금을 다루고 100만 량이나 되는 재산을 가진 자가 있다. 20만, 30만 량 정도는 중급 상인이다. 산서 상인은 소금이나 생사를 다루고 장거리 무역이나 곡물 투기로 축재한 재산이 신안에 지지 않는다. 신안은 사치스럽고 산우는 검소하다고 하지만, 신안에서도 먹고 입는 것은 매우 검소하고 인색하다. 다만 첩을 두거나 기생놀이를 하거나 재판이 일어나면 신안 상인들은 물 쓰듯 돈을 쓴다.

100만 량의 재산이라면 상상하기 어렵겠지만, 쌀값을 기준으로 현재 우리 돈으로 환산하면 6000~7000억 정도가 될까?

휘주의 민가
안휘성 남부 산지에 있는 휘주는 오늘날에도 명청 시대의 옛 모습을 잘 간직한 지역의 하나이다. 농촌에도 명청 시대에 지어진 2층집의 훌륭한 민가를 볼 수 있으나 이것은 휘주 상인의 재력으로 인한 것이었다. (『중국전통민거건축中國傳統民居建築』에서)

앞에서 언급한 왜구의 두목인 왕직도 휘주 출신이었다. 깊은 산골짜기로 농경지가 적은 휘주에서는 조금이라도 뜻이 있는 청년들은 젊을 때부터 고향을 떠나 혈연 네트워크를 이용해서 광역 상업을 경영하는 것이 보통이었다. 그들은 소금 전매 등을 통해서 국가 재정과도 깊이 연관되었다.

'무휘불성진無徽不成鎭(휘주 상인이 없으면 마을을 이루지 못한다)'이라고 말해지듯이, 강남江南의 상업도시에는 반드시 휘주 상인의 상점이나 전당포가 있었다. 그들은 고향의 아내는 독수공방하게 하고 강남 도시 유곽에서 호기롭게 돈을 썼다. 명말 소설에 욕심 많고 호색한 휘주 상인들이 많이 등장하는 것은 강남 문인들의 시기심도 다소 반영된 것이다.

세금으로 전국의 농촌에서 징수되는 은은 결국 국가재정에 기생하는 관료나 상인들의 품속으로 들어가 그것이 명말 관료·상인들의 전대미문의 거대한 부의 원천이 되었다고 할 수 있다. 관료들은 은퇴 후 거대한 부를 가지고 귀향해서 도시에 으리으리한 저택을 짓고 호사스런 생활을 보낸다. 상인들의 화려한 소비도 도시를 무대로 이루어졌다. 이리하여 궁핍한 농촌 한편에서 도시가 고립된 번영을 누리는, 명암의 대조가 뚜렷한 명말 특유의 경제구조가 형성되었다. 도시에는 돈이 넘쳐나서 어떤 일을 해도 돈을 벌 수 있었다. 그에 비해 농촌은 불경기로 곡물 가격은 내리고 땅을 소유해도 무거운 세금이 부과될 뿐이었다. 이러한 상황은 자산가가 토지 투자를 피해서 도시 상업에 투자하는 풍조를 만들어내 도시 농촌 간의 경제 격차를 더욱 심화시켜갔다.

농촌 수공업

그렇지만 궁핍한 농촌 사람들도 역시 무언가를 해서 생계를 꾸려나가지 않으면 안 되었다. 그들의 선택 중 하나는 부업으로 수공업을 해서 가계를 보충하는 것이었다.

유럽 자본주의 발전의 기초를 농촌 수공업에서 찾는 전후 일본의 유력한 학설에 영향을 받은 중국 명청 시대의 농촌 수공업에 대해서는 종래 많은 연구들이 이루어졌다. 지역에 따라 제각기 다른 업종을 모두 다룰 수는 없기 때문에 여기서는 생사업生絲業에 대해 알아보기로 한다. 앞에서 해외무역을 살펴볼 때, 해외에서의 은 유입에 관해서 언급했는데 그 대가로 수출된 대표적인 상품이 생사였다. 주로 농민들이 부업으로 삼은 품목으로, 최대 생산지는 강남 즉 장강 델타 지대(지금의 강소성 남부·절강성 북부), 특히 호주부湖州府에서 생산되었는데, 그 생사는 호사湖絲라는 명칭으로 해외까지 판매 수출되었다.

수향水鄕지대인 이 지역의 주된 농작물은 논벼인데, 수확의 대략 반을 점하는 소작료를 지주에게 지불하고 나면 나머지 쌀로 가족들이 일년 동안 식량으로 삼기에 모자라는 경우가 많았다. 그래서 농민들은 생사를 만들어 판 수입으로 세금을 바치고 생활을 유지하였다. 상인으로부터 구입한 누에씨는 청명절(춘분 후 15일째)경에 부화하기 시작한다. 사료의 뽕잎은 둑에 심은 뽕나무에서 따고 모자라는 경우에는 상인에게서 샀다. 누에는 뽕잎을 먹고 자고 먹고 자고 해서 네 번 잠을 잔 후 누에고치를 만든다. 그때부터 잠실에 시렁을 만들고 산(섶: 누에고치를 묶게 하기 위하여 짚이나 대 등을 무더기로 쌓은 것)을 놓고 숯불로 따뜻하게 한다. 당시에는 누에고치 속에서 누에를 죽이는 기술이 없었기 때

농촌의 양잠제사사업養蠶制絲業
명말의 기술서 『천공개물天工開物』에서. 누에고치를 삶아서 발로 밟는 식의 물레로 실잣기를 하는 그림. 실 잣기 등은 일반적으로 여자들의 일이지만 양잠업 중심 지역에서는 남자들이 제사製絲 · 견직업에 종사하는 경우도 보인다.

문에 누에고치를 만든 후 나방이 나오기 전에 실잣기를 해야 하므로 모 내기 계절과 겹쳐서 바쁘기가 이루 말할 수 없었다. 새로운 실이 만들 어지는 계절에는 태호太湖 부근의 상업 중심지에 생사 시장이 열리고 전국에서 상인들이 은을 들고 모여들었다.

벼농사에 비교하면 생사를 생산하는 것은 보다 수입이 많은 유리한 일이긴 했지만, 반면 누에 사육에는 온도 조절이나 청결함에 세심한 주의가 필요하고 누에의 병 등 위험도 컸다. 명말 강남의 양잠업에 대 해, 1607~1609년 무렵 이 지역에 재임한 지방관은 송대와 비교해서 농업 · 양잠이 함께 번성함에도 불구하고 농민생활은 가난하다고 지적 하면서 다음과 같이 말했다.

양잠은 맨손으로 할 수 없으므로 기구를 빌리고, 한 달여 사이에 흰머리가

나고 현기증이 날 정도로 일해야 겨우 수확할 수 있다. 생사를 판매하여 세금을 납부하거나 빚을 갚는다. 생사 시장의 이익은 외래 상인에게서 얻는데, 은이 향민鄕民들의 손으로 건너가기 전에 대소 중개인들이 잇따라 그 사복을 채운다. 저울을 속이는 자, 가짜 돈을 주는 자. 이리하여 소민小民들은 세금을 지불하기 전에 전당포 등에 착취당해 이미 무일푼 상태가 된다.

—광서光緒, 『석문현지石門縣志』 권3

위 글을 통해 당시 양잠업이 가난한 농민의 가계를 보충하기 위한 피치 못할 선택이었음을 알 수 있다. 그 배경에는 명대 강남이 전국에서도 특별히 세금이 무겁게 부과되는 지역이었다는 것과 함께 명말 16세기 이래 농촌의 궁핍이라는 사태가 있었던 것이다.

도시 서비스업

기압의 차이가 바람을 만드는 것처럼 도시의 호경기와 농촌의 불경기라는 극심한 차이는 농촌에서 도시로 나가는 사람들의 흐름을 만들어 갔다. 그러면 도시의 일자리란 어떤 것들이었을까? 농촌은 농업, 도시는 공업이란 우리들의 상식과는 달리 당시 '공업'의 대부분은 '농민'들의 부업으로 이루어졌다. 고급 견직물이나 면포의 마지막 공정工程 등 약간의 업종을 제외하고는 성벽도시 안에 특별한 공업은 없었다. 공업보다 오히려 우리의 눈길을 끄는 것은 명말에 도시 잡업이라고 할 만한 잡다한 서비스업이 급속하게 커졌다는 점이다.

농사를 포기한 사람들이 새로이 바꾼 직업 중 우선 들 수 있는 것은 노복이나 관청의 사무원(서리胥吏)·사용인(아역衙役)이다. '노복(여자를 포함하면 '노비'라고 함)'이란 세력가의 집에 대대로 예속되어서 일하는 하인을 말한다. 주인과 노복의 관계는 부자관계와도 비슷한데 노복이 주인에게 반항할 수 없는 절대적인 상하관계로서 '주복지분主僕之分'이 존재했다. 그러한 예속적인 지위에도 불구하고 명말에는 스스로 노복이 되기를 지원하는 자들이 많이 있었다.

17세기 학자 고염무顧炎武의 『일지록日知錄』에는 "오늘날 강남의 사대부들에게는 이 풍습(노복을 기르는 풍습)이 많이 있어서, 한번 관료가 되면 무리들이 다투어 그 집에 나란다. 이것을 '투고投靠'라고 하며, 그 수가 많게는 1000명이나 된다"고 쓰여 있다. 명말 태창주太倉州의 지방지에는, 당시 풍습으로는 향시鄕試·회시會試 합격자가 발표되면 거리의 불량배들이 각각 '정신첩呈身牒(몸을 바쳐서 노복이 되겠다는 증서)'을 준비하고 합격 통지 파발마의 행선지를 물어서 새로운 합격자의 집에 고액의 돈을 바치고 노복이 되기를 청했다는 기사가 나온다.

몸을 팔아 노복이 되는 것은 그렇다 치더라도 돈까지 내고 노복이 된다는 것은 이해하기 어려울 것이다. 그러나 예속적이라고 해도 세력가의 고용인이 되면 입고 먹는 것이 보장될 뿐만 아니라 주인 세력에 힘입어 일반인들보다 우위에 서서 금품을 약탈할 수 있다. 그러한 지위가 굶주림과 추위에 직면한 가난한 농민들의 동경의 대상이 된다고 해서 전혀 이상한 일이 아니다. 서리나 아역衙役의 경우도 마찬가지로 관청의 권위에 힘입어 일반인들보다 우위에 설 수 있다는 데 그 매력이 있다. '호가호위狐假虎威'하지 않으면 어이없이 당할 뿐이라는 당시의 극심한 생존경쟁이 사람들을 세력 있는 자들과의 예속적인 관계로 내

몰랐던 것이다.

세력가의 사치스러운 소비에 기생하는 다양한 서비스업의 성황도 명말 도시를 장식하는 특징이다. 남경南京의 진회秦淮나 소주蘇州 창문閶門 밖의 산당山塘 등 기생집들이 늘어선 번화가나 유흥가에는 문인이나 상인들이 오갔으며, 유람선에 기생들을 옆에 두고 산해진미를 안주로 술을 즐겼다. 기생집이 번성하면 예기藝妓들의 머리를 빗겨주는 이발사, 발 손질해주는 업자, 장신구류를 파는 여자 상인, 노래 선생 등 갖가지 업자들이 떼지어 모여든다. 16세기 상해 사람 육집陸楫은 사치를 금하고 절약을 주장하는 당시의 경세론자들을 비판하면서 다음과 같이 말하였다.

소주 교외의 산당山塘
소주성 서북에 있는 창문閶門과 명승지인 호구虎丘를 잇는 산당은 명말부터 청대까지 유람선이 오고가고 술집이 줄지어 있는 유명한 유흥지였다. (청대 중기의 「성세자생도盛世滋生圖」에서)

현재 산당 연변의 길은 노인들이 저녁 바람을 쐬거나 세탁물을 널어놓는 평범한 골목길이다. (촬영 기시모토 미오岸本美緖)

한 사람, 한 집으로 보면 분명히 절약으로 가난을 피할 수 있을 것이다. 그러나 세상을 보면 그렇지 않다. 나라 전체를 보면 사치한 풍속이 있는 곳에 사람들의 생활이 풍요롭다. 소주나 항주 사람들이 농사도 안 짓고 베를 짜지 않아도 입고 먹는 데 풍족한 것은 왜일까? 그것은 풍속이 사치해서 말업末業(사·농·공·상士農工商 중 맨 끝의 업인 상업)에 종사하는 자들이 많기 때문이다. 소주나 항주에서는 호수나 산에서 행락이 번성하므로 배를 띄우거나 가마를 타거나 진미에 미주, 광대를 불러 노래나 춤 등 참으로 사치스럽다고 할 만하다. 그러나 그것이 곧 가마꾼이나 뱃사공, 무기舞妓나 가동歌童 들의 끼니가 되는 것이다. 대상인이나 세력가들이 사치하면 할수록 그들의 소비에 의존하는 농민·요리사·상인·수공업자들이 모두 다 풍족하게 되는 것이다. 절약으로 이름난 지역 사람들이 오히려 가난해서 다른 곳으로 돈벌이에 나가지 않으면 안 될 형편이 아닌가?

육집의 논의는 '개인의 악덕, 사회의 이익'을 주창해서 사치의 효용을 지적한 『꿀벌의 우화The Fable of the Bees』 저자인 버나드 맨더빌Bernard

Mandeville의 논의에 앞선 탁견이라고 평가되기도 한다. 물론 사치한 소비가 경제 활성화를 가져온다는 것은 어느 의미에서는 옳다. 그러나 소주나 항주의 번영이 농촌의 가혹한 수탈 위에서 이루어졌다는 점, 또한 그 소비가 광대한 농촌을 윤택하게 하는 것이 아니라 도시에 국한되는 번영에 머물렀다는 점, 이것이 바로 명말 경제의 최대문제였다는 사실을 잊어서는 안 될 것이다.

••• 공동성과 질서

양명 선생의 돈오

사치와 그 정반대의 빈곤, 격심한 생존경쟁, 남을 넘어뜨리고 일어서려고 누구나 혈안이 되어 있는 세태, 이러한 시대를 살아가는 불안을 상상할 때 그 시대의 상징적인 사상으로서 떠오르는 것이 양명學陽明學이다. 명 중기의 학자 왕수인王守仁(1472~1529)의 호를 따서 오늘날 일반적으로 양명학이라고 불리는 유학의 한 사조는 그의 죽음 후 왕기王畿(호는 용계龍溪)나 왕간王艮(호는 심재心齋) 등을 비롯한 제자들의 열광적인 강학講學을 통해서 명말 사상계를 풍미했다.

　명대에 정통 학문으로서 과거시험에 채택된 것은 주자학이었다. 중국 유학儒學의 역사에서 양명학은 크게 보면 이 주자학과 비슷한 경향을 가지기 때문에 '송명이학宋明理學'이라고 한 묶음으로 처리될 때도 있다. 즉 인간 만물의 올바른 상태(理)는 인간에게 누구나 본래 구비되어 있는 것으로 생각하고, 그것을 추구하는 것을 학문의 목적으로 삼

왕수인王守仁
명말 화가 진홍수陳洪綬가 그린 왕수인의 초상. 사각형 두건(방건方巾)에 넉넉한 도포道袍를 입은 이 스타일은 명대 지식인들의 일상적인 복장이었다. 하버드대학 미술관 소장. ⓒCourtesy of the Arthur M. Sackler Museum Harvard University Art museums Paul Bernat Fund

는 것이다. 주자학자들은 넓은 학문적 지식과 엄격한 수양을 통해서 비로소 '이理'에 도달할 수 있다—그러한 수련 없이 자연의 정情에 맡겨버리면 인간은 악惡에 빠진다—고 생각한다. 그들에 비해 왕양명은 갓난아기나 배우지 못한 서민들도 자연적으로 부모를 따르고 남을 돕듯이, 있는 그대로인 본래 자연의 마음이야말로 진정한 도덕심이라고 말한다. 이러한 있는 그대로인 자신의 마음을 억누르고 도리어 마음 밖의 이理를 추구한다면 거기에 남는 것은 생생함을 잃은 '지리支離' 즉 뿔뿔이 흩어진 형태일 뿐이라고 생각했다.

왕수인도 처음부터 이러한 생각을 가졌던 것은 아니다. 명문가의 자손으로 태어난 왕수인은 그의 아버지가 전시殿試에 수석 합격한 대관료였던지라, 오히려 처음에는 열심히 주자학을 공부했다. 격물치지格

物致知, 즉 하나하나의 사물에 대해 깊이 연구하여(격물) 그 이치를 넓히기(치지) 위해 마당에 있는 대나무를 일주일이나 바라보기도 했다. 그러나 거기에서 얻은 것은 사물의 이理와 자신의 마음이 항상 서먹서먹하게 둘로 갈라져 있을 뿐 결코 하나가 되지 않는다는 심각한 소외감이었다. 그 자신도 28세에 진사進士에 합격하여 관료가 되었으나 정덕제 아래에서 권세를 휘두르는 환관 유근에게 맞서다가 변경인 귀주貴州 용장역龍場驛에 유배되고, 이것이 결과적으로 그에게는 하나의 전기가 되었다. 고독하고 불편한 생활 속에서 정신적으로 고립된 상태에 시달리던 그는 어느 날 홀연히 대오하여 "성인聖人의 길은 자신의 성性 안에 스스로 구비되어 있다. 먼저 이理를 외면적 사물에서 구하려고 한 것이 틀린 것이었다"라고 하였다.

이리하여 종래의 미망을 근본적으로 끊은 그는 유근의 실각 후 다시 관직에 복귀하면서 대담한 군사전략으로 농민 반란 및 황족 반란 진압에 재능을 발휘해 관료로서 순풍을 탄 배와 같은 생애를 보냈다.

갓난아기의 마음

양명학을 역사적으로 평가할 때 항상 주목되는 것이 외면적인 규범보다는 인간 그대로의 내면에서 올바름의 기준을 구하려는 태도('심즉리 心卽理'), 그리고 이와 함께 무지한 서민들 안에서 진정한 도덕성을 발견하려는 점이다. 그중 하나의 슬로건이 '적자지심赤子之心'이었다. 양명파 중에서도 특히 '적자지심'을 종지로 삼은 나여방羅汝芳에 따르면 "갓난아기가 태어났을 때 '응애' 하고 우는 것은 어머니의 젖을 그리워해서다. 이 애근愛根을 인仁이라고 하며, 이 애근을 바탕으로 사람이 된다"는 것이다. 갓난아기가 어머니의 젖을 그리워하는 것은 '어머니를 사랑하라'는 도덕규범에 따라서일까? 그것은 아니다. 갓난아기의 마음속에는 지식도 규범도 있을 수 없다. 오로지 자타의 구별 없는 일체의 애정이 스스로 거기에 있을 뿐이다. 성장에 따라 인간관계는 넓고 복잡해지지만, 사람과 사람의 공동성의 근원은 여기, 즉 태어난 순간에 이미 마음속에 있는 애정이다.

이러한 갓난아기의 마음은 원래 모든 사람들이 갖고 있다. 아니, 오히려 배우지 못한 우부우부愚夫愚婦일수록 그러한 진정을 흐트러짐 없는 상태로 유지하고 있다고 할 수 있을지도 모른다. 여러 신분의 남녀가 뒤섞여 있는 청중을 향해서 나여방은 말한다.

지금 이 강당 안팎을 가득 채우고 있는 사람들은 백 명, 천 명에 가까울 것이다. 이 안에서 전에 갓난아기가 아니었던 자가 어디 있을까? 이 세상에 태어났을 때 어머니의 젖을 그리워하고 아버지에게 안기기를 원하지 않았을 자가 어디 있을까? 또한 자기 애를 껴안는 것을 좋아하지 않았을 부모가 어디 있을까? 형과 누이가 자신의 동생을 돌보면서 기뻐하지 않았을 자가 어디 있을까? 사람의 타고난 성性, 그것은 이와 같이 양선良善인 것이다. 그 성은 관인도 서민도 똑같고, 한인漢人도 이인夷人도 똑같으며, 운남雲南 사람도 천하의 사람도 똑같고 대명 왕조 사람도 옛날 당우唐虞 왕조 사람도 다 똑같은 것이다.

논밭에서 일하는 남편에게 도시락을 가져다주는 아내, 어머니에게

꾸지람을 듣고 흐느껴 울면서도 어머니 치맛자락을 꼭 붙잡고 떨어지지 않으려고 하는 개구쟁이, 이처럼 거리를 오가는 사람들 모두 성인聖人('만가개성인滿街皆聖人')이라고 했다. 왕양명의 가르침을 이어받은 사람들 안에는 소금장수나 농부, 기와장이나 나무꾼 등 서민학자들도 등장했다.

서민들의 도덕적 능력을 믿어서 "자신의 마음을 구하지 아니하면 비록 그 말이 공자에게서 나온 말이라고 해도 감히 옳다고 인정하지 않는다(왕수인)"라고 단언하는 양명학의 정신은 인간의 상하관계 질서를 고수하려는 유학의 가르침에 반항하는 반권위주의, 자립평등의 근대적 주장이라고도 볼 수 있다. 그러나 양명학이 부모에 대한 효, 군주에 대한 충이란 예로부터 내려온 상하도덕을 부정했는가 하면 결코 그렇지 않다. 오히려 양명파는 열광적으로 이러한 도덕을 고취하였다. 서민은 그러한 도덕을 태어나면서부터 갖고 있으므로 성인에 필적하는 도덕적 존재인 것이다. 이러한 측면에 주목해보면 양명학이란 충의·효도 등의 낡은 도덕을 인간이 본래 자연적으로 갖고 있다고 그럴듯하게 말해서 대중의 마음속에 스며들게 하려는 매우 반동적 사상이라고 할 수 있을지도 모른다.

명말 사회와 양명학

사실 종래의 연구사에서는 양명학의 근대성을 강조하는 시각과 반동성을 강조하는 시각, 두 입장이 있었다고 할 수 있다. 그러나 두 시각의 시비를 논하는 것은 그다지 의미 있는 일이 아니다. 다만 분명한 것은 양명학의 성행 배경에는 이 장에서 지금까지 서술해왔듯이 명말 사회의 변화가 있었다는 것이다. 경쟁사회 속에서 종래의 상하관계는 무너지고 실력 있는 사람들이 속속 늘어났으며, 그러한 사람들의 욕망과 행동을 낡은 도덕적 규범으로 억누르는 것은 이미 불가능했다. 동시에 극심한 흥망성쇠의 불안감 속에서 인간이 본래 공동성을 지향하는 존재인 것을 재확인하고 싶다는 절박한 바람이 사람들을 사로잡았다. 만인이 그 마음속에 남을 사랑하는 진정한 도덕성을 원래 구비하고 있다고 설파하는 양명학은 시대 수요에 꼭 맞았다고 할 만큼 종교와도 비슷한 열기를 띠며 사람들의 지지를 얻었다.

인간이 이기주의를 드러내면서 경쟁하는 시대, 16~17세기는 전 지구적 규모에서 그러한 격동기였다. 양명학은 그 격동기 속에서 사람들이 어떻게 하면 공동성과 질서를 회복할 수 있을까 하는 질문에 대한 하나의 원리적인 답변의 시도였다고 생각한다. 17세기 유럽의 사회불안이 낳은 원리적 사상가 토머스 홉스Thomas Hobbes의 경우, 질서론의 기초로 그가 상정한 인간의 모델은 '경쟁·불신·긍지'를 본성으로 하는 철저히 이기주의적인 것이었다. 그러한 인간관을 믿지 않는 사람들에게 그는 말하길, "사람이 여행을 떠날 때는 무장을 하며, 잘 때는 문을 걸어 잠그고, 집에 있을 때도 금고에 자물쇠를 채우는 것은 암암리에 인간의 본성이 그러함을 인정하기 때문"이라고 한다. 이에 비해 양명학이 제공하는 인간 본성의 이미지는 "당신도 젖을 그리워하는 갓난아기"라는 것이다. 그러한 인간관을 의심하는 사람들에게 양명파는 "당신도 갓난아기 때 어머니에게 어리광을 부리지 않았는가?"라고 말한다.

이중 어떠한 인간관이 사회이론의 기초로 올바른 것인가? 필자는 양쪽 모두 극단적이라고 생각한다. 그러나 이 시기 사회의 격동이 동양과 서양에서 이러한 원리적 사고를 사람들에게 강요했다는 사실에 관심을 기울이지 않을 수 없다.

양명학의 급진화와 양명학 비판

있는 그대로의 인간의 마음을 찾아내려는 양명학의 '심즉리心卽理'론은 당초부터 큰 딜레마를 내포했다고도 할 수 있다. 가까운 예를 들면 동생이 형을 따르는 것은 인간의 본성이라고 하지만, 형이 가지고 있는 과자를 먹고 싶어 형의 팔을 꼬집고 그것을 빼앗는 것도 또한 떼쟁이 동생의 있는 그대로의 마음이라고 할 수 있지 않을까? 그것을 악이라고 꾸짖는 경우, 그 선악의 기준은 어디에 있을까? 있는 그대로의 마음을 떠나서 사람의 마음 밖에 객관적인 선악의 기준이 있는 것처럼 말하는 것은 양명학의 근본을 뒤엎어버리는 것이 아닐까? '심즉리'론을 논리적으로 추구하면 객관적인 선악의 판단 기준이 성립되지 않는 것이 아닐까?

실제로 양명학의 일부 급진파는 빌려온 도덕을 극한까지 폐하고 순수한 마음을 추구하려고 한 결과, 기성 도덕론에 대한 극심한 비판이나 '무선무악無善無惡'론의 방향으로 기울어갔다. 그 급진파의 대표자가 이지李贄(이탁오李卓吾)인데, 『서상기西廂記』나 『수호전水滸傳』 등 희곡·소설을 인간의 참마음에서 나온 '천하의 지문至文'이라고 칭찬한 반면 『논어』나 『맹자』를 '위선자의 핑계'라고 단언한 그의 평론은 세상 사람

이지李贄
당시 국제무역의 중심이었던 복건 남부의 천주泉州에서 태어났다. 이지의 집안은 무슬림이었다고 전해진다.

들에게 큰 충격을 주었다.

질서의 재건을 지향하는 정치가들에게 그러한 급진화가 위험한 사상으로 간주되는 것은 당연한 일이었다. 자신의 자연적인 마음을 따르도록 설파하는 양명학은 애초에는 인간의 공동성 회복이라는 사람들의 절실한 바람에 의해 빠르게 발전했으나 그 논리의 순수화는 오히려 명말 사회의 혼란 해결에는 무력했을 뿐만 아니라 혼란의 원흉이라는 비난을 초래하게 되었다.

··· 정치의 계절

가정제의 시대

그러면 여기서 시점을 북경으로 돌려 16세기 전반 이래 중앙정치의 동향을 알아보기로 하자. 온갖 방탕한 짓으로 생애를 보낸 정덕제는 남순南巡 때 배에서 떨어지면서 걸린 병으로 31세의 나이에 죽었으나 아들이 없었기 때문에 그의 사촌동생인 주후총朱厚熜이 황제 자리에 올랐다(가정제, 재위 1521~1566). 즉위와 동시에 가정제와 내각 수보首輔인 양정화楊廷和는 정덕제 시대의 환관 세력을 제거하고 절약을 모토로 삼아 재정 재건을 도모했다. 초기에는 궁정 정치와 정의파 관료들의 복권 아래 모든 것이 정상적인 궤도로 돌아가는 듯이 보였다. 그러나 이윽고 '대례의大禮議'라는 대논쟁이 궁중을 뒤흔들었다.

이 논쟁은 가정제의 친아버지인 흥헌왕興獻王의 존호를 둘러싼 문제에 관한 것이다. 방계인 가정제가 제위를 이어받으면서 홍치제弘治帝의 양자로서 홍치제를 '황고皇考(망부)'라고 부르고 친아버지인 흥헌왕을 '황숙부皇叔父'라고 불러야 한다는 것이 대다수 관료들의 의견이었다. 그러나 가정제는 부자의 정을 존중해서 흥헌왕을 '황고'로 부를 것을 고집했다. 결국 가정제는 반대파를 옥에 가두고 자신의 의견대로 강행했으나 그 과정에서 양정화는 사직하고 황제와 관료 관계도 어색해졌다.

원래 몸이 약하고 도교의 장생술에 관심을 기울였던 황제는 그의 치세 중반쯤부터는 자금성 서원西苑에 틀어박힌 채 정사에 전혀 마음을 쓰지 않는 상태가 되었다. 청사靑詞(도교의 제문)를 잘 짓는 자가 황제의 총애를 얻어 재상으로 발탁되는 사태가 연이어져서 '청사재상靑詞宰相'이란 말까지 생겼다. 그러한 속에서 등장한 인물이 글재주가 뛰어난 엄숭嚴嵩으로, 그는 20년간에 걸쳐서 실권을 장악했다. 그는 무능하고 탐욕스러우며 뇌물정치를 일삼은 악덕 재상으로 이름이 높아, 그의 악행은 소설이나 희곡 속에서 자주 볼 수 있다. 그러나 그것은 그를 원망하는 문인들의 평가인 면도 크고, 어찌되었든 북로남왜의 난국을 극복한 그의 공적에 대해서는 재평가해야 할 것이다. 명대 후기에는 출판문화의 융성으로 실제 관료를 소재로 한 소설이나 희곡이 많이 나오면서 과장된 인물상이 유포되었기 때문에 오히려 그 실상을 알기 어려운 면이 있다.

서계와 해서

그런데 그 엄숭을 실각시킨 인물이 서계徐階였다. 그는 송강부 출신으로 탐화探花(전시의 제3위 합격)가 된 수재로 왕양명의 손제자에 해당하는 양명학자였다. 자그마한 몸집에 살결이 희고, 부드러운 언동으로 남들의 비위를 잘 맞추는 조정 능력이 뛰어남과 동시에 담력이 있는 두목 기질이기도 했다. 서계는 엄숭이 전권을 휘두를 때 그다지 거스르지 않으면서 인맥을 키워 가정제의 신임을 얻고 그 인맥을 이용해서 엄숭을 몰아냈다.

　명대 중앙정치의 스타일은 이때부터 하나의 변화를 보이기 시작했다고 할 수 있다. 그것은 중앙정치가 궁정 내의 정책 논의나 권력 다툼에 그치지 않고 중앙−지방을 가로지르는 인맥을 통해서 전국망을 가지게 된 점이다. 이러한 전국망의 형성은 관계官界 내부의 인맥에 그치지 않았다. 경제·문화의 중심지임과 동시에 정보의 중심지인 도시의 번영을 기반으로 출판업이 번성하고 중앙의 소식도 신속히 지방으로 전해졌다. 관료·신사나 학생들뿐만 아니라 행상인이나 가마꾼 같은

해서海瑞

해서의 명재판(픽션)을 모은 소설 『해강봉선생거관공안海剛峯先生居官公案』 삽화. 책상 앞에 앉아서 원숭이를 심문하는 해서.

일반 서민에 이르기까지 술집에서 천하국가를 논하게 되며, 고향 출신 관료들의 언행이 예리한 관심의 표적이 되었다. 그러면 관료들은 전국적인 평가에 신경을 쓰면서 행동할 수밖에 없어진다. 권력자를 대담하게 탄핵하는 등 인기를 얻기 위한 퍼포먼스도 성행해서 이것이 또한 정쟁을 격화시켜갔다.

당시 대담한 글로 용명을 떨친 인물로서 해서海瑞를 빠뜨릴 수 없을 것이다. 그는 해남도海南島의 거인擧人 출신으로 하급 지방관을 역임해 청렴한 관리로 평판이 높아서 중앙관의 호부주사戶部主事로 발탁되었다. 당시 고급관료들은 상서祥瑞를 헌상해서 가정제의 덕을 찬양하는 등 비위 맞추기에 급급했으나 그는 다음과 같은 상주문을 올려 황제를 가식 없이 비판하였다.

폐하는 도교 수행에 전심하고, 백성의 고혈을 짜내서 토목공사를 행하고, 20여 년이나 정사를 돌보지 않아 법기法紀는 해이해져 있습니다. …… 황자를 만나지도 않으시고 시기심과 의심을 가지고 신하들에게 비방육욕誹謗戮辱을 가하시고 서원西苑에 틀어박히신 채 부자·군신·부부 간에도 박정한 분이라고 사람들은 보고 있습니다.

황제는 이 상주문을 보고 격분해서 땅에 내던졌으나, "해서는 사형을 각오하고 관을 준비하면서 상소했다"는 보고를 듣고 묵묵히 생각에 빠졌고, 서세의 중재노 있어서 옥에 가둔 채 사형 집행을 미루었다. 다음해 가정제가 죽었다는 소식을 들은 감옥 관리관이 해서의 석방·복권을 예측해 진수성찬을 대접했을 때, 드디어 사형된다고 여긴 해서는 태연하게 좋은 먹성을 발휘했으나 도중에 가정제가 죽었다는 소식을 귓속말로 듣자 먹은 음식을 모두 토하고 땅에 꿇어 엎드려 밤새 통곡했다고 한다. 자신의 생명을 돌보지 않고 오로지 충의로 일관하는 강직한 청관淸官의 전형적인 상이 이런 에피소드로 그려져 있다.

그 후 해서는 응천應天 순무巡撫로 강남에 부임해서 악덕 향신들의 단속에 종사한다. 이 단속을 계기로 강남에서는 '열관기면裂冠棄冕의 화(관이나 면은 신사의 상징, 즉 신사에게 반항하는 폭동을 말한다)'라고 불리는 소란이 일어났는데, 그 최대의 표적이 된 것은 은퇴해서 고향인 송강松江에 막대한 토지 재산을 가지고 있었던 서계였다. 한쪽은 강남 문화에서 자라서 엘리트 코스를 밟아 명철보신술明哲保身術도 익힌 세련된 수완가이고, 또 한쪽은 변경 출신으로 지방 하급관료부터 밟아 올라가서 목숨을 걸고 전국적인 명성을 얻은 강직한 사람, 전혀 다른 기질을 가진 두 사람이지만 당시의 정국을 대표하는 특색 있는 인물들이었다.

약 400년 후인 1960년, 중화인민공화국의 명대 역사 연구자인 우한吳晗은 이 서계와 해서의 대립을 소재로 역사극『해서파관海瑞罷官』을 써서 호평을 받았다. 인민을 위해 싸운 청관 해서를 찬양한 이 극이 "소농민을 보호하는 부르주아 사상", "마오쩌둥 주석을 간언을 받아들이지 않는 황제로 비유한 야유"로 비난받아 문화대혁명 발발의 계기가 될 줄은 우한도 전혀 예측하지 못했을 것이다.

장거정의 시대

명말의 수완가 재상으로 알려진 장거정張居正은 원래 가정제의 뒤를 이은 융경제隆慶帝(재위 1566~1572)가 황자일 때 스승이었으며, 융경제 즉위 다음해에 서계의 추천으로 입각했다. 입각 후 그가 바친 상주문 '진육사소陳六事疏'에는 (1)논의를 생략하고, (2)기강을 다잡고, (3)조령(황제의 명령)을 중시하고, (4)(관료 인사에 있어서) 실제 능력을 조사하며, (5)재정을 건실화하고, (6)무비武備를 마련한다 등 여섯 가지 방침을 들고 있다. 여기서도 볼 수 있듯이 그의 목표는 황제를 정점으로 한 중앙의 강력한 리더십 아래 부국강병을 이루는 것이었다. 그가 존경하는 군주는 진秦의 시황제나 명 태조 홍무제 같은 강력한 황제였다.

융경제가 죽은 후 아직 아홉 살이었던 만력제萬曆帝의 후견을 둘러싼 정쟁의 틈을 타서 장거정은 그때까지 재상이었던 고공高拱을 밀어내고 대망의 재상(수석대학사首席大學士) 자리에 올랐다. 그는 황제의 스승으로서 만력제를 엄격하게 교육시켜 자신의 뜻대로 움직이면서 동시에

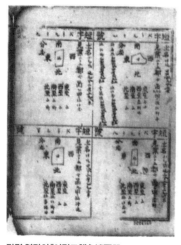

만력 연간의 「어린도책魚鱗圖冊」
장거정 때 전국적인 토지조사(장량丈量)가 행해져서 한 필지 한 필지의 땅을 등기한 「어린도책」이 작성되었다. 휘주문서 중 「어린도책」의 일부. (「휘주천년계약문서」에서)

국정 쇄신에 나섰다.

첫째, 걸핏하면 중앙정부를 비판해서 발목을 잡는 감찰관이나 지방 신사紳士의 여론을 억제하기 위해 그는 내각이 감찰관을 감독하는 제도를 만들어낸다. 원래 내각이란 황제의 고문 기관으로 일반 관료들과 통속관계가 없었으나 이 제도에 의해 내각이 감찰관을 통제할 수 있게 되었다. 내각에 대한 자유로운 비판을 못하게 되는 것은 당연한 일이었다. 또한 그는 생원이나 지방 학자들에 의한 정부 비판의 근원이었던 각 지역의 서원 폐쇄를 명하였다. 양명학파의 특징이었던 다수의 청중들을 모아서 강학하는 활동도 억압했다.

둘째, 적극적인 정책을 펴서 재정의 재건을 시도했다. 그는 절약을 기본으로 지출을 삭감함과 동시에 지방관에 대한 엄격한 성적 심사를 해서 세금의 전액 징수를 목표로 했다. 체납을 방치해서 처분받는 것을 두려워한 지방관들은 빈민들을 채찍질해서까지 세금을 징수하게 된다. 한편에서 그는 전국적인 양전(장량丈量)을 통해 토지 소유를 확정하고 탈세나 세금 분담의 부정을 근절하려고 했다.

이렇게 노력한 결과 재정 상황은 오랜만에 호전됐다. 다행히도 장거정의 집권에 앞서는 왜구의 제압이나 몽골과의 화의로 군비 지출도 억제할 수 있었다. 도 6(189쪽)에서도 볼 수 있듯이 장거정의 집권기(1572~1582)에는 태창은고太倉銀庫의 수입이 지출을 웃도는 상황이 되었다. 그의 정책은 원했던 만큼의 성과를 거두었다고 할 수 있다. 그러나 이러한 공적에도 불구하고 그의 사망 후 억눌려 있던 관료·신사들의 불만이 분출해 형세는 급변한다. 군주를 속이고 작당해서 뇌물을 받아 사복을 채워 권력을 독점하려고 했다는 비판이 잇따라, 만력제도 장거정의 죄를 인정해 그의 자식들의 관직을 박탈하고 가산을 몰수하여, 결국 장남은 자살에 내몰리지 않을 수 없었다.

그 이후 만력제는 정치에 흥미를 잃어 장거정의 엄격한 지도 아래 좋은 황제가 되려고 진지하게 노력했던 어린 시절과는 태도를 달리해 정무를 노골적으로 등한시하고, 자신의 묘가 될 지하 궁전 '정릉定陵'을 건설하는 데 800만 량을 쓰는 등 오히려 낭비하는 데서 사는 보람을 찾게 되었다. 장거정 때 저축은 순식간에 사라지고 재정은 적자로 전락했다. 한편 장거정 비판의 폭풍 속에서 세력을 되찾은 감찰관이나 지방 신사들의 중앙정부 비판 언론이 상승해, 조선왕조에서 당쟁이 시작된 시기와 거의 같은 무렵인 만력 중기 이후 중국에서도 격심한 정쟁의 계절을 맞이하게 된다.

중앙과 지방

승선술昇仙術에 몰두하는 황제를 유유낙낙하게 따르던 가정제 때의 조정 신하들과 비교하면 서계 이후의 관계官界에서는 재주 있고 기골 있는 관료들이 배출되었다고 할 수 있다. 그러나 그러한 유능한 관료들이 있었는데도 그 후의 정국이 혼미에 빠져든 이유는 무엇일까? 아마도 그것은 정치부패를 개혁하려는 그들의 적극적인 정책이 그때까지 잠재해 있던 중앙—지방 간의 긴장을 격화시키는 결과를 초래한 것과 관련이 있을 것이다.

장거정의 정책은 중앙정부의 지방통세를 강화함으로써 부국강병과 기강숙정을 도모하는 것이었다. 그러나 그러한 엄격한 정책이 지방사회 입장에서는 중앙정부의 수탈 강화이며 언론 통제라고 받아들인 것이다. 장거정을 비판한 관료들도 물론 국가 재정의 재건이나 기강숙정 같은 개혁의 필요성을 느끼고 있었으나 오히려 그들은 중앙정부에 대한 지방의 입장을 분명히 함으로써 정부의 불필요한 지출을 삭감해서 지방 부담을 줄이려고 했기 때문에 장거정과 예리하게 대립할 수밖에 없었다. 그때까지 정치투쟁이라 하면 궁정 내 권력다툼이었던 것이 전국을 휩쓴 큰 항쟁으로 일반화해가는 하나의 계기가 여기에 있었다.

중앙정부의 전권과 이에 대한 비판이라는 대립관계는 만력 연간 후기에는 재정 문제와 황태자 문제를 둘러싸고 긴장한다. 즉 궁정의 낭비에 더해 만력 연간 중반(1590년대)에 일어난 변경의 전쟁들 즉 영하寧夏의 몽골인 장군 보바이知拜의 난, 귀주貴州의 토사土司(소수민족의 유력자로 그 지역의 세습적 통치권을 가진 자)인 양응룡楊應龍의 난, 그리고 특히 도요토미 히데요시의 조선 침략은 명의 재정을 위기에 빠뜨려서 조정에서는 환관을 각지로 파견해 광산이나 상업세 징수로 재정의 호전을 꾀하였다. 그 환관이나 측근들의 착취가 지방 신사나 민중들의 심한 비난을 받게 된다.

게다가 만력제가 장남 대신에 총애하는 정비鄭妃의 셋째아들을 황태자로 세우려고 한 것은 감찰관이나 정의파 관료들의 비판을 받았고, 이 정쟁 중에 하야한 사람들이 중앙정부에 반대하는 활발한 언론 활동을 벌이게 된다. 그 대표자가 이른바 동림당東林党이다. 동림이란 명칭은 장강 델타의 중심부에 위치하는 무석현無錫縣에서 1604년에 향신鄉紳 고헌성顧憲成 등이 만든 동림서원東林書院에서 유래한다. 이 서원은 중앙정부를 비판하는 신사들이 결집하는 장소가 되었다. '동림당'이라고는 해도 현대의 정당과 같이 명확한 규약이나 조직을 가지는 것은 아니고 같은 정치적 경향을 가진 사람들의 느슨한 모임에 불과했지만, 오히려 "결집해서 정치를 움직이려고 하는 불온한 도당"으로 반대파로부터 붙여진 이름이 '동림당'인 것이다.

위충현과 개독의 난

만력제 사후에 즉위한 그의 장자 태창제泰昌帝는 얼마 안 있어 약의 오용으로 급사하게 되고, 그를 이어서 태창제의 아들 천계제天啓帝가 왕위에 올랐다. 천계제 때 그의 총애를 받아 실권을 장악한 이가 환관 위충현魏忠賢과 유모 객씨客氏였다. 위충현은 무뢰배 생활을 하다가 출세한 무식한 자로 글도 읽을 줄 모르고 상주문 등은 남한테 읽게 하여 명령을 내렸다고 하는데, 많은 관료들을 수하에 거느리고 반대파를 가혹하게 탄압했기 때문에 소수의 올곧은 관료를 제외하면 반항하는 자는 거의 없고 오히려 그에게 아부하는 관료·신사들에 의해 그를 모시는 사당이 각지에 만들어질 지경이었다.

그런 위충현의 눈엣가시가 '동림당'이었다. 그는 동림당으로 지목되는 사람들을 블랙리스트에 올리고 동창東廠이라는 특별경찰을 두어 주요 인물들을 구속해 독직 등의 죄명 아래 고문·학살을 행하였다. 동림당 안에서도 청렴강직한 인물로 알려져 있던 주순창周順昌이 고향인 소주蘇州에서 체포되었을 때 일어난 사건이 1626년의 '개독開讀의 난'이다. 당시 말로 '민변民變'이라고 불린 도시민중폭동은 16세기 후반부터 자주 일어났는데, '개독의 난'은 그중에서도 가장 유명하며 소설이나 희곡으로 후대에까지 전해지고 있다.

이 사건의 경과는 대략 다음과 같다. 천계 6년(1626) 3월, 위충현이 주순창을 체포하려고 소주로 체포 관리를 파견했다. 그 체포에 항의하는 수많은 소주 생원과 서민들이 큰 비에도 불구하고 개독(칙지를 낭독하여 들려주는 식)이 행해지는 서찰원西察院에 몰려들어, 민중과 체포 관리들 사이에서 작은 충돌이 일어나 민중이 한 관리를 때려 죽였다. 지현知縣 등의 설득에 의해 생원·민중들은 해산하고 그 후 주순창은 몰래 복경에 연행되어 고문 끝에 옥사했다. 한편 순무巡撫들은 주모자를 조사해서 안패위顔佩韋 등 5명의 서민들이 지도자로 지목되어 참형되고, 5명의 생원들은 생원자격이 박탈되었다.

이 사건은 그다지 큰 폭동은 아니었으나 북경의 위충현을 동요시켰을 뿐만 아니라 강남 사대부들에게도 큰 충격을 주었다. 왜냐하면 이 사건은 "사대부는 왜 서민들보다 위대한가"라는 의문을 사대부들에게

개독의 난
위충현 실록소설의 하나인 『위충현소설척간서魏
忠賢小說斥奸書』 삽화. 개독의 난에서 민중이 포
졸을 구타하는 폭동 장면.

던졌기 때문이다.

　원래 "군자는 의에 밝고 소인은 이익에 밝다(君子喩於義, 小人喩於利)"
(『논어』)고 하는 것처럼 일반 서민은 자신의 이익을 추구해서 행동할 수
밖에 없으나 사대부는 자신의 목숨을 희생해서라도 대의大義를 위해
행동해야 할 것이며, 여기에 사대부와 서민의 차이가 있었던 것이다.
그러나 위충현이 전권을 휘두르는 때에 대다수의 관료·신사들은 보신
에 급급해서 굳이 반항하지 않고 오히려 적극적으로 위충현에게 아부
하는 자들이 많았다. 이에 비해 이 사건에서는 주순창한테 은혜를 입
은 적도 없고 아예 만난 적도 없는 무식하고 가난한 사람들이 목숨의
위험도 돌아보지 않고 주순창을 위해 헌신해서, 마지막에는 과감하게
실제로 나서 스스로 희생되었다. 처형된 '5명'은 죽음을 앞에 두고서도
침착한 모습으로 위충현파의 순무들에게 "너희들이 주周 양반을 죄로

몰아넣은 것이다. 너희들의 관위는 높으나 그 사람됨은 낮다. 우리들은 주 양반을 위해서 죽는 거다. 그러니까 신분은 백성이라 하더라도 사람됨은 높다"고 질타했다고 한다.

초망의 지사와 '조로'한 영웅들

개독의 난 이후 1년여 만에 천계제의 죽음, 이어서 숭정제崇禎帝의 즉위와 함께 위충현은 실각해, 좌천되는 도중에 목을 매달아 자살했다. 위충현이 징권을 완진히 징악하고 전횡을 일삼을 때 시대부 사회에 준 상처는 단순히 강권적 탄압으로 인한 학살이나 실각만은 아니었다. 오히려 이 시기 관료·신사들의 비겁한 태도는 사대부의 권위를 안으로부터 실추시켜 정치 질서의 유동화를 초래하였다.

위충현의 실각 후 1년도 안 되는 사이에 위충현의 악행을 폭로하는 실록풍의 기사나 희곡·소설 등이 강남을 중심으로 잇따라 출판되었다. 여기에서도 당시 '정보화' 사회의 단면을 엿볼 수 있는데 이들 문헌들은 실록임을 강조하면서 사람들의 교화를 표방하는 것들이었다.

이들 문헌의 작가는 대체로 가명으로 실상을 알기 어려우나 모두 자신을 '초망草莽', '포의布衣', '도인道人' 등 관직이 없이 관계官界의 명리名利와는 거리가 먼 사람이라고 칭하였다. 이렇듯 평민 지식인들 사이에 천하 국가에 대한 울분과 정치적 관심이 고조되는 것이 위충현 이후 사회의 한 특징이라고 할 수 있다. 명말이란 시대는 하급 지식인이나 민중의 '여론', '공론'이 위정자에게도 크게 의식된 시대였던 것이다. 민중의 '여론'에 거스른다는 평판은 관료·신사들에게도 큰 오점이 되었다.

지식인들에 의한 묘사 속에서 원래 이름 없던 민변의 서민 지도자들도 생생하게 성격을 부여받아 사람들의 마음속에 새겨졌다. '개독의 난'에 관한 명 말기의 문헌들을 집대성한 청 초기의 장편 희곡『청충보淸忠譜』(작가는 유명한 희곡 작가 이옥李玉) 안에 등장하는 안패위(처형된 5명 지도자의 우두머리)는 다음과 같이 자기소개를 한다.

나는 안패위, 기세 좋은 난폭자. 시나 글은 못 읽지만 갓난아기의 진성眞性은 잃지 않았다. 예의도 조금은 이해하지만 학자 선생들의 주제 넘는 말은 정말 싫어. 거리에서 사리에 안 맞는 일을 보면 곧 가세해서, 조금이라도 마음에 안 들면 금세 싸움이다. 불효불충은 제일 싫고, 불의의 돈은 한푼도 안 받고, 존경하는 것은 인의仁義의 사람, 잘 어울리는 것은 충의의 사나이. …… 이 내 몸에 흐르는 열혈은 어디에서 그 배출구를 구할 것인가? 나의 협기가 어찌 식은 재가 될 것인가. …… 나는 타고난 바보, 뱃속에는 단지 강개의 기가 있을 뿐, 금품은 거들떠보지도 않고, 꽃 같은 미인도 관심 없어. 오로지 약자를 도와주고 강자를 누르고, 빌어먹는 놈들이 번개 같은 기세로 몰려온다면 나는 강도 바다도 확 뒤집어버릴 뿐!

이 희곡에서 안패위의 성격은 '조로粗魯(거칠고 생각없음)'라고 표현되고 있는데, 이 '조로'란 말은 당시 인물묘사에서 하나의 핵심어였다. 예를 들면『수호전』은 명말 때 사대부에서부터 '판부조예販夫皂隷(행상인이나 하인)'에 이르기까지 사회 각 계층에 압도적으로 인기가 있었던 소설인데, 당시 인기 비평가인 김성탄金聖嘆은 '독제오재자서법讀第五才子書法(『수호전』의 독서방법)' 중 "『수호전』은 오직 사람의 조로한 부분을 그린

「수호전」삽화
호랑이를 물리친 호걸 무송武松의 형인 무대
武大는 아내 반금련에게 독살당한다. 형수
인 반금련과 그 불륜 상대인 서문경을 죽이고
형의 원수를 갚는 무송. 실은 앞에 실린「금병
매」는「수호전」의 무대武大 살인사건의 에피
소드를 토대로 만들어진 소설로, 반금련과 서
문경이 죽지 않은 것으로 해서 그 후 두 사람
의 색욕삼매의 생활을 그린 것이다.

것으로 그 묘사법에도 여러 가지가 있다"고 하면서 노달魯達의 조로는
성급, 사진史進의 조로는 소년 협기, 이규李逵의 조로는 만蠻, 무송武松
의 조로는 호걸로 남에게 구애받지 않음 등 양산박梁山泊의 영웅호한들
각각의 '조로'의 차이를 촌평하고 있다. '조로'란 말은 원래 부정적 가치
를 지닌 말이지만 이 시기에는 양명학 급진파의 영웅인 이탁오李卓吾가
말하는 '절가순진絶假純眞'의 '동심童心', 즉 순수한 진정이 용솟음침과
통하는 것으로 역설적 찬양의 말이기도 했다.

덧붙이자면 김성탄은 전 120회의『수호전』중 뒷부분의 송강松江이
거느리는 양산박의 호한들이 송宋 왕조에 귀순해서 다른 도적들을 토
벌하는 부분은 필요 없다고 보고『수호전』을 '요참腰斬(가운데를 잘라냄)'
하여 앞부분의 수배자 집단의 난폭함만을 그려 70회만 출판했다. 뒤에
청 왕조에 들어서 그가 소주蘇州의 생원 폭동에 연루되어 참형에 처해

졌을 때, 사람들 사이에서는 "이는 『수호전』을 요참한 때문이 아닐까?"라는 소문이 있었다고 한다.

명말의 '시민' 사회

민변에 참가한 도시 주민들은 당시 사료 안에서 자주 '시민市民', '시인市人' 등으로 불리며, 현대 연구자 중에도 이러한 민변을 '시민운동', '시민투쟁'이라고 부르는 사람도 있다. 출판업의 융성이 초래한 정보화, 광범한 사람들 사이에서 고조된 정치적 관심, '여론'의 중시 등을 고려하면 이 시기 중국 '시민'의 모습을 17~18세기 서구 '시민사회'의 '논의하는 공중公衆' 모습과 겹쳐 생각하고 싶은 것은 과연 필자뿐일까? 이른바 서구 시민사회의 구성원이 교양 있고 재산 있는 남성들로 한정되어 무일푼의 노동자나 여성들은 한 사람의 '시민'으로 간주되지 못했던 것에 비해, 중국의 '시민'은 당시 민변에 대한 기술을 보면 장사치나 기생, 노복 등의 하층민들까지 민변에 참가한 것이 호의적으로 묘사되어 "이게 바로 인심의 공公이다", "거스르기 어려운 여론이다" 등으로 평가받고 있다. 명말의 정치 풍토는 이러한 하층민의 의견과 행동까지도 '여론' 속에 포함시키는 것이었다.

다만 하버마스Jürgen Habermas 등이 그리는 서구 '시민사회'의 이념적 모델과의 차이점으로 필자가 강한 인상을 받은 것은, 명말 지방사회의 정치적 고양을 뒷받침한 것이 '논의하는 공중'의 '비판적 이성'이라기보다는 권선징악적 드라마에 대한 열광적인 참여였다는 점이다. 이전과 다르게 광범한 정보·지식이 서민층에 침투된 이 시기에, '미성년의 상태로부터 탈각(칸트)'으로서의 계몽 대신에 '무지무학'의 갓난아기 같은 서민 이미지가 긍정적으로 강조되었던 것은 일종의 역설로 보인다. 선인은 어디까지나 선하고, 악인은 어디까지나 악하고, 순진무구한 정의감 넘치는 우리들이 "하늘을 대신해서 도를 행하고(『수호전』 호한들의 슬로건)", 나쁜 놈들을 해치운다. 이것이 명말의 민중 행동을 뒷받침한 정치적 세계의 이미지였다. 이러한 정치 스타일의 특질은 현대 중국에서의 정치 스타일—예를 들면 '대중노선'이나 '개인숭배' 같은 말로 지적되는 것들—안에 이어지고 있다고 할 수 있을지도 모른다.

살찐 환자

이 장에서는 명말 사회의 격동을 여러 방면에 걸쳐 살펴보았다. 여기에서는 상업·농촌 수공업의 급속한 발전이나 도시 번영, 민중 '여론'의 등장이나 반권위주의적 사상 등 '근대'적이라고 볼 수 있는 양상을 수없이 발견할 수 있다. 북로나 남왜에 시달리기도 했으나 1630년대에 이르기까지 중국 본토가 큰 동란에 휩쓸린 일은 없었다. 근엄한 도학자가 보기에는 흐트러진 시대였을지도 모르나 냉정하게 보면 번영·발전의 시대였다고 할 수 있지 않을까?

그러나 당시 지식인들의 생각으로는 천하의 큰일은 표면상의 안정이나 번영이 아니었다. 당대唐代의 학자 한유韓愈에 따르면 "훌륭한 의사는 사람의 비척肥瘠(살찌고 마름)을 보지 않고 맥을 짚어보고 병이 있는지 없는지를 알 뿐이다." 천하를 사람에 비유하면 맥은 기강이다. 비척이란 안위이다. 설령 동란이 계속되어도 사람들의 도덕이 바르면 천하가 기울어지는 일은 없다. 당시 사람들이 보기에 명 말기의 사회는 살쪄 있지만 맥이 이상한 부자 환자와 같이, 표면적인 번영 아래 사람들의 마음은 뿔뿔이 흩어져 위험한 구렁텅이에 직면해 있다고 느낀 것이다. 그즈음 중국 동북 방면에서는 가난하지만 거친 만주족이 새로운 국가를 건설해가고 있었다.

5장

화이변태

··· 세계 시스템과 동아시아

『화이변태』

1674년(연보延寶 2)에 『화이변태華夷變態』를 편찬한 하야시 슌사이*는 그 책이름의 내력을 서문에서 다음과 같이 서술하고 있다.

숭정제가 홍거薨去하고 홍광제弘光帝는 달로虜虜(여진)에게 패하였다. 당 왕唐王이라든가 노왕魯王이 겨우 남쪽 귀퉁이를 보존할 뿐 중원은 달로가 횡 행하고 있다. 이것은 화華가 이夷에 의해 대체되는 사태이다(是華變於夷態 也). …… 요전에 오삼계吳三桂나 정경鄭經이 각 성省에 격문을 날려 (명 왕

---

*   하야시 슌사이(林春齋, 林鵞峰, 1618-1680): 에도시대 전기 막부의 유관儒官. 하야시 라잔林 羅山의 셋째아들. 호는 가호鵞峰, 승호僧號는 슌사이春齋. 막부에서 벼슬하며 『본조통감本朝 通鑑』 등의 편집에 종사. 박학하여 『가호전집鵞峰全集』, 『일본왕대일람日本王代一覧』 등 저 서가 많다.

조) 회복을 위한 군병을 일으켰다. 그 승패의 행방은 알 수 없지만, 만약 이夷가 화華를 대신하는 사태가 된다면, 비록 이역異域의 일이라고는 해도 이 어찌 상쾌한 일이 아니겠는가?

명明을 화華로 보고 청淸을 이夷로 보는 화이관華夷觀이 일본에서도 공유되고 있다는 것을 『화이변태』는 무엇보다도 웅변하고 있다. 송 왕조가 금金이나 원元이라는 비한족 왕조를 대체했을 때, 그것을 화이변태로 보는 견해는 없었다. 이러한 변화의 배경에는 송대와 비교해서 훨씬 심화된 동아시아 세계의 일체화가 존재하고 있는 것이다.

원래 『화이변태』가 편찬된 것은 일본에서 중국에 대한 정보가 무엇보다 중요한 의미를 가지고 있었기 때문이다. 이 책에 실려 있는 기록의 대부분은 '당선풍설서唐船風說書'로, 나가사키에 온 중국인들로부터 들은 기록이었다. 또 이 책에는 적은 분량이긴 하지만 조선에서 전해진 중국 정보를 쓰시마對馬를 통해 입수하여 실었다. 쓰시마의 소씨宗氏는 다양한 수단을 이용해 조선으로부터 중국에 대한 정보를 빼내려고 고심하였다.

17세기 일본에서 중국 정보의 계통적인 수집이 꾀해진 것은 16세기에 획기적으로 진행된 동아시아의 일체화 때문이었다. 그리고 그 일체화는 동아시아 내부에만 원인이 있었던 것이 아니라 세계 시스템과 동아시아의 만남의 산물이기도 하였다.

은을 둘러싸고

앞장에서 서술한 것처럼, 16세기 동아시아에서 무역 확대의 계기가 된 것은 일본 은銀 생산의 급증이었다. 16세기 중반이 되면, 동중국해 교역의 담당자로서 새로운 세력이 등장한다. 바로 포르투갈과 스페인이다. 포르투갈은 1511년에 동남아시아 무역의 거점이었던 말라카를 점령했지만, 이후 중국과의 통상을 요구하며 동중국해에 출몰하기 시작하였다. 프란시스코 자비에르Francisco de Xavier가 일본에 표착한 것도 그러한 움직임의 한 단면이었다.

포르투갈은 1554년 광주廣州에서의 통상을 인정받고, 1557년에는 마카오 거주권을 허락받아 본격적으로 이 해역에서의 무역에 참여하

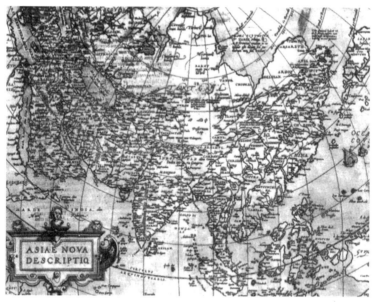

오르텔리우스의 「아시아 신도新圖」
1570년 앤트워프에서 출판된 아시아 지도. 오른쪽에 일본이 보이지만, 중국의 장강長江 이북은 거의 그려져 있지 않다. 재단법인 도요東洋문고 소장.

기에 이른다. 포르투갈인의 통상 활동은 이미 형성된 동중국해의 교역에 그대로 편승하는 형식이었지만, 포르투갈보다 조금 늦게 등장하는 스페인의 경우는 사정이 달랐다.

스페인은 1560년대부터 필리핀 해역에 등장하기 시작해서 1571년에는 루손 섬을 점령, 마닐라를 건설하고 이곳을 동아시아의 거점으로 삼았다. 그리고 남아메리카 포토시 광산의 은을 마닐라에 가지고 들어와 중국과의 통상에 참여했다.

동쪽으로 돌아서 온 포르투갈과 서쪽으로 돌아서 온 스페인, 이 두 나라가 1570년대가 되어 동아시아에서 만남에 따라, 월러스틴Immanuel Wallerstein이 말하는 유럽을 중심으로 한 근대 세계 시스템은 그 윤곽을 다 형성한 것이다. 중국의 은 수요야말로 그 형성을 촉진한 최대 요인이었다.

19세기와 비교하여

마르크스는 19세기 구미세력의 세계 진출을 가리켜 '제2의 16세기'라고 표현하였다. 마르크스의 이러한 비유는 동아시아의 상황에 가장 적절한 것이었다. 그러면 최초의 16세기와 제2의 16세기에 동아시아와 세계 시스템의 관계는 어떻게 달랐을까?

이 책의 시작 부분에서 서술한 것처럼 10세기경을 경계로 해서 세계의 농업 선진지역은 서아시아에서 동아시아로 이동하기 시작하였다. 그 이동은 건조지의 전작田作으로부터 습윤지의 도작稻作으로 전환하는 것을 핵심으로 하였지만, 16세기는 동아시아의 습윤지 도작의 확대가 하나의 정점에 달하는 시기이다. 중국 장강 델타 지역의 수리 조건이 현저히 정비되는 것이 이 시기이고, 일본의 대하천 하류 지역의 개발이 본격화하는 것도 16세기의 일이다. 16세기 동아시아 해역의 유례없는 성황은 동아시아 도작 사회의 대규모 확장을 전제로 한 것이었다고 할 수 있다.

한편 유럽에서도 고대의 알프스 이남 건조지 농업에서 중세에는 알프스 이북 습윤지 농업으로 중심의 이동이 일어났다. 15세기 유럽의 대항해 시대는 중세 유럽 경제가 하나의 벽에 부딪히면서 생긴 반영일 것이다. 원래 토지의 한계생산성이 낮은 유럽 풍토에서는, 중세 농업의 한계를 타파하기 위해서 보다 넓은 지역에 걸쳐 새로운 분업을 조직하는 것이 요구되었기 때문이다.

이렇게 해서 동아시아의 부를 찾아 유럽 세계 시스템과 동아시아의 첫 만남이 연출되었는데, 동아시아는 남북아메리카 등과는 달리 유럽의 분업 체계에 얽힌 적이 없다. 오히려 16세기 시점에서 동아시아 경제발전의 방향은 내향적인 것이었다. 즉 확장된 도작지에서 집약화의 길을 걷기 시작하였고, 토지의 한계생산성이 높은 것이 이를 가능하게 하였다.

유럽 세계 시스템과 동아시아의 첫 만남은 이렇게 해서 유럽의 짝사랑으로 끝나고 만다. 해금이라든가 쇄국이라고 말해지는 17세기 이후 동아시아의 상황이 단적으로 그것을 말하고 있다. 은의 유입을 가장 완강하게 거부한 조선에서 동아시아의 당시 양상이 상징적으로 나타난다고 할 수 있다.

이러한 측면에서 16세기의 만남을 살펴본다면, 19세기의 '두 번째 만남'은 2세기에 걸친 세계 분업의 조직자로서 유럽의 축적된 면을 여실히 보여준 것이었다. 19세기 동아시아의 '중체서용中體西用(중국)', '동도서기東道西器(조선)', '화혼양재和魂洋才(일본)' 슬로건은 2세기의 공백을 메우기 위한 공통의 구호였다.

••• 임진·정유왜란

'상업 시대'와 신흥국가

오스트레일리아 출신의 동남아시아사가인 앤서니 리드Anthony Reid는 1400년경부터 시작해서 1570~1630년대에 걸쳐 절정을 맞이한 동남아시아 교역 발전의 시기를 '상업 시대'라고 일컫는다. 그에 따르면 이 '상업 시대'는 동시에 동남아시아 '국가 형성의 시대'였다. 타이의 아유타야 왕조, 자바의 마타람 왕국, 수마트라의 아체 왕국, 베트남의 레 왕조 등이 그 예이다. 이들 지배자는 상품 유통의 요충을 장악해서 국제 교역 붐으로부터 커다란 이익을 취하는 것과 함께 새로운 군사기술을 도입해서 주변 세력을 통합, 강력한 왕권하에 '절대주의적'인 국가를 만들어낸 것이다.

일본에서도 16세기 후반에 오다 노부나가織田信長, 도요토미 히데요시 등이 일찍이 국제 상업과 결합해 조총(철포鐵砲) 등의 새로운 군사기술을 받아들여 일본을 통일하였지만, 대국적으로 보면 이 움직임도 동아시아·동남아시아에서 이 시기의 상업=군사적인 국가 형성이라는 흐름 속에서 파악될 수 있을 것이다. 이러한 신흥국가의 군사적 팽창이 바다를 넘어서 돌출한 것이 히데요시의 조선 침략이었다.

안동 하회에서

경상북도 안동시의 서쪽에 위치한 하회마을은 풍산 유씨의 세거지로서, 지금도 옛 모습을 남기고 있다. 아니, 요즘에는 너무나 관광화되어서 옛날 이상의 옛날이 되었다고나 할까? 임진왜란이 일어났을 때 좌의정 겸 병조판서였던 서애西厓 유성룡柳成龍의 종손가가 이곳 하회에 있다.

안동 시내로부터 서남서로 흘러온 낙동강이 여기에서 크게 굽어서 더욱 서남쪽으로 내려간다. 하회라는 지명은 여기에서 유래하는데, 이 지역은 16세기 당시 안동부에 속한 풍산현 영역이었다. 즉 풍산 유씨 발상의 땅이기도 하다.

임진·정유왜란 종결 후, 자리에서 쫓겨난 서애는 하회에 돌아와서 많은 저술을 하였다. 왜란에 관한 기본 사료의 하나인『징비록懲毖録』은 그중의 하나로 현재는 국보로 지정되어 풍산 유씨 관계 사료를 모아둔 영모각永慕閣에 소장되어 있다.

하회를 방문한 한국인은 누구나가 옛날의 임진왜란을 떠올릴 것이다. 하회만이 아니라 어디를 가도 임진·정유왜란 관련 유적·유물이 남아 있다. 그리고 한국인에게 그것은 결코 단순한 과거의 일이 아니다. 서울의 번화가인 태평로 한가운데서 남쪽을 향해 서 있는 이순신의 거대한 동상이 그것을 상징하고 있다.

화제를『징비록』으로 되돌리기로 하자. 이 책의 제목은『시경』에 있는 '내가 그것을 미리 징계하여, 후환을 경계한다(豫其懲而毖役患)'는 구절에서 취한 것으로, 임진·정유왜란의 교훈을 보여서 후세에게 경각심을 불러일으키려는 의도에서 집필된 것이다. 교훈을 얻기 위해서는 사실을 있는 그대로 기록하는 것이 무엇보다도 중요하다. 그렇기 때문에 유성룡은 이 책에서 조선군의 취약점이나 정부 내부의 대립 등에 대해서도 적나라하게 말하고 있다. 『징비록』을 따라 임진·정유왜란를 훑어보기로 하자.

『징비록』으로 보는 임진·정유왜란

이날(1592년 4월 13일) 왜선이 쓰시마로부터 바다를 뒤덮으며 몰려왔다. 멀리서 바라보니 그 끝이 보이지 않을 정도였다. 부산 첨사 정발鄭撥은 절영도絶影島에 출렵出獵 중이었는데 낭패하여 성으로 도망해 들어왔다. 왜병이 그 뒤를 쫓듯이 상륙해 사방에서 구름처럼 모여들어 얼마 되지 않아 성을 함락시켰다. (경상)좌수사 박홍朴泓은 적의 세력이 큰 것을 보고 감히 출병하지 못하고 성을 버리고 도주하였다. 왜군이 군사를 나누어 서평포西平浦, 다대포多大浦를 함락하였다. 다대포 첨사僉使 윤흥신尹興信이 전력을 다해 싸웠지만 결국 전사하고 말았다. (경상)좌병사 이각李珏은 이 소식을 듣고 병영을 나와 동래로 들어왔는데, 부산이 함락되자 허둥대며 어찌할 바를 모르고 성 밖에서 호응해 적과 싸우려 한다는 구실을 내어 성에서 나와 후퇴해서 소산역蘇山驛에 진을 쳤다. (동래)부사 송상현宋象賢이 머물러 함께 성을 지키자고 설득했지만 이각은 따르지 않았다. 15일, 왜가 진격해 동래에 육박해왔

「부산진순절도釜山鎭殉節圖」
임진왜란 때 부산진의 공방을 묘사한 것. 변박卞璞 작. 조총을 어깨에 멘 일본군의 모습이 인상적이다.
육군사관학교 육군박물관 소장.

다. 송상현이 동래성 남문에 올라 독전했으나, 반나절 만에 성은 함락되고, 송상현은 태연히 앉아서 칼을 맞고 죽었다. 왜인들은 그가 목숨을 바쳐 성을 지킨 것을 상찬賞讚해서 유해를 관에 넣어 성 밖에 매장하고 묘표墓標를 세워 그 뜻을 알렸다. 이렇게 해서 각 군·현의 군병은 풍문을 귀로 듣는 것만으로도 도망하여 궤멸하고 말았다.

초전에 일본군은 조선 측의 저항을 거의 받지 않고 잇따라 각 읍성을 공략하였다. 특히 위력을 발휘한 것은 조총이었다. 임진왜란 때의 군사력에 대해, 육군력으로는 조총을 가진 일본군이 우위였고, 해군력에서는 화포에서 우세한 조선군이 우위였다는 것이 오늘날 군사사가의 통설이다.

일본군이 압도적으로 우세했던 것은 조선 측이 불의의 공격을 당한 데 있었지만, 일본군 침공의 가능성에 대해서 조선 정부 내에서는 의견이 나뉘어 있었다. 일본군 침공 2년 전에 조선은 일본에 국사國使를 파견하였다. 정사正使 황윤길黃允吉, 부사副使 김성일金誠一, 서장관書狀官 허성許筬 등이었다. 기묘하게도 이 세 사람은 모두 유희춘과 친교가 있었던 사람들이다. 김성일은 홍문관의 후배이고, 허성은 유희춘을 스승으로 섬겼다. 황윤길도 자주 유희춘을 방문한 것이 『미암일기』에 기록되어 있다.

이때의 사절은 실로 100년 만의 국사國使였다. 그 계기는 1586년 이래 히데요시의 사신이 자주 방문하자, 일본의 국정에 생긴 변화를 탐색하려고 한 것이었다. 사절 일행은 다음해인 1591년에 일본에서 온 사절과 동행해서 귀국하였다. 일본으로부터의 국서國書에, 군대를 이끌고 대명大明으로 들어가려고 한다는 말이 있었기 때문에 정부에서는 이 국서를 명에 통보해야 하는가를 둘러싸고 의견이 대립하였다. 또 그것과 관련해서 일본이 조선을 공격할 가능성에 대해서도 의견이 나뉘었다. 황윤길은 가능성이 있다고 하였고, 김성일은 위험성이 없다는 의견이었다. 이러한 의견 차이는 당시 동서분당東西分黨의 영향을 받았다. 황윤길은 서인이고 김성일은 동인에 속했는데, 당시는 동인이 우세했기 때문에 김성일의 의견이 중시되었다. 이것이 일본 침공에 대한 대비를 하지 못하는 데 큰 원인이 되었다.

일본군은 파죽지세로 서울을 점령하고 나아가 북부인 평안도·함경

표충사表忠祠

서산대사 휴정과 사명당 유정을 제사하는 표충사. 서산대사의 초상이 전시되어 있다. 서산대사
가 생전에 자신의 유물을 해남 대흥사에 두라고 했기 때문에 1788년에 건립되었다. 해남군 삼산
면 구림리 대흥사.

도에까지 공격해 들어갔다. 이러한 전황을 바꾼 것은 명 원군의 참전
과 각지에서 일어난 의병 활동이었다. 의병의 주체가 된 것은 재지 양
반 그리고 승려였다.

전라도에서는 고경명高敬命, 김천일金千鎰, 경상도에서는 곽재우郭再
祐, 충청도에서는 조헌趙憲 등이 의병장으로 유명하다. 승려 의병장으
로는 서산대사西山大師, 사명대사四溟大師가 유명하지만, 조선시대 승려
는 천민으로 취급되어 병사로 사역하기도 하였다. 이러한 신분상의 문
제가 승려들이 의병으로 활약하는 한 원인이 되었을 것이다.

김천일은 유희춘이 아끼던 인물이었는데, 가장 먼저 의병으로 거병
해서 진주 전투에서 전사하였다. 이외에도 유희춘의 근친으로 의병 활
동에 참가한 인물이 많이 보인다. 유희춘의 처 홍주 송씨의 사위인 이
방주李邦柱의 아들 이수경李壽慶이나 김언욱金彦勗, 해남 윤씨의 사위 문
량文亮의 아들인 문위세文緯世 등이다. 그들의 활동은 재지 양반으로서

의 존재 가치를 건 것이었다.

그러나 무엇보다도 전쟁 국면에 결정적인 영향을 미친 것은 이순신이 이끈 수군의 활약과 그에 따른 제해권의 확보이다. 그 활약상에 대해서 『징비록』은 다음과 같이 기록하고 있다.

이보다 먼저 이순신은 거북선을 만들어두었다. 배 위를 판자로 덮어서 그 형상이 궁륭穹隆 모양으로 거북이와 비슷해서, 전사戰士나 사공은 모두 배 안에 있고 좌우전후에는 화포를 많이 실어서 종횡으로 움직여 돌아다니는 것을 (베틀의) 북과 같이 하고, 적선을 만나면 일제히 대포를 쏘아서 이를 쳐 부수는 것이었다. 여러 배가 일시에 세력을 합해 공격하기 때문에 화약 연기 가 하늘에 가득 차고 적선을 태운 것이 그 수를 알 수 없었다.

점령지에서의 일본군

가가 마에다加賀前田 번藩의 장서를 수장하고 있는 손케이가쿠尊經閣 문고에 「조선국조세첩朝鮮國租稅牒」이라는 제목의 사료가 소장되어 있다. 이 사료는 임진왜란 때 일본군이 점령한 함경도에서 작성된 것이다. 내용은 도내 다섯 군데의 부府·군郡·현縣이 정부에 바치는 조세 내역을 기록한 것으로 각지의 향리에 의해 작성되었다.

다섯 읍 가운데 하나인 영흥부永興府의 것을 보면, 부내府內의 각 사 社마다 정부에 바치는 곡물의 종류와 수량이 먼저 기록되고, 이어서 진 상進上으로 바치는 어물이나 인삼의 수량이 기록되어 있다. 또한 부내 의 남녀 인구수가 기록되고, 마지막으로는 이 문서를 작성한 향리들의

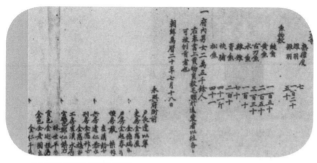

「조선국조세첩」영흥부 부분
1592년(만력 20)에 작성된 「조선국조세첩」 중 영흥부의 마지막 부분이다. 마에다 손케이가쿠前
田尊經閣 문고 소장.

이름과 직함이 열거되어 있다. '사'란 도 밑의 행정단위로 북부인 함성
도·평안도 특유의 호칭이다.

일본은 이 지역을 점령하자 지배를 원활히 하기 위해 조세의 징수 상
황을 파악하려고 한 것이지만, 그때 일본 국내와 같이 사시다시指出*
형식으로, 말하자면 향리들의 자진 신고 형식으로 이 문서를 제출케
한 것이다. 내용에 잘못이 있다면 마땅히 참수당할 것이라고 영흥부의
호장戶長 변이령邊以寧에게 서약하게 하였다.

이 사료는 여러 가지 의미에서 흥미롭다. 우선 이 사료를 보면 일본
이 조선을 영구 점령하려고 의도했다는 것을 알 수 있다. 그리고 점령
한 지역에서 바로 사시다시를 제출케 한 것은 거기에서 일본 내와 같은
고쿠타카石高(막부에서 토지수확량을 기초로 영주 및 무사들에게 수세 권한을
준 제도)제적인 지배를 행해 다이묘大名들에게 분여하는 것을 구상했음

---

* 사시다시指出: 센코쿠기戰國期~쇼쿠호기織豊期에 행해진 검지檢地 방법의 하나. 다이묘가
  실제로 검지하지 않고 영내의 가신에게 치교知行지의 면적, 작인作人, 연공량年貢量 등을 신
  고하게 한 것.

을 말해준다.

　점령 지역을 지배하는 데 향리층에 의거하려 했다는 것도 흥미를 불러일으키는데, 그들이야말로 징세 실무의 담당자였고 읍내 사정에 정통했기 때문에, 이는 어떤 면에서는 당연한 것이었다. 이로부터 300여 년 후, 일본이 다시 조선을 지배하려고 했을 때도 향리층의 존재가 문제가 된다. 역사는 반복한다는 것이 조선에게는 너무나도 곤혹스러운 일이었다.

···변경의 자립세력

변경 '권력'의 동시 발생

오다 노부나가 등에 의한 일본 통일과 대략 같은 시기, 중국의 북방으로부터 동남 연안에 걸친 일대에서도 상업=군사적인 세력의 성장이 보인다. 이들은 명 정부에서 본다면 국가의 지배를 거스르는 무법자들이라고 하겠지만, 그 지역을 지배하는 모습을 보면 이미 미니 국가라고 할 만한 다양한 기구의 싹이 보인다. 예를 들면, 광동성 조양현潮陽縣 사람 임대춘林大春은 그의 「해구론海寇論」에서 16세기 중반 연해의 해적을 다음과 같이 묘사하고 있다.

　　배의 왕래에 모두 표票(사설 통행허가증)를 발급해서 상인의 화물로부터 하나하나 정해진 비율의 세를 취한다. …… 남의 곡물을 탈취하는 관리의 돈을 빼앗아 빈민을 구제하는 것이기 때문에 빈민은 기꺼이 앞다투어 해구海寇

세력 아래 들어간다. …… 또 사방의 망명자를 모아 조금은 문장을 쓸 수 있는 자를 참군參軍으로 하고 해구의 두목은 큰 배에 거주하면서 왕후王侯 같은 생활을 보내며 종자從者들을 끌고 성시城市에 출입한다.

왜구의 후원자였던 천주泉州의 향신鄕紳 임희원이 "마음대로 백성의 소장을 받아서 고문 심문을 행하고, 마음대로 고시告示를 내서 관을 업신여긴다"고 탄핵한 것은 앞장에서 이미 보았다. 상업세를 취하고 빈민을 구제하며 소송을 받아들이고 고시를 내는 이것이 바로 미니 국가가 아닐까? 명 정부의 입장에서 본다면 통탄할 만한 무법 지대이지만 거친 변경·해상 교역의 세계에 살고 있는 사람들의 눈에 이들 세력은 불완전하나마 지역에 질서를 가져와 자신들을 보호해주는 존재로 비쳤을 것이다. 이러한 '국가의 맹아'가 북변北邊·연해沿海 지대에서 서로 경쟁 성장하면서 명 왕조의 지배를 파먹어 들어가는 것이 명 말기라는 시대였다.

요동의 군벌 이성량

국제 교역의 이익을 흡수하면서 강대한 군사력을 가지고 독립 왕국처럼 세력을 쌓아간 북방에서는 몽골이나 여진에 대한 방위를 위해 파견된 군인이 왕왕 이러한 군벌로 성장해갔다. 그 대표적인 예가 요동에서 30년 가까이 세력을 떨친 이성량李成梁(1526~1618)일 것이다. 그의 선조는 조선인이었다고 전하는데, 족보에 기록된 시조의 이름 등에서 보면 원래는 여진인이었던 것 같다. 이성량의 가문은 대대로 요동遼東 철령위鐵嶺衛의 무관을 세습했는데, 그는 거듭 전공을 세워 1570년 요동에서 무관의 최고위인 요동총병관遼東總兵官에 임명된다. 요동에 배치된 9만여 명의 병사들 중 그가 직접 지휘하는 것은 1만 정도였는데, 그의 무력의 기초는 명의 관병官兵보다는 오히려 그의 사병私兵이라고 할 '가정家丁'군이었다.

'가정'이란 민간에서 모집하거나 투항해온 비한족 가운데서 선발하여 장군 직속 군사가 된 것으로, 이성량의 경우에는 일족一族을 합해 수천 명의 정예 가정을 가지고 있었다고 한다. 가정은 '건아健兒'라고도 불렸는데, 주인과는 부자지간처럼 연결되었다. 어떤 중앙관이 "요동에서는 이씨가 대대로 장군이 되고 오랑캐(虜, 몽골·여진)에 관한 일은 모든 것을 알고 있다. 그들이 키우는 한인漢人·이인夷人 가정은 목숨을 걸고 오랑캐와 싸운다. 이씨가 요동을 지키는 것은 실은 그의 집을 지키는 것과 같은 것이다. 그렇기 때문에 이씨에게 요동을 맡기면 요동은 평안하다"고 서술한 것처럼, 이씨의 강대함은 부임지에 토착하여 혈연적·준혈연적인 끈으로 지탱된 그 기반의 안정성에 있었다. 그의 일족이나 '가정'의 다수는 요동의 각급 무관에 임명되었는데, 예를 들면 도요토미 히데요시의 조선 침략 때 명나라 제독으로서 맞서 싸운 이여송李如松은 그의 큰아들이었다.

그러나 이러한 토착성은 명 정부에서 보면 양날의 칼이다. '맡겨두면 평안'한 대신 그가 요동에서 독립 왕국처럼 세력을 떨치는 것을 누구도 막을 수 없었다. 실제로 그는 요동에 투하된 경상 군비(京運年例銀) 수십만 량의 반 가까이를 횡령하고 또 마시馬市에서 거래되는 말의 가격이나 염세鹽稅·상세商稅 등으로 사복을 채우고 "모든 요동 상민의 이익을 자기이득으로 취했다(『명사明史』 이성량전)"고 한다. 이러한 수입으로 화려한 생활을 보냄과 동시에 그는 일부를 북경 고관에게 뇌물로 바치는 것도 빠트리지 않았다. 따라서 정부 고관들이 그의 전공戰功이 전해질 때마다 그의 일족을 승진시킨다든가 포상을 주었기 때문에 그의 명성은 더욱 천하를 뒤덮었다.

요동에 이렇게 많은 액수의 군비가 투입되면서 이 지방은 전쟁 경기라고 해야 할 호황을 불러왔다. 당시 요동 최대의 상품은 초피貂皮(담비가죽)와 인삼(약용 조선인삼)이었다. 초피는 15세기 말경, 명이나 조선에서 풍속이 사치해지면서 낳이 사용되었고, 특히 북경에서는 겨울철 귀가리개(耳掩)로 대량의 수요가 있었다. 초피의 산지는 흑룡강 이북의 시베리아 산림지대나 현 흑룡강의 산림지대였기 때문에 초피 산지와 개원開原 등의 초피시장 사이의 긴 무역 루트가 여진 상인에 의해 매개되면서 부유한 상인들도 배출되었다.

한편 백두산 부근의 산악지대에 자생하는 인삼을 채취하기 위해서는 여름 2~3개월간 산중에서 맹수를 막아가며 집단생활을 할 필요가 있었다. 인삼은 중국에서는 매우 고가여서 상등품은 '은에 필적하는' 가치를 가졌다. 여진인이 부족의 조직을 통해 모아온 인삼은 그 수장에게 공납되어 수장 권력의 기반이 되었다. 건주부建州部 출신으로 급속히 두각을 드러낸 청 태조 누르하치(노이합적努爾哈赤, 1559~1626)는 이러한 특산품의 루트를 장악해서 상업 이익을 취한 수장의 한 사람이다. 그리고 요동 시장을 지배해서 그들의 상업 활동을 보호하고 이익의 일부를 가로챈 이성량은 말하자면 누르하치의 후원자라고나 할 존재로서 양자는 공생관계였다.

인삼도
명말의 유명한 약학서『본초강목』에 실림.

이 시기의 여진 경제는 농업과 함께 수렵채집에도 깊이 의존했는데, 수렵채집이라고는 해도 소박한 자급자족 경제가 아니라 오히려 국제 교역을 위한 특산품을 얻는 데 그 주안점이 있었다. 당시 여진인들이 수렵채집 민족으로서의 부족적 단결, 내핍 능력, 강인함을 유지하는 것과 함께 '살아 있는 말의 눈이 뽑힐 것(눈 감으면 코 베어가는 것)' 같은 변경의 시장에서 단련된 '상업자본가'로서의 재능을 농후하게 가지고 있었다는 것을 잊어서는 안 된다.

남해의 주인공 정지룡

한편 눈을 남으로 돌리면 동남 연안에서도 17세기 전반에는 해상 군벌이라고 해야 할 세력이 성장해오고 있었다. 그 대표가 복건 천주부泉州府 사람 정지룡鄭芝龍(1604~1661)이다.

16세기 후반부터 17세기 전반에 걸쳐 동아시아 해상 무역에서 최대의 이익을 가져온 것은 일본의 은과 중국의 생사를 교역하는 중일 무역이었다고 할 수 있다. 그러나 왜구 이래 일본의 침략성에 대한 경계는 명 왕조 당국자의 뇌리에 깊이 각인되었고, 1570년 전후의 해금海禁 해제에도 불구하고 중국 상인이 일본에 직접 내항해서 교역을 하는 것은 인정되지 않았다. 그 틈을 타고 중일 무역에서 거대한 이익을 올린 것이 포르투갈이었다.

1510년대에 처음 중국의 연해에 도달한 포르투갈 상인은 그 후 절강의 쌍서雙嶼, 복건의 장주漳州, 광동의 낭백오浪白澳 등에서 중국 상인과 교역했는데, 1557년에 명 관헌으로부터 마카오 거주를 인정받아 중국 연안에 안정된 거점을 확보하고, 이후 본격적인 대일 무역에 나섰다. 1570년경에는 일본 최초의 크리스천 다이묘大名 오무라 스미타다大村 純忠의 영내에서 나가사키 항이 열리고 그로부터 수십 년, 나가사키-마카오 무역이라는 동아시아 해역 최대의 황금노선을 확보한 포르투갈 무역의 황금기가 지속되었다. 그러나 16세기 말이 되면 포르투갈 무역과 밀접히 연결된 선교사의 포교활동에 대한 일본정부의 탄압이 시작되고(최초의 기독교 금령은 1587년), 또 신흥세력인 네덜란드나 일본의 주인선朱印船(막부로부터 해외왕래 허가증을 받고 남만무역에 종사하는 무역선) 활동에 의해 포르투갈의 우위는 차차 상실되어간다.

동아시아 교역의 재편과 함께 새로이 여러 세력의 표적이 된 것이 대만이었다. 원래 대만에는 현재 '고산족高山族'이라고 불리는 선주민이 거주하고 있었는데, 중국 본토와는 그다지 관계없이 어선이 기항하는 정도였다. 그러나 이 시기에 중국 본토 연안에 거점을 갖지 못한 네덜란드, 스페인, 일본 등은 대만을 중국과의 범선 무역을 위한 절호의

젤란디아 성城
네덜란드는 이곳을 거점으로 해서 포르투갈선을 습격하기도 하고 마닐라에 가는 중국선을 방해하기도
하였다.

거점이라고 보게 된다. 네덜란드는 펑호도澎湖島에 진출을 시도했지만 중국 측에 막혀서 1624년에 대만 남부의 타이오완(대남臺南의 외항 안평安平)을 점거해서 성채를 구축하였다(젤란디아 성城).

네덜란드는 타이오완을 거점으로 확보하고 중국 본토 상품의 풍부한 공급을 확보하기 위해서는 유력한 중국 상인을 파트너로 할 필요가 있었다. 당시 중국의 동남 연안에서는 다수의 모험적 해상海商집단이 때로는 관헌에 저항하고 때로는 관헌과 결탁하여 라이벌 집단을 토벌하면서 무역 이익을 둘러싼 경쟁을 하고 있었다. 그중에서 두각을 나타낸 인물이 정지룡(통칭 일관一官)이다. 그는 젊은 시절 히라도平戶*에

---

* 히라도平戶: 나가사키 현의 시. 히라도시마平戶島와 다쿠시마度島를 범위로 함. 1550년(天文 19)에 포르투갈인이 도래하여 에도시대에는 포르투갈·영국과 통상하고, 네덜란드 상관商館이 설치되었다.

거주했는데, 1624년 일본인 여성 다가와田川 마쓰와의 사이에서 난 후쿠마쓰福松(정성공의 어릴 적 이름)가 후일 최대의 반청 세력을 이끌게 되는 정성공鄭成功(별칭 국성야國姓爺)이다.

정지룡은 그 후 타이오완에서 네덜란드 상관商館의 통역으로 근무하기도 하는 등 일본, 네덜란드 양쪽과 관계가 깊었다. 그는 다른 해상집단을 습격해 세력의 확대를 꾀하고, 관헌이나 네덜란드 선대船隊와도 격렬한 해전을 벌이면서 드디어 1000척이나 되는 선단을 이끌고 중국 연해를 지배하기에 이르렀다. 1628년에 명나라 조정의 부름을 받아 하문夏門(아모이) 제독에 임명되고, 또 네덜란드도 그와 손을 잡고 중국 상품을 들여왔다. 그 후에도 중국 연안의 소란은 계속되었지만, 1630년대 중반에는 정지룡의 연안 지배가 안정되고 스스로의 선단으로 무역을 하는 것과 함께 다른 무역 상인들에게도 세를 부과하고 이를 보호해서 중국 상품이 대만으로 순조롭게 유입된다.

정지룡과 연계한 네덜란드는 포르투갈을 제치고 중일 무역의 요소를 장악하게 되었고, 도쿠가와 막부가 포르투갈선의 내항을 금지하고 네덜란드·중국선만 나가사키 내항을 인정한 것도 바로 이 시기인 1639년의 일이었다.

남과 북의 신흥세력

한쪽에는 혹한의 삼림·산지의 특산품인 초피나 인삼의 이득을 기반으로 성장한 이성량 군단, 한쪽에는 햇빛 넘치는 바다를 무대로 은과 생사의 교역으로 거대한 이익을 얻은 정지룡 선단이 있었다. 양자의 이미지는 상당히 다르다고 할지 모르지만, 여기에서 공통의 특질을 발견해내는 것은 어렵지 않다.

양자에서 공통의 배경을 이룬 것은 16세기부터 17세기 초에 걸친 동아시아의 국제 교역 붐이다. 두 세력 모두 국제 상업으로 이익을 얻으면서 사상인私商人에 머무르지 않고 강대한 군사력을 가지고 변경의 상업 질서를 지탱하는 무인武人이 되었다. 그들 군사력은 명 정부에 공인되어 명의 군사조직 일부가 되면서도 실질적으로는 수령首領에게 개인적인 충성심을 가지는 사병私兵에 의해 지탱되었다. 다문화적 환경 속에서 성장한 그들의 리더십은 다양한 민족집단이 제휴하고 반발하는 변경지대의 급변하는 현실 속에서 단련되었다. 강한 응집력을 가진 그들의 시야는 '외향적'이었고, 필요하면 누구와도 손을 잡는 기회주의적 내지는 현실주의적 재능이 그들의 장점이었다.

이들 세력의 위험성을 잘 알면서도 명 정부는 그들의 힘을 빌려서 변경·연안의 치안을 유지하지 않을 수 없었다. 대량으로 투하된 군비는 그들의 사복을 채울 뿐만 아니라 변경의 상업 붐을 부채질하고 그 상업 이익을 둘러싼 여러 집단 간의 분쟁은 더욱 격화되어 무력 분쟁을 억제하기 위해 명 정부는 더욱 깊이 그들에게 의존하게 되었다. 명말 중앙정부에 의한 엄격한 징세는 사람들의 원망의 표적이 되었는데, 이는 중앙정부의 통제력을 강화하기보다는 오히려 이러한 변경의 자립세력이 성장하는 데 밑거름이 되었다고도 할 수 있다. 경제와 군사의 무게중심이 주변부로 이동해가는 강력한 원심력 속에서 명의 지배는 해체되어갔던 것이다.

• • • 청의 성장

누르하치의 등장

청 태조 누르하치의 출생에 대해서는 태조의 사적事績을 기록한『만주실록滿洲實錄』의 책머리에 기록되어 있다. 그 대략은 다음과 같다. 장백산(백두산)의 동쪽 부쿠리 산 기슭의 호수에 세 천녀天女 자매가 멱을 감고 있을 때, 까치가 가져온 붉은 과실이 막내 선녀의 목구멍으로 미끄러져 들어가 임신을 하게 되었다. 그래서 태어난 사내아이에게 아이신기오로(애신각라愛新覺羅)라는 성씨를 내려주고, 이름은 부쿠리 용숀(포고리옹순布庫哩雍順)이라고 하였으며 만주의 시조이다. 몇 대를 거쳐 판차Fanca를 지나 그 자손인 두두 멍터무Dudu Mengtemu 때에 허투알라 Hetuala(혁도아랄赫圖阿剌)에 살 곳을 마련하였다. 멍터무의 증손인 후만의 여섯 아이들이 닝구타 베이레(6왕, 베이레는 귀족·유력자의 뜻)라고 불리는데, 그 네 번째가 교창가(각창안覺昌安), 교창가의 아들이 타쿠시(탑극세塔克世), 그의 아들이 누르하치이다.

이 계보에 대해서 종래부터 많은 연구가 이루어졌고, 현재에는 다음과 같이 정리되었다. 시조 부쿠리 용숀의 탄생에 대해서는 중국 동북지방에 전해지는 신화 가운데 같은 종류의 '감정感精'설화를 볼 수 있는데, 그것을 받아들였을 것이다. 대를 내려와 후만의 한 대 위까지 나오는 몇 명의 인명은 명 실록에 보이는 건주좌위建州左衛의 계승자 가운데 대응하는 인명을 찾아낼 수 있으며, 실재 인물이었다고 추측된다. 그러나 누르하치가 정말 건주좌위의 계보에 연결되는 자였는가는 의문이고, 오히려 이 계보 관계는 뒤에 만들어졌을 가능성이 크다. 실제로

청 왕조 계보도

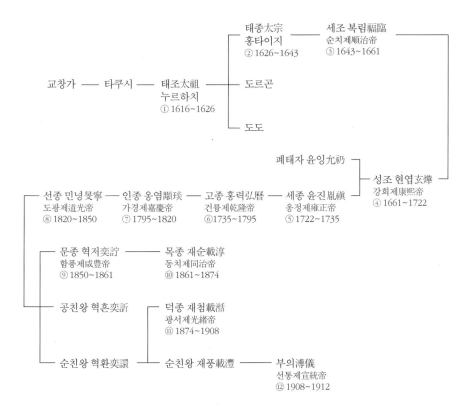

누르하치의 선조로 확인된 것은 조부인 교창가 이후이고, 이 교창가는 명 왕조 측 사료에 따르면 당시 여진의 유력자 왕고王杲 휘하의 '적수賊首'이고 또 수십 명의 여진인을 이끌고 무순撫順의 마시馬市에 출입하는 상인이기도 하였다.

이렇게 본다면, 누르하치는 특별히 유력한 집안 출신이라고 할 수는

태조의 즉위
『만주실록』에 수록된 그림. 만주문 · 한문 · 몽골문 세 문자를 사
용하고 있다. 신하에게 추대되어 즉위한 태조 누르하치의 오른손
에는 문수신앙을 나타내는 몇 개의 구슬이 쥐어져 있다.

없다. 명 초기 이래 위소제衛所制를 통해 이루어지던 명의 여진 지배가
변경교역의 활성화와 함께 16세기에 완화되자, 교역권을 둘러싼 부족
상호간의 격렬한 경쟁 가운데에서 실력자가 성장해가는 소란의 시대
였다. 누르하치는 그러한 군웅 중 한 사람이었다고 할 수 있다. 그런데
누르하치의 조부와 부친이 명나라 군에 의해 실수로 피살되었고, 누르
하치는 그때 나이 25세였다. 누르하치는 이를 기회로 명으로부터 그
보상으로 칙서勅書(교역허가증) 40통을 얻어서 자립하고 여진족의 통일
에 이르는 긴 도정을 밟아가는 것인데, 그때 그의 세력은 100여 명 정도
의 약소 세력에 지나지 않았다.

그 후 약 5년간 누르하치는 닝구타 베이레 일족의 통합을 시작으로
항상 선두에 서서 결사의 백병전으로 싸워 이겨 주변 세력들을 차차 자

신의 지배하에 넣었고, 마침내 1588년 건주부建州部를 통일하였다.

1589년에 명의 이성량은 누르하치를 도독첨사都督僉使의 지위에 취임시키고, 그 후에도 좌도독左都督, 용호장군龍虎將軍이라는 지위·칭호를 주어서 그를 뒷받침해주었다. 그때까지 여진 부족들 가운데 누구의 편을 들까 결정하기 어려웠던 이성량은 이때 누르하치를 파트너로 선택한 것이다. 그 후 누르하치는 이성량의 비호 아래 여진 여러 부部의 통합을 착실히 진행해 초피나 인삼 무역을 독점하고 해서 여진의 일부인 예허부葉赫部를 제외하고 대부분의 여진 세력을 통일하기에 이르렀다.

후금국의 성립

그런데 동북의 정세가 크게 전환한 것은 1608년경이다. 이때까지 이성량에게 요동의 지배를 맡겨온 명 정부에서는 누르하치 세력이 강대해지는 것에 대한 우려가 높아져서 당시에 이미 80세가 넘은 이성량을 실각시킴과 동시에 누르하치에 대항하던 예허부 등을 도와 누르하치를 견제하려고 하였다. 이에 누르하치는 명에 정면으로 대결하지 않고 일시적으로 복종할 뜻을 보였다. 그러나 그것은 누르하치가 세력 확대의 야망을 포기했다는 것을 뜻하지는 않는다. 오히려 그 후 수년간은 만주족(여진족) 특유의 제도가 정비되어 민족의식이 고양되어간 시기라고 할 수 있다.

보통 '청 왕조는 만주족이 세운 왕조'로 알려져 있는데, 원래 '만주'라는 것은 무엇일까? 여진족이 스스로를 언제부터 만주라고 부르게 되었는가 그 정확한 시기는 확실하지 않다. '만주滿洲'라는 말은 문수보살을 의미하는 산스크리트어의 '만쥬시리'에서 왔다. 문수보살 신앙은 여진족 내에 널리 확산되어 있었고 만주라는 말은 총명한 사람을 의미하였다('세 사람이 모이면 문수보살의 지혜가 나온다'는 속담을 생각해보라). 여진을 통합한 나라를 가리키는 말로서 '만주' 외에 '아이신(=金)', '쥬셴(여진)' 등의 말도 쓰이지만, 뒤에 서술하듯이 1636년에 '대청국大淸國'의 국호가 채용되면서, 국호로서는 '청'이 사용되고 만주라는 말은 오로지 민족명을 가리키는 것이 되었다.

만주 문자의 성립도 만주족의 민족적 정체성의 강화와 관련이 있다고 할 수 있다. 여진족이 처음 문자를 가진 것은 12세기 금金 왕조 시대이다. 이때의 문자는 한자를 모방해서 만든 것인데 너무 복잡해서 왕조의 멸망과 함께 폐지되고 말았다. 누르하치 시대 초기에 문서는 몽골어로 쓰여졌는데, 몽골어도 만주어도 같은 알타이어계라고는 해도 몽골어를 모르는 일반인은 이해할 수가 없었다. 그래서 누르하치는 몽골의 문자를 가지고 만주어의 발음을 표기하는 방법을 에르데니 바쿠시(바쿠시는 서기관의 뜻)에게 개발하게 했다. 그 후 누르하치를 계승한 홍타이지皇太極(청 태종太宗) 때 이 문자가 개량되어 청대 내내 사용되었다. 이 문자를 사용해서 동시대의 통치 기록이나 만주족의 역사에 관한 기록이 빠르게 작성되었다.

군사·행정제도 면에서는 가장 중요한 사항으로서 팔기八旗제도의 성립을 들지 않을 수 없다. 팔기의 '기'란 글자 그대로 각양각색의 기인旗印을 가진 군사·행정 조직을 가리키는 것으로, 300명으로 된 니루(화살의 뜻)를 단위로 해서 5니루가 1잘란, 그리고 5잘란이 1구사(旗)를 구

「빙희도氷嬉圖」

겨울철 북경에서 스케이트를 타면서 화살을 쏘는 기술을 보이는 팔기군들. 황·백·홍·남 및 각각에 테두리(鑲)가 붙은 기로 소속을 나타내고 있다. (『청대궁정생활』에서)

성한다. 즉 1기는 7500명으로 구성된다. 이것은 몰이사냥의 조직을 기본으로 해서 발상된 것으로 처음 황黃·백白·홍紅·남藍 4기가 만들어지고, 그 후 새로이 지배하에 들어온 부족 사람들을 조직해서 양황鑲黃·양백鑲白·양홍鑲紅·양남鑲藍의 4기를 증설한 것이다. '양鑲'이란 깃발에 테두리가 있는 것을 말한다. 뒤에 몽골 8기, 한인 8기도 만들어 모두 24기가 되었다. 8기에 편입된 사람들을 기인旗人이라고 하는데, 보통 한인漢人이라면 본적을 나타내는 '무슨무슨 현 사람(縣人)' 등이라고 하는 것을 기인의 경우에는 '무슨무슨 기인旗人'이라고 하는 것이다. 즉 '기'란 단순한 군대조직에 그치지 않고 인간의 기본적인 귀속을 표시하는 사회조직이었다.

1616년 정월, 누르하치는 귀족과 중신들에 의해 여진 부족들의 장으로서 '겡기옌 칸(총명한 칸)'의 칭호를 받고, 국호를 금金이라고 하였다 (전의 금 왕조와 구별하기 위해 보통 '후금'이라고 한다). 이 국호에는 금의 뒤를 잇는 여진 국가를 건설하겠다는 의지가 표명되어 있다고 할 수 있다. 이렇게 해서 드디어 1618년에 누르하치는 종래의 전투 상대와는 스케일이 다른 대적大敵인 명과 정면 대결로 치닫게 된다.

후금의 진격

같은 해 4월, 누르하치는 명나라에 대한 첫 번째 전투에 출전하였다. 출발할 때 명에 대한 '칠대한七大恨'을 호소하는 문서를 하늘에 바쳤는데, 그 내용은 조부와 부친을 살해한 죄를 시작으로 예허 여진이나 기타 적대 부족을 원조해서 만주를 압박한 원한, 만주 측의 정당한 이유를 듣지 않고 사신을 살해 모욕한 원한 등을 열거해, 이번의 출병이 정의의 싸움이라는 것을 하늘에 고하고 하늘의 도움을 기원한 것이었다.

같은 해에 누르하치는 무순撫順, 청하淸河를 함락시키며 예상 외로 순조롭게 명나라 공격을 진행하였다. 명 왕조는 다음해에 10만 이상의 대군을 동원해서 반격을 꾀하여, 네 갈래로 나누어 누르하치의 본거지 허투알라 성을 목표로 하였다. 허투알라 서북의 사르후薩爾滸에서 양군의 주력이 만나서, 수적으로 반 정도의 열세인 후금군이 이틀간의 격전 끝에 명군을 격파하였다. 수와 장비에서 열세인 후금군이 명군을 이길 수 있었던 것은 후금군이 기동성과 정보 수집력을 활용해서 병력을 집중해, 적의 부대를 각개 격파했기 때문이라고 한다.

1621년에 후금군은 고전 끝에 요하 동쪽의 최대 거점 요양遼陽·심양瀋陽을 함락하였다. 요하 동쪽의 명군은 속속 후금군에 투항하고, 나아가 하서河西로 진출할 목적이 있었던 누르하치는 바로 요양에 천도

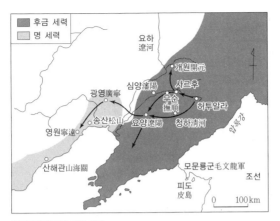

1621년경의 요동 지방 약도

하였다. 여진족 내에서 유일하게 누르하치에 맞서던 예허도 멸망해 전여진이 통일되었다.

그 후 명나라의 요동 방위책은 일관성이 없었다. 북경에서 요동의 명군을 산해관의 안쪽으로 철수시키려는 움직임이 강해지자 그것을 틈타 후금군은 1626년에 서진해왔는데, 용장 원숭환袁崇煥이 고립된 영원성寧遠城을 지켜내면서 포위한 후금군에게 서양식 대포로 큰 타격을 주었다. 누르하치는 부상을 입고 심양으로 물러나지 않을 수 없었다. 이는 누르하치가 명나라와 전투를 시작한 이후 처음으로 경험한 커다란 패전이었고, 그는 1626년 우울증을 앓다가 죽었다. 일설에는 그때 맞은 대포의 상처가 원인이 되었다고도 한다.

홍타이지의 시대

누르하치가 죽은 후, 칸의 지위에 오른 것은 누르하치의 여덟 번째 아들 홍타이지였다. 홍타이지라는 이름은 한어漢語의 '황태자(huángtàizǐ)'에서 왔다고 하는데, 이것은 그의 어머니가 고귀한 집안 출신이었기 때문이고, 그가 누르하치로부터 황태자로 지명받은 것은 아니었다. 원래 한족과는 달리 북방 민족에게는 칸이 생전에 황태자를 지명하는 풍습이 없었고, 칸이 죽은 뒤에 후계자는 유력한 씨족장들에 의해 가장 유능한 자가 추대되는 것이다.

누르하치의 만년을 지탱한 것은 4인의 유력자(大 베이레)였고, 홍타이지도 그중 한 사람이었는데, 그가 칸이 된 후에도 대 베이레의 합의제에 의한 정치체제는 지속되었다. 이러한 반주식 정치체제가 점차 중국식 황제 전제체제에 가까이 가는 것이 홍타이지 때였다. 그는 대 베이레의 직무를 보다 하급의 베이레에게 분담시켰으며, 개인적으로도 '칸과 언쟁하여 어전에서 칼을 뽑았다', '마음대로 기인을 끌고 사냥을 갔다'는 등의 죄명을 씌워 대 베이레들을 강격降格·유폐시키고 세력 축소를 꾀하였다. 또 명나라 제도의 영향을 받아 6부 등 중앙관제를 정비하였다.

만주족의 칸이라는 한계를 넘어서려는 홍타이지의 야심의 배경에는 이 시기 후금 국가가 다민족 국가로 변모해갔다는 사정이 있다. 후금 지배하에는 종래부터 한인 농민들도 포함되어 있었지만, 이 시기에는 명의 관료나 군인들이 차차 투항해 정권의 일익을 담당하기에 이르렀다. 조선 국경에서 반자립적인 권력을 휘두르던 명의 군인 모문룡毛文龍이 전횡 때문에 원숭환에게 살해된 후, 그의 부장部將인 공유덕孔有德과 상가희尚可喜가 1만 남짓의 군대를 이끌고 홍타이지가 간절히 원했던 서양식 대포라는 선물을 가지고 후금에 투항해왔다.

홍타이지는 이들 한인 군인들을 크게 우대하였다. 후에 송산松山 전투에서 명나라 군을 이끌던 거물 관료 홍승주洪承疇를 포로로 했을 때 그를 너무 환영하는 데 대해 만주 군인들이 불평을 하였다. 그때 홍타이지는 "우리들이 비바람을 무릅쓰고 고생하는 것은 무엇 때문인가?"라고 군인들에게 묻고, 그들이 "중원(중국 본토)을 얻기 위해서입니다"라고 답하자, "이것을 나그네에 비유하자면, 그대들은 모두 맹인 같은 자들이다. 지금 길 안내자를 얻었으니 어찌 기쁘지 않겠는가"라고 말했다고 한다.

한편 당시 몽골에서는 차하르(찰합이察哈爾)의 린단林丹 칸이 두각을 나타내서, 명과 결탁해 후금을 압박하였다. 그러나 린단 칸은 몽골 통일을 목표로 서쪽으로 원정해 귀화성歸化城을 함락시키고, 나아가 청해靑海까지 잔적을 제압하러 가는 도중인 1634년에 병사하고 만다. 그러한 혼란 속에서 후금은 귀화성을 점령하고 많은 융화책을 펼쳐 몽골 부족들의 투항을 권유, 어렵지 않게 내몽골을 지배하에 넣었다. 이때 홍타이지는 투항한 린단 칸의 아이들로부터 몽골 대大칸의 상징인 원 왕조의 옥새(대원전국大元傳國, 진짜인가는 불확실하지만)를 입수하고, 내몽골의 왕후들은 그에게 '보구다 세첸 칸(성스럽고 총명한 칸)'의 칭호를 바치고 그를 몽골 칸의 후계자로 인정하였다.

홍타이지가 누르하치의 뒤를 이은 지 10년 후, 1636년에 국호를 '대청大淸'으로 정하고 '황제'의 자리에 올랐다. '황제'라는 말은 누르하치 때부터 칸의 번역어로 대외적으로 사용되어왔지만, 홍타이지는 칸과는 구별되는 천하의 지배자로서 '황제'임을 대내외적으로 선언하였다. 이 즉위는 만주인·몽골인·한인 각각이 즉위를 바라는 상주문을 홍타이지에게 바치고, 그것을 홍타이지가 받아들이는 형식으로 행해져서, 의식은 일관되게 새로운 황제가 만·몽·한 3자 공동의 군주임을 강조하는 것이었다. 여진족의 왕조인 금의 후계자라는 의미를 담은 국호를 폐지하고, 새로이 '청'이라는 국호를 채용한 것도 다민족을 포함하는 대제국을 목표로 한 그의 의욕을 보여주는 점이라고 할 수 있다. 이렇게 해서 1644년의 중국 본토 점령 전에 다민족 국가 청 왕조의 기반은 이미 만들어져 있었다.

···명의 멸망

궁핍한 농민의 반란

주변부 자립 세력의 성장에 의해 명의 지배는 바깥에서부터 해체되었지만, 명 왕조를 직접적으로 무너뜨린 것은 내부의 궁핍한 농촌에 뿌리를 둔 농민 반란군이었다. 그 최대의 우두머리였던 이자성李自成과 장헌충張獻忠은 모두 섬서성 동북부 연안부延安府 출신이다. 섬서라고 하면 전한前漢·당대唐代에 수도로서 영화를 자랑하던 장안長安이 있는 지방이고, 고대에는 경제적으로도 문화적으로도 전국의 중심 지역을 이루었다. 그러나 명대에 이르면 경제 중심이 동방·남방으로 이동하면서 섬서는 전국에서 가장 가난한 지역의 하나가 되었다. 이에 더해 1620년대에는 심각한 기근이 이 지방을 엄습하고, 북방 방위의 중심이 요동으로 이동해 섬서 북부의 주둔지에는 군수물자가 부족하고 병사 급료 지불도 지체되는 등, 기민飢民과 빈군貧軍이 '서로 모여 도적이 되는' 상황이 되었던 것이다.

1628년 7월, 연안부 부곡현府谷縣에서 왕가윤王嘉胤이 일으킨 반란
이 섬서 각지로 확대되었다. 이자성은 몰락 농민 집안 출신으로 역졸驛
卒이었다고 한다. 그가 반란에 가담한 계기에 대해서는 여러 설이 있는
데, 재정난에 의한 인원 정리로 당시 섬서에서 다수의 역졸이 실업자
가 된 것을 들 수 있다. 1631년경에 이자성은 '틈장闖將' 등의 이름으로
사료에 등장한다. 장헌충은 연안부에서 쾌수快手(죄인을 체포하는 하리下
吏)를 하던 자라고 하는데, 1630년에 거병해서 '팔대왕八大王'이라고 자
칭하였다. 덧붙여 말하자면 당시 반란군의 수령들은 대개 별명을 가지
고 있었는데, 그중에는 '일장청一丈靑', '흑선풍黑旋風', '혼강룡混江龍' 등
『수호전』의 호한好漢 같은 별명도 있어서, 『수호전』이 당시 서민에게 끼
친 영향이 얼마나 컸는지를 엿보게 한다.

1630년대에 농민 반란의 범위는 산서, 하남에서 호광, 안휘, 사천으
로 확대되어갔는데, 홍승주(이 사람은 뒤에 요동의 대청 작전에 기용되어, 앞
에 서술한 것처럼 송산 전투에서 청군에 투항한다) 등이 이끄는 관군의 토벌
작전으로 인해 안정된 기반을 가질 수는 없었다. 그러한 상황이 바뀌
어 반란군이 관군을 압도하게 된 것은 1639년 이후의 일이다. 그 배경
의 하나는 1639년경부터 1642년경까지 계속된 전국적인 기근이다. 이
기근은 중국뿐만 아니라 동아시아 전역에 미치는 것이었고, 일본에서
'간에이寬永 대기근'이 일어난 것도 그 무렵이다. 그 결과 전국 각지에서
'토구土寇'라는 도적 집단이 봉기해, 관군의 힘으로는 도저히 억제할 수
없게 되었다.

나아가 종래 연구에서 중시되어온 것은 이자성 군의 성격 변화이다.

즉 이 시기에는 거인舉人인 이암李巖 등 지식인이 이자성 군에 참가해서 민중을 보호한다는 슬로건을 내걸었기 때문에, 이자성 군은 종래의 약탈집단 이미지를 벗고 광범위한 사람들의 지지를 모을 수 있게 되었다. 청대에 편찬된 흠정사서欽定史書인 『명사明史』에는 이암에 대해 대략 다음과 같이 적고 있다.

기현杞縣의 거인舉人 이신李信은 일찍이 기근 때 곡물을 기부해서 기민을 구제한 적이 있는데, 백성은 이를 덕이 있는 것으로 생각해 "이공자李公子는 생명의 은인이다"라고 하였다. 마침 서커스 무용수인 홍낭자紅娘子가 모반했을 때, 이신을 사로잡아 그에게 몸을 맡기려고 했는데 이신이 거부하고 도망갔다. 그렇지만 관에서는 이신을 적의 동료라고 의심해 투옥해버리고 말았다. 홍낭자는 기민들과 함께 그를 구출하고 드디어 그는 이자성에게 몸을 맡겼다. 이자성은 크게 기뻐하며 이암李巖이라고 개명하게 하였다. 이암은 이자성에게 "천하를 얻으려면 인심이 근본입니다. 어찌되었든 살인을 그만두고 천하의 인심을 수습할 수 있도록" 설득해, 그때까지 잔인한 행위를 좋아하던 이자성은 학살을 삼가게 되었다. 또 약탈한 재물을 기민에게 분배해서, 백성은 이자성과 이암을 확실하게 구별하지 않고 "이공자는 생명의 은인이다"라고 환호하였다. 또 이암은 "틈왕闖王(이자성)을 맞이하면 세금을 내지 않는다"는 노래를 만들어 어린아이들에게 부르게 하고, 그 결과 이자성을 따르는 자는 날로 늘게 되었다.

전설에서 사실로

이 이암이라는 흥미로운 인물은 중국의 역사학에 대해서 여러 가지를 생각하게 한다. 본론에서 벗어났지만, 이암 연구의 역사에 대해서 조금 언급해보겠다. 현재 중국에서 이암의 이름은 학계뿐만 아니라 일반에도 널리 알려져 있는데, 그 계기의 하나는 고명한 역사가 궈모러郭沫若가 1944년에 쓴 「갑신300년제甲申三百年祭」라는 평론이다. 1944년은 명이 멸망한 1644년부터 헤아려서 꼭 300년, 5회갑의 갑신년에 해당한다. 당시는 항일전이 한창이었는데, 국민정부의 부패는 국민의 비판의 표적이 되었고, 공산당은 섬서의 연안을 근거지로 세력을 확장해가고 있었다. 그리고 일본이라는 외적의 침략으로 중국은 존망의 위기에 처해 있었다. 여기서 국민정부와 장제스가 명 정부와 숭정제崇禎帝에, 공산당이 연안 출신의 농민 반란군에, 일본이 청에 비유되고 있다. 실로 교묘한 선정選定이다.

　궈모러는 그의 글에서 '무한한 동정심'을 가지고 이암의 비극을 묘사하였다. 즉 지식인으로서 백성을 구제하려는 정의감 때문에 농민군에 투신하지만, 이자성이 승리한 후 그의 헌책이 받아들여지지 않아 결국 이민족의 정복을 초래하고 만다는 비극이다. '지식인과 농민군'이라는 테마는 역사상의 화제에 그치지 않고, 국민당의 부패와 공산당 군의 대두를 눈앞에 둔 당시 지식인에게 던져진 절실한 질문이었던 것이다. 이러한 역사와 현실의 중첩은 현재에도 중국 역사학에 자주 보이는 특징이고, '영사사학影射史學(빗대어 풍자하는 사학)'이라고 비판하는 경우도 있지만, 이러한 형식으로 역사에 생생한 현대적 '의미'를 부여하는 것은 중국 역사학의 오래된 전통이라고도 할 것이다.

민중을 설득하는 이암
명 멸망 직후 얼마 안 있어서 출판된 시사소설 『초틈소사剿闖小史』의 삽화. 기근 때 자기 집의 저장미를 방출해서 민중의 신뢰를 얻은 이암이 현의 관청에 모여 구제를 요구하는 기민에게 폭동을 일으키지 말고 해산하도록 설득하는 장면.

　　그리고 그러한 현대적 관심으로 인해 신중국의 명말 농민 반란사 연구 중에서도 이암 문제는 중요한 주제로 간주되어왔다. 「이암을 어떻게 평가하는가?」, 「이암은 농민혁명가라고 할 수 있는가?」 등의 논문도 다수 쓰여졌다. 이들 논문은 이암이 실재 인물이라는 것을 당연한 전제로 해서 쓰여졌는데, 그러한 학계의 공통된 인식에 충격을 준 것이 1978년에 쓰여진 구쳉顧誠의 「이암 질의李巖質疑」이다.

　　이 논문에서 저자는 이암이 실재했다는 확실한 증거를 같은 시대의 지방 사료에서 찾을 수 없다는 점을 지적하고, 오히려 이암이라는 인물은 민간 전설에서 만들어져서 그것이 청 초기의 시사소설에서 조형造型되어, 동시대의 기록에 사실로 채용되고 급기야는 가장 엄밀한 사료 비판을 했어야 할 『명사』의 기사에도 받아들여져 엄연한 실재 인물로 간주되기에 이르는 과정을 논증하였다. 이 주장에는 반론도 있고, 현재까지 결말은 나지 않았는데, 대중적인 정보 수요를 틈타서 허실이 뒤섞인 실록 소설이 대량으로 유포되던 명 말기의 출판 상황을 생각할 때, '이암=가공인물'설은 충분한 설득력을 갖는다고 할 수 있다.

이암은 혹 실재 인물이 아니었는지도 모른다. 그러나 명말 사람들이 이암 혹은 이공자라는 인물의 존재를 믿고 있었다는 것은 사실로서 남을 것이다. 그리고 1640년 전후 농민 반란군의 세력이 급속히 확대되었다고 한다면, 그에 관계하는 것은 반란군의 수령이 실제로 어떠한 사람들이었는가 하는 사실보다도 오히려 사람들이 농민 반란군을 어떻게 보고 무엇을 기대하고 있었는가라는 사실일 것이다.

명말 청초는 야사소설류의 황금기이다. 거기에는 엉터리 풍설이 많이 포함되어 있고, 우리들은 그것을 역사 사실 그 자체와 혼동하지 않도록 유의할 필요가 있다. 그러나 한편 그러한 야사소설은 당시 사람들에게 보여지고 있었던 세계를 재현하려는 시도에 많은 단서를 부여해주는 것이다.

북경 함락과 청의 입관

세력을 확장한 이자성 군은 하남에서 호북 방면으로 진출하고, 1643년에는 호북의 양양을 거점으로 관료제도를 정비한 후 향리인 섬서로 돌아와서 1644년 정월 서안에서 '대순국大順國'을 세웠다. 주로 장강 이북에서 활동한 사람이 이자성이었다면, 또 한 사람의 대수령 장헌충은 주로 장강 이남에서 활동하였다. 이즈음에는 농민 반란군의 세력이 장강 하류·동남 연안을 제외한 전국으로 확대되었다.

1644년(숭정 17) 3월, 이자성은 40만 대군을 이끌고 북경을 압박하였다. 당시 명 조정에서는 남쪽으로 천도하자는 의견도 나왔지만, 체면을 차리는 숭정제는 비겁자라는 평가를 받고 싶지 않았기 때문에 적극적으로 결단을 내리려 하지 않았고, 의론이 결정되지 않은 채 대군을 맞이하게 되었다. 명나라는 이미 전의를 상실하고, 반란군은 거뜬히 방위군의 대포를 빼앗아 방향을 바꾸어 성벽을 포격하는 형태였다. 숭정세는 19일 날이 채 밝지 않았을 때 친히 종을 울려서 백관을 소집하려 했지만, 한 사람도 오는 자가 없었다. 황제는 "그대는 왜 우리 가문에 태어났는가"라고 울면서 딸들을 자기 손으로 죽이고, 환관 한 사람을 데리고 자금성 뒤의 매산煤山으로 가서 나무에 목을 매달아 자살했다고 한다.

이자성 군이 북경에 입성하자, 시민들은 문에 '순민順民' 두 자를 게시하여 복종의 뜻을 표하였다. 이자성은 성내에 남아 있던 명의 관료들을 출두시켜, 고급관료를 감금 살해하는 외에 하급관료를 새로운 정권의 관료로 임명하였다. 관료들도 일반 사람들도 이미 천명이 바뀌어 이자성의 새 왕조가 시작되었다고 체념하였다.

그런데 사태는 뜻밖의 전개를 보였다. 당시 산해관 밖에서 청군과 대치하던 명나라 장군 오삼계吳三桂가 그 소식을 듣고 청군과 강화講和하여 이자성 군을 토벌하는 데 원조를 청하였다. 이때 청나라는 작년에 홍타이지가 죽고, 그의 아홉 번째 아들 여섯 살 복림福臨이 뒤를 잇고 있었다(뒤의 순치제). 섭정왕으로서 실권을 장악하고 있었던 것은 누

산해관山海關
장성의 가장 동쪽에 있는 산해관은 동북 방면으로부터 침입하는 만주족을 방어하는 최후의 관문이었다. 사진은 산해관의 동쪽, 장성이 발해에 돌출된 선단부분의 노룡두老龍頭라 불리는 성벽. (ⓒ福井薰/C.P.C.)

르하치의 열네 번째 아들로 순치제順治帝의 숙부에 해당하는 도르곤 Dorgon(다이곤多爾袞)이었다. 도르곤은 오삼계의 요청을 받아들여 스스로 군을 이끌고 정복의 길에 올랐다. "인의仁義의 군을 이끌고 유적流賊을 멸한다"는 대의명분을 얻어서 산해관 안으로 영접받은 청군은 공격하는 이자성 군을 대파하고 북경을 향해서 진격하였다.

이자성은 형식상의 황제 즉위식을 거행한 것도 한순간으로 당황해서 북경을 탈출하여 서쪽으로 향하지 않을 수 없었다. 오삼계가 숭정제의 원수를 치고 북경을 회복한다는 풍설을 듣고, 이를 환영하려고 기다리던 북경 사람들의 눈앞에 5월 2일 나타난 것은 처음 보는 청의 대군과 그 뒤를 따르는 체발剃髮한 오삼계의 군대였다.

남명 정권

1644년 3월 19일의 북경 함락과 황제 자살 소식은 강남 사람들에게 천지가 무너지는 것 같은 충격이었다. 4월 초에 북경 함락은 막연한 풍설로서 장강 하류 지역에도 전해졌는데, 사람들은 이것을 있을 수 없는 일이라고 해서 믿으려 하지 않고 예년대로의 축제 분위기에 들떠 있었다. 그러나 북경에서 도망온 자가 강남에 와서 실제로 본 이야기를 하기에 이르러서 사실임이 분명해지자, 복수를 부르짖는 자, 배반한 자의 토벌을 부르짖는 자, 가재도구를 정리해서 도망하는 자, 혼잡한 틈을 타서 약탈을 꾀하는 자 등으로 강남 사회도 혼란한 분위기에 휩쓸렸다.

제2의 수도인 남경에서는 관료들이 황족을 옹립해서 남명 정권을 수립하려고 했지만, 누구를 세울 것인지는 의견이 일치하지 않았다. 결국 옹립된 인물은 만력제의 손자인 복왕福王이었는데, 그의 아버지는 만력제의 후계자를 둘러싼 싸움에서 동림파東林派에 의해 끌어내려진 인물이어서, 반동림파 계통의 관료들이 복왕 지지로 결집한 것이다. 복왕은 5월에 남경에서 즉위해 홍광제弘光帝라고 칭했지만, 명말 이래로 정쟁이 격렬함을 더한데다가 관료들의 부패가 극심해서, 홍광 정권은 시작부터 사람들의 지지를 잃고 있었다.

다음해 5월에 청나라 군이 장강을 건너서 진군해오자, 남경은 순식간에 함락되고, 홍광제는 도망하였다. 그 후에도 명의 황족을 옹립한 남명 정권으로는 정지룡鄭芝龍 등이 가세해서 당왕唐王을 옹립한 복주福州의 융무隆武 정권, 노왕魯王을 감국監國(황제 대리)으로 해서 소흥紹興에 성립한 노왕 정권, 당왕唐王(융무제의 아우)을 세운 광주의 소무紹武 정권, 계왕桂王을 옹립한 광서廣西의 영력永曆 정권 등이 있지만, 영력 정권을 제외하면 모두 단명한 정권이었다. 영력 정권은 농민 반란군의 일부와 일단 청 왕조에 투항했다가 또 반청으로 돌아선 명의 군대 등을

명청 교체기의 동전
이자성 정권의 영창통보永昌通寶(왼쪽 위), 장헌충 정권의 대순통보大順通寶(오른쪽 위), 남명 홍광 정권의 홍광통보弘光通寶(왼쪽 아래), 영력 정권의 영력통보永曆通寶(아래 가운데), 삼번三藩의 난 당시에 오삼계가 발행한 소무통보昭武通寶(오른쪽 아래). 동전의 발행은 정권의 정통성과도 관련된 문제였기 때문에, 지방 정권·반란 정권 모두 동전을 발행하였다.

흡수해서 일시적으로는 호남·강서까지 반격했는데, 결국 오삼계 등의 청군에게 쫓겨 영력제는 미얀마에 도망해 있다가 포박되어 1662년에 처형되었다.

청의 중국 대륙 정복

1644년 5월 청의 군대가 북경을 점령한 후, 9월에는 복림이 북경에 입성해 황제로서 새로이 즉위식을 거행하여 연호를 순치順治라고 정하고 북경 천도를 선언하였다. 이로써 청 왕조는 명 왕조를 이은 중국의 정통 왕조라는 것을 새삼 공표한 것이다. 그와 함께 수십만의 만주인들이 북경으로 이주해왔다. 청 왕조 정부의 과제는 한편으로는 신속히 전 대륙을 정복하는 것이었고, 다른 한편으로는 조속히 이들 만주인들의 생활기반을 만들어내는 것이었다.

청 왕조 정부는 북경에 가까운 북직예北直隸(현재의 하북성河北省) 북쪽의 절반 정도를 중심으로 대규모의 '권지圈地'를 행하여, 한인으로부터 토지를 몰수해서 기인旗人의 토지(旗地)로 삼았다. 한편 경제 중심지인 강남에도 입관 후 반년도 되지 않은 10월에 도도(다탁多鐸, 도르곤의 아우)를 대장군으로 하여 정토군征討軍을 파견하였다. 남방의 몇몇 도시에서는 향신 등이 의용군을 조직해서 청군의 남하에 저항하였지만, 진압과 함께 도시 주민의 학살이 자행되었다. 『양주십일기揚州十日記』,『가정도성기략嘉定屠城紀略』 등은 그 지역에서 구사일생으로 살아난 체험자에 의한 생생한 기록인데, 청대에는 물론 이러한 문헌의 유통이 허락되지 않았지만, 청말에 이르러 반만反滿의 기운이 높아지자 청군의 잔학성을 보여주는 예로서 크게 선전되었다.

그러나 총체적으로 청군에 의한 점령은 비교적 원만하게 이루어졌다고 할 수 있다. 홍광 정권이 괴멸된 후인 1645년(순치 2) 여름에는, 무정부 상태의 강남 사회는 "낯선 사람은 모두 스파이라고 의심하여 백주에 거리낌 없이 살해했는데, 길을 가는 사람은 모두 칼을 차고, 멀리 나들이를 하면 이상한 피해를 만난다(『을유필기乙酉筆記』)"는 등의 폭력적 혼란 상태였기 때문에 청군의 도래는 오히려 지방사회 사람들에게 치안의 회복으로 받아들여지는 면도 있었다.

화중남華中南 각지에서 일어난 반청운동에 대해 청 왕조는 농민 반란군 토벌에 풍부한 경험을 가진 명의 항장降將 홍승주를 최고 책임자로 두고, 점차 이를 격파해갔다. 중국 본토에 대한 지배체제의 정비는 투항한 한인 관료의 적극적인 협력에 의해, 명 왕조의 그것을 대략 답습하는 통치의 틀이 신속히 만들어져갔다. 과거시험의 실시를 조속히 결

청대의 이발소

『청속기문淸俗紀聞』에서. 만주족의 변발은 두발의 일부를 남기고 깎아서, 기른 머리카락을 셋
으로 짠다. 자주 깎지 않으면 머리카락이 자라서 무척 귀찮아지기 때문에 이발소('剃頭的'이라고
도 한다)가 번성하였다. 또한 청대에 들어와서 변한 것은 머리형뿐만이 아니었다. 명대와 청대의
도판 인물을 비교하면 느슨하게 늘어뜨린 긴소매가 경쾌한 통소매로 변하는 등 복장의 변화도
알 수 있다. 일본 국립공문서관 소장.

정함과 동시에 명말의 증세분增稅分을 면제하는 등, 청 왕조의 시책은
대개 중국의 전통적인 '선정善政' 모델에 따른 것이었다.

다만 청 왕조가 한인의 뜻을 받아들이기에 급급했다고 생각한다면,
그것은 물론 잘못이다. 남자에게 변발을 강제한 유명한 '체발령剃髮令'
은 광범한 저항에 부딪쳤음에도 불구하고 청 왕조는 타협하는 일 없이
강경하게 실시하였다. 한족의 전통을 적극적으로 채용하면서도 한인
의 민족적 우월 감정에 대해서는 가차 없이 탄압하는 이 양면성은 청
왕조의 일관된 정책기조라고 여겨지는데, 그에 대해서는 뒤에 상세히
서술하겠다.

명의 유민들

숭정제의 자살 소식이 전해진 초기에는 강남의 향신鄕紳·사인士人에서부터 일반 서민에 이르기까지 명에 대한 '충의'의 열기가 거세게 끓어올라, 이자성 군에게 투항한 북경 관료의 집이 격앙된 군중에 의해 불태워져버릴 정도였다. 그러나 수년간의 동란을 지나서 청 왕조의 지배가 확고해지자 그러한 열기도 식어갔다. 청 왕조 아래 과거가 재개되자 일찍이 명 왕조에게 충의를 부르짖었던 청년 지식인들도 차차 응하게 되었다.

당시 강남에서 유행한 희시戲詩(오락시)에 다음과 같은 것이 있다.

> 한 무리의 이제夷齊, 수양산을 내려오네. 6년을 관망하니 이미 처량하네. 당시는 단지 주속周粟을 먹은 것을 부끄러워했는데, 지금은 왜 달량饉糧을 얻는 것을 방해하는가. 머리로는 신결속新結束(변발)을 생각하고, 가슴속으로는 옛 문장을 짓는다네. 저절로 안다네, 고사리는 결국 삼키기 힘들다는 것을. 후회한다네, 당초 무왕을 꾸짖은 것을.

이는 『사기史記』의 백이伯夷·숙제叔齊 열전列傳에 실린, 은殷나라 사람 백이·숙제 형제가 새 왕조인 주周 무왕武王을 따르는 것을 떳떳하게 여기지 않아, 수양산에 들어가 잡초를 먹고 결국 굶어죽었다는 고사를 인용한 것으로 대강의 뜻은 다음과 같다.

> 무리지어 수양산을 내려오는 백이·숙제들. 6년간 눈치 보기에 벌써 지긋지긋. 일찍이 주나라의 곡식은 먹지 않겠다고 맹세했으나, 지금 만인滿人의

식량을 얻어 무엇이 나쁘랴. 머리에는 새로운 복장의 모습을 하고, 가슴에는 전에 배운 문장술을 생각해내네. 역시 잡초는 먹기 힘들어, 무왕을 꾸짖은 것이 후회스럽네.

그러나 이러한 세상의 흐름에도 불구하고, 명나라에 대한 충성을 잊지 않고 죽을 때까지 청에 출사를 거부한 사람들도 있다. 그들을 '유민遺民', '유로遺老'라고 불렀다. 대표적인 인물을 들어보면, '청초삼대유淸初三大儒'라고 칭해지는 고염무顧炎武·황종희黃宗羲·왕부지王夫之일 것이다. 고염무는 소주부 곤산현崑山縣, 황종희는 왕양명과 같은 절강성 여요현餘姚縣 출신. 두 사람 모두 젊었을 때는 동림파 계보를 이끄는 청년 지식인의 정치 결사인 복사復社에 속해 있었다. 이 결사는 구성원이 3000명 이상으로 전국적인 네트워크를 가지고, 중앙 정계에도 영향력을 행사하였다. 왕부지는 호남성 형양현衡陽縣 출신. 동림파 계보를 이끄는 고염무·황종희가 정치적 입장으로서 과도한 전제정치를 비판하고 '봉건'적 요소의 도입을 주장한 데 비해, 왕부지는 오히려 '봉건'론의 비현실성을 강조하였다. 그러한 주장의 차이에도 불구하고 그들이 자주 함께 거론되는 것은 다음과 같은 공통점이 있기 때문일 것이다.

첫째, 그들은 함께 청 초기 반청 활동에 참가하고, 일이 어긋난 뒤에는 재야의 학자로서 방대한 저술활동을 하였다. 그들은 높은 명성에도 불구하고 끝까지 청 왕조에 출사한 적이 없었다. 둘째, 그들의 학문은 자주 '경세치용經世致用의 학學'이라고 말해지는데, 그것은 그들이 성性이나 이理에 관련된 철학적인 논의보다도 역사 사실에 기초한 실천적인 정치론을 중요시했기 때문이다. 그들은 역사에 관한 광범한 지식에

팔대산인八大山人, 「팔팔조도叭叭鳥圖」
명의 유민遺民화가 팔대산인(주답朱耷)은 명의 종실 출신이며, 기괴한 행동으로 알려져 있는 광풍狂風의 화가. 취한 채로 그림을 그려서, 가난한 산속 승려들이나 거리의 장사치들에게는 기분 좋게 거저 주는 반면, 부자나 유력가들이 고가로 사려고 해도 팔지 않았다고 한다. 일본 센오쿠하쿠코칸泉屋博古館 소장.

기초해서 구체적인 실천 지침을 제시하는 학자로서의 책무를 발견했고, 그러한 구체적 사실에 대한 관심에 그들 공통의 특질이 있었던 것은 의심의 여지가 없을 것이다.

　그들의 반청 활동을 일종의 민족주의, 근대 내셔널리즘의 맹아라고 보는 견해도 많지만, 그래도 다른 면이 있다. 그들이 강조하는 '화이華夷의 구별'은, '군신君臣', '부자父子', '군자와 소인' 등의 여러 가지 차별과 마찬가지로, 사회가 존립하는 데 근본적인 도덕 질서의 근간을 이루는 것으로 파악하였다. 그들에게는 단순히 이적이 중국을 지배했다는 것이 문제가 아니었다. 천하의 도덕 질서를 담당해야 할 사대부조차도 군주에 대한 충의를 잊어버리고, 아무렇지도 않게 이적의 왕조에 벼슬한다고 하는 엄청난 윤리감의 상실이 문제인 것이다. 그들은 일신을 걸고 이 같은 형세에 저항하고, 말하자면 오기를 부려 도덕 질서의 해체에 이르는 최후의 일선을 지키려고 한 것이다. 그들의 역사론에서는 역사상의 이민족 지배가 자주 목전의 사태와 겹쳐지며 논의되는데, 거기에서 인상 깊게 느끼는 것은 그들이 논박하는 적, 가장 경멸하는 비난의 대상이 이적 그 자체이기보다는 그들에게 만족해 벼슬하는 윤리 감각을 상실한 사대부들이라는 것이다. 이적 자체에 대한 구체적 관심은 놀라울 정도로 희박하다고 느끼는 것은 필자뿐일까?

그들의 목적은 이적의 구축驅逐 그 자체가 아니라 천하의 도덕 질서 회복이었다. 이러한 사고방식이 그들의 '민족주의'에 단순한 이적 배제가 아닌 심각한 내적 반성을 동반한 일종의 독특한 그림자를 던지고 있는 것이다.

•••청 왕조 지배의 확립

정씨와 대만

각지에 형성된 반청 세력 가운데 청 왕조 최대의 강적 중 하나는 동남 연안을 거점으로 하는 정씨鄭氏 세력이었다. 정지룡과 그의 아들 정성공은 당왕의 융무 정권에 참가했는데, 그때 정성공은 당왕에게 공을 인정받아 국성國姓인 '주朱'를 하사받았다. 정성공이 국성야國姓爺라고 불리는 것은 그 때문이다. 얼마 안 되어 정지룡은 청 왕조의 초무招撫를 받아들여 투항했지만, 정성공은 부친과 결별하고 융무 정권 멸망 후에

국성야합전國性爺合戰
정성공의 이름은 여러 이미지를 가지고 후세에 전해진다. 유럽에서는 동아시아 무역을 좌우
지하는 강력한 해적으로서, 대만에서는 본토 회복을 목표로 하는 충신으로서, 중국 대륙에서는
네덜란드를 쳐부순 민족 영웅으로서, 그리고 일본에서 정성공의 이미지를 결정한 것은 고노마
쓰몬자에몽近松門左衛門의 각색에 의한「국성야합전」이다. 정성공을 모델로 한 혼혈아 와도우
치(和藤内, 和도 唐도 아니라는 풍자)의 활약을 묘사한 이 희곡은 1715년 오사카의 다케모토좌竹
本座에서 초연되어, 17개월 롱런의 대성공을 거두었다. 사진은 1996년 2월, 국립소극장에서의
공연 중「호랑이 사냥의 대목」.

도 멀리 영력 정권을 받들어 항청 활동을 계속하였다. 그는 동중국해·
남중국해 교역에서 얻은 풍부한 자금을 재정 기반으로 해서 일시적으
로는 장강을 거슬러 올라가 남경에까지 육박하고, 해전에 익숙하지 않
은 청군을 괴롭혔다.

그 사이에 정씨 부자는 5회에 걸쳐서 일본의 도쿠가와 막부에 편지
를 보내 원병을 청하였다. 이를 '걸사乞師'라고 한다. 처음에 막부 최고
수뇌부 내부에서는 출병에 찬성하는 자도 있었다. 그러나 신중론도 있
어서, 막부는 나가사키의 중국 상인 등에게서 적극적으로 정보를 수집
한 결과, 청의 우세를 알고 명청 교체에 개입하지 않기로 방침을 결정
하였다. '일본 걸사'는 실패했다고 해도, 정씨가 가진 해외의 넓은 연결

망은 청 왕조에게도 위협이었을 것이다.

해외무역에 의존하는 정성공의 자금 원천을 단절하기 위해서 청 왕조는 1656년에 해금령을 강화하고, 나아가 1661년에는 천계령遷界令을 공표하였다. 천계령은 복건·광동을 중심으로 하는 연해 주민을 20킬로미터 이상의 내지로 강제 이주시키고 연안을 사람이 없는 지대로 만들어 정씨 세력과 주민의 접촉을 단절시키려고 한 것이다. 당시 내지의 영력 정권도 거의 멸망 단계에 있었고, 형세의 불리함을 간취한 정성공은 해외에 새로운 거점을 만들기 위해 1661년에 대만에 진격해 들어갔다. 본거지인 젤란디아 성을 포위당한 네덜란드인은 정씨에게 항복하고, 대만에서 바타비아로 물러났다. 그 후 얼마 안 되어 정성공은 병사했지만, 1683년 청 왕조에 항복할 때까지 정씨는 대만을 거점으로 청 왕조에 대항하였다.

삼번의 난

해금·천계령에 동반한 해외무역의 격감은 정씨 세력뿐만 아니라 청 왕조에도 커다란 타격을 주었다. 앞에 서술했듯이 명말의 중국 경제는 해외로부터 유입되는 은에 깊이 의존하고 있었다. 명청 교체기에는 전란에 따른 물자 부족으로 인해 물가가 올랐지만, 1650년대 후반 해금의 강화와 병행해서 급격한 물가 하락이 시작되어 해금이 해제되는 1680년대까지 계속되었다.

물가가 내리면 물품을 많이 살 수 있기 때문에 사람들은 기뻐할 것 같지만, 당시 사람들은 그렇게 생각하지 않았다. 당견唐甄이라는 사상가는 당시 상황을 다음과 같이 서술하였다.

> 천하는 날로 곤궁해지고, 농민도 직공도 상인도 관리도 '공空'의 상태이
> 다. 곡물은 싼데도 먹을 수가 없고, 포목은 싼데도 입을 수가 없으며, 상인의
> 배는 시장을 돌아다니지만 화물이 팔리지 않아 적자를 내고, 관료는 관직을
> 그만두어도 살 집이 없다. 금전은 유무상통, 즉 있는 것과 없는 것을 서로 융
> 통하는 수단이다. 중산층 가정에서조차 10일 동안에 한 량의 은도 볼 수가
> 없고 1민緡의 동전도 볼 수가 없다. 있는 것과 없는 것을 융통하는 수단이 없
> 기 때문에 농부도 백성도 굶주리고 얼어서, 온갖 상품과 재화가 움직이지 않
> 고 풍년에도 흉작과 같은 모양인 것이다.
>
> ─『잠서潛書』

이것은 화폐 부족에 의한 일종의 불황이라고 볼 수 있다.

나아가 청 왕조를 위기에 빠뜨린 것이 1673년에 발발한 삼번三藩의
난이다. 청 왕조가 중국을 정복할 때 명의 항장降將이 이끄는 한인漢人
군대가 커다란 역할을 했다. 따라서 중국 남부의 광대한 점령지를 지
배함에 있어서, 청 왕조는 특별 군관구를 만들어 한인 장군에게 지배
하도록 했다. 오삼계의 평서번平西藩(운남), 상가희의 평남번平南藩(광
동), 경계무耿繼茂(뒤의 정충精忠)의 정남번靖南藩(복건)이 그것으로, 합해
서 삼번이라고 칭하였다. 오삼계는 명의 멸망에 즈음하여 산해관을 열
고 청군을 관내에 끌어들인 인물이고, 상가희와 경계무의 부친 경중명
耿仲明은 모두 원래는 모문룡의 부장部將으로 후금 시대에 홍타이지에
게 투항한 사람들이다.

이들 삼번의 지배자는 군사·재정·인사 등의 면에서 대폭적인 권한을 인정받았다. 전시체제하에서는 이러한 권한의 강력함도 효율적인 지배에 필요한 일일 것이다. 그러나 정국이 안정됨에 따라서 한편으로 오삼계를 필두로 한 그들의 전횡이 두드러지자, 청 조정에서는 어떻게 하면 그들의 세력을 약화시켜서 번藩을 폐지할 수 있는가가 커다란 문제가 되었다. '평남의 부는 천하 제일이다', '서선西選의 관官(오삼계가 임명한 관리)이 천하에 가득하다'고 하는 것처럼, 그들의 부와 세력은 청 조정마저 위협할지도 모르는 지경이 된 것이다.

삼번의 난의 직접적인 계기가 된 것은 노령의 상가희가 은퇴해서 요동에 돌아가고 싶다는 청원이었다. 이것을 기회로 황제는 평남번의 철번撤藩을 결정했고, 오삼계와 경정충은 조정의 의향을 탐색하기 위해 수리되지 않으리라 생각하고 대수롭지 않게 내본 철번원撤藩願이 의사에 반해 수리되고 말았다. 철번에 압박받아 진퇴의 궁지에 몰린 오삼계는 '반청복명反清復明'의 기치로 반란을 단행했고, 다른 두 번藩(단 평남번은 참가하지 않았다는 설도 있다) 및 섬서 제독提督 왕보신王輔臣이 호응해, 한때 중국 서남의 반을 석권하는 대반란이 되었다.

이 난국을 맞이한 것이 반란 발발 당시 약관 20세였던 강희제康熙帝이다. 간신히 다소의 축적이 생겼던 청의 국고는 반란의 발발로 곧 바닥을 드러냈다. 게다가 당시 엄격한 해금에 의해 중국은 형편없는 경제 부진 속에 있었는데, 최악의 경제상황에도 불구하고 청 왕조는 연납捐納(기부에 의해 임관任官 자격을 주는 일종의 매관賣官 제도) 등에 의해 재원을 염출하고, 경제 중심지인 강남을 방위해냈다. 강희제는 광대한 전선 각지로부터 들어오는 전황 보고를 읽고, 스스로 전 국면을 파악

「최과도催科圖」
청초의 관료 장이蔣伊가 백성의 고통을 그려 강희제에게 바친 12장의 그림 중 하나. 세금을 내지 않는 사람들에게 목칼을 씌워 고문을 가하는 관청의 잔혹한 징세 독촉의 모습을 그렸다. 강희 연간 전반은 전쟁 수행을 위한 중세重稅와 해금에 동반한 불황으로 민중에게도 매우 괴로운 시기였다. 일본 재단법인 도요東洋문고 소장 『장신전선생유서蔣辛田先生遺書』에서.

하여 작전을 지도했다고 한다. 팔기뿐만 아니라 전국에 배치된 녹영綠營(명군을 개편한 군대)에서도 우수한 인재를 발탁하고, 녹영병에 대한 대우도 개선해, 청 왕조에 대한 그들의 지지를 확보하였다. 전쟁 속에서 오히려 만滿·한漢 협력 체제가 확고해져갔다.

한편 반란군 쪽은 '반청복명'을 표방했지만 명의 황족을 옹립한 것도 아니고, 스스로의 세력을 유지 확대하려는 기회주의적인 태도가 애초에 누구의 눈에도 명확한 것이었다. 그 때문에 보조가 맞지 않은 반란군은 전황이 불리해지자 청 왕조의 초무에 응해 투항하는 자가 속출하였다. 반란 개시 후 3년째인 1676년에 왕보신·경정충이 이어서 투항하고, 고립된 오삼계가 일단 황제를 칭했지만 얼마 안 돼 죽고 1681년

반란은 진압되었다. 이어서 1683년에는 대만 정씨 세력의 항복으로 청 왕조가 대만을 점령하였다. 청의 중국 정복 이래 약 40년 만에 드디어 반청 세력은 모습을 감추고, 청 왕조를 위협하는 세력은 거의 없어졌다. 이 1680년대를 청 왕조 지배 확립기라고 해도 좋을 것이다.

주변 세력의 결승전

청 왕조 대 정씨 세력·삼번이라는 대립 관계는 청 왕조 대 명 왕조 잔존 세력의 싸움이라는 왕조 교체의 문제로 볼 수도 있고, 혹은 만주인 대 한인의 싸움으로서 '민족주의적'인 해석을 할 수도 있다. 그러나 이들 세력들의 근본을 파고들면 모두 명말 이래의 한인漢人·이인夷人이 뒤섞인 변경사회에서 성장해온, 반은 자립적인 군사세력인 것에 주목할 만하다. 반청복명의 슬로건 아래 마지막까지 저항한 정씨 세력도 출신은 원래 명의 관헌에게 덤벼든 해적이었음을 생각해보면, 그들을 처음부터 명 왕조주의자 혹은 한족주의자라고 할 수는 없을 것이다. 오삼계가 청의 원병을 요청해서 청 왕조 입관入關을 선도한 것처럼 정씨의 '일본 걸사'도 자칫 잘못하면 일본의 침략을 초래했을지도 모르는 일이었다.

이들 세력들의 행동양식에서 공통적으로 느껴지는 것은 민족·문화의 벽을 넘어서 필요하다면 어제의 적과 손을 잡는 것도 사양하지 않는, 좋게 말하면 기회를 보는 데 기민하고, 나쁘게 말하면 기회주의적인 태도이다. 청 왕조도, 정씨도 그리고 동북 군벌 세력의 흐름을 이은 삼번도 16세기 이래 활기 넘치고 항쟁으로 가득 찬 변경사회 속에서 단련되고 급속히 올라선 집단인 것이다. 그러한 신흥국가의 싹이 명 왕조의 지배를 파먹어 들어간 것이 16세기부터 17세기에 걸친 시기였다. 그리고 1660~1680년대는 이들 신흥세력의 상호 결승전의 시기였다고 할 수 있다. 그중에서 최종적인 승리를 차지한 것이 청 왕조였다.

동아시아 전체의 보다 커다란 흐름에서 본다면 1680년대는 16세기 이래 변경사회의 팽창을 지탱한 국제 상업 붐이 종말을 고한 시기였다고 할 수 있다. 동남아시아사가 앤서니 리드에 따르면, 1680년대에 '상업 시대'는 임종을 맞이하였다. 1630년대 '쇄국' 이후에도 일본의 무역액은 줄지 않았지만, 1680년대를 경계로 도쿠가와 막부의 무역 제한이 엄격해져 일본의 은 수출은 급감하고, 막번제幕藩制(중앙에는 막부, 지방에는 번을 두는 제도) 아우타르키Autarkie(자급자족 체제)가 형성되어갔다. 중일 무역으로부터 따돌림을 당했던 포르투갈 세력의 실추에 이어서, 대만에서 쫓겨난 네덜란드도 동아시아 해상무역의 패권쟁탈전에 의욕을 잃어버렸다. 네덜란드는 중국 본토에 거점을 구하기 위한 청 왕조와의 교섭에 실패하자 청과 직접 교역하는 것을 단념하고, 1690년대 이후에는 바타비아로부터 중국으로 동인도회사선을 파견하는 것을 취소하였다.

총체적으로 말하자면, 16세기 후반에서 17세기 전반에 걸쳐서 과열된 상업의 붐은 끝나고, 국가의 정치적·경제적 통합에 대한 원심력은 수그러들어 야심찬 모험가들이 이끌던 자립적 세력은 모습을 감추었다. 부글부글 끓어오르는 도가니와 같이 국가의 경계가 애매해지고 사람들이 뒤섞여 있는 상태가 식어버리고, 새로이 형성된 나라의 틀이 확실히 고정된 것이 이 시기였다고 할 수 있을 것이다. 대만을 점령한 다음해인 1684년에 청 왕조는 해금을 해제하고 민간인의 해상무역을 허가하지만, 이때 청 왕조 위정자의 눈에 비친 것은 50년 전과는 전혀 달리, 파도가 고요한 바다였던 것이다.

6장

조선 전통사회의 성립

••• 호란과 소중화

포로가 된 왕자들

북경에서 길림성吉林省 장춘長春으로 가는 비행기는 도중에 심양瀋陽 상공에서 방향을 바꾸어 바로 장춘으로 향한다. 1993년 봄, 길림성의 연변 조선족 자치주의 주도 연길延吉로 향하는 여행 도중에 필자는 이렇게 심양의 상공을 통과하였다. 이 심양에는 지금도 청대의 심양 관소館所 유지遺址가 있다고 한다.

심양 관소란 1637년 청나라 군에 항복한 조선왕조의 볼모로 잡힌 왕자 두 명의 심양 체재를 위해 만들어진 장소이다. 그 당시의 국왕인 인조의 장남 소현세자昭顯世子와 차남 봉림대군鳳林大君 두 사람이 그 왕자들이었다. 두 왕자의 심양 체재 기록이 『심양일기瀋陽日記』와 『심양장계瀋陽狀啓』이다. 이 두 사료는 당시의 조청朝淸 관계를 보여줄 뿐만 아니라, 기록이 적은 건국 당초의 청 왕조에 관한 사료로서도 귀중하다.

두 왕자는 1637년 4월에 심양에 도착해서 1645년 청의 북경 천도를 계기로 귀국이 허용될 때까지 실로 8년간에 이르는 긴 볼모생활을 보냈다. 조선이 왕자들을 볼모로 보내지 않으면 안 되었던 경위에 대해서는 뒤에 서술하겠지만, 그들의 고생은 이만저만이 아니었다. 청은 제국을 건설하는 중이었고 무력으로 항복시킨 조선과의 사이에는 갖가지 문제가 산적해 있었던 것이다.

소현세자는 다음 왕위에 즉위할 왕세자의 지위에 있었기 때문에 실질적인 외교 절충 책임자였다. 『심양일기』에는 청 쪽에서 계속해서 무리하게 요구해오는 사항에 대해 소현세자가 괴로워하는 모습이 상세하게 묘사되어 있다. 그중에서도 양국 사이에 커다란 문제가 된 것은 조선으로부터의 지원군 파견, 조선 내에 잔류한 청인淸人 소환 및 양국 간의 무역 등이었다.

당시는 아직 명의 잔존 세력이 각지에서 전투를 계속하고 있었고, 그 때문에 청은 조선에 지원군 파견을 요구하였다. 이 요구는 조선의 군사력을 기대해서라기보다는 조선의 복속을 나타내는 상징적인 의미가 강했는데, 조선 측이 가장 고민한 것이 이 문제이다.

조선 내에 잔류한 청인의 송환 문제란 다음과 같은 것이다. 두 번에 걸친 청의 조선 침공 때, 청의 군인 가운데 그대로 조선에 남은 자들이 있었다. 그리고 조선의 여성과 결혼해서 아이까지 가진 자도 있었다. 청은 그러한 청인의 수색과 송환을 요구했지만, 이것도 조선 쪽 입장에서 보면 골치 아픈 문제였다. 청인 중에는 귀국을 희망하지 않는 자도 있고, 아이들까지 가진 자를 귀국시키는 것은 '사람의 정으로는 차마 할 수 없는 일' 등의 이유를 들어서 소현세자는 청측의 요구를 피하려고 하였다.

조선 내에 잔류한 청인과는 달리 청군에 의해 사로잡혀 청으로 연행된 조선인도 있었는데, 수적으로는 이쪽이 훨씬 많았다. 임진왜란 때에도 피로被虜 조선인 송환이 전쟁이 끝난 후 커다란 문제가 되었는데, 청과의 사이에서도 똑같았다. 조선에서 피로 조선인을 송환할 것을 요구하자, 청에서는 유상有償방식으로 이에 대응하였다. 즉 피로 조선인을 송환하는 대가로서 물품을 요구한 것이다. 청과 조선의 무역은 이러한 이례적인 형식으로 시삭되었다.

이 밖에 청의 관원들이 음으로 양으로 요구하는 뇌물도 소현세자에게는 골치 아픈 일이었다. 심양 관소 유지비는 청측이 부담했지만, 그 밖에 드는 비용이 많아서 조선 측의 재정 부담도 커다란 문제였다. 따라서 소현세자는 양 정부 사이에 끼여 고생을 거듭한 것인데, 그뿐만 아니라 조선 측으로부터 청나라에 치우쳤다는 의심의 눈길을 받기도 하였다.

소현세자는 귀국 직전에 청의 새 수도인 북경에 가서 아담 샬Adam Schall(중국명 탕약망湯若望)과 회견을 하였다. 뒤에 서술하겠지만 이것은 조선의 서학 수용 과정의 한 에피소드였다. 소현세자는 1645년 1월에 귀국했지만 겨우 3개월 후에 급사한다. 실록에는 사체 전신에 검은 종기가 있었다고 기록되어 있다. 이 죽음이 독살이었다는 데에는 대체로 의심의 여지가 없다. 아마 심양 체재중의 언동 때문에 아버지인 인조마저도 불신감을 품었을 것이다. 어디까지나 비극의 주인공이었다.

급사한 소현세자 대신에 왕세자가 된 인물은 같이 볼모로 지낸 봉림대군이었다. 인조의 뒤를 이은 효종이 바로 그 사람이다. 청을 정벌해야 한다는 북벌론, 소중화 사상은 이 효종 치하에 크게 불타오르게 된다.

광해군의 균형외교

소현세자가 심양에서 볼모생활을 보내야만 했던 것은 청에 대한 복속의 결과였다. 여기에서 조금 시간을 거슬러 올라가서 청에 복속하기에 이르는 과정을 살펴보자.

청 태조 누르하치는 건주 여직建州女直 출신이다. 여직이란 여진족이고, 조선과 여진의 관계는 조선왕조 건국 이후에도 각별히 깊은 것이었다. 조선을 건국한 이성계의 휘하에는 많은 여진족이 포함되어 있었다. 그가 고려 말에 걸출한 무장으로서의 지위를 차지할 수 있었던 이유의 하나가 여진족의 무력 흡수였다. 따라서 여진과의 관계는 건국 이래 커다란 문제였지만, 15세기 세조 대에 동북 국경지대의 여진족을 무력 토벌한 후에는 커다란 문제없이 지나갔다.

그러나 건주 여직에 누르하치가 나타나서 일대 세력으로 등장하자, 여직 즉 여진과의 관계가 다시 부상하였다. 누르하치는 명에 조공을 바치는 것을 1608년에 중단했는데, 이해는 바로 조선에서 선조가 사망하고 광해군이 즉위한 해이다.

광해군은 선조의 서자로 임진왜란이 한창일 때 왕세자로 정해져, 선조를 도와가면서 임진왜란 중의 국사를 담당하였다. 그러나 왕비가 적자嫡子 영창대군永昌大君을 낳자, 선조는 영창을 왕세자로 하려고 하였다. 이 때문에 관료들도 광해군 파와 영창대군 파로 양분되었는데, 영창대군을 세자로 책봉하기 전에 선조가 사망해, 광해군이 15대 왕위에 즉위하게 된 것이다. 따라서 광해군의 왕권 기반은 취약하였고, 여진과의 관계에서도 이것이 자주 문제가 되었다.

누르하치는 이미 광해군이 즉위하기 3년 전인 1605년, 조선에 우호 관계를 요구하는 서한을 보내왔다. 한편 명 쪽에서도 건주 여직 세력이 강대해지는 가운데, 조선에 출병 요청을 보내려는 움직임이 나왔다. 이에 대해 광해군은 명에 여진의 힘을 얕보기 어렵기 때문에 출병에 신중해야 한다는 뜻을 비치려 했지만, 정부 중신重臣들과 의견이 일치하지 않아서 조선으로서는 구체적인 대책을 세우지 못한 상태가 지속되었다.

1618년 누르하치가 이끄는 2만의 병력이 명의 무순성撫順城을 공격하여 함락시키자 사태는 일시에 긴박감을 더해갔다. 명도 이제 여진의 강세를 인식해서, 그 진압에 본격적으로 나섰던 것이다. 그리고 조선에도 구체적으로 1만의 출병을 요청하기에 이른다.

이 요청을 받은 조선에서는 여전히 출병의 위험성을 우려하는 광해군과 임진왜란 때 입은 국은을 생각해서라도 출병해야 한다고 주장하는 중신들 사이에서 의견이 대립되었다. 광해군의 위기의식은 명의 국력 쇠퇴와 조선의 군사력에 대한 우려로, 출병하면 여진의 침공을 받지 않을까 하는 것이었다. 그러나 사대관계에 있는 명의 출병 요청을 거절하는 것 역시 곤란했기 때문에 1619년 조선은 1만 병력을 동원하기로 결정하였다. 1만의 병사들 중 포수, 즉 조총병이 3500명이었다. 이는 임진왜란 때 일본 조총부대의 위력을 알게 된 조선이 이후 조총 제조에 힘쓴 것을 명도 잘 알고 있었기 때문이다. 당시 여진군에는 아직 조총이 장비되어 있지 않았다.

여진군과 명·조선 연합군은 1619년 3월, 사르후에서 대회전大會戰을 벌였는데, 결과는 여진의 압도적 승리였다. 이때 문제가 된 것은 조선군을 이끌던 강홍립姜弘立 장군에게, 광해군이 미리 여진군에게 항복하도록 밀명을 내린 것은 아닌가 하는 점이었다. 그 진위는 의문이지만, 조선군이 전투에 적극적이지 않았던 것만은 사실이다.

조선 측의 이러한 소극적인 태도가 여진에도 전해졌기 때문인지, 전후戰後 누르하치는 광해군에게 다음과 같은 서한을 보내왔다.

전에 명이 대병력으로 너희 나라를 구원하였다(임진왜란 때의 일을 말한다). 그러므로 너희 나라 또한 군병軍兵을 가지고 명을 도왔다. 형세가 불가피했던 것이지, 우리에게 원한이 있었던 것은 아니다. 지금 사로잡은 장사將士를 석방하여 귀국에 돌려보낸다. 국왕은 이제 스스로 거취를 바르고 명확하게 하라.

명군에 가세해서 여진과 싸웠음에도 불구하고 조선의 곤란한 입장을 충분히 배려한 내용이다. 그러나 광해군의 줄다리기식 외교정책도 오래 지속되지는 못했다. 광해군이 쿠데타에 의해 왕위에서 쫓겨났기 때문이다.

『조선왕조실록』과 두 종류의 『광해군일기』

사르후 전투에서 광해군이 여진군에게 항복하도록 밀명을 내렸다고 기록하고 있는 것은 『광해군일기』이다. 『광해군일기』는 조선왕조 500년의 연대기로 유명한 『조선왕조실록』 중 광해군 시대의 일대기다. 여기에서는 『조선왕조실록』과 『광해군일기』에 얽힌 이야기를 정리해보겠다.

실록이란 국왕의 일대기를 의미하는데, 국왕의 사망 후 실록이 편찬되는 식으로 제도화된 것은 중국 당대唐代의 일이다. 중국을 따라 조선과 일본에서도 실록이 편찬되었지만, 조선에서 실록의 편찬을 확인할 수 있는 것은 고려시대에 들어와서부터이다. 그러나 고려 각 왕의 실록은 하나도 현존하시 않고, 다른 서적에 인용된 단편만이 오늘날 전해질 뿐이다.

이에 비해 조선왕조 각 왕들의 실록은 모두 남아 있고, 이를 총칭해서 『조선왕조실록』이라고 부른다. 500년이 넘는 하나의 왕조 연대기가 완전한 형태로 남아 있는 것은 드문 일인데다가 사료적 가치 또한 대단히 크다. 『조선왕조실록』은 단순히 조선왕조사의 기본 사료일 뿐만 아니라, 주변 나라들과의 통교·교섭 기사도 풍부하게 수록되어 있기 때문에 중국사, 일본사, 류큐사 등의 사료로서도 연구자에게 귀중한 보배이다.

그러나 『조선왕조실록』이 완전한 형태로 현존하고 있는 것은 보통 이상의 노력의 결과이다. 조선왕조는 건국 당초부터 고려시대의 예에 따라서 실록의 편찬을 제도화하였다. 그래서 초대인 『태조실록』 이하 각 왕대마다 실록이 편찬되었는데, 처음에는 한 부만 작성되어 충청도 충주에 있는 사고史庫에 보존되었다. 그러나 한 부만 작성해서는 그 보존에 문제가 있기 때문에 15세기 중반 이후에는 세 부를 인쇄해서, 원

오대산 사고史庫
조선 후기 네 개의 사고 중 하나인 오대산 사고이다.

본 한 부와 합해 네 부의 실록이 작성되었다. 네 부의 실록은 중앙의 춘추관 사고와 충주·전주·성주 세 사고에 각각 분산 보관되었다.

이리하여 만반의 보존 체제가 만들어진 것처럼 보이지만, 임진왜란으로 네 부 중에서 세 부를 잃어버리는 사태가 발생하였다. 충주와 성주의 사고는 일본군의 공격으로 없어지고, 춘추관의 사고도 일본군의 서울 입성入城에 앞서 분노한 백성들의 손으로 불태워지고 말았던 것이다. 유일하게 전주 사고에 보관되어 있던 실록만이 임진왜란 중에 북으로 북으로 보관 장소를 옮긴 덕분에 전화戰禍를 면하였다.

전쟁을 수습하자 바로 조정에서는 실록의 영구 보존을 위한 대책이 논의되었다. 그 결과 전주 사고 보존 원본을 토대로 선조 이전의 각대 실록을 세 부 인쇄하고, 교정쇄본 한 부를 더해 전 5부를 5개소에 분산·보관하게 되었다. 중앙의 춘추관 이외의 네 개 사고는 강화, 묘향산, 태백산, 오대산에 두어졌다. 모두 이전의 사고보다는 깊은 산속의 장소가 선정되었다. 전화가 미치는 것을 걱정한 조치였다. 그리고 선조 이후의 각대 실록도 똑같이 보관하게 된 것이다.

다섯 개의 사고 가운데, 춘추관 사고는 17세기 이후에도 자주 피해를 보았지만, 지방의 네 개 사고는 강화를 제외하고는 조선왕조 멸망의 날까지 완전한 형태로 보존되었다. 강화 사고만은 1636년의 호란 때 피해가 있었는데, 전후에 분실된 부분의 재인쇄가 행해지고, 사고 장소를 종래의 마니산에서 정족산으로 옮겨서 유지하였다. 또한 묘향산 사고는 1633년에 전라도의 적상산으로 옮겨져서 조선 말까지 이르렀다. 따라서 조선왕조가 멸망한 1910년에는 정족산, 적상산, 태백산, 오대산 4개소의 사고에 실록이 남아 있었다.

그러나 『조선왕조실록』 보존에 얽힌 이야기는 이것으로 끝나지 않는다. 일본은 조선을 식민지화하자, 네 개의 지방 사고 실록을 모두 서울로 옮겼다. 그리고 적상산본은 이왕가李王家를 감독하는 기관이었던 이왕직李王職 관리하의 장서각에서 보관하는 것으로 하고, 태백산본과 정족산본은 총독부의 규장각 도서실로 이관하였다. 또 오대산본은 총독부가 도쿄제국대학에 기증했는데, 이것은 관동대지진 때 일부를 제외하고 소실되고 말았다. 작성과 유지에 많은 노력을 기울여온 『조선왕조실록』을 일본은 국가의 손으로 빼앗고, 또 잃어버리고 만 것이다.

장서각에 소장되었던 적상산본도 1945년 독립부터 한국전쟁에 이르는 혼란기에 많은 부분이 분실되고 현존하는 것은 일부이다. 따라서 오늘날 완전한 형태로 남아 있는 실록은 서울대학교로 이관된 규장각 도서실 소장의 두 본뿐이다.

이처럼 『조선왕조실록』 자체가 길고 복잡한 역사를 가지고 있는데,

그 전체는 27대 왕, 31종의 실록으로 이루어져 있다. 왕의 수보다도 실록의 수가 많은 것은 다음과 같은 이유 때문이다. 먼저 선조·현종·경종 3대 실록은 각각 두 종류가 편찬되었다. 그 이유는 당쟁에 의한 것으로, 정권을 장악한 당파가 이미 완성되어 있는 실록을 자기 당파에 유리하게 다시 편찬한 것이다. 또 하나는『광해군일기』만의 특별한 이유로, 이것만은 실록의 정본正本과 실록 초안인 중초본中草本의 두 종류가 현존해 있기 때문이다.

　실록을 편찬할 때는 초초初草·중초中草·정본正本 3단계를 거친다. 그리고 정본이 만들어지면, 초초·중초는 폐기했는데, 웬일인지『광해군일기』만은 중초본이 태백산 사고에 보관되어 오늘날까지 전해지고 있는 것이다. 그뿐만 아니라 중초본은 정본의 두 배 이상의 분량인데다 정본에는 곳곳에 중초에 없었던 문장이 더해져 있다. 따라서 중초본과 정본은 별개의 것으로 취급되고 있다.

　사르후 전투에서 광해군이 미리 항복하도록 밀명을 내렸다는 기사는 중초본에는 보이지 않고 정본의 단계에 부가된 것이다. 그렇다면, 이 기사는『광해군일기』편찬자에 의해서 광해군의 명나라에 대한 배신을 일부러 강조하기 위해 삽입된 것이라고 볼 수 있다. 두 종류의『광해군일기』의 존재는 실록 편찬을 둘러싼 무대 뒤의 모습을 생생하게 전해준다.

인조반정과 호란

그렇다면『광해군일기』편찬자들은 왜 광해군을 공격했을까? 그것은

『광해군일기』의 편찬을 명한 국왕 인조가 쿠데타로써 광해군을 몰아내고 왕위에 올랐기 때문이다. 이 쿠데타를 인조반정이라고 한다.

인조는 선조의 서자 정원군定遠君의 아들로 능양군綾陽君이라고 하였다. 김유金瑬·이귀李貴·최명길崔鳴吉 등은 무신 이서李曙 등과 모의해서 광해군을 폐하고 능양군을 왕으로 옹립할 계획을 세웠다. 그리고 산성을 쌓는다는 명목으로 군사를 모아 1623년 3월 쿠데타를 결행한 것이다. 광해군은 강화도에 유배되었고, 영창대군의 생모였던 인목대비가 능양군의 즉위를 허가하였다. 능양군을 추대한 서인 일파에 의해 일어난 인조반정은, 오랫동안 지속되었던 동인의 주도권을 서인으로 옮겨지게 하였다.

이리하여 광해군은 16세기의 연산군과 함께 왕위를 빼앗긴 불명예를 안게 되었다. 두 사람 모두 칭호에 '조'라든가 '종'이라는 묘호가 붙지 않고 '군'이라고 불리는 것은 그 때문이다. 그러나 연산군의 추방이 그의 지나친 폭정 때문인 데 비한다면, 광해군의 추방은 아무래도 명분이 서지 않는 것이었다. 반정세력이 명분으로 내세운 것이 명을 도와서 여진과 싸워야 한다는 외교 노선이었다. 광해군은 앞에 서술한 것처럼, 명 국력의 쇠퇴와 여진의 강세를 보고, 양자의 한쪽에 기우는 것을 피하는 외교 방침을 취하였다. 그것은 당시로서는 고육지책이었고 또 현실적이라고도 말할 수 있는 정책이었지만, 반정세력은 이 외교 자세를 공격해서 자기들의 명분으로 삼은 것이다.

이러한 경위로 왕위에 오른 인조는 그 명분 때문에라도 반反여진 정책을 취하지 않을 수 없었다. 한편 1616년에 금(후금)을 건국한 여진으로서는 명과의 전투에 전력을 기울이기 위해서라도 조선의 동향에 신경 쓰지 않을 수 없었고, 광해군 때와 같은 조선의 애매한 태도를 방치할 수 없었다. 이에 후금은 1627년 일찍이 후금에 항복해온 강홍립을 선봉으로 세워 3만의 병력을 이끌고 조선을 공격해왔다. 이것이 정묘호란丁卯胡亂이다.

인조는 강화도에 거처를 옮겨 방어전에 힘썼지만, 후금군의 적수가 되지는 못하였다. 인조는 어쩔 수 없이 후금의 사신과 회견하고, 후금을 형으로 섬긴다는 것, 후금에게 군병을 일으키지 않는다는 것 등을 조건으로 해서 강화를 맺지 않을 수 없었다.

그러나 후금의 압력은 여기에서 그치지 않았다. 국호를 청으로 바꾼 여진 세력은 더욱 강성해지고, 중원지대로의 진출도 구체적인 일정에 오르게 되었다. 이에 다시 한 번 조선에 사신을 보내, 종래의 형제의 맹약을 바꾸어 군신의 의義로 할 것, 병력을 보내 청과 함께 싸울 것을 요구해왔다. 이에 대한 조선 정부의 대응책은 화전和戰 양론으로 의견이 나뉘었다. 그러나 인조가 청의 침공에 대비해서 전국에 동원령을 발한 것은 정묘호란 때의 강화를 배반하는 것으로서, 1636년 12월에 청은 재차 조선을 공격해왔다.

이 2차 침공은 누르하치를 이은 태종 홍타이지가 몸소 13만의 대병력을 이끈 것이었다. 이것을 조선에서는 병자호란이라고 부른다. 인조 이하 조선군의 주력은 서울 남쪽에 있는 남한산성에 들어가 철저 항전을 꾀했지만, 청군의 압도적인 병력 앞에서 어이없게 패배하였다. 그리고 다음해 1월 한강에 면한 삼전도三田渡에서 인조는 항복하였다. 이 때의 청의 전승비는 지금도 삼전도에 남아 있다. 소현세자와 봉림대군 두 왕자가 볼모로서 심양에 보내진 것은 병자호란의 결과였다.

대청황제공덕비
병자호란 때 청의 전승을 기념해서 세워진 석비이다. 인조가 청의 태종 홍타이지에게 항복한 삼전도(현재 서울시 송파구)에 있는데, 높이 3.95 미터, 폭 1.4미터, 우측에 만주문, 좌측에 몽골문, 후면에 한문으로 조각되어 있다.

소중화

두 차례에 걸친 여진=청의 침공과 그에 대한 굴복은 조선에게는 커다란 충격이었다. 전쟁에 의한 피해 자체는 일본의 침공 때가 훨씬 심각했지만, 정신적인 충격 면에서는 청에 굴복한 쪽이 보다 컸다.

여진은 조선인에게 가장 가까운 이민족이고, 오랫동안 지배와 동화同和의 대상이었다. 그리고 오랑캐라고 부르며 이적시해왔다. 청에 대한 굴복은 종래의 이러한 관계를 180도 전환시키는 것이었다. 이적인 청에게 신하의 예를 취하는 굴욕 속에서 조선이야말로 중화의 정당한 후계자라는 '소중화小中華' 사고가 대두된 것은 극히 자연스러운 추세였다.

'소중화' 사고가 좀 더 강하게 제기된 것은 인조를 이은 효종 대였다.

효종은 앞에 서술한 대로, 소현세자와 함께 볼모로 잡혀 지낸 봉림대
군이다. 형 소현세자가 심양에서 조선 측의 대표자였던 것과는 달리,
봉림대군은 옆에서 관찰하는 입장에 있었다. 이러한 입장이 그를 철저
한 반청론자反淸論者로 만들었는지도 모른다. 소현세자가 청에 기울었
다고 비판되고 귀국 후 변사한 것도 그의 반청적인 태도를 보다 강하게
했을 것이다.

효종은 즉위하자 바로 반청의 강경 논리로 이름이 알려진 송시열宋
時烈을 발탁하였다. 그리고 그의 지지하에서 청을 정벌해야 한다는 북
벌론을 주창하고, 전쟁 준비에 착수하기에 이른다. 이러한 움직임을
알게 된 청은 사신을 보내 힐문하였다. 국력·병력을 전부 동원해도 북
벌론이 실천으로 옮겨질 가능성은 없었지만, '소중화' 사상은 이후에도
강한 사상적 전통으로서 계승되어갔다.

••• 당쟁으로 죽어간 사람들

당쟁의 경위

17세기부터 18세기에 걸친 정치사는 이른바 당쟁으로 날을 지새웠다
고 해도 과언이 아니다. 당쟁이란 양반·지식인들이 당파로 나뉘어 정
계의 주도권을 다투는 현상을 가리킨다. 17세기 이후 당쟁이 격렬해진
조건으로는, (1)사림파의 정권 장악 이후 공론이 중시됨에 따라 정치
참여층이 확대된 것, (2)과거 합격자 수가 점차 증가했음에도 불구하고
관료의 수는 고정적이고, 그 때문에 관직을 둘러싼 경쟁이 격화한 것,

이 두 가지를 들 수 있다. 이러한 배경하에서 양반들은 당파를 조직해서 정권 다툼을 전개한 것이다.

16세기까지 훈구파와 사림파의 싸움은 어디까지나 중앙 정계의 헤게모니를 둘러싼 것이고, 직접적인 관련자 수도 제한된 것이었다. 그에 비해 당쟁에는 현역 관료만이 아니라 모든 양반이 휩쓸려들었기 때문에 그 영향도 광범하였다. 원래 양반이 없거나 소수인 북부 지역을 제외하고 지방의 양반들도 어딘가의 당파에 속했고, 그것은 아버지에서 아들로 이어져 갔다.

당쟁의 경위를 자세하게 소개하는 것은 의미가 없기에 여기에서는 간단하게 그 윤곽을 묘사하는 데 그치기로 한다. 동서 분당에 대해서는 이미 서술하였다. 우위를 점한 동인은 1580년대 후반에 들어서면 남인과 북인 두 파로 분열하기 시작한다. 남북 분당의 원인에는 여러 설이 있지만, 그 저류에는 소수파였던 서인에 대해 강경한 북인과 온건한 남인의 의견 대립이 있었다.

임진왜란 중에는 당파의 노골적인 대립은 그림자를 감추었다. 그러나 다시 화평해지자 임진왜란 때 영의정이었던 남인 유성룡에 대해 그 책임이 추궁되었고, 북인이 정권을 장악하기에 이르렀다. 그러나 이 북인이 또 선조의 후계자를 둘러싸고 대북과 소북으로 분열한다. 광해군을 지지하는 세력은 대북이고 영창대군에게 왕위를 잇도록 하려는 세력은 소북이었다. 따라서 광해군이 즉위하자 대북파가 정권의 중추를 독점하게 된다.

광해군을 폐위시킨 인조반정은 이제까지의 당쟁의 흐름을 크게 변화시켰다. 인조를 추대한 것은 오랫동안 소수파의 지위를 감수하던 서

송시열(1607~1689)
안동 김씨인 김창업金昌業이 그린 것으로 '우암송
선생칠십사세진尤庵宋先生七十四歲眞'이라고 되
어 있듯이 송시열 74세의 초상이다. 논적을 '사문난
적斯文亂賊'으로 추궁한 그 기백이 초상에서도 엿
보인다. 충청도 제천 황강영당黃江影堂 소장.

인 사람들이었고, 이때 처음으로 서인 중심의 정권이 성립한다. 인조
를 이은 효종은 서인인 송시열·송준길을 발탁해서 정권을 맡겼다. 두
사람 모두 과거에 합격하지 않았으니, 이례적인 발탁이었다.

송시열의 호는 우암이고 은진恩津 송씨이다. 조선시대의 수많은 유
학자, 관료 중 이 송시열만큼 평가가 일정하지 않은 사람은 없을 것이
다. 그는 어릴 적부터 총명하다고 세상에 이름이 알려졌고, 율곡 이이
의 제자인 김장생金長生에게서 가르침을 받았다. 1633년 생원시에 장
원(수석) 급제했지만, 병자호란으로 청에 항복하자 통곡하고 향리로 돌
아와 과업을 포기하였다. 그러나 효종의 발탁으로 출사해, 효종의 북
벌 계획에 참여하였다.

효종이 재위 10년 만에 죽고 현종이 왕위에 올랐는데, 이때 남인이
서인에게 논쟁을 걸었다. 그 발단은 효종이 세상을 떠난 후에 즈음해서
효종의 아버지 인조의 계비였던 자의대비慈懿大妃의 복상 기간을 둘러
싼 논쟁이었다. 송시열이 자의대비는 효종의 생모가 아니기 때문에 1년
만 상을 입으면 된다고 한 데 대해, 남인인 윤선도 등은 국왕의 죽음이

라는 특별한 사태이기 때문에 3년 복상이 타당하다고 비판한 것이다.

복상 기간을 어느 정도로 할 것인가, 지금의 우리가 보면 사소한 문제로 여겨질 것이다. 그러나 유교의 가르침에서 복상은 혈연의 원근에 따라 그 기간을 달리하지 않으면 안 되었다. 문제는 유교를 유교답게 하는 예禮에 관련된 일이었던 것이다. 효종과 자의대비와 같은 관계의 복상 기간에 대해서 유교의 고전에 따로 문구가 기록되어 있는 것이 아니며, 그렇기 때문에 격렬한 논쟁이 전개되었다. 그리고 예론禮論 즉 예를 둘러싼 논쟁이 단순히 유교 이해 차원의 논쟁에 머물지 않고 당파 싸움과 연결될 때, 그것은 극히 현실적인 정권 다툼이 되었던 것이다.

자의대비의 복상 기간을 둘러싼 예론에서는 송시열 등의 주장이 승리했지만, 15년 후 효종의 비가 세상을 떠나자, 다시 자의대비의 복상 기간을 둘러싸고 예론이 일어났다. 이때는 현종이 남인의 주장을 지지했기 때문에 서인은 궁지에 빠졌고, 이 예론 직후에 숙종이 즉위하자 남인이 정권을 장악하게 되었다.

현종 대까지 당쟁에 따른 정계의 주도권 다툼은 왕위가 교체될 때마다 헤게모니 이동이 이루어지는 것이 일반적인 형태였다. 그러나 숙종 대가 되면, 일대 내에서도 어지러울 정도로 당파 간의 정권 이동을 보이게 된다. 그 상세한 것은 너무 복잡하기 때문에 여기에서는 생략한다. 송시열은 효종·현종·숙종 3대에 걸친 당쟁의 중심에 항상 위치했던 인물이다. 그리고 당쟁과 함께 부침을 반복하고 최후에는 당쟁에서 패하여 사형에 처해진다. 그를 존명대의尊明大義를 분명히 했다고 높게 평가하는 파와 무익한 당쟁의 장본인으로서 책임을 묻는 파로, 그에 대한 평가는 당시부터 오늘날에 이르기까지 일정하지 않다.

또한 당쟁에 관해 또 하나 언급할 것은 숙종 대의 당쟁 속에서 서인이 노론과 소론으로 분열한 것이다. 전자는 남인에 대한 강경파이고 후자는 온건파였다. 당초 동인과 서인으로 나누어지는 데서 시작된 당쟁은 동인이 북인과 남인으로, 뒤에는 서인이 노론과 소론으로 분열한 것이다. 북인·남인·노론·소론을 사색당파라고 부른다. 대다수의 양반, 지식인은 사색당파 어딘가에 속해 스스로 속한 당파가 정계의 주도권을 장악하도록 하기 위해 당쟁의 소용돌이에 몸을 던졌다.

나주 나씨와 해남 윤씨

유희춘의 가까운 친족이었던 나주 나씨와 해남 윤씨 일족은 모두 당쟁에 깊이 관여하였다. 여기에서 이들 일족의 예를 들어서 당쟁의 한 면모를 소개하겠다.

유희춘의 출신지이자 세거지이기도 했던 전라도의 양반들이 당쟁에 휩쓸리는 계기가 되었던 것은 1589년에 일어난 정여립鄭汝立 사건이다. 정여립은 전라도 전주 출신으로 1571년에 문과 급제, 동서 분당 때는 동인에 참여했는데 일찍이 정계를 은퇴하였다. 그 후 풍수설·참위설에 기울어 대동계大同契를 조직하고 '목자망전읍흥木子亡奠邑興'이라는 유언비어를 퍼뜨렸다. 목자木子란 이李, 전읍奠邑이란 정鄭으로, 즉 이 유언비어는 이씨가 망하고 정씨 왕조가 흥한다는 의미를 담고 있었다. 정여립은 1589년에 거병할 계획이었는데 사전에 발각되어 전라도 진안으로 도망했지만 체포, 처형되었다.

이 사건 후, 정부에서는 정여립이 과연 왕조 전복의 음모를 정말 꾀하고 있었던가, 또한 그 관계자는 누구였는가를 둘러싼 엄격한 추궁을 시작하였다. 이를 기축옥사己丑獄事라고 한다. 사건 처리의 책임을 맡은 것은 서인에 속한 정철鄭澈이었다. 기축옥사에서 정철은 동인의 중심인물 중 한 사람이었던 이발李潑과 그의 아우 이길李洁을 사형하고 정개청鄭介淸·조대중曺大中 등을 유배에 처하였다.

이발·이길 형제는 해남 윤씨 윤구尹衢의 사위인 이중호李仲虎의 아들이고, 조대중은 유희춘의 손위 처남인 송정수宋廷秀의 사위 조경중曺景中의 아우였다. 또 정개청은 한미한 집에서 태어났음에도 불구하고 학자로서 명성이 높았던 인물이다. 그는 한때 승려가 되기도 했고, 계집종 신분의 여성을 처로 두었다고 전해지기도 하는데, 그의 학문을 사모해서 많은 문인이 출입했다고 한다. 그의 이름은 『미암일기』에도 자주 등장한다. 유희춘의 가장 친한 동료였던 윤의중尹毅中도 이발의 외

송강정松江亭

송강 정철은 아버지의 유배지에서 불우하게 성장하였다. 이러한 경력이 그의 성격을 격렬하고 정열적인 것으로 만들었을까. 그것이 당쟁에서는 정적에 대한 용서 없는 추궁이 되고, 가사를 짓는 데서는 많은 걸작으로 나타난 것 같다. 그의 명작 「사미인곡思美人曲」, 「속미인곡續美人曲」은 여기에서 만들어졌다. 담양군 고서면 원강리.

숙이었던 관계로 이때 관직을 박탈당하였다.

정여립 사건에 연루된 사람들 중에는 유희춘의 친족과 벗들이 이렇게 다수 포함되어 있다. 그뿐이 아니다. 그들을 재판한 정철도 유희춘과는 친한 사이였다. 자신이 죽은 뒤 불과 수십 년 사이에 이러한 사건이 일어나리라고는 유희춘은 꿈에도 생각하지 못했을 것이다.

유희춘의 이종사촌에 해당하는 나주 나씨 나사침羅士忱과 그의 아들들도 정여립 사건에 연루되어 옥에 갇혔다. 나사침의 아들 나덕준羅德峻·덕윤德潤·덕현德顯은 정개청의 가장 오래된 제자인데, 그것이 화근이었던 것이다. 나사침은 선조의 명으로 다음해에 옥에서 방면되었지만, 나덕신羅德愼을 제외한 다섯 아들은 모두 불모의 땅에 유배되었다. 나사침이 석방된 것은 그가 효자로서 국가로부터 일찍이 표창받은 적이 있기 때문이었다. 그리고 다섯 아들들도 임진왜란 발발 다음해에 유배에서 풀려났다.

해남 윤씨 종가
유희춘과 친교가 있었던 해남 윤씨 어초은파漁樵隱派의 종가로, 녹우단綠雨壇이라고도 불린
다. 이 파의 시조는 윤효정尹孝貞으로 다수의 문과 합격자를 배출한 전라도 지방 굴지의 명문 재
지양반이다. 해남군 해남읍 연동리.

　17세기를 대표하는 문학자이기도 한 해남 윤씨 윤선도도 당쟁사상
이름을 빼놓을 수 없는 인물이다. 그는 1587년에 윤유심尹唯深의 아들
로 태어났지만, 윤유심의 형 윤유기尹唯幾의 양자가 되어 해남 윤씨 종
가를 계승하였다. 광해군이 즉위해 대북파가 실권을 장악하자, 그는
일개 유생의 몸으로 권신 이이첨의 전횡을 규탄하는 상소를 올렸다.
조선시대에는 관직을 가지지 않은 인물이라도 직접 국왕에게 상소하
는 것이 인정되었다. 이 상소 때문에 그는 북쪽 변경 경원慶源에 유배되
었고, 인조반정으로 간신히 석방되었다. 그 후 1633년에 문과에 급제
하고, 봉림대군과 인평대군의 사부師傅(교육 담당)가 되었다. 사부라는
지위는 매우 명예로운 것이지만, 남인에 속한 그는 서인 정권에게 경
원시되어 퇴직, 귀향하였다.

　병자호란이 일어나자 윤선도는 자신의 노복들을 이끌고 원군으로
가려고 했지만, 그전에 인조는 청에 항복하고 만다. 봉림대군이 효종
으로 즉위하자, 그의 사부였던 것을 계기로 윤선도는 다시 등용되었

다. 이후에도 퇴직·출직을 반복했는데 효종이 죽자 효종의 묘소 선정과 자의대비의 복상 기간을 둘러싸고 송시열 등과 격렬하게 대립하였다. 그리고 예론에서 패하자 윤선도는 다시 최북단의 땅인 삼수三水에 유배되었다. 8년 후에 사면되었지만 그는 이미 81세의 고령이었다.

그의 시조는 당쟁 중에 부침을 반복한 그의 채워지지 않은 마음의 산물이었음에 틀림없다.

솟아선 월출산에 낀 안개가 미워
천왕의 높은 봉을 마침 가리는구나
잠깐 기다리면 햇볕이 안개를 거두는 것을

월출산 천왕봉 즉 국왕을 가리는 안개를 걷으려고 노력했던 그의 생애야말로 양반 삶의 한 전형이다.

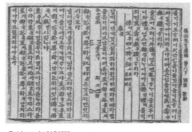

윤선도 가사(왼쪽)
고산 윤선도의 가사 중에서도 유명한「어부사시사」의 첫 부분. 그가 부용동芙蓉洞에 은거할 때 지은 것이다.

보길도 윤선도 관련 유적(오른쪽)
당쟁의 난관을 벗어나 윤선도가 은거생활을 보낸 보길도의 세연지洗然池 풍경. 이 유적을 보아도 해남 윤씨 일족의 경제력 규모를 가늠할 수 있다. (『문화재대관』사적편에서)

당쟁에 대한 평가

17~18세기 정계를 강타한 당쟁의 의미를 어떻게 평가할 것인가? 당쟁에서 보이는 당파성과 그것이 자손에까지 전해지는 현상을 조선민족의 민족성으로 보는 언설은 식민지기 일본인 연구자들에 의해 유포되었다.

물론 당쟁에 대한 부정적 평가를 일본인이 처음 내린 것은 아니다. 앞에 소개한 『택리지』의 저자 이중환도 당쟁에 대해 신랄하게 비판했는데, 그 자신도 당쟁에 휩쓸려 정계에서 은퇴한 경력을 가지고 있었다. 그리고 징계 은퇴 후 선국을 돌아다니면서 정리한 것이 명저 『택리지』이다.

그는 가거지可居地, 즉 살기에 적합한 지방을 밝히려고 이 책을 저술하였다. 먼저 지리적 조건을 검토하면서 가거지를 논했는데, 마지막「인심人心」편에서는 붓을 바꾸어 당쟁의 경과를 상세하게 서술하면서 다음과 같이 결론을 내리고 있다.

대저 개벽 이래 천지간 여러 나라 중에 인심이 일그러지고 무너져서 본성을 잃은 것이 지금의 당파로 인한 환란과 같은 적이 없다. 이를 그대로 두고 고치지 않는다면 이 나라는 장차 어떤 세상이 될 것인가. …… 그러므로 장차 시골에서 살려고 하면, 인심의 좋고 좋지 못함은 논할 것이 없고, 건조함과 저습低濕한 것에 알맞지 않다 하더라도 같은 색목色目이 많이 모여 사는 곳을 찾지 않을 수 없는 형세이다. 그렇게 해야 비로소 방문하고 이야기하는 즐거움이 있으며, 또한 문학을 연마할 수도 있을 것이다. 그러나 오히려 사대부가 없는 곳을 가려서 문을 닫고 교제를 끊고 홀로 자신을 착하게 한다면, 비록 농·공·상이 되더라도 즐거움이 그 가운데 있는 것만 같지 못하다. 이와 같으면 인심의 좋고 좋지 못함은 또한 논할 것이 못 된다.

결국 살 만한 곳을 구하지만 현 상태로는 살 만한 곳이 어디에도 없다는 것이 그의 결론이었던 것이다.

이렇게 당쟁에 대한 부정적 평가는 일찍부터 조선인 사이에서도 보이고 있다. 그러나 이것을 조선인의 민족성으로 연결짓는 언설은 어디까지나 일본인이 시작했다고 하지 않을 수 없다. 식민지기 일본인의 조선사 연구는 독립 후 한국이나 북한의 연구자에게 엄격한 비판을 받았다. 하지만 그중에서 이 당파성의 주장과 그 근거가 된 당쟁에 대한 인식은 예외적으로 정면 비판받지는 않았다.

그러나 최근 당쟁을 새로운 시각에서 파악하려는 주장이 한국의 연구자들로부터 제기되기 시작하였다. 그것은 당쟁이 평화적인 정권 교체의 정치적 룰이 아니었나 하는 것이다. 확실히 당쟁에 따른 정권 이동으로 많은 인물이 죽거나 유배에 처해지든가 하였다. 그러나 정권 교체가 무력으로 실현된 것은 결코 아니다. 어디까지나 논쟁에 의해 결정되었다. 최근 연구는 당쟁의 이러한 측면을 적극적으로 평가하려는 것이다.

당쟁을 어떻게 평가하든, 보다 중요한 것은 당쟁을 만들어내기에 이른 정치구조의 문제일 것이다. 당쟁은 16세기 동서 분당으로 시작되었지만, 그것은 사림파의 정권 장악과 깊게 연결되어 있다. 사림파의 정계 진출에 커다란 역할을 한 것은 삼사의 언론 활동으로, 그것은 문자 그대로 '사림' 즉 양반들의 광범한 공론을 배경으로 한 것이었다. 언론 활동으로 공론을 형성하고, 이를 무기로 정계를 움직여가는 정치의 룰은 사림파의 정권 장악 스타일 그 자체였다.

그러나 정치적 의견 대립이 당파를 형성시키고 또한 고정화되어가는 현상은 17세기 이후의 일이다. 따라서 당쟁의 격화를 단순히 사림파의 등장에 의한 것만으로는 설명할 수 없다. 앞에 서술한 것처럼 16세기는 양반의 세기였다. 즉 유희춘에게서 전형적으로 보이는 것처럼, 이름도 없는 가문에서 과거 합격자가 배출되고 중앙 정계의 고관으로까지 출세함에 따라 양반화하는 가문이 다수 존재한 것이다.

그러나 17세기에 들어오면 이러한 현상은 점차 드물어진다. 17세기 이후 과거의 시험횟수 자체가 많아지고, 그에 따라서 문과 합격자 수도 증가해갔다. 하지만 동시에 그 은전은 소수의 가문에 독점되는 경향이 강해졌고, 이름 없는 가문 출신자는 비록 문과에 합격해도 낮은 관직으로 일생을 마치는 것이 일반화된다.

과거를 통한 관료 충원 방법이 이렇게 경직화되면 중앙의 유력 가문과 연결되는 것이 무엇보다 커다란 의미를 가지게 된다. 전국에 산재하는 양반층의 계열화와 당파의 고정화 배경에는 이러한 관료 체제상의 변화가 숨어 있다.

남인 세력이 강했던 경상도 및 정여립의 난 이후 중앙 정계로의 진출이 막혔던 전라도, 이 두 도의 양반들은 17세기 이후 중앙 정계 진출이 매우 어려워졌다. 그런 만큼 이들 지방의 양반들은 어떻게라도 정계 진출의 가능성을 꿈꾸면서 보다 격렬한 당쟁의 소용돌이에 몸을 던지지 않을 수 없었다.

당쟁은 결코 조선민족의 민족성을 나타내는 것이 아니다. 그렇다고

당쟁에 의해 평화적인 정권 교체의 룰이 확립되었다고 단순히 평가할
수 있는 것도 아니다. 그것은 16세기부터 17세기에 걸친 정치구조 변
화의 산물이었고, 양반을 주체로 하는 통치체제의 활력 자체는 당쟁의
과정에서 점차 고갈되어가지 않을 수 없었다.

・・・지배체제의 재편

세제의 변혁

16세기 말부터 17세기 30년대에 걸친 일본과 청의 침공은 국토에 커다
란 피해를 가져왔다. 인명 손실은 물론이거니와 많은 농토가 황폐화되
었다. 임진왜란 직전에 국가가 파악한 경지는 100만 결 정도였는데, 전
후에는 그것이 30만 결로 감소되었다. 결이라는 것은 징세를 위한 면
적 단위이다. 15세기 이래 전국의 경지는 비옥도에 따라서 여섯 등급
으로 나뉘어 파악되었다. 가장 비옥한 1등 토지는 약 1헥타르를 1결,
가장 척박한 6등 토지는 약 4헥타르를 1결로 해서 각 토지의 결수에 따
라 지세地稅가 징수되었다.

17세기는 이러한 전쟁 피해로부터 회복하는 시대였다. 그러나 그것
은 16세기 체제로의 단순한 복귀는 아니고, 종래의 지배체제를 여러
면에서 재편하는 것이었다. 그중에서도 국가 지배의 근간을 이루는 세
제 면에서는 17세기에서 18세기에 걸쳐 큰 변화를 보였다.

16세기까지의 세제는 전세田稅, 부역, 공납의 세 부분으로 이루어졌
다. 전세란 경지에 부과되는 토지세로 결수에 따라서 부과되었다.

부역은 인구수에 따라서 노동력을 징수하는 것이었다. 부역 중에서 가장 중요한 것은 군역이다. 군역을 주로 부담한 것은 양인 신분이고, 실제로 병역에 나가는 경우와 병역을 진 자의 가족을 부조하기 위한 비용을 부담하는 경우의 두 종류가 있었다. 두 종류의 군역 내에서는 후자가 차지하는 비중이 점차 늘어나, 군역 부담자는 국가에 면포(이것을 군포軍布라고 하였다)를 납부하고 국가는 그 수입으로 병사를 고용하는 대가고립제代價雇立制가 일반화되었다.

양반의 경우, 현역 관료는 물론 군역 면제였다. 양반 자제에게는 원래 가벼운 군역이 부과되었지만, 점차 유명무실화하여 양반 계층은 군역이 면제되는 것이 상례화되었다. 노비는 주인인 양반을 섬기는 것이 본래의 직무였기 때문에 군역은 면제되었다.

공납이란 각 읍마다 할당된 물품세로서, 왕실이나 정부 기관들이 필요로 하는 잡다한 물품을 현물로 징수하는 것이었다. 『미암일기』에서 유희춘이 수취하던 진상進上은 이 공납에 의한 것이다.

세 종류의 세稅 중 전세의 비중은 오히려 가볍고, 부역과 공납의 부담이 무거웠다. 군역을 부담하지 않으면 안 되었던 양인의 경우 특히 그러하였다. 또한 공납제도는 잡다한 물품을 현물로 납부하지 않으면 안 되었기 때문에 징수 자체가 복잡하였다. 이에 16세기가 되면 공납의 청부가 활발하게 이루어졌다. 결국 정부로부터 청부인으로 지정된 자가 농민으로부터 쌀이나 면포를 징수하고 그것을 판매해서 정부에 각종 물품을 대납하게 된 것이다. 이 청부인들이 중간이득을 꾀했기 때문에 그 폐해가 커다란 문제로 나타났다.

이러한 공납의 폐해를 없애기 위해 17세기부터 실시한 것이 대동법이다. 대동법이란 종래의 공납 부담을 지세화한 것이다. 농민들은 1결당 12두의 쌀 또는 그것에 상당하는 면포를 납부하고, 정부에서는 이 수입으로 필요한 각종 물품을 조달한다는 것이 그 내용이었다. 16세기의 공납 청부를 제도화하면서 청부에 따른 중간 수탈의 폐해를 막는 것을 목적으로 한 것이 대동법이었다고 할 수 있다.

대동법은 광해군이 즉위한 해(1608)에 경기도에서 우선 실시되었는데, 그 실시 범위는 좀처럼 확대되지 않았다. 이전의 공납제는 일종의 인두세였지만, 대동법은 그것을 지세화地稅化하려 한 것이었다. 따라서 양반을 중심으로 토지를 많이 소유한 자가 대동법의 실시를 환영하지 않았다. 이 때문에 1623년에 충청·전라·강원 3도에서 실시되었다가, 1625년 충청·전라 양도에서는 실시가 취소되고 말았다. 대동법 실시가 본격화하는 것은 17세기 후반부터로, 1651년에는 충청도, 1658년에는 전라도 연해沿海의 군郡, 1662년에는 전라도 산군山郡에서 부활되어 실시되고, 1677년에는 경상도에서도 실시되기에 이른다.

본래 지세인 전세가 1결당 4~6두(점차 4두로 일률화됨)였던 것에 비해, 대동미는 1결당 12두가 징수되었다. 이것은 이전의 공납 부담이 얼마나 컸는가를 말해준다. 바꾸어 말하면 대동법의 실시로 국가 조세의 주요한 부분이 지세화된 것이다. 이러한 징세 방법의 변화는 뒤에 서술하는 농업생산력의 안정에 의해 지탱되었다.

균역법

18세기에 이르면 공납과 함께 커다란 부담이 된 군역에 대한 제도개혁

의 시도 역시 눈에 띈다. 군역을 부과하는 데 문제가 되었던 것은 그 대
상의 불균형, 즉 양인에게만 부과한다는 점이었다. 그 때문에 군역을
피하려고 노비가 된다든가 양반의 자격을 획득하려는 자가 끊이지 않
았다. 임진왜란 이후, 군사비를 조달하기 위해서 쌀 등을 정부에 바치
고 양반의 칭호를 획득하는 것이 인정되었다(다만 1대에 한하여 유효). 이
리하여 양인의 수가 점차 감소했는데, 군역의 총액은 고정되어 있었기
때문에 나머지 양인의 군역 부담은 더욱 무거워질 수밖에 없었다.

또한 같은 양인이라도 군역 부담액이 천차만별이었다. 그것은 군역
을 징수하는 기관이 다수이고, 각 기관마다 군역의 액수가 달랐기 때
문이다. 그 때문에 군역을 부담하는 측에서는 보다 부담이 가벼운 기
관에 소속되기를 바라서 소속기관의 이동이 빈번하였다.

이러한 군역의 문제점을 개선하기 위해 정부는 군역의 균일화와 양
인의 군역부담 경감을 목적으로 한 일련의 정책을 실시하였다. 먼저
양인의 군역 부담액을 균일하게 하는 조치가 17세기 후반 이후 실시
되었다. 그리고 18세기에 들어오면 군역 개혁의 움직임이 가속화되어
1750년에 균역법으로 집대성되었다.

균역법은 종래의 군역 부담을 반으로 감액하고 그 감소분을 다른 재
원으로 보충하는 것이었다. 다른 재원이란 새로운 지세의 창설(결세結
稅라고도 부른다), 어장 및 제염장製鹽場의 과세화 등이다. 또 군역 부담이
양인에게 편중되는 것을 피하기 위해 지역에 따라서는 이정법里定法이
라고 해서, 촌락 단위로 군액을 정하고 촌락 주민 전체에게서 군역을
징수하는 제도를 도입하기도 하였다. 이정법은 신분에 기초해서 부과
되던 군역제의 근간에 관련되는 것이었지만, 18~19세기에 점차 각지

로 확대되어갔다.

호적과 양안

국가가 징세를 위해 작성한 기본 장부가 호적戶籍과 양안量案이다. 여기에서는 이들의 실제를 소개하면서 국가가 어떻게 사람과 토지를 파악하고 있었는가를 보도록 하겠다.

사람을 파악하기 위한 기본 자료인 호적은 다음과 같은 순서로 작성된다. 먼저 호주가 자기 집의 가족 구성을 기록한 호구단자라는 것을 제출한다. 정부는 그것을 이전의 호적과 대조해서, 그 정확성을 조사한 뒤에 읍마다 호적대장을 작성한다. 나아가 호적대장에 기재된 내용을 각 호마다 교부한다. 이 각 호에 교부된 문서를 준準호구라고 부르는데, 준호구가 다음 호적 작성 때 제출하는 호구단자의 기본이 되는 것이다. 호적대장은 3년에 한 번 작성되었다. 이 규정은 조선시대 내내 엄격히 준수되어 현재에도 18~19세기의 것을 중심으로 상당한 양의 호적대장이 남아 있다.

다음의 사진은 현존하는 호적대장 중 하나로, 경상도 언양현의 1711년 호적의 일부이다. 언양현의 호적대장은 언양 향교에 소장되어 있던 것으로, 1980년대에 부산대학교 연구자들이 학계에 소개하였다. 사진으로 소개한 것은 언양현의 길천리吉川里라는 촌락의 첫머리 부분이다. 내용을 해설하면 이렇다.

작성하는 경우에는 5호를 1통으로 하는 오가작통제가 이용되었다. 그리고 각 통의 제1호 호주가 그 통의 통주統主가 된다. 길천리의 제1통

경상도 언양현 호적대장
언양향교 소장

제1호의 호주는 '사노私奴 속오군東伍軍'이라는 직역職役을 가진 인물 이
삼천李三千이다. 이하, 이삼천의 연령과 생년, 본관 등이 기록되고, 이
어서 이삼천을 소유한 '주主'가 누구인가가 기재되어 있다. 나아가 이삼
천의 부친, 조부, 증조부와 외조부 즉 4조가 기록되어 있다.

　이상으로 호주 이삼천에 대한 기재가 끝나고, 다음으로 이 호에 포
함된 이삼천의 모친, 처, 자녀, 손자녀에 대해 각각의 이름과 연령, 생
년이 기록되어 있다. 호주의 처에 대해서는 그 성姓과 4조도 기록되어
있다.

　이러한 호적대장의 기재방식은 조선시대 내내 변하지 않았다. 국가
가 다대한 노동력과 경비를 들여 호적대장을 계속 작성한 것은 무엇 때
문이었을까?

　호적대장의 기재 항목 중 가장 중요한 것은 호주 등의 이름 앞에 붙
여져 있는 직함이다. 이 직함을 정식으로는 직역이라고 한다. 이 직역

명이야말로 군역을 부과할 때의 기준이 되는 것이었다. 이삼천의 경우, 그는 사노 즉 사인私人이 소유하는 노奴의 신분이지만 동시에 '속오군'이라는 직역을 갖고 있다. 노비는 앞에 서술한 것처럼 본래는 군역을 면제받았으나 17세기에 들어오면서 군역을 부과받게 된다. 속오군이라는 것은 노가 진 군역의 종류였다.

국가가 3년마다 호적대장을 작성한 것은 군역을 부담하는 자를 파악하기 위해서였다. 즉 호적대장에 기초해서 각 지역마다 각종 군역 부담자가 어느 정도 존재하는가를 파악하는 것이다. 호주나 그의 처의 4조가 기재되는 것도 본인의 직역이 선조의 직역과 다르지 않는가를 확인하기 위해서였다. 호적대장에 기재되어 있는 각 사람의 직역명은 18세기부터 19세기에 걸쳐서 크게 변화해가지만, 이에 대해서는 뒤에 서술하기로 한다.

호적대장과 함께 징세를 위한 기초장부로서 작성된 것이 양안(토지대장)이다. 양안이란 일본의 검지장檢地帳 같은 것으로 양전量田(토지조사)의 결과에 기초해서 작성된다. 양전은 『경국대전』 규정으로는 20년에 한 번 행하는 것이었다. 이 규정은 15세기까지는 비교적 잘 지켜지지만, 16세기 이후가 되면 유명무실화해 양전은 거의 행해지지 않았다. 임진왜란 후가 되면, 1600년부터 1604년에 걸쳐서 임시적인 양전이 행해진 외에 1634년과 1718~1720년의 두 번에 걸쳐 삼남 지방(충청·전라·경상도)을 대상으로 대규모 양전이 실시되었다. 또한 경기도나 강원도·함경도 등에서도 17세기에 양전이 행해지지만, 이들은 임진왜란으로 와해된 국가의 토지 파악을 다시 세우기 위해서였다. 그리고 1718~1720년의 삼남 지방 양전을 마지막으로 도 단위의 양전은 실시되지 않고 조선 말기에 이르렀다.

양전에 기초해서 양안이 작성되었는데, 현존하는 조선시대의 양안은 호적대장에 비해 훨씬 적다. 다음의 사진은 1720년에 작성된 경상도 상주목尙州牧 양안의 일부이다. 양안에는 한 필지의 토지마다 지번地番, 지목地目, 토지의 형상形狀, 결부수結負數(1결은 100부), 소유자 이름 등의 사항이 하나하나 기재되어 있다.

호적대장을 작성하는 첫째 목적이 각 사람의 직역을 파악하는 것이었던 데 비해, 양안을 작성하는 첫째 목적은 각 토지의 결부수 즉 지세 부담액의 확정이었다. 양안은 따라서 지세 징수를 위한 기초장부로서의 역할을 한 것이다.

호적과 양안은 기본 이념으로서 모든 사람, 모든 토지가 기재되어야만 했다. 물론 이것은 어디까지나 이념이고 실제로는 누락이나 부정확성을 피할 수 없었다. 특히 호적에는 대량의 누락 즉 호적에 등록되지 않은 많은 사람이 존재했다는 것이 확인되고 있다. 그러나 그렇다고 해서 호적이나 양안의 기재 내용이 엉터리였던 것은 아니다. 기재되어 있는 내용 자체는 나름대로 정확하고, 그렇기 때문에 징세를 위한 기본장부로서의 역할을 할 수 있었던 것이다.

모든 사람과 토지를 국가가 직접 파악하는 것, 이것은 고대 율령국가에서 유래하는 이념인데, 세계적으로 봐도 동아시아 특유의 현상일 것이다. 그리고 중국이나 조선에서는 그 이념이 오래 유지되었고, 이념을 실현하기 위한 제도도 정비되어 있었다. 넓은 중국에 비하면 조선의 호적대장이나 양안의 현존 상황은 훨씬 조밀하다. 이들 일차 사료를 사용한 연구가 최근에 본격적으로 진행되고 있는데, 그 풍부한

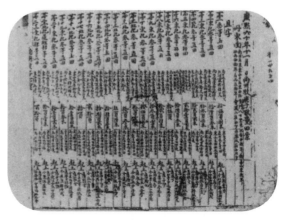

상주목 경자 양안尚州牧庚子量案
서울대학교 규장각 소장.

성과가 기대되는 바이다.

전통농법의 성립

식민지기에 총독부의 한 기관으로서 수원에 농사시험장이 있었다. 이 농사시험장의 사리원沙里院(황해도) 지장장支場長을 2대에 걸쳐서 근무했던 다케다 소시치로武田總七郎, 다카하시 노보루高橋昇 두 사람이야말로 조선의 전통농법을 처음으로 주목한 농학자였다. 필자는 이 책의 집필과 병행해 고 다카하시 노보루의 방대한 유고 출판 작업을 했는데, 다카하시가 추구한 것은 조선 전통농법과 그에 입각한 농업 발전의 양상에 대한 문제였다. 다케다나 다카하시에 따르면, 17~18세기야말로 조선 전통농법의 확립기였다.

두 사람은 전통농법의 완성을 다음과 같은 순서에 의한 것으로 명확히 정리하였다. 먼저 논농사(畓作)는 휴한식休閑式→연작식連作式→1년 2작식이 장기적인 발전 방향이었다. 즉 조방적粗放的인 토지 이용으로부터 보다 집약적인 토지 이용으로의 방향이다. 한편 밭농사(田作)는 북부의 1년 1작식, 중부의 2년 3작식, 남부의 1년 2작식을 완성 형태로 보았다. 여기에서도 조방적인 밭농사로부터 집약적인 밭농사로, 논농사와 같은 발전 방향을 보였다. 이러한 농업의 발전 방향을 역사적으로 확인해보자.

조선 농업의 구체적인 모습을 보여주는 가장 오래된 사료는 1430년에 간행된『농사직설農事直說』(이하『직설』이라고 약칭)이라는 농서이다. 이 농서는 국왕 세종의 명에 의해 정초鄭招·변효문卞孝文 두 사람이 전국의 뛰어난 농법을 조사하고, 그것을 하나의 책으로 정리한 것이다. 고려시대에는 이미 중국의『제민요술齊民要術』,『농상집요農桑輯要』등의 농서가 전해져 있었다. 그러나 이것들은 말할 것도 없이 중국의 풍토를 전제로 한 것이었다.『직설』의 편찬은 이러한 중국 농서의 한계를 극복하고 조선의 풍토에 적합한 농법을 체계화해서 보급시키는 것을 목적으로 하였다.『직설』은 짧으면서도 매우 뛰어난 내용이었기 때문에 농서의 고전으로서 조선시대 농서에 결정적인 영향을 주었다.

『직설』에 소개되어 있는 도작법稻作法은 수경법水耕法, 건경법乾耕法, 묘종법苗種法 셋인데, 모두 벼의 연작법連作法이다. 앞의 두 방법은 모내기를 행하지 않는 직파법이고, 묘종법이 모내기법이다.『직설』에서는, 묘종법은 모내기철에 물 확보가 곤란한 경우에 수확이 전혀 없을 위험성이 있기 때문에 '농가農家의 위사危事(위험한 일)'라고 하였다.

조선은 장마가 일본보다 반 달 내지 한 달 늦게 시작된다. 이 때문에

김매기 그림
우진호禹鎭浩(1832〜?)가 묘사한 농촌생활도 중 한 폭. 김매기에 땀을 쏟는 사람들, 점심을 머리에 이고 운반하는 여성과 어린이의 모습, 양반인 듯한 감독하는 사람 등의 표정이 풍부하게 그려져 있다. (『조선유적유물도감』에서)

모내기철의 물 확보가 불안정해 묘종법은 수리水利 조건이 좋은 논에서만 가능하였다. 이에 『직설』에서는 직파법이 권장되었는데, 직파법의 경우는 처음부터 본논에 벼를 재배하는 것이기 때문에 그루갈이(裏作)가 불가능하다. 『직설』이 편찬된 15세기에 논의 경작 방식은 1년 1작식이 주류였다고 할 수 있다.

조선에서 모내기가 본격적으로 보급되는 것은 17세기부터 18세기에 걸쳐서이다. 앞에 소개한 것처럼, 고상안의 『농가월령』에는 경상도에서 16세기에 묘종법이 보급되어가는 모습이 그려져 있다. 1655년에 편찬된 『농가집싱農家集成』에는 『식설』이 대폭적으로 증보되어 수록되는데, 특히 묘종법에 대한 기술이 매우 자세하게 되어 있다. 나아가 18세기 전반에 저술된 『산림경제山林經濟』에 이르면, 묘종법이 벼농사의 주류 지위를 점하게 된다. 이와 함께 벼(稻)→보리(麥)의 1년 2작식도 행해진다.

한편 밭농사를 보면, 『직설』에서는 1년 1작식이 주로 소개되어 있다. 1년 2작식이나 2년 3작식도 부분적으로 행해졌던 것 같지만, 이는 '밭이 적은 자의' 어쩔 수 없는 농법이라고 규정하고 있다.

밭농사에서 집약적인 토지 이용을 재촉한 것은 우경牛耕과 보습(犁)의 발달이었다. 17~18세기가 되면, 풍토와 용도에 따라 각종 보습을 널리 사용하게 되고, 중부의 2년 3작식, 남부의 1년 2작식이 확립되기에 이르렀다. 이때 지력地力 유지 작물인 콩류의 적극적인 도입이 커다란 역할을 하였다.

조선에서는 논을 답畓, 밭을 전田이라고 쓰는 것에서 알 수 있듯이 농업의 중심은 본래 밭농사에 있었다. 식민지기 다수의 일본인은 논 중심의 일본 농업 입장에서 조선 농업을 보았기 때문에 그 특징을 충분히 파악할 수 없었다. 그중에서 다카하시 등은 조선 농업의 독자성을 이해하고 특히 밭농사의 전통적 기술을 높이 평가하였다. 중부지방의 2년 3작식은 세계 밭농사의 최고봉이라고까지 말하였다.

··· 전통의 형성

네덜란드인이 본 17세기의 조선

1653년 7월에 한 척의 네덜란드 배가 대만에서 일본을 향해 출발하였다. 배의 이름은 데 스페르베르 호, 3개의 돛이 있는 소형 범선이었다. 이 배는 항로 도중에 태풍을 만나서, 8월 16일(양력) 제주도 남부 해안에 난파해 서른여섯 명의 승무원이 표착하였다.

그들은 자기들이 네덜란드 사람이고, 일본으로 송환해줄 것을 요구했지만, 조선 측은 이를 거부하였다. 1627년에도 네덜란드인이 표류했는데, 그때 일본은 네덜란드인이 기독교도라는 이유로 받아들이는 것을 거절한 적이 있었기 때문이다.

일행은 서울에 상경해서 국왕 효종을 만난 후 전라도 각지에 분산 거주하게 되었고, 병역兵役을 지게 되었다. 외국인을 병사로 하는 것은 조선시대의 관행적인 조치였던 것 같다. 1666년에 열여섯 명의 생존자 중에서 여덟 명이 탈주를 계획, 배를 구해서 일본으로 향하였다.

그리고 무사히 고토五島 열도에 도착해 일본에서 엄중한 조사를 받은 후, 나가사키長崎 데지마出島의 네덜란드 상관商館에 인도되었다. 이

여덟 명 중의 한 사람인 헨드릭 하멜Hendrik Hamel이 나가사키 체재 중에 저술한 보고서가『하멜표류기』이다.

『하멜표류기』는 유럽인이 조선에 관해 저술한 최초의 본격 소개서이다. 이 소개서에는 그들의 눈에 비친 17세기 조선의 모습이 묘사되어 있어 사료로서 매우 귀중하다. 이 책에서 몇 군데 주목되는 부분을 소개하겠다.

타타르의 지배하에 있다고는 해도 코레아에서 국왕의 권위는 절대적입니다. 국왕은 나라 전체를 자신이 생각하는 대로 통치하고 조정의 의견에 따르는 일은 없습니다. 이 나라에는 고을이나 마을, 섬을 소유하는 영주가 없습니다. 대관大官들은 그들의 경지와 노예로부터 수입을 얻습니다. 우리는 2, 3000명의 노예를 소유한 대관을 본 적이 있습니다.

청에 종속하면서도 국내 정치면에서는 국왕의 권위가 절대적이라는 것, 봉건사회 같은 영주가 존재하지 않는 것 등이 하멜에게는 인상 깊었던 것이다. 과거 및 과거를 위한 교육에 대해서는 다음과 같이 서술하였다.

양반이나 잘사는 사람은 자식들의 교육에 신경을 많이 쓰며, 아주 어릴 때부터 선생을 두어 글공부를 시키는데, 이건 이 민족이 아주 중시하는 일입니다. 그들은 아이들을 가르칠 때 점잖고 부드러운 태도를 취합니다. …… 각 마을에는 조국을 위해 목숨을 바친 사람들을 해마다 추모하는 건물이 하나 있습니다. 이런 곳에는 보존할 가치가 있는 옛 글들이 보관되어 있습니다. 양반들은 거기서 소리 내어 책을 읽는 연습을 합니다.

다음은 친족제도나 그것에 관련되는 기술이다.

그들은 4촌 이내의 친척과는 결혼도 연애도 할 수 없습니다. 그들은 8세, 10세 내지 12세 혹은 그 이상이 되면, 그들의 양친 혹은 친척의 소개로 시집가거나 장가를 가거나 합니다.

자식들은 아버지가 죽은 경우는 3년, 어머니가 죽은 경우는 2년의 상을 입어야 합니다. 그 기간 중에는 승려처럼 식사를 해야 하며, 관직에 나갈 수도 없습니다. 대소 관직에 나가 있는 자는 양친 어느 쪽이라도 죽으면 바로 사직해야 합니다. 부인과 함께 자는 것도 안 됩니다. 만약 이 기간 중에 아이가 생기면 그 아이는 사생아로 간주됩니다.

양친을 정중히 장사지내고 난 후에, 무언가 물건이 남았으면 장남이 집에 남아서 가옥과 그에 딸린 것을 소유합니다. 토지나 기타 물품은 자식들 사이에 분배됩니다. 아들이 있는 경우에 딸이나 아내가 유산을 물려받았다는 이야기는 들은 적이 없습니다. 그들은 자기 옷과 자기가 쓰던 물건 그리고 시집올 때 가져온 물건만 가질 수 있습니다.

4촌 이내의 사람과 결혼할 수 없다는 것은 양반 이외의 계층에 대해서 서술한 것이다. 양반층은 몇 촌 간이라도 동족끼리의 결혼은 할 수 없었기 때문이다. 이 기술에서 양반층 이외에는 아직 동족관념이 존재하지 않았다는 것을 알 수 있다.

재산 상속에서는 이미 남녀 균등의 관행이 무너져서, 남자 균등으로 변하고 있는 것이 엿보인다. 1874년에 간행된 샤를 달레Claude Charles Dallet 신부의『조선교회사*Histoire De L'Eglise De Corée*』에서는 친족·상속 제도에 대해서 다음과 같이 소개하고 있다

> 조선에서도 동양 대부분의 나라와 마찬가지로 친족관계는 현재의 유럽보다도 훨씬 긴밀하고, 매우 먼 친척에까지 미치고 있다. 부자든 가난뱅이든, 유식한 자든 무시한 자든, 관식에 나간 자가 있든 거지이든, 그들의 사회적 지위는 변하지 않고, 15촌 혹은 20촌에 이르기까지 모든 친족이 한 씨족 내지 한 부족, 보다 정확히 말하자면 단일 일가를 이룬다. 일가는 모두 공통의 이해로 맺어져 있고 서로 돕지 않으면 안 된다. 부친이 사망하면 장자가 그 지위를 잇고 소유권을 확립한다. 밑의 아우들은 결혼할 때 그 일가의 관습이나 계급, 재산에 따라서 부모로부터 다소간의 증여를 받는다. 모든 재산은 장자의 것이 되지만, 그는 아우들을 자기의 아이와 같이 보살필 의무가 있다.

이 기술로부터 19세기에는 양반 이외의 계급에도 친족제도의 확대가 보인다는 것, 상속제도에서 장남 단독 상속의 경향이 강했다는 것을 알 수 있다.

친족제도의 변화

15~16세기 동안 형성되어온 양반을 중심으로 하는 중앙·지방의 통

치체제는 17세기 후반이 되면 여러 가지로 변질되기 시작한다. 그중에서도 과거제의 변질과 이에 따른 중앙 정계의 새로운 진출이 매우 어려워진 것은 지방에 사는 양반층에게는 중대한 사태였다. 이러한 사태를 맞아 양반들의 생존전략으로서 취해진 것이 부계 혈연집단으로서의 동족조직의 형성 및 강화였다.

앞에서 보았듯이 양반의 형성과정은 동시에 부계 혈연집단으로서 동족집단의 형성과정이기도 하였다. 그러나 16세기까지는 유희춘의 경우가 그러했듯이, 쌍계적인 친족관념이 강하게 존재하였다. 따라서 동족집단도 아직 강고한 조직으로서 존재하지 않았고, 족보에도 동족 이외의 인물이 보다 많이 포함되어 있었다. 남녀 균등한 상속제도도 쌍계적인 친족관념과 불가분의 것이었다. 그러나 17세기에 들어서면 점차 동족집단의 조직화가 진전되기 시작한다. 이때 가장 중요한 조직 형태가 문중이라고 불리는 조직이었다.

오늘날 한국 민족의 친족제도는 몇 개의 층으로 구성되어 있다. 가장 기층에 있는 것은 한 쌍의 부부와 그 아이들로 이루어진 가족이다. 가족에는 3세대로 된 직계 가족도 존재하지만, 조선시대 이래 가족 구성원 수는 평균 4~5명 정도이고 대가족은 드물었다. 가족보다 한 단계 위의 층을 이루는 것은 당내堂內 또는 집안이라고 불리는 집단이다. 당내라는 것은 고조(조부의 조부)를 같이하는 자의 집단이다. 매년 제삿날에 제사를 지내는 것은 고조 대까지이고, 고조 이상의 선조는 1년에 한 차례로 정리해서 제사를 지낸다. 따라서 당내는 선조 제사를 지낼 때의 가장 기본적인 집단이고, 일상적으로도 빈번히 왕래하는 게 보통이다. 당내라는 말을 순수한 한국말로는 집안이라고 하는데, 집안은 집

(家)의 안(內), 일본어에서 말하는 미우치身內와 비슷한 말이다.

당내는 이렇게 일상적으로는 가장 중요한 친족 단위이지만, 세대마다 그 범위가 변하였다. 따라서 영속적인 조직은 될 수 없는 것이다. 친족 조직으로서 영속성을 가지기 위해서는 특정 선조를 공유하는 자손을 모두 포섭하는 조직을 만들지 않으면 안 된다. 이 때문에 조직된 것이 문중 조직이다.

선산 유씨라든가 안동 권씨 같은 동족집단도 선조를 공유하는 부계혈연집단이라는 의미에서는 문중과 같다. 그러나 동족집단은 그 구성원이 너무 방대하기 때문에 조직으로서의 실질적인 기능은 그다지 기대할 수 없다. 문중 조직에서 공통의 선조가 되는 것은 동족집단의 시조보다 훨씬 내려온 세대의 인물이다.

안동 권씨의 예를 보면, 이 동족집단은 현재 한국에만 그 수가 50만 명을 넘고 있다. 안동 권씨 전체는 크게 14개의 파로 나뉘는데, 하나의 파만도 그 수가 수만 명이나 된다. 문중 조직은 이 파 중에서 파조派祖로부터 몇 세대 내려온 인물을 공통의 선조로 하는 사람들로 만들어진 조직이다. 문중 조직의 조상이 되는 인물은 과거에 합격하는 등, 걸출한 경력을 가진 사람인 경우가 많다. 따라서 안동 권씨에 속하는 사람에게, 친족집단은 가족－당내堂內－문중門中－파派－동족同族의 다섯 층이 있는 것이다.

문중 조직이 형성되기 시작한 것은 16세기부터로, 17세기 이후 본격화한다. 문중 조직은 정기적으로 회합을 열어서 임원을 결정하고 조직을 운영한다. 나아가 토지나 건물 등의 문중 재산을 설정해서 선조 제사의 비용을 댄다든가 문중 내 상호부조 기금으로 삼는 것을 일반화하였다.

　문중 조직으로 상징되는 것처럼, 부계 혈연집단의 결합이 강화됨에 따라 족보의 편찬방식도 변하기 시작한다. 16세기까지의 족보와 달리, 족보에는 부계 혈연집단의 구성원만을 수록하는 것이 통례가 된다. 그리고 동족 전체를 대상으로 하는 족보만이 아니라 문중을 단위로 하는 족보 편찬이 활발히 이루어졌다.

　이렇게 해서 17세기에 들어오면 부계 혈연집단의 조직화가 진행되는데, 왜 이러한 현상이 나타났을까? 대부분 유교 혹은 주자학의 영향 때문이라고 하지만 그것은 의문이다. 주자학이 본격적으로 도입되는 시기와 부계 혈연집단의 조직화 시기는 그 차이가 너무나도 크기 때문이다. 오히려 17세기에 들어와서 양반 특히 지방에 사는 양반들의 활력이 점차 상실되어가는 가운데, 그들의 생존전략으로서 부계 혈연집단의 강화가 꾀해졌다고 보는 것이 타당할 것이다. 남녀 균등 상속으로부터 남자 균등, 나아가 장남 우선 상속으로의 변화는 유교의 가르침과도 다르다. 이러한 변화를 주자학의 영향으로 설명하는 것은 불가능하다.

마을의 형성

마을이라는 것은 일본어 집락集落의 한국어이다. 일본어의 무라村와 같은 어원의 말이라고 한다. 따라서 아주 옛날부터 있었던 말이고, 몇 명의 사람들이 모여서 정주한 장소를 마을이라고 불렀을 것이다. 그러나 오늘날과 직접 연결되는 마을은 그 대다수가 16세기 이후에 성립된 것이다.

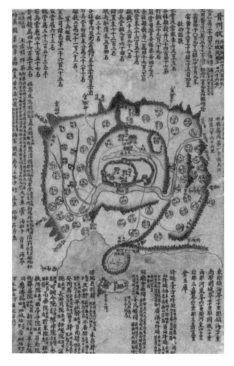

진주지도晉州地圖
18세기 중반에 작성된 『해동지도海東地圖』에 수록되어 있는 경상도 진주목의 지도이다. 진주는 낙동강의 지류인 남강 연안에 펼쳐진 조용한 도시지만, 임진왜란 때는 치열한 전투가 전개되었다. 서울대학교 규장각 소장.

　현재 한국의 지방행정조직은 도道—군郡—면面—리里(또는 동洞) 4개의 층으로 구성되어 있고, 하나의 리에 여러 개의 마을이 포함되어 있는 것이 일반적인 형태이다. 지방 행정조직의 4층 구조는 제도적으로는 이미 『경국대전』에 규정되어 있었다. 그러나 16세기까지는 면제面制가 확립되지 않아서, 면面은 단순히 군郡을 크게 동서남북 네 개로 기계적으로 나눈 것뿐으로, 방위면제라고 불리는 것에 지나지 않았다. 행정단위로서의 면이 확립된 것은 17세기 이후이고, 그 배경에는 마을의 성장이 있었다.

　1632년에 간행된 경상도 진주의 지방지인 『진양지晉陽誌』(진양은 진주

도 8 진주의 마을 변천

16세기 말

진성리晉城里 : 속방12
동남산촌東南山村
저장猪場
양장羊場
대연大淵
원당元堂
논아곡論阿谷
굴천屈川
오곡吳谷
원통元通
서대사동西大寺洞
덕현德峴
천곡상중하3동泉谷上中下三洞
이천리耳川里 : 속방5
세동細洞
저동猪洞
탑동塔洞
고대高台
월영月影

20세기 초

내진성면內晉城面
천곡동泉谷洞
이천동耳川洞
온수동溫水洞
대사동大寺洞
두수동杜水洞
백암동白岩洞
원당동元堂洞
외진성면外晉城面
답천동沓川洞
성분동星盆洞
포곡동包谷洞
운천동雲川洞
원통동元通洞
사가동四佳洞
소야동小也洞
시목동柿木洞
남산동南山洞
관사동冠寺洞

의 옛 이름)에는 16세기 말 마을의 명칭과 임진왜란 이후의 재편 양상이 기록되어 있다. 이를 따라가면서 당시의 마을 모습과 17세기 이후의 변화를 보자.

『진양지』에 따르면 진주는 전체가 동서남북 네 개의 면으로 나뉘어 있다. 방위면제로서, 면의 아래에는 몇 개인가의 리가 있고, 각 리에는 여러 개의 방坊이 속방屬坊으로 부속되어 있었다. 이제 하나의 예로 동면東面의 진성리晉城里와 이천리耳川里 부분을 발췌해서 거기에 보이는 방리 이름과 조선왕조 말기의 면리 이름을 대조해보면 도 8과 같다.

도 8에서 16세기까지의 리가 면으로 되어 있는 것을 알 수 있다(진성리→진성면). 그러나 16세기의 진성리는 그 자체가 하나의 마을로서 다른 속방과 기본적으로는 같은 성격이었는데, 조선왕조 말의 진성면은 면 전체의 명칭으로서 순전한 행정구역명으로 되어 있다. 그리고 원래의 진성리는 진성면 내의 두수동으로 이어지고 있다. 군-면-동이라는 구성이 17세기 이후에 생겼다는 것을 여기에서 잘 알 수 있다.

진성리와 함께 16세기에 존재했던 또 하나의 리인 이천리는 임진왜란 이후에 진성리에 합병되고 말았다. 이때 주목되는 것은『진양지』에 기재되어 있는 리의 주민 구성에 관한 주기注記이다. 즉 진성리에는 '사족이 많이 거주한다(士族多居)'고 되어 있는 데 비해 이천리에는 '풍속이 어리석다(風俗蠢愚)'고 되어 있다. 임진왜란으로 국토가 황폐화된 가운데, 이천리가 진성리에 합병된 것은 이러한 주민 구성의 차이에 의한 것이었다고 추측된다.

도 8에서 또 하나 주목되는 것은 16세기에 존재했던 방리 중 조선왕조 말의 동洞과 계승 관계가 확인된 것은 여덟 개에 지나지 않는다는 것이다. 나머지 열한 개는 조선왕조 말에 이르기까지 마을로서는 소멸하고 만 것이다. 반대로 조선왕조 말에 존재한 열일곱 개의 동 가운데, 16세기까지 거슬러 올라가는 것은 여덟 개밖에 없다. 이렇게 현재 연결되는 마을의 반수 이상이 17세기 이후에 생긴 것이었다.

장시와 상업

장시場市란 정기시定期市로, 16세기 이후 각지에서 발생하기 시작하였

「장시도」
5일마다 열리는 장시(농촌 정기시)에는
근처의 농민들이 도보로 혹은 배를 타고
모였다. 이 그림은 18세기 작품으로 추정
되는데 장시의 흥청거리는 모습이 잘 묘
사되어 있다. 국립중앙박물관 소장.

다. 고려시대에는 각 지방 관아 소재지에 시市가 만들어졌다. 조선왕조에 들어오면 처음에는 지방의 시市를 금지하는 정책을 취했지만, 농민들에게도 시장에서의 교환이 불가결했기 때문에 장시가 점차 형성되었다. 18세기에는 전국에서 1000곳 남짓의 장시가 존재하기에 이르렀고, 이들은 대다수가 5일에 한 번, 인접한 장시와 그 개시일開市日을 달리해서 여는 것이 일반적이었다. 북부 지역을 제외하고 주민들은 1일 이내의 일정으로 장시에 출입하는 것이 가능하게 된 것이다.

장시에는 상설 점포는 만들어지지 않고 가가假家라고 불리는, 비바람을 피하는 정도의 간단한 건물이 약간 있는 외에 대부분의 거래는 노천에서 이루어졌다. 거래된 상품은 다양했지만, 곡물이나 면포 등 지역 내에서 생산된 물품과 소금이나 해산물 등 지역 내에서 생산이 불가능한 물품과의 거래가 주류였다. 또 장시에는 인근 주민만이 아니라 보부상褓負商이라고 불리는 행상인이 와서 지역 밖으로부터도 상품을 가져왔다.

장시에서는 물물교환과 함께 화폐도 사용되었다. 17세기 중반까지는 쌀이나 면포가 화폐 역할을 하였다. 그러나 1678년에 정부가 상평통보라는 동전을 주조하고 그 유통을 촉진하는 정책을 취하면서부터는 이것이 급속히 보급되었다. 상평통보는 그 형상 때문에 엽전이라고 통칭되어, 19세기 후반 새로운 화폐가 주조될 때까지 유일한 금속화폐로 사용되었다. 그러나 동전이기 때문에 고액의 상거래에는 맞지 않았고 유통 비용이 많이 들었다.

장시는 단순히 상품교환의 장일 뿐만 아니라 오락과 정보 교환의 장이기도 하였다. 장시에는 대개 주막이라는 술집이 열려서, 장시에 온 남자들은 거기에서 막걸리를 마시면서 여러 가지 정보를 교환하였다. 결혼 상담도 장시에서의 정보가 큰 역할을 하였다.

장시는 정부의 지방통치 측면에서도 중요한 의미를 가졌다. 특히 쌀 등의 곡물 수급이나 가격은 농민생활에 커다란 영향을 미치기 때문에 지방의 관아도 신경을 썼다. 때로는 관아가 보유하는 쌀을 장시에 방출해서 쌀값을 진정시키기도 하고 곡물의 역외域外 유출을 금지하는 방곡령防穀令을 명하기도 하였다. 장시를 새로이 만들 때 지방관의 허가가 필요한 것도 장시의 역할이 그만큼 컸기 때문이다.

상업의 위치

이렇게 16세기부터 18세기에 걸쳐 전국에 장시망이 형성되었지만, 상업의 발전이라는 면에서 보면 조선사회는 같은 시기의 중국이나 일본과 비교할 때 빛을 잃는 것은 부정할 수 없는 사실이다. 장시에 상설 점포가 없다는 점, 화폐의 미발달 등이 그것을 상징하고 있다. 과연 상업 부진의 이유는 어디에 있었던 것일까?

물론 국가가 상업에 대해 매우 소극적인 정책밖에 취하지 않았던 것이 가장 큰 이유이다. 그것은 중국이나 일본과의 무역에 대한 태도에 잘 나타나 있다. 특히 16세기에 동아시아가 은 유통권에 편입되었을 때, 조선 정부는 은과 국내 경제의 관계를 끊으려고 노력하였다. 조선은 원래 금·은을 풍부하게 생산했지만, 도리어 그 채굴을 금지하면서까지 경제 아우타르키(자급자족 체제)를 고수하려고 한 것이다.

그러나 국가가 아무리 상업에 대해서 소극적인 정책을 계속 취한다고 해도 그것이 반드시 성공한다고 할 수는 없다. 따라서 국가의 정책만으로 상업의 부진을 설명하는 것은 무리이다. 보다 근본적인 문제는 지배층의 존재 형태였다고 생각한다. 전근대 사회에서는 어디에서든 상인의 최대 고객은 왕실이나 정부 및 사회적 지배층이라는 것이 일반적이다. 따라서 지배층의 존재방식이 상업의 발달에 결정적인 영향을 주는 것이다.

조선왕조의 지배층이었던 양반은 대대로 서울에 사는 친척이나 현직 관료를 제외하고는 대다수가 농촌 거주자였다. 『미암일기』에 보이듯이 그들은 스스로가 소유한 농지나 노비로부터 일용물자를 조달하고, 시장교환을 기본적으로 필요로 하지 않았다. 16세기 이후 경제의 자급자족 체제를 지킬 수 있었던 것도 단순히 국가 정책에 의한 것이 아니라, 양반층의 존재방식이 보다 중요한 요인이었을 것이다.

도시의 발달이 매우 낮았던 것도 같은 이유에서일 것이다. 수도인 서울은 20~30만 명의 인구를 가진 큰 도시였지만, 그 이외에 1만을 넘는 인구를 가진 도시는 아주 적었다. 군이나 현의 관아 소재지를 읍내라고 하는데, 읍내의 주된 거주자는 향리와 공노비들이고 양반은 읍내에 거주하지 않았다. 이 점에서 조선의 읍내는 중국의 현성縣城이나 일본의 조카마치城下町와는 그 주민 구성이 전혀 다른 것이다.

상업의 부진이나 도시의 미발달 등의 현상을 두고 식민지기의 일본인 연구자는 조선사회 정체성의 결과라고 하였다. 해방 후 연구에서는 이를 비판하고 자본주의 맹아론이라고 불리는 주장이 활발해졌다. 그러나 어느 쪽 주장도 조선사회의 독자적인 구조를 무시하고 유럽이나 일본의 역사적 경험을 그대로 적용하려는 경향이 강했다. 조선사회는 결코 정체한 사회가 아니었으며, 그 변화 방식은 독자적인 양상을 보인다. 구조에 입각한 변동론이 요구되는 까닭이다.

7장

청 왕조의 평화

••• 강희 시대의 국제환경

강희제의 시대

강희제康熙帝(이름은 현엽玄燁)는 순치제의 셋째아들로 태어나, 1661년 여덟 살 나이에 즉위한 후 1722년 죽을 때까지 61년 동안 중국 역사상 가장 오랜 기간 제위에 있었다. 어머니는 한군漢軍 팔기八旗 출신이고, 할머니(순치제의 어머니)는 몽골 사람이므로 강희제 몸에는 만·한·몽골의 피가 흐르고 있는 셈이다. 그는 만주어·한어·몽골어를 자유롭게 구사하였다. 프랑스의 루이 14세 재위기간이 1643~1715년, 무굴 제국의 아우랑제브 재위기간이 1658~1707년, 모두 거의 같은 시기에 장기 재위한 황제였다.

처음에 소년 강희제를 보좌한 것은 팔기 중 황제 직속인 상삼기上三旗(정황기, 양황기, 정백기) 출신의 4명의 대신, 즉 소닝, 스쿠사하, 에비

룽, 오보이였다. 당시 만주 귀족 내부에도 황기와 백기의 대립을 중심으로 극심한 항쟁이 있어서 이 네 명을 보정대신輔政大臣으로 선임하여 이를 어떻게든 수습하고자 하는 고육지책이었다. 그러나 이 대립은 곧 불을 내뿜었다. 항쟁 속에서 권력을 쥔 오보이는 1667년에 친정親政을 시작한 소년 황제가 어리다고 업신여기고 실질적으로 조정을 좌지우지했다. 강희제는 표면상 그와 대립하지 않고 무예를 훈련하는 척하며 강건한 젊은이들을 모아서 친위대를 훈련시켰다. 어느 날 입궐한 오보이 앞에서 강희제는 갑자기 친위대를 향해, "너희들은 내 심복 위사들인데 나를 경외하고 따르겠느냐, 아니면 오보이를 경외하고 따르겠느냐?"고 물었다. 젊은이들이 일제히 "우리 모두 황제 폐하를 경외하고

「강희남순도康熙南巡圖」(부분)
내우외환이 일단락된 1680년대 이후, 강희제는 6회에 걸쳐서 남순南巡(강남 순행)을 하였다. 그 목적은 청 왕조 황제의 존재를 강남 사람들에게 강하게 인상 지우고 동시에 순행하는 곳의 감세減稅나 축의祝儀로 성대한 잔치를 베풀어줌으로써 지방의 인심을 잡으려는 일종의 선정善政 캠페인이었다. 이 그림은 강희제가 강남의 한 도시에 들어서는 장면이다. 북경 고궁박물원 소장.

군인 복장을 한 강희제(왼쪽)와 붓을 잡은 강희제(오른쪽)
문무겸비의 젊은 강희제를 그린 초상화. 프랑스 예수회 선교사 부베Joachim Bouvet가 루이 14세에게
바친 책 『강희제전康熙帝傳』의 묘사에 따르면, 강희제의 풍모는 눈이 형형하여 보통의 중국인보다 크
고, 약간 매부리코에 조금 마마자국이 남아 있지만, 잘생긴 얼굴이었다. 북경 고궁박물원 소장.

따르겠습니다!"라고 대답하자, 황제는 오보이의 죄명을 낱낱이 열거
했고 젊은이들은 순식간에 오보이에게 덤벼들어 그를 체포하였다. 이
때 강희제의 나이 열여섯 살이었다.

그 후 실질적인 친정을 시작하고 나서도 강희제 치세의 전반은 살얼
음을 밟는 듯한 위기의 연속이었다. 삼번三藩의 난을 평정하고, 대만에
웅거한 정씨鄭氏를 항복시킨 1680년대까지 청 왕조의 통치가 단명으로
끝날 것인가 장기 왕조가 될 것인가는 아무도 예측하지 못했다. 중국
뿐만 아니라 동아시아 전체적으로 이 1680년대라는 시기가 16세기 이
래 동란이 끝나고 안정으로 전환되는 시기에 해당되었던 것은 강희제
에게 행운이었다. 그 후 국제정세의 안정과 청 왕조의 국력 강화가 상

승효과를 가져와 '청 왕조의 평화' 혹은 '만주인의 평화'라고도 하는 백 수십 년 동안의 비교적 평온한 시기가 도래한 것이다.

동남의 해상 무역

1684년에 해금이 해제되어 연해 성省들에는 강해관江海關(강소), 절해 관浙海關(절강), 민해관閩海關(복건), 월해관粵海關(광동)의 4개 해관海關이 설치되었다. 해외무역을 하고 싶은 상인은 각급 지방정부의 도항증명 서를 입수해 각 항의 번소番所에서 금제위반품(수출금지품목)을 갖고 있 는지 체크를 받아야 출항이 허락되었다. 금지품목 물자는 무기나 금· 은·유황·초석·동과 같은 광산물, 혹은 휴대 식량분 이외의 미곡 등이 었다. 이들 금제는 주로 물자가 해외나 해적들에게 흘러들어가서 그들 의 세력이 한층 커질까봐 염려하는 치안상의 고려에 기초한 것이었다.

17~18세기라고 하면 유럽의 많은 나라들이 중상주의 정책을 취해 국내 상업을 보호하기 위해서 무역을 제한한 시기인데, 청 왕조의 경 우 무역 제한은 국내 상업을 보호하기 위한 경제적 의미라기보다는 오 히려 해상 평화를 유지하기 위한 치안 유지의 의미가 더욱 강했다. 이 는 걸핏하면 외국의 상품이나 서비스(해운 등)와의 경쟁에 져서 자국의 상업이 쇠퇴하고 마는 험준한 상황에 직면했던 유럽 나라들과 달리, 청대 중기까지 중국의 경우는 가만히 있어도 중국 물산이 세계에 팔려 가는 안정된 판매자시장(물건을 사는 사람이 많아 판매자에게 유리한 시장)이 있었기 때문이다. 중국산 생사나 도자기는 예로부터 세계에 알려진 고 급품이었고, 강남江南산 면포도 '난킹南京'이라고 불리면서 유럽 사람들

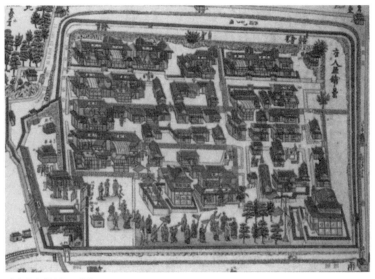

나가사키 당인唐人 저택
1680년대 청 왕조의 해금 해제에 따라 중국 상선의 나가사키 내항이 급증하자 일본은 무역 제한을 강화해서 이에 대응했다. 1689년에 완성한 당인(중국인) 저택에는 밀무역의 방지나 무역 관리를 위해 청의 상인을 한데 모여 살게 했다. 교토대학 부속도서관 소장. 티칭『일본풍속도지日本風俗圖誌』에서.

이 탐내는 의류 품목이었다. 18세기부터 급속히 거래량을 늘려간 차茶도 19세기 중반까지는 전 세계에서 중국이 거의 독점적으로 산출하고 있었다. 따라서 청 왕조에게 무역문제란 다른 나라와의 경제적인 경쟁의 문제라기보다는 무역을 통해서 중국인이 해외로 이주해서 반청 세력을 형성하거나 해적 활동이 활발해지는 것을 어떻게 억제할 것인가의 문제였다. 위정자들이 항상 그러한 규제에 대한 관심에서 무역을 보고 있었다는 점에 주의할 필요가 있다.

당시 동남 연안의 해상무역 상황을 북쪽에서부터 순서대로 보도록 하자. 강소의 상해上海・사포乍浦, 절강의 영파寧波는 대일對日무역의 중심지였다. 해금 시기에 억제되었던 대일무역은 1684년 해금 해제와 동시에 급증해서 1685년에는 85척, 그리고 1688년에는 194척으로, 마치

해금시대의 울분을 터트리기나 할듯 중국 상선이 나가사키에 쇄도하였다. 이 상황은 도쿠가와德川 막부를 당황하게 하지 않을 수 없었다. 귀금속의 대량 유출과 시장 혼란을 두려워한 막부는 1685년에 무역제한령을 발포해서 중국선의 무역고를 1년에 6000관(약 60만 량)으로 제한하고 또한 1688년에는 내항 선수船數를 70척으로 정해 그것을 초과하는 분량에 대해서는 무역을 허락하지 않고 귀항시켰다. 그 후에도 도쿠가와 막부는 중국 무역 제한을 강화해서 18세기 후반에는 나가사키에 내항하는 중국선의 수는 1년에 십수 척으로 감소하였다.

물론 이러한 무역 제한에 의해 중국과 일본의 관계가 끊어진 것은 아니다. 문화면에서 말하자면, 전쟁이나 기근으로 날을 지샌 16~17세기 전반에 비하면 막부의 지배가 안정되어 평화가 찾아온 17세기 말 이후로는 중국에 대한 관심이 일본 내 넓은 계층에 퍼져서 중국 문화의 영향이 오히려 강화되었다고 할 수 있다. 나가사키뿐만 아니라 류큐나 쓰시마·조선을 통한 경제관계도 지속되었다. 그러나 전체적으로 보면 중일무역의 중요성은 중국에서도 일본에서도 상대적으로 감소되었다고 할 수 있다.

16세기 중반~17세기 전반의 국제무역 전성기에 일본은 전적으로 은을 중국에 수출하고 생사 등 수공업 제품을 수입했다. 그러나 17세기 후반 이래 무역 제한에 따라 일본에서도 생사나 사탕 등 종래 수입품을 국내에서 자급하는 '수입대체'적 산업이 차차 발달해, 19세기 초 무렵까지는 일본 경제가 중국에 의존하지 않는다는 의미에서의 '자립'도를 높여가고 있었다. 한편 일본의 대對중국 수출품을 보면, 최대 수출품이었던 은이 막부의 수출 제한에 따라 격감하고 그 대신에 동, 다

음에 다와라모노俵物(건乾해삼·건전복·상어지느러미의 세 가지 중요품) 등
이 주역이 되었다. 17세기 전반까지 이루어진 상호간 강한 의존관계는
차차 약화되어갔다.

중일무역 대신 남양南洋무역의 비중이 높아진 것도 이 시기 또 하나
의 특징이다. 복건성의 하문廈門은 청대 중국선이 남양으로 향하는 출
항지로서 가장 큰 항구였다. 18세기 중반 전성기에는 여기에서 해마다
출항하는 중국선이 60~70척, 목적지는 마닐라(수십 척), 바타비아(수십
척), 베트남, 타이 등을 중심으로 동남아시아 전역에 걸쳐 있었다.

동남아시아와의 범선 무역이 활발해지고 경제적·인적 관계가 밀접
해질수록 중국인 중에서 동남아시아 지역들에 정착하는 사람들이 나
타나는 것도 자연스러운 일이었다. 특히 산간 지역으로 인구가 많은
복건성은 인구 압력과 해상무역 의존도가 높았으므로 동남아시아 화
교를 많이 배출한 지역이다.

청 왕조는 이러한 해외이주를 중국인의 해외진출로 보지 않고 반反
정부 활동의 온상으로 여겨 항상 경계하는 태도를 취했다. 1740년 자
바에서 네덜란드 사람들이 중국인 1만여 명을 학살하는 사건이 일어났
을 때도 청 왕조는 결국 항의하는 자세를 보이지 않고 방치했다. 이것
은 네덜란드와 적대해서 무역을 저해받고 싶지 않다는 이유도 있지만,
해외 중국인은 보호할 필요가 없는 '천조天朝의 기민棄民'이며 박해받는
것도 자업자득이라는 청 왕조의 매정한 태도의 소산이기도 했다. 그러
나 그러한 속에서 동남아시아 화교들은 스스로 상호부조의 네트워크
를 만들어 상품경제의 중추를 장악해 동아시아·동남아시아 무역망에
서 커다란 역할을 다했다는 것은 주지하는 대로이다.

중국선의 출항 무역 중심지인 하문과 대비해서 광주廣州(구미 사람들은 칸톤이라고 함)는 외국선의 내항 중심지였다. 18세기 전반에는 연간 평균 10~20척의 구미선이 내항했는데 배의 수에서도 무역량에서도 그 중요성은 중국 상인들의 범선 무역에 비해 훨씬 뒤진 것이었다. 구미선의 무역 비중이 높아진 것은 18세기 중반 이후의 일이다.

17세기 말에서 18세기 전반은 구미선의 활동도 활발하지 못했고 일본선은 전혀 모습을 보이지 않았으니, 동중국해·남중국해는 거의 중국선의 독무대였다고 해도 과언이 아니다. 이 시기는 중국 범선의 남양무역 황금기였다. 일반적으로 청 왕조는 명 왕조와 달리 중국인의 출항 무역에 대해서 치안을 해치지 않는 한 방임한다는 태도였다. 실제로 이 시기 동남 연안에는 소규모의 해적 활동을 제외하면 강력한 외국 세력도 청 왕조를 위협하는 군사집단도 없어서 동남 연안은 청 왕조로서는 대체로 안전한 지역이었다. 그러한 상황을 배경으로 청 왕조의 관심은 오히려 내륙으로 향하게 된다.

러시아와 만나다

대외관계에서 청 왕조와 명 왕조의 가장 큰 차이는 명 왕조를 시종일관 괴롭힌 북방 민족의 압력이 청 왕조에서는 약화되었다는 점이다. 이는 만주족 자체가 북방 민족이었기 때문에 당연한 일이다. 몽골족과의 관계에서 말하자면 이미 중국 정복 이전에 누르하치는 호루친부部와 혼인관계를 맺어 동맹관계를 맺었고, 나아가 홍타이지는 린단 칸의 죽음을 틈타 차하르부를 복종시켜서 내몽골을 지배하에 두었다. 흑룡강 연안의 주민들에게도 지배를 넓혀 조공을 받았다. 이리하여 1644~1645년의 본토 정복 시점에 청 왕조의 지배 영역은 명대에 정비된 장성보다 훨씬 북방으로 퍼져, 시베리아의 무인지대까지 이르렀다.

청 왕조가 맨 먼저 북방에서 맞서게 된 강적은 러시아였다. 러시아인은 16세기 후반에 모피를 찾아 시베리아로 진출하기 시작하여 1638~1639년 태평양 연안에 도달해, 드디어 흑룡강 연안에 이르렀다. 흑룡강 연안에서 러시아와 청 왕조 사이의 작은 충돌은 1650년대 초부터 시작되었지만, 1685년경부터 그 싸움이 격화되어 알바진 요새 등 흑룡강 언안의 거섬을 둘러싸고 공방전이 벌어졌다. 이러한 분쟁이 강화의 방향으로 돌아선 배경에는 당시 중가르Jungar(준갈이準噶爾)의 진출로 몽골 방면의 긴장이 고조되었다는 사정이 있다.

양쪽으로부터 적을 맞아들이는 것을 피하려고 한 강희제는 러시아에 강화를 제기해, 1689년 네르친스크에서 양국의 경계를 확정하는 회의가 열렸다. 흑룡강을 국경선으로 하려는 러시아에 대해, 청 왕조는 흑룡강 유역 일대를 청 왕조의 영토로 주장했지만, 결국 흑룡강 지류의 아르군Argun 강과 외흥안령外興安嶺(스타노보이 산맥) 선에서 국경을 정하고 그 동쪽은 미정으로 하는 형태가 되었다. 또한 조약에서는 도망자의 인도나 허가증에 의한 무역 등에 대해서도 합의하였다.

이 조약은 중국이 최초로 외국과 대등한 입장에서 체결한 조약이라고 한다. 실제로, 이 회의에서 통역을 담당한 예수회 수사 페레이라의 일기에서 자주 '국제법'을 언급한 것으로 보아 유럽식의 국제법이 의식된 것은 확실하다. 사절단을 파견해서 회의를 열고 조약문을 정해 서명한다는 대등한 형식 자체가 종래의 중국에는 없던 일이었다. 그러나 청 왕조는 국내에서는 대對러시아 관계를 조공관계의 틀로 처리했고, 18세기 중반에 중가르가 망해 서북 방면의 위기가 줄어든 후에는 러시아에 대해 고압적인 태도를 취했다. 이러한 점에서 보면 네르친스크 조약의 대등한 형식은 청 왕조 외교의 원칙 변화라기보다는 절박한 필요성에서 불가불 취한 편의적 조치였다고 할 수 있다.

이어서 옹정제雍正帝 때 캬흐타 조약이 체결되어 보다 서쪽 방면의 국경선이 확정됨과 동시에 캬흐타에 무역시장이 개설되어 청·러 간의 무역은 특히 18세기 후반에 급속히 증대하였다. 이 캬흐타 조약의 조항에는 분쟁이 일어났을 때 시장을 폐쇄해서 교역을 끊는다는 결정도 포함되어 있고, 유연하게 운영되었기 때문에 그 후의 분쟁시에도 조약체제 그 자체는 존속되었다. 네르친스크-캬흐타 조약 체제가 정식으로 폐기된 것은 1860년 북경 조약에서이다.

중가르와의 싸움

몽골리아 방면의 새로운 긴장은 고비사막 북방에 있었던 할하Khalkha와 오이라트 속에서 세력을 신장해온 중가르와의 관계에서 생겼다. 15세기 에센 시대에 강한 세력을 뽐낸 오이라트는 16세기 내내 동방 몽골에 압박당했는데, 17세기 후반에는 중가르부의 갈단Galdan(갈이단噶爾丹) 아래에서 또다시 급성장했다. 갈단은 몽골족 사이에서 종교적 권위를 가지는 티베트 달라이 라마의 지지를 얻어 타림 분지로 지배를 확대함과 동시에 1688년에 서쪽으로부터 고비사막 북부로 쳐들어가서 할하를 공격했다. 갈단에게 패배한 할하 수십만 명은 남쪽으로 도망쳐

청 왕조에 보호를 요청했다. 강희제는 이를 받아들여 고비사막 남부에 할하의 목초지를 확보함과 동시에 1691년 할하부部 영주들을 원元의 상도上都 고지故地인 돌론노르에 모아 회맹하였다. 이에 오이라트를 제외한 동방 몽골족들은 청 왕조에 복속하게 된다.

강희제는 1696년 고비사막 북부를 회복하기 위해 스스로 대군을 이끌고 원정길에 나섰다. 4월 초(양력)에 북경을 출발해서 5월이라고는 해도 아침에는 수염이 얼어붙는 추운 자갈길을 행군해 청나라 군의 일부가 목표한 갈단군 주력과 만난 것은 6월 중순의 일이었다. 이 전투에서 갈단군은 대패하고, 도주한 갈단은 얼마 안 있어 알타이 산중에서 병사(자살이라고도 함)했다.

그 후에도 여전히 중가르는 18세기 전반에 걸쳐 타림 분지를 지배하고 카자흐 초원에 진출해서 중앙아시아의 대세력으로서 러시아나 청과 대립하였다. 이 시기 청·러 관계의 개선 또는 안정은 청과 러시아 쌍방에서 중가르를 견제한다는 큰 과제와 관련되어 있었다. 중가르 세력이 청에게 멸망해 청의 서북 위협 세력이 사라지는 것은 18세기 중반 건륭제乾隆帝 시대였다.

···청 황제의 두 얼굴

칸과 황제

'중국사'의 흐름에 따라 진秦·한漢에서 시작하여 수隋·당唐을 거쳐 송宋·원元·명明·청淸으로 이어지는 왕조의 흐름을 좇아갈 때 청 왕조의 제정帝政도 이러한 중국 황제정치 역사의 일환으로 간주된다. 전체적으로 중국 황제정치는 점차 독재군주적 색채를 강화해나갔다고 할 수 있는데, 강희제나 옹정제 등 보기 드문 유능한 독재군주를 출현시킨 청 왕조의 체제는 중국적 황제정치 체제를 보다 발전시킨 형태라고 할 수 있다.

그러나 동시에 청 황제가 만주나 몽골 등 북방 민족 사회의 장長으로서의 칸Khan이었다는 것도 틀림없는 사실이다. 이미 살펴본 대로 홍타이지가 대청大淸의 국호를 일컬었을 때 그는 만滿·한漢·몽골 세 세력에 추대되어 다민족 국가의 군주로서 칸임과 동시에 황제임을 내외에 선언했다. 동북 지방의 한 주변국가에 불과했던 시기에서부터 중원에 침입해 동아시아에 군림하는 대제국으로 발전해도 다민족 국가의 장長으로서 칸과 황제를 겸한다는 성격에는 변함이 없었다.

연회와 사냥

강희제 시대는 그의 남다른 우수한 능력과 노력으로 중국 황제와 북방 민족의 칸이라는 두 얼굴이 그의 구체적인 인격 아래 확고하게 통일된 시기였다고 할 수 있다. 그의 생활 모습에서 두 측면을 구체적으로 확인해보자.

삼번의 난과 대만의 정씨 세력이라는 2대 반청세력이 대강 정리된 1683년 이후 강희제는 거의 매년 음력 7, 8월경에 목란위장木蘭圍場*이

* 목란위장木蘭圍場(무란웨이창): '목란=무란'이란 사슴의 우는 소리를 흉내 내어 수사슴을 가까이로 끌어들이는 일종의 사냥법을 말하는 만주어.

「목란도木蘭圖」
내몽골의 사냥터는 '목란위장'이라고 해서, 현재 승덕시承德市의 북쪽에 위치하며, 동서로 150
킬로미터, 남북으로 100킬로미터에 달하는 큰 사냥터이다. 일반인은 사냥 금지구역으로서 출입
이 통제되고, 사슴이나 범, 멧돼지, 곰, 원숭이 등 야생동물이 서식했다. 파리 기메 미술관(Musée
Guimet) 소장.

라고 불리는 내몽골의 사냥터에 가서 몽골의 왕후 귀족들과 함께 사냥
을 했다. 이 광대한 사냥터에서 10여 일간 황제와 몽골 귀족, 신하들은
순 몽골풍 천막생활을 하면서 몽골 씨름이나 야생 말타기 같은 놀이와
연회, 대규모 몰이사냥 등을 즐겼다.

이러한 행사는 단순한 놀이일 뿐만 아니라 군사 훈련이기도 하고,
조직과 무력을 중시하는 북방 민족의 전통을 확인하는 의례이기도 했
다. 원래 팔기八旗라는 조직이 몰이사냥법에서 발상된 것처럼, 사냥이
란 군주의 권력 아래 그의 수족으로서 충의를 다하는 신하들의 활동을
눈에 보이는 형태로 표현하는 중요한 행사인 것이다. 강희제는 궁술의
명인으로 이러한 사냥에서 스스로 강궁을 쏘아 호랑이나 곰을 잡았다.

1703년 열하熱河(루허)의 이궁離宮(피서 산장)을 지어, 매년 여름에서 초가을까지 수개월 동안 북경을 떠나 열하에서 지내며 거기에 설치된 몽골풍 천막에서 몽골 제왕이나 각국 조공 사신들을 접견하는 일이 청 황제의 관례가 되었다. 청 황제는 북방 민족의 군주로서 이러한 행동 양식을 '가법家法'으로 대략 19세기 초까지 이어갔다.

자금성 안의 학자 황제

강희제가 북방 민족의 칸으로서 행동하는 공간이 목란위장이었다면 북경의 자금성은 그가 주로 중국풍의 황제로 생활하는 공간이었다고 할 수 있다.

자금성은 황제 일가의 거주 구역인 내정內廷 부분과 공적인 정무·의식 등을 행하는 외조外朝 부분으로 크게 나누어진다. 남쪽 반이 외조 부분이다. 남쪽 중앙에 있는 오문午門으로 들어가 태화문太和門을 지나서(그렇다고 하더라도 정면의 문은 특별한 경우에만 사용되었고 평소에는 동서쪽에 있는 동화문東華門, 서화문西華門으로 출입하였다) 커다란 광장으로 가면, 그 앞에 태화전太和殿, 중화전中和殿, 보화전保和殿 세 개의 대궁전이 있다. 이것들은 황제 권력의 상징이라고 할 만한 건물로, 황제 즉위나 탄생일, 설날 등의 의식·연회, 과거의 전시殿試 등에 쓰였다. 청의 황제가 칸으로서 베푸는 연회의 경우 그 어좌는 하얀 천막이었으나, 중국 황제로서는 이러한 옥석의 받침에 용무늬가 빈틈없이 새겨진 기둥, 유리기와 지붕의 대궁전에 앉아서 그 위풍을 떨쳤던 것이다.

더 북쪽으로 가면 건청문乾淸門이 있고, 이것이 외조와 내정의 경계

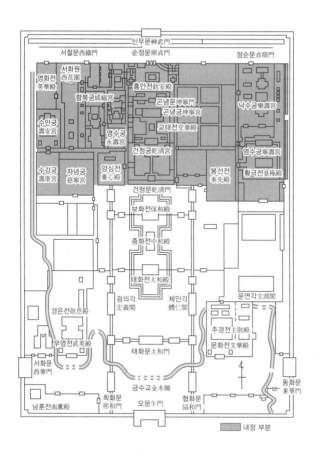

자금성 평면도(위)**와 태화전**(왼쪽)**, 건청궁**(오른쪽)

현재 고궁으로 일부 공개되고 있는 자금성은 면적 72만 평방미터, 경복궁의 약 5배 크기, 일본 황거皇居(어원御苑을 포함)의 약 3배 크기이다. 명 영락 연간에 그 기본구조가 만들어졌다. '자紫'란 하늘의 제좌帝座로 불리는 자미성紫微星에서 딴 것이며, 인민이 출입 못하는 금지구역이므로 '금禁'이라고 한다.

이다. 건청문의 북쪽에 황제의 침실인 건청궁乾淸宮과 황후가 거주하는 곤녕궁坤寧宮이 있는데, 이곳이 내정의 주요 부분을 이룬다. 강희제는 1667년 친정親政을 시작하면서부터는 아침마다 반드시 건청문에 출어出御해서 정무를 보는 것이 일상이었다. 내각대학사를 비롯한 각급 관료들을 모아, 눈앞에서 토론하고 재정裁定하여 명령을 내리는 것이다. 이는 이와 같은 '청정聽政'을 싫어해서 거의 하지 않았던 가정제 등 명말의 황제들과 크게 다른 점이다. 강희제가 너무 이른 아침부터 정무를 보려고 했기 때문에 힘들어하는 관료들이 그 시작을 신각辰刻(아침 8시경)에 해달라고 요청할 정도였다.

내정 안에는 황제의 공부방도 있다. 강희제의 소년시절 그를 보좌한 만주인 4명의 보정대신들은 한인漢人 관료가 황제의 신임을 얻는 것을 경계하였기 때문에 황제에게 유학을 가르치는 데 소극적이었다. 그러한 만주 귀족들의 압박을 물리치려고 했던 강희제가 도리어 유학에 기운 것은 이상한 일이 아닐 것이다.

오보이를 체포하고 이제 실질적인 친정을 시작하자마자 강희제는 유학자를 경연經筵·일강관日講官으로 임명해 공부를 시작했다. 뒷날 그가 회상한 바에 따르면, "17, 8세에 이르러 더욱더 학문에 몰두하게 되어 매일 정무를 보기 전 오전 4시경에 일어나 책을 읽고, 날이 저물어 정무가 좀 한가해지면 또다시 사부와 토론하여, 끝내는 과로로 담에 피가 섞여 나와도 조금도 쉰 적이 없었다"고 했다. 삼번의 난이 한창인 1677년에는 황제가 언제든지 의문난 곳을 질문할 수 있도록 내정 건청궁의 서남 구석에 '남서방南書房'을 만들어 유학자들을 당직시켰다.

강희제는 유학 경전 이외에 『자치통감資治通鑑』 등 역사서에서 제왕학을 배웠지만, 유학 중에서는 주자학을 중시해서 웅사이熊賜履·이광지李光地 등 '이학명신理學名臣'을 중용하였다. 그리고 주자학의 가르침대로 강직한 태도로 학문·정치에 힘을 쏟았다.

강희제는 『강희자전康熙字典』, 『고금도서집성古今圖書集成』 등의 편찬 사업에서도 중국 전통학문의 후원자였다. 자금성 안에서의 강희제는 중국 유학 전통으로 보아도 전혀 나무랄 데 없는 황제로서 노력했으며, 실제 그런 평가를 얻었던 것이다.

역법 논쟁

동시에 강희제가 서양 학문에도 깊은 관심을 보인 것은 잘 알려진 사실이다. 강희 연간 초기에 일어난 유명한 역법曆法 논쟁은 소년 황제가 서양과학에 깊은 관심을 가지게 했다. 이 논쟁은 순치제 때 천문을 관장하는 흠천감欽天監의 장관으로 임명된 예수회 선교사 아담 샬을, 원元의 대통력大統曆의 계통을 잇는 전통적 역법의 우위를 주장하는 양광선楊光先이 탄핵한 것에서 발단하였다.

서양인에게 반감을 가지는 보정대신들 밑에서 노령의 아담 샬은 체포 투옥되고, 대신 양광선이 흠천감 장관이 되었다. 그러나 원래 천문학에 지식이 전혀 없는 초보자였던 양광선의 계산이 모두 틀리자, 이에 대해 선교사 페르비스트Ferdinand Verbiest(중국명 남회인南懷仁)가 비판을 가했다. 이에 1668년 12월 강희제는 기둥을 세워서 그 그림자가 수일 후 어느 방향으로 어느 만큼 길어지는가를 선교사 쪽과 흠천감 쪽에 각각 계산시켜, 황제의 어전에서 대결실험을 하게 하였다. 그 결과 선

북경의 관상대
명 · 청 시대에 천문을 관찰한 관상대는 오늘날에도 북경의 큰길인 건국문내대가建國門內大街에 면한 성벽 위에 남아 있고, 천체의天體儀 · 상한의象限儀 등 청대에 사용된 여러 가지 관측기기를 볼 수 있다.

교사 측이 옳았고 양광선은 흠천감에서 쫓겨났다. 뒷날 강희제는 신하들에게 다음과 같이 말하였다.

> 너희들은 짐이 산술에 밝은 것은 알고 있으나 왜 밝은지는 알지 못할 것이다. 일찍이 짐이 어릴 때 흠천감의 한족漢族 관료와 서양인이 대립해서 서로 탄핵해 사형에 이르는 중대 문제가 야기된 일이 있었다. 그때 양광선·아담 샬(이것은 강희제의 기억이 잘못된 것이며, 실제로는 페르비스트)은 오문午門 밖에서 구경九卿들 면전에서 그림자를 재는 실험을 했으나 어찌된 일인지 구경 중에서는 한 사람도 그 법을 아는 사람이 없었다. 짐 자신이 모르면서 어찌 남의 시비를 판단할 수 있겠느냐고 생각해 그때부터 분발해서 공부했던 것이다.

서양 학문에 대한 그의 흥미는 수학·천문학뿐만 아니라 음악이나 지리 등 넓은 범위에 미쳤다. 선교사들은 그의 학문의 스승으로 우대 받아 황제의 좌우에 나란히 앉도록 허락받는 등, 일반 신하들과는 비할 바 없을 만큼 후대를 받았다. 이러한 후대는 선교사들이 강희제가 기독교로 개종할 것이라고 기대할 정도였다. 그러나 결국 뒤에 교황청이 유교의 조상 숭배를 부인하는 태도를 취했을 때(전례 문제) 강희제는 유교의 조상 숭배를 반대하는 부인파 선교사들의 포교를 결코 허용하지 않았으며, 승인파 선교사들을 포함한 그러한 기독교 내부의 논쟁 자체에 오히려 냉정한 태도를 취하였다. 서양 학문에 대한 그의 관심이 종교적 귀의라는 인생 자제의 지침에까지 미친 것은 아니었다.

청 황제의 다문화적 소양

강희제는 만주인 혹은 몽골인의 전통으로서 사냥·무예에도, 중국의 전통적 통치학인 유학에도, 게다가 새로이 들어온 서양과학에도 관심을 가지고 각각에 대해 상당한 소양을 보였다. 그러나 반면 그는 그 어느 것의 전통에도 매몰되지 않았다. 오히려 그의 이상하리만큼 높은 향학심은 어느 세력에게도 약점을 보이지 않고 신하들에게 항상 군림하려는 다민족 국가 제왕으로서의 긴장감과 표리를 이루고 있었다고 느껴진다.

북방 민족의 전통적인 사회구조에서 칸이란 부족장 회의에서 추대된 부족장 중의 제일인자에 불과하다. 칸이 되어도 그 직속 부하는 종래 자신이 이끌던 집단뿐이며, 다른 집단은 각각 그 장長을 통해서 지배하는 것이다. 그런 의미에서는 타 부족장도 칸과 동등한 위치에 있다고 할 수 있으며, 이것은 중국식 일군만민 一君萬民 체제와는 다르다. 홍타이지 이후 청 왕조 황제는 그러한 부족적인 사회구조를 넘어서 황제 개인에게 권력이 집중되는 중국적인 중앙집권체제를 지향해왔다. 이를 위해서 중국식 관료제나 중국식 통치이념을 적극적으로 채용해온 것이다.

한편 이념과 달리, 중국의 황제 전제정치라 해도 항상 황제가 독재적 힘을 휘두를 수 있었던 것은 아니다. 신하들과 단절된 권력을 가진 중국 황제란 그만큼 고독한 존재이기도 했다. 대관료나 귀족들의 힘을 꺾고 직접 만기萬機(정무)를 처리하려고 하면 할수록 믿을 만한 심복 부하는 적어진다. 관료 무리를 장악하지 못해 결국 환관 등에게 의지하고, 잘못하면 그들의 전횡을 초래해 역사에 오명을 남기게 되기도 한다. 오랜 시간에 걸쳐 발전해온 중국식 관료제도 위에 낙하산 식으로 착륙한 만주 정권의 경우 만만찮은 한인 관료들을 어떻게 통제하는가는 특히 머리 아픈 문제였다. 그 때문에 어릴 적부터 기른 황제의 부하로서 강한 인적 결합을 이루는 팔기조직은 해체할 수 없었다. 한인 관료들을 위엄으로 누르기 위해서는 만주족의 부족조직을 유지해나갈 필요가 있었던 것이다.

중국적인 집권정치체제를 도입해서 만주 귀족들의 힘을 억제하고, 팔기의 힘을 빌려서 한인 관료들을 통제하는—한족 문화로 완전히 동화하지 않고, 북방 민족의 사회구조에도 매몰되지 않는 그러한 다면성이 청 왕조 특유의 독재적 황제권력을 가능하게 했다고 할 수 있다. 강희제 및 그를 이은 옹정제 시대는 황제와 칸이란 두 얼굴을 통합해서 중국사상 보기 드문 황제의 정치적 리더십을 실현했던 것이다.

주접 정치

청 왕조 황제의 '독재'적인 정치 스타일을 잘 보여주는 것이 '주접奏摺'이란 상주문 형식이다. '주접'이란 무엇인가를 설명하기 위해서는 청대 문서 행정제도에 대해서 간략하게 설명하지 않을 수 없다. 문서 행정의 나라인 만큼 청대 중앙정부에서 다룬 문서의 수는 방대했다.

그중에서 제일 큰 비중을 차지한 것이 관료들로부터 제출되는 상주문上奏文이며, 그 안에서도 대표적인 것이 '제본題本'과 '주접' 두 종류이다. 원래 '제본'이 상주문의 주류를 이루었는데, '제본'은 우선 내각에서 검사를 받아 등기나 번역 원고 작성 등 번잡한 절차를 거친 후 황제에게 전달되기 때문에 황제가 기밀사항을 신속히 처리하려고 할 때는 적합하지 않다. 이때 쓰이게 된 것이 '주접'이다.

'주접'은 원래 황제에게 드리는 문안인사나 하사품에 대한 사례장 등 사적인 용도로 쓰인 형식으로, 그 때문에 내각을 통하지 않고 황제 손에 직접 닿게 되어 있었다. 강희 연간 중반쯤에 황제는 심복 신하들에게 지방정세 등에 대해 '주접'으로 비밀 보고를 올리도록 명했고, 그 이후 '주접'이라는 상주문 형식이 정치상 중요한 의미를 갖게 된다. 주접이 제출되면 황제는 아무도 개입시키지 않고 직접 그것을 읽고 붉은 글씨로 주비朱批를 달아서 본인에게 돌려보낸다. 본인은 그것을 삼가 공손히 배독한 후 또다시 궁중으로 되돌림으로써 주비가 달린 주접이 궁중에 보관되는 것이다.

주접으로 비밀보고를 행한 예는, 만문滿文으로 쓴 주접의 경우 1689년(山東巡撫. 후른에게 보낸 것)경부터 보이지만, 종래 연구에서 가장 빠른 시기의 것으로 1693년 소주 직조국蘇州織造局(직조란 궁정용 직물제조 공

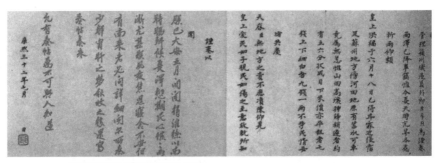

이후李煦의 주접과 강희제의 유지諭旨

비밀 보고를 명한 초기의 예로 드는 이후의 주접에 대한 주비朱批(왼쪽에서 8행째~2행째). 옹정제나 건륭제가 비교적 작은 글씨로 주비를 썼던 것에 비해, 강희제의 주비는 인품을 반영해서인지 글씨가 크고 당당하다.

장)의 감독인 이후李煦의 한문 주접에 강희제가 붙인 다음과 같은 주비를 예로 들고 있다(위의 사진 참조).

5월에는 회안淮安·서주徐州 이남이 날씨가 불순해 비가 내리지 않고 민심이 불안해진다는데, 양절兩浙(절강과 절동) 지방이 매우 심각하다고 들었다. 짐은 아침저녁 근심 때문에 제대로 침식寢食도 못할 정도이다. 남쪽에서 오는 사람이 있으면 반드시 상세한 보고를 듣곤 한다. 지금 그대가 상주하는 바(비가 와서 쌀값이 안정됐다는 것을 말함)를 듣고 조금 마음이 놓였다. 가을 수확 후 또다시 주접을 써서 올리도록 하라. 무릇 주접을 올릴 때는 반드시 남몰래 행할 것.

강녕江寧 직조織造였던 조인曹寅에 대한 1704년의 주비에서도 "만일 수상한 일이 있으면 비밀 주접으로 알리도록. 무릇 주접은 남에게 대필시켜서는 안 된다. 소문이 나면 큰일이다. 조심, 조심, 조심, 조심!"

이라고 쓰고 있다. 당초에는 주접으로 보고를 올린다는 것 자체가 비밀이었던 것이다.

강희제의 주접 정치에서 초기에 중심적인 역할을 한 것이 강녕 직조인 조인과 소주 직조인 이후 두 사람이었다. 조인은『홍루몽』의 작자로 유명한 조설근의 조부로, 정백기正白旗 한군漢軍 출신이다. 조인의 어머니가 강희제의 유모였기 때문에 강희제에게 조인은 젖동생(같은 젖을 먹고 자라서 형제같이 가까운 사이)이 된다. 이후의 아버지는 원래 강姜씨 성의 한인이었으나 정백기의 만주인 이씨의 양자가 되었다. 조인은 이후의 매제로 두 사람은 인척관계였다. 조씨도 이씨도 내무부의 포의包衣(보이, 즉 만주어로 가복家僕이라는 뜻)로 황제와는 특히 긴밀한 관계를 가진 집안이었다. 강희제는 반청 분위기가 남아 있는 강남 지역에 심복 부하를 보내 간첩질을 시킨 것이다.

이와 같이 극히 한정된 심복 부하만이 보내는 비밀 상주문이었던 주접이 순무巡撫·총독總督 등 고급 지방관료 전체로 그 범위를 넓혀간 것은 강희제 말년이다. 개개인이 보내는 사신私信이므로 내용을 타인이 알 수 없지만, 주접을 보내는 것 자체는 더 이상 비밀이 아니게 되었다. 오히려 중대한 안건에 대해서는 주접이 주로 이용되어 그에 따라 종래 상주문의 주류를 차지한 제본의 내용은 사무적으로 처리할 수 있는 급하지 않은 일상 업무 보고에 한정되어갔다. 주접의 수가 증대됨에 따라 황제는 하루 수십 통이나 되는 주접을 훑어보고 주비를 써 붙이는 힘든 일이 강요되었다. 그러나 이는 종래 황제와 팔기 사이에 있었던 것과 같은 긴밀하고 직접적인 인간관계를 일반 관료들 사이에도 넓혀나가려는 움직임이 나타났다고도 할 수 있다. 바꿔 말하면 중국의 방대한 관료제도 속에서 황제는 한 사람 한 사람의 관료를 '심복 부하'로 만들고자 한 것이다. 이러한 의지를 극단적으로 추구한 것이 강희제의 뒤를 이은 옹정제였다고 할 수 있다.

•••청 왕조 국가의 비전

옹정제의 즉위

강희제에게는 서른다섯 명의 아들이 있었는데, 그중 성년까지 이른 자는 스무 명이었다. 강희제의 황태자 문제는 그의 만년에 어두운 그림자를 드리웠는데, 그 발단은 그가 22세 때 겨우 만 한 살이 된 윤잉胤礽을 황태자로 세운 데서 시작되었다. 윤잉에게는 형인 윤제胤褆가 있었으나 윤제는 황후의 아들이 아니었기 때문에 강희제는 적장자를 황태자로 세운다는 한족漢族 왕조의 전통에 따라 황후에게서 태어난 둘째 아들 윤잉을 황태자로 정한 것이다. 한족 전통에 따른다 해도 황제가 혼자 생각으로 황태자를 결정해버린 셈이며, 이러한 결정 방식은 부족장의 합의로 후계자를 선택하는 만주족 전통을 무시하는 것이었다.

그가 굳이 이런 결정을 내린 배경에는 만주 귀족들의 힘을 억제해서 황권을 확립하려는 의도가 있었다고 할 수 있다. 그러나 그 결단은 기대와 어긋났다. 특별대우를 받으면서 성장한 윤잉은 강희제의 뜻에 반해 교만하고 탐욕스러워 도당을 모으고 세력을 과시하기 좋아해서, 강희제가 몸이 아파도 걱정하는 기색조차 보이지 않았다. 그러한 윤잉의 성격에서 비롯된 부자간의 불화와 장자인 윤제를 비롯한 다른 황태자

옹정제
미야자키 이치사다宮崎市定의 평에 따르면, 옹정제는 전쟁을 싫어하고 평화적인 인물이었지만 '역사상 보기 드문 철저한 독재 군주'였다. 내성적이면서 기승스럽고, 어릴 때부터 강한 사람이 되도록 수양해서 남에게 속지 않도록 주의를 거듭했기 때문에 '견고무류堅固無類의 콘크리트 같은 성격'이 되었다고 한다. 북경고궁박물원 소장.

들에게 소용돌이치는 불만이 겹쳐 강희제는 어쩔 수 없이 황태자를 폐한다는 결단을 내리게 되었다. 종래 자신의 의지력으로 온갖 고난을 이겨온 강희제에게 이 어쩔 수 없는 결정은 큰 충격이었다.

그 후 강희제가 죽을 때까지 다음 황제 자리를 두고 황자들 간에는 격렬한 암투가 벌어졌다. 그중에서도 넷째아들인 윤진胤禛은 유력 후보에도 들어가지 않고 비교적 돋보이지 않았는데, 정작 강희제가 임종 때 지명한 것은 많은 사람들의 예상과는 달리 윤진이었다. 그러나 이 지명에 대해서는 강희제가 쓴 이름이 바뀌었다는 소문이 퍼져 진상은 의문에 싸여 있다. 어쨌든 이리하여 즉위한 인물이 옹정제雍正帝(재위 1722~1735)이다.

옹정제는 즉위시에 나이 45세, 황자로서 조금도 돋보이지 않은 세월 동안 그는 마음속에서 확고한 통치 계획과 만만한 의욕을 축적하고 있었다. 강희제가 문무겸비의 우수한 능력으로 청 왕조 황제의 두 얼굴을 한 몸에 체현했다고 한다면, 옹정제는 목란위장에 나가 사냥을 한 일도 없고, 스스로 유학을 깊이 배운 일도 없었다. 그는 즉위하면서 죽을 때까지 13년간 자금성 안에서 아침 일찍부터 밤 늦게까지 오로지 일상 정무에 몰두했다. 그러나 옹정제는 이러한 일상 업무를 통해서 '두 얼굴'을 융합하는 정치의 모습을 추구하고 통일적 비전에 기초한 정책들을 내세웠다. 그러면 그 비전이란 어떤 것이었을까?

『대의각미록』

1728년 호남湖南 영흥현永興縣의 무명 서생 증정曾靜이라는 사람이 체포되었다. 죄목은 제자들로 하여금 천협川陜 총독인 악종기岳鍾琪에게 반청 모반을 일으켜 달라는 요청을 했다는 것이다. 신문 과정에서 그가 유명한 사상가 여유량呂留良의 저작으로부터 영향을 받아 이러한 거사를 일으키게 된 것으로 나타났다. 여유량은 이미 1683년에 죽은 사람으로 청 왕조를 섬기지 않은 명의 유민이었다. 그는 화이변별을 주장하면서 청 왕조를 공격하고, 주대周代의 '봉건'으로 복귀할 것을 주장한 유교원리주의자라고 할 수 있다. 증정의 글 안에는 만주족을 이적夷狄이라 해서 청 왕조 지배의 실패를 공격할 뿐만 아니라 옹정제 개인에 대해서도 즉위를 둘러싼 알력다툼으로 형제를 죽음으로 몰아넣은 일, 시기심이 강하고 아부 추종을 좋아하고 탐욕스럽고 호색한 것 등 나쁜 점들이 열거되어 있었다.

이러한 청 왕조와 황제에 대한 비판이 공개되면 반역자로 즉각 극형에 처해지는 것이 보통이다. 그러나 옹정제는 그렇게 하지 않았다. 오히려 증정의 청 왕조와 황제에 대한 비판을 공개해서 이른바 논쟁거리로 만들어 굴복시키려고 했던 것이다. 원래 그다지 학문적 기초도 없는 호인으로, 남의 말을 잘 듣는 성격인 증정은 교지를 받은 관료들의 추궁으로 손쉽게 마음을 돌려 그 후에는 청 왕조의 덕을 찬양하는 선전맨이 되어 각지로 파견되었으나 결국 다음 건륭제 때 부친인 옹정제를 비방한 죄로 처형되었다.

이 사건에 관한 황제의 상유上諭나 증정과의 문답을 모은 책『대의각미록大義覺迷錄』이 옹정제의 명으로 편찬되었다. 거기에는 청 왕조가 중국적 논리 안에서 어떻게 스스로의 지배를 정당화했는지가 간결하게 나타나 있다.

예컨대 자신의 글 가운데 "이적은 부자·군신·장유·부부·붕우라는 천경지의天經地義의 보편 윤리를 모른다"고 쓴 데 관해서 관료의 추궁을 받은 증정은 대략 다음과 같이 답하였다.

저의 망언은 산속에 살면서 견문이 좁았기 때문에 중외화이中外華夷의 분分이란 이러한 것이라고 상상해서 그대로 써버린 것입니다. 옛날에 장사長沙에 가서, 또 이번에 북경까지 연행되어 오는 길에 정치 교화가 번성하고 만물이 조화를 이루고 있는 양상을 이 눈으로 볼 수 있었습니다. 또한 폐하의 명령·글을 배독하니, 한 구절 한 구절 조리가 있고 천지의 의리가 관철되어 무심결에 감탄했던 바입니다. 천지간에는 하나의 이理, 하나의 기氣가 보편적으로 존재하고 있어, 근래 그 정수는 동방 지역(遼東)에 모여 있다는 것을 처음으로 알았습니다. "동해에서 성인이 나오나 서해에서 성인이 나오나 그 마음도 그 이理도 똑같다"는 말에 겨우 납득이 갔습니다. 동해 성인(청 황제)의 마음은 요堯·순舜 같은 성왕과 마찬가지입니다. 중국의 인물은 이에 비하면 타락했습니다. 중죄를 범한 저는 이 성명聖明한 군주가 세상에 태어나도 그 것을 모르고 오히려 잘못된 소문에 미혹되어 군신 상하의 윤리를 무시하는 대죄를 범했을 뿐만 아니라 어머니나 가문에도 해를 미치고 짐승보다 못한 행위를 범할 뻔했습니다. 살을 깎는 사형에 해당하는 죄를 어찌 면할 수 있겠 습니까!

증정의 대답은 그 자신에게서 나온 것이라기보다는 황제·관료들에 의해 마련된 것이었겠지만, 이러한 문답을 통해서 옹정제가 사람들에 게 확인시키고자 한 논리를 간추려보면 다음과 같다.

'이적'과 '중화'를 나누는 기준은 보편적인 윤리를 알고 있는가에 달 려 있다. 공자의『춘추』에서 화이지분華夷之分을 강조하는 것은 예의의 유무로 구별하는 것이지 지역의 원근으로 구별하는 것은 아니다. 역대 왕조가 화이를 구별한 것은 중외中外를 통일할 힘이 없었기 때문에 천 하를 한 가족으로 간주하지 못하고 경계를 명백히 구별해서 방위를 일 삼아야 했기 때문이다. 명 왕조가 그 예로서, 명의 힘이 차차 쇠퇴해 유 적流賊인 이자성에게 무너졌다. 거기서 우리 조정이 천명을 받아 몽골 ·중국을 합해 일통의 대업을 실현했다. 청 왕조가 직접 명을 무너뜨 린 것도 아니고 동란에 지친 인민들이 자진해서 청 왕조에 귀속한 것이 다. 남방을 합쳐서 중국 판도는 오늘에 이르러 극대화했다. 지금은 이 미 청 왕조의 성스럽고 밝은 군주 아래 천하 만민은 그 삶을 즐기고 있 다. 이것은 인민 모두가 기뻐하는 일로 어찌 새삼스럽게 중외, 화이라 고 구별할 필요가 있겠는가! 여유량이 추천해 권하는 '봉건'제도도 교통이 불편해서 교화가 못 미친 각 지역이 분립된 상태를 전제한 것이며, 그 후에는 필연적인 추세로 군현제로 발전해나간 것이다. 하물며 천하를 통일하고 중외를 한 가족으로 한 우리 조정에서 '봉건'제는 무슨 이득이 있겠는가? 최고의 덕을 이룬 우리 조정 아래 광대한 천하를 통일적으로 다스리고 있는 오늘이야말로 미증유의 태평성세인 것이다, 라고.

옹정제의 사회관

옹정제는 만주족이 종족적인 의미에서 '이夷'임을 부정하지 않는다. "이적이라는 명칭은 본 왕조가 꺼리는 바가 아니다"라고 옹정제가 말하듯이, 그러한 의미에서 만주인은 '이'라고 그들은 태연하게 인정한다. 그렇다고 해서 그들이 한족보다 뒤떨어지는 것은 아니다. 옛 성왕인 순 임금도 '동이東夷 사람'이며, 주周의 문왕도 '서이西夷 사람'이지 않은가? 만주족 황제는 성인에 비할 만한 덕을 가졌기 때문에 한족을 포함한 천하를 통일하고 거기에 군림할 수 있었던 것이다. 문제는 덕이지 종족이 아니다.

'화이' 관계에 그치지 않고 사회질서에 관한 옹정제의 생각은 대체로 일시동인一視同仁, 즉 출신이나 민족에 구애받지 않고 실력 있는 자, 의욕 있는 자의 사회적 상승을 인정하려는 것이었다. 예를 들어 즉위 후 얼마 지나지 않아 추진한 일련의 '천민해방' 정책을 들 수 있다. 같은 시기 일본이나 유럽에 비해 중국에서는 세습적 신분집단이 거의 없었던 것이 하나의 특징인데, 그래도 일부 지역에서는 '천민'으로 간주되어 차별받는, 과거에도 응시하지 못하고 예능·매춘·관혼상제의 일 등 '천업'으로 취급되는 일에 종사하며 일반민과 혼인관계도 맺을 수 없는 집단이 그 기원도 모르는 채로 존속하고 있었다. 산서·섬서의 '악호樂戶'나 절강의 '타민墮民' 등이 그 예이다. 옹정제는 그들 집단 내에도 염치의 마음을 가지고 스스로 고결한 인간이 되려는 뜻 있는 인물이 반드시 있을 것이라는 생각으로 그들에게 기회를 주기 위해서 천업을 그만둔 자의 자손에 대해서는 과거 응시 자격을 인정했다.

또한 관료 발탁에서도 실력주의 입장을 취해서 진사 자격을 가진 이론만 앞선 학자보다는 과거 자격은 낮아도 능리형能吏型의 인물을 등용했다. 옹정제 때 가장 신뢰를 받고 중용된 지방관들—이위李衛·전문경田文鏡·오르타이—은 모두 과거 자격을 갖고 있지 않았다. 이위는 연관捐官(매관) 출신, 전문경은 한군 기인旗人, 오르타이는 만주 기인으로 하급관료 때의 공적을 인정받아 옹정제에게 발탁되었다. 옹정제는 과거 자격을 등에 지고 엘리트인 척하며 우월의식을 가진 관료들에게 적개심을 감추지 않았다. 고전 학문에 입각해 세속에서 벗어난 정론을 내세우는 관료보다 분골쇄신하여 실무를 성실하게 처리하는 관료를 평가했던 것이다.

황제가 쥔 줄사다리

이러한 옹정제의 실력주의에서는 일종의 산뜻한 합리주의적 사고가 느껴진다. 무사의 아들은 무사, 농민의 아들은 농민과 같은 신분적 세습제도나 소수민족에 대한 노골적인 차별 박해가 있었던 다른 나라들과 비교해보면 신분과 화이를 가리지 않으려고 한 옹정제의 사회관은 '근대적'이라고 할 수 있지 않을까? 그러나 주의해야 할 점이 몇 가지 있다.

첫째는 이러한 실력주의가 "만인은 사람으로서 법 아래 평등하다"는 생각과는 거리가 멀다는 것이다. 오히려 실력을 발휘해서 성공하는 자는 훌륭하고 떨어져나가는 자는 쓸모없는 사람으로, 그 사이에는 인간으로서 상하가 엄연하게 있다. 그 정점에 서는 것이 황제이다. 청 왕조 황제가 이렇게 천하를 통일하고 세상을 잘 다스리고 있다는 것은 만인의 위에 선 청 황제의 덕이 높음을 증명하고 있다. 그 황세에 서억하는 자는 천경지의天經地義의 보편적 윤리에 거역하는 극악무도한 자이다. 옹정제의 실력주의는 엄격한 상하관계의 윤리와 표리일체를 이루는 것이었다.

둘째로 그 실력주의의 근저에 있는 황제 일원주의一元主義이다. 거기에 명말 사회 사조와 청대 중기 옹정제 사고방식의 큰 차이가 있다. 황종희 등 명말 청초의 사상가들에게는 황제의 자의恣意를 어떻게 억제하는가가 큰 문제였다. 그들이 '봉건'을 높이 평가한 것은 지방 유력자들의 세론과 실력을 중시하는 '봉건'적 정책들이 황제의 자의를 억제해서 보다 '공公'적인 사회질서를 만드는 데 유용하다고 생각했기 때문이다. 여기에서는 일반 사회를 희생해서 조정의 이익만을 꾀하는 황제의 통치가 '사私'로 비판되었다. 여유량의 '봉건'론도 그러한 사상 계보를 이은 것이라고 할 수 있다.

이에 대해 옹정제가 생각하는 '공'이란 황제를 선두로 모든 관료들이 사심을 버리고 일사불란하게 사회를 위해서 힘을 다하는 것이다. 선조 대대로 분골쇄신 노력해왔다고 자신하는 옹정제에게 황제가 '공'임은 당연한 전제였다. 황제의 뜻을 거역하거나 황제의 뜻 이외의 것을 기준으로 삼으려는 것은 그야말로 '사', '도당'에 다름 아니다. '도당'이야말로 옹정제가 제일 미워하는 것이었다. 그는 주접 정치를 정력적으로 행함으로써 관료들의 횡적인 연락을 끊어 한 사람 한 사람을 직접 황제에게 묶으려고 했다. 옹정제가 생각하는 실력주의는 아래에서 벼락출세하는 실력주의가 아니라 어디까지나 황제를 중심으로 한, 황제의 판단을 기준으로 한 실력주의였다.

예를 들면, 이 사회는 그 정점이 황제의 손 안에 집중되어 있는 무수한 줄사다리와 같다고 할 수 있다. 한인·만주인·'이적'을 불문하고 누구나(물론 남자이지만) 그 사다리 끝에서 출발해 경쟁하며 오를 수 있다. 황제는 위에서 그것을 내려다보면서 능력이 기대되는 자를 발탁해준다. 그 외의 사다리의 존재는 있을 수 없다. 사다리 위에 있는 자와 아래에 있는 자 사이에는 엄연한 상하의 구별이 있다.

누구에게도 성공의 기회가 있다는 뜻에서 이것은 개방적인 평등사회를 의미한다. 이적도 천민집단도 출신 때문에 기회가 박탈되지는 않는 것이다. 그러나 그것은 동시에 매우 전제적이고 차별적인 사회이기도 하다. 줄사다리를 올라가려는 사람들에게는 황제의 권력을 비판하거나 제한하려 하면 정당하게 발 디딜 곳이 없어진다. 오로지 위만 보고 올라갈 수밖에 없는 험한 사회이다. 농민은 농민, 장인은 장인, 각자의 직업에서 최선을 다하면 되는 것이 아니라 기회가 주어진 이상 그 기회를 살려 어떻게든 사다리를 타고 올라가야 하며 못 올라가는 사람은 역시 인간으로서 뒤처지는 것이다. 청말의 사상가 량치차오梁啓超

는 이와 같은 중국 체제를 '무형無形의 전제專制'라고 불렀다. 자유로우면서도 전제적이고, 평등하면서도 차별적이다. 옹정제의 비전은 이러한 체제의 극한적 모델을 그리는 것이었다고 할 수 있다.

···유럽에서 본 중국

가톨릭 포교와 전례 문제

18세기라는 시대는 이상에서 살펴본 바와 같은 중국의 체제에 대해 유럽 사상가들이 깊은 관심을 기울이기 시작한 시기였다. 물론 마르코 폴로의 『동방견문록』에서 보이는 바와 같이 중국에 대한 유럽 사람들의 관심은 그 이전부터 강했다. 그러나 이국적인 풍속, 풍부한 물산, 정치 정세 등 표면적인 흥미를 넘어서 중국 사회체제·국가체제의 근간을 묻는 문제의식은 그들 자신의 체제에 대한 유럽 사람들의 심각한 반성과 함께 이 시기에 본격화되었다고 할 수 있다. 그들 중국론의 기초가 된 것은 16세기 이래 중국에서 활동했던 기독교 선교사들에 의한 대량의 중국 정보였다. 여기서는 잠시 시기를 거슬러 올라가서 명말부터 시작되는 선교사들의 활동을 간단하게 살펴보기로 하겠다.

종교개혁에 대항하는 가톨릭 포교 조직인 예수회가 만들어진 것이 1540년, 다음해에 프란시스코 자비에르가 리스본을 출발해서 동방을 향해 1549년 일본 가고시마鹿兒島에 도착한 것은 잘 알려져 있다. 자비에르는 중국에서의 포교를 목적으로 했으나 가정 연간의 대왜구로 동남 연안이 혼란에 빠져 있던 1550년대에는 그것이 불가능해 광주廣

명말 포교용 판화와 주석을 단 설명문
원래 일본에서 쓰여진 포교용 판화를 중국에서 번각해서 한문 설명서를 붙인 것. 한문 옆에는 알파벳으로 중국어 발음이 기입되어 있다. 그림은 '신이 보해信而步海' 즉 "신앙이 있으면 바다 위도 걸을 수 있다"는 뜻.

州 부근의 상천도上川島에서 객사했다. 그 후 선교사들은 포르투갈의 거점지인 마카오에 모였지만 중국 내지에서는 좀처럼 포교활동을 할 수 없었다. 처음으로 내지에 들어간 루지에리Michele Ruggieri(중국명 나명견羅明堅)가 광동성 조경肇慶에 천주당을 세우는 것을 허락받은 게 1582년의 일이었다.

초기 포교의 중심이 되었던 마테오 리치(중국명 이마두利瑪竇)는 1583년에 내지로 들어가서 1601년에는 북경에서 만력제萬曆帝를 알현하고 (실제로 황제는 나타나지 않고 옥좌에 인사했을 뿐), 북경 거주 허가를 얻었다. 1610년 그가 북경에서 죽었을 때 중국인 신자는 2500명 정도였다고 전해진다. 그 후 신자 수는 급속히 늘어나 17세기 중반에는 15만 명에 달했다. 그렇다고는 해도 기독교도의 수가 60~70만 명에 달했던 17세기 초의 일본에 비하면 중국의 가톨릭 포교는 인구에 비해서 한정된 범위에 머물렀다.

가톨릭 포교에서 중국과 일본의 큰 차이 중 하나는 중국의 경우, 오랜 세월에 걸쳐서 체계적으로 발전해온 유교라는 전통사상 체계가 존재해 가톨릭과 그것이 부득이하게 타협 혹은 대결했다는 점이다. 마테오 리치는 불교나 도교에 비해서 유학이 관료 사인士人들의 교양으로 훨씬 중요시되고 있다는 점을 인식하고, 또 다신교적 범신론적 성격을 가진 불교나 도교에 비해서 도덕학적인 유교 쪽이 가톨릭과 공존 제휴의 가능성이 크다고 판단했다. 그래서 그는 유학을 통해서 중국인에게 접근하려고 했다. 유학에 깊은 소양을 가지고 유복儒服 등 사대부의 행동양식을 익힌 그는 '태서의 유사泰西之儒士'로서 중국 사대부들로부터 존경을 받았다. 그는 '상제上帝(天)'를 숭상하는 고대 유교와 가톨릭 교의의 공통성을 강조하면서, 동시에 불교·도교의 '공空', '무無'의 사상을 이단이라고 격렬하게 공격했다. 가톨릭이 당시 사대부를 사로잡은 것은 만물을 초월하는 절대자로서 천주에 귀의한다는 그 교의의 핵심이기보다는 오히려 도교·불교의 '공', '무'론을 비판하면서 선진 과학기술을 소개하는 실학적 측면 때문이었다.

1630년까지 중국에서의 가톨릭 포교는 예수회가 독점한 상태였지만 그 후 도미니코회, 프란체스코회 등 많은 회파가 중국에서 포교를 시작했다. 그 와중에 (1)중국 천주교도가 황제나 관료에게 궤배(무릎을 꿇고 절함)하거나 조상의 위패를 모시거나 공자를 존숭하는 의례를 인정할 수 있는가, (2)가톨릭의 '데우스(神)'를 '천天', '상제上帝' 등 유교적인 용어로 번역할 수 있는가, 하는 점이 크게 문제되어 17세기 말에는 격렬한 논쟁이 벌어졌다. (1)의 공자나 조상의 제사에 관한 논쟁이 '전례典禮 문제'라고 불리는 것으로 중국 풍습에 타협적인 예수회에 대해 다른 회파가 비판을 가했다. 1704년 로마 교황 클레멘스 11세는 (1)천주교도는 공자나 조상 제사를 모시면 안 된다, (2)'데우스'의 번역어로는 '천주天主'만 쓰고 '천', '상제' 등은 안 된다는 결정을 내렸다.

천주교도의 공자나 조상 제사를 금지한다는 이 명령에 대해서 청 왕조 정부가 중국의 기본적 윤리에 도전하는 것으로 받아들인 것은 당연하다. 그 결정이 청 왕조에 전달되었을 때 강희제는 격분해서 특별히 허가를 내준 선교사 이외의 포교 활동과 입국을 금지하고, 결국 옹정제 때 가톨릭 포교가 전면 금지된다. 그 후에도 선교사들이나 신자들이 중국 각 지방에 상당수 존재했고 또한 기능技能을 가진 예수회 수사들은 변함없이 궁정에서 소중하게 여겨졌지만 기독교에 대한 청 왕조 정부의 금지정책은 청말 열강의 압력으로 포교가 허락될 때까지 변함이 없었다.

계몽주의자들이 본 중국

유교와 기독교의 이동異同을 둘러싼 이러한 논의 속에서 예수회 수사들에 의해 유교 고전 번역이나 공자 사상이 소개된 것은 유럽 지식인들에게 옛 이국의 철인哲人 공자에 대한 뜨거운 관심을 초래하였다. 예수회 수사들은 유교와 가톨릭의 공통성을 강조하려고 했지만 오히려 신세대 사상가들의 주목을 끈 것은 기독교와 구별되는 유교의 세속 도덕적 성격—내세를 설파하지 않고 종교적 도그마를 고집하지 않는 유교의 단순한 자연주의—이었다. 유럽의 '계몽' 정신은 유교의 그러한 측면 속에서 자신들과 공감할 수 있는 요소를 발견했던 것이다.

자택의 예배당에 공자의 화상을 모시고 아침저녁 예배했다는 볼테르는 '미신도 어리석은 전설도 없는' 유교의 열렬한 예찬자였다. 볼테

상수시Sanssouci 궁전의 티 하우스
17세기경부터 중국 소개서에 수록된 동판화 등을 통해서 중국의 이미지는 유럽으로 퍼져나갔다.
'시누아즈리chinoiscric(중국 취미)'는 18세기 유럽의 궁정에서 대유행했다. 계몽전제군주 프리
드리히 대왕이 지은 상수시 궁전의 티 하우스에 있는 조각으로, 종려나무 옆에서 쉬는 황금색의
'중국인'들. 얼굴은 서양풍이지만 이것이 '공자의 나라'의 이미지였던 것이다.

르에 따르면 중국의 정치체제는 황제가 이러한 단순한 도덕에 따라 아
버지가 아이를 사랑하고 키우는 것과 같이 인애로써 통치하는 덕치국
가이다. 거기에서는 황제가 가장과 같은 절대적 권위를 가지고 있고,
황제의 의지는 법률에 속박되지 않는다. 그런 의미에서 중국은 절대군
주국이지만, 그것은 폭군의 압정이 행해지고 있다는 뜻은 아니다. 중
국에서 황제는 정복자가 아니라 아버지인 것이다.

　이러한 높은 평가와는 달리 중국의 전제정치에 대한 날카로운 비판
도 있었다. 몽테스키외는 중국에서 황제의 전제를 억제하는 법률이 없
는 것을 비판적으로 강조하였다. 중국에서 왜 질서가 유지되는가 하면
그것은 사람들의 도의심에서 비롯된 것이 아니다. 중국의 상인은 태연
하게 부정을 행한다고 하지 않는가? 질서의 비밀은 황제에 대한 공포
심과, 또 어릴 때부터 의례와 함께 교육받은 공순의 정신이다. 몽테스

키외는 이러한 의례에 의해 인민이 반항정신을 잃어버린 상태가 중국 전제정치의 기반이라고 하였다.

그들에게 중국이란 유럽 절대왕정의 결함을 비추는 거울이기도 했다. 당시 유럽에서는 왕권이 봉건제 이래의 지방세력·사회집단의 자립성을 귀족·성직자나 사단社團의 특권으로서 어느 정도 유지하면서 그 지배하에 편성하려는 움직임이 진행되고 있었다. 그러한 움직임을 어떻게 평가하고, 미래 비전을 어떻게 그려나가는가에 따라서 이른바 '계몽주의자' 안에 여러 입장이 있었다.

국왕으로 권력이 집중되는 움직임을 지지하는 입장, 즉 절대왕정 아래 잔존하는 신분제도의 속박이나 종교 분쟁을 비판하며, 이성에 기초한 산뜻한 개명 전제군주開明專制君主 즉 계몽군주를 기대하는 입장에서 보면 황제 권력 아래 일원적으로 통합된 청 왕조 정치 모델은 배워야만 할 이상이었다. "이같은 실례實例를 접한 후 우리 유럽의 군주는 어찌할 것인가? 찬양하라, 부끄러워하라, 그리고 무엇보다도 모방하라(볼테르)"는 것이 된다.

한편 국왕 한 사람에게 권력이 집중되어 그것을 억제하는 귀족이나 사회단체의 특권이 차차 허물어지는 경향에 위기감을 느낀 몽테스키외 등의 경우, 중국은 황제에 대항하는 세력이 없는 전제정치의 결함을 전형적으로 보여주는 나쁜 예로 인용된다. 삼권분립을 주장하는 몽테스키외의 『법의 정신De l'esprit des lois』이 국왕의 전제적 힘을 어떻게 억제해서 권력을 분산시키는가라는 관심에서 쓰여진 사실은 주지하는 바이다. 이 양자의 견해는 어떤 의미에서는 정반대로 보이지만, 표리일체로서 그 후의 근대적 정치제도의 측면들을 형성해나간다.

8장

새로운 도전자들 – 왕조 말기의 조선

··· 향촌사회의 헤게모니를 둘러싸고

향전

18세기 『조선왕조실록』에는 '향전鄕戰'이란 말이 자주 보인다. 향전이란 각 읍의 헤게모니를 둘러싼 싸움이며, 구체적으로는 향안과 향안조직에서 신구세력의 대립이 표면화된 것이다.

담양 향안의 예에서 보았듯이 재지在地 양반들은 각 읍마다 향안이라는 명단을 작성하였다. 그리고 향안 등록자 중에서 좌수·별감 등을 선출하여 그들이 지방 수령을 보좌하는 역할을 했다. 따라서 향안에 이름이 등록되어 있다는 사실이 바로 양반의 증거가 되었는데, 18세기에 들어서면서 새롭게 등장한 세력들이 향안에 신규로 가입할 것을 요구해 향전을 일으키게 된다.

그러면 여기서 새롭게 등장한 세력이란 어떤 사람들이었을까? 새로운 세력에는 다양한 층이 포함되지만, 그중 하나가 양반의 서자들이었다. 양반의 서자들은 양반 집에 태어났어도 적자가 아니라는 이유만으로 차별대우를 받았다. 우선 과거 응시가 원칙적으로 인정되지 않았다. 원칙적으로라고 한 것은 예외가 있었기 때문이다. 서자이면서도 과거에 합격해서 관직에 나가는 사람들도 존재했다. 그러나 이것은 극히 예외적인 일이었다.

서자들은 또한 족보에 이름을 올리지 못했다. 이름을 짓는 방법도 16세기에는 적자와 항렬자를 함께 쓰는 경우가 흔히 보이지만, 17세기 이후에는 이러한 현상도 찾아보기 힘들다. 재산 상속에서도 마찬가지다. 『경국대전』 규정에서는 '양첩자녀良妾子女', 즉 양인 신분의 첩에서 낳은 아이는 적자의 7분의 1, '천첩자녀賤妾子女'는 적자의 10분의 1의 재산을 상속받는 권리를 인정하고 있다. 그러나 17세기 이후 상속제가 변화하는 과정에서 서자들의 재산 상속분은 더 줄어들었다.

서자에 대한 이러한 엄격한 차별은 중국에서는 볼 수 없는 일이다. 적서 구별이 엄격한 것이 조선을 '소중화小中華', '동방예의지국東方禮儀之國'으로 간주하는 근거가 되었다. 그러나 서자에 대한 차별정책이 오래 유지된 것은 양반층의 수적인 확대를 억제하는 데 그 주된 목적이 있었다고 보아야 할 것이다. 양반이라는 지위의 세습적인 측면에 대해서는 앞에서 언급한 바와 같다. 그러므로 세대가 내려감에 따라서 그 수는 늘어나게 마련인데, 극심한 팽창을 막기 위한 하나의 수단으로 서자를 양반에 포함시키지 않겠다는 함의가 생겨난 것이다.

서자들은 더욱더 심화되는 차별에 차차 저항하기 시작했다. 향안 입록入錄 요구나 과거시험 응시의 합법화 요구 등은 그들의 공통된 소원이었다. 그들의 요구는 마침내 1777년 과거 응시자격 공인이라는 성과로 나타났다.

서자층과 비견되는 중요한 신흥세력은 '요호부민饒戶富民'으로 불리는 사람들이다. 그들은 양반 이외의 계층이면서 경제적으로 대단히 큰 힘을 갖게 된 세력이다. 17세기 이후 농업 집약화의 진전이나 상품경제화의 파도는 양반층을 차츰 생산에서 유리시켜갔다. 그에 대신해서 양인이나 노비 신분 중에서 부를 축적하는 자들이 등장하기 시작했다.

한편 정부에서도 납속수품納粟授品 정책을 펴서 그들의 경제력을 포섭하려는 대응을 취했다. 정부에 쌀 등을 납부하는 대가로 품계를 주는 이 정책은 임진왜란 때 임시적인 조치로 시작되었다가 17세기 이후 상시적으로 되기에 이른다. 납속으로 주어진 품계는 본인 1대에 한정된 것이었으나 부유한 자들은 대대로 납속을 해서 차차 그 사회적 지위를 향상시키고자 했다. 요호부민은 그 풍요함으로 말미암아 정부의 수탈 대상이 될 위험성을 지니고 있었다. 그들이 향촌지배기구의 일각에 파고들어가려고 한 것도 이러한 수탈에서 벗어나기 위해서였다.

서자나 요호부민으로 대표되는 세력들이 향안 입록을 요구하는 경우, 그들을 신향新鄉이라고 했다. 그리고 신향층이 향안에 등록되면 구향舊鄉층, 즉 종래의 향안 등록자들은 다양한 반응을 보였다. 지역에 따라 향안을 작성하지 않게 되는 향촌이나, 향안과 별도로 구향층만의 명단을 작성하는 곳도 나타났다. 그리하여 16세기에 확립된 재지 양반층을 중심으로 한 향촌지배체제는 18세기 이후 크게 변질해갔다.

향리의 세계

서자층이나 부민층과 함께 양반에게 도전한 또 하나의 중요한 세력은 향리층이었다. 향리는 원래 양반 계층이 형성되는 모체가 된 집단이며, 그런 만큼 양반 지배가 확립됨에 따라 양반에게서 억압당하게 된 것 자체가 그들에게는 큰 굴욕으로 여겨졌다. 그러나 그들은 지방행정 실무담당자로 안정된 경제적 기반을 유지할 수 있었기 때문에 양반 중심의 지방통치체제가 동요하기 시작하자 선두에서 양반에게 도전하게 된 것이다.

향리층의 실태에 관해서 1874년 출판된 샤를 달레의 『조선교회사』 글을 소개한다.

군현에는 상당히 많은 아전衙前들이 있다. 그들 중에서 두목격 6~8명은 국왕의 대신과 같은 관직명을 가지고 같은 성격의 직무를 조금이나마 수행하고 있다. 그것은 각 지방 관직이 중앙정부를 본받아 조직되었기 때문이다. 이러한 아전이라는 관직은 여러 가지 권한을 쥐고, 평소에는 수령들로부터 하인과 같은 대우를 받지만, 때로는 수령을 제치고 자의적으로 일을 처리한다. 그 밖의 아전들은 상급 아전에게 복종하는 서기書記, 수위守衛 혹은 하인 등이다. 그리고 이들 모든 아전들은 사회적으로 독립된 하나의 계층을 형성해서, 거의 같은 계층 내에서 혼인한다. 그들의 자제들도 또한 같은 직업에 종사하고 그 직업을 유지하는 수완에 따라 각각 높거나 낮은 관직에 나간다. ......

앞에서 언급한 노론, 남인의 당파와 같이 그들도 또한 몇 개의 파로 나누어지고 서로 지위를 쟁탈한다. 그러나 전체 이익에 위협이 미칠 때는 당분간

봉산탈춤
황해도 일대에 널리 분포한 가면극인 봉산탈춤의 한 장면. 탈춤의 내용은 양반을 풍자한 것들이 많은데, 최근 연구에서 탈춤의 담당자가 향리층이었다는 학설이 유력하다. (『문화재대관』 무형문화재 편에서)

서로 다툼을 중지하고 협력한다. 그들의 기본 원칙의 하나는 수령에게 가능한 한 군현 내의 사정을 알리지 않고 속이는 것이다. 이것은 그들의 사활이 걸린 문제였기 때문이다. 왜냐하면 그들에게는 정해진 보수란 것이 없으며, 있어도 매우 미미한 액수에 불과하다. 게다가 한편으로는 백성들을 희생시키면서 수령의 끝없는 탐욕에 응하지 않으면 안 되었다. 또 한편으로는 자신과 가족의 생활비로 많이 허비되었기 때문에 그들은 사기와 가렴주구에 의지해서 생활했던 것이다.

향리 조직과 그 역할

향리들은 읍마다 수백 명 규모로 존재했으며, 중앙의 육조의 예에 따라 이吏·호戶·예禮·병兵·형刑·공工 육방六房으로 나누어지고 각기 그 실무를 담당하였다. 향리 안에서도 지위의 상하가 있으며, 읍의 향리 전체를 통솔하는 호장戶長과 이방吏房·병방兵房의 수리首吏, 이 삼자가 특히 큰 힘을 가졌다. 이들 삼자를 삼공형三公兄이라고 한다. 향리들은 극히 패쇄적인 계층을 구성하고, 그 지위는 보통 세습되었다. 안동의 예에서 볼 수 있듯이 지역에 따라서는 양반의 향안에 대항해서 단안壇案이라는 향리들의 명단을 작성하는 곳도 있었다.

향리들은 급료가 없거나 혹은 극히 소액의 수당이 지불될 뿐이었다. 그러므로 그들의 수입은 행정 실무를 수행하는 과정에서 얻을 수 있는 중간이득에 의지할 수밖에 없었다. 그러면 그들은 어떠한 방법으로 중간이득을 얻었을까?

아래의 사진은 깃기衿記나 주판籌板이라고 불리는 징세대장이다. 깃기는 양안量案에 기초해서 작성되었는데, 향리 중에서 서리書吏들이 그 작성을 담당하였다. 양전量田은 앞에서 언급한 바와 같이 18세기 이후 거의 실시되지 않았다. 그러나 일단 양전으로 정해진 각 토지 결부수結負數 등은 다음 양전 때까지 변경되지 않는 것이 원칙이었다. 따라서 각 토지의 실상과 양안에 기재된 사항과는 큰 괴리가 생기게 마련이다. 향리들은 이 틈을 타서 토지세 징수 때 여러 가지 방법으로 중간이득을 챙긴 것이다.

사진에서 알 수 있는 바와 같이 깃기는 판독하기 매우 어려운 독특한

경상도 언양현 주판慶尙道彦陽縣籌板
서울대학교 규장각 소장.

필법으로 쓰여졌다. 현존하는 깃기는 몇 개 지역의 것뿐이지만 각 지역 모두 거의 같은 필법이 사용되었다. 아마도 향리 세계에서는 대대손손 이어진 기록 기술이 있었던 것 같다. 그리고 그들은 이러한 판독하기 어려운 장부를 의도적으로 작성함으로써 징세의 부정이 드러나는 것을 막았던 것이다.

향리 중에서도 삼공형 등 상위층의 이득은 매우 컸다. 양반들의 경제력이 17세기 이후 차차 낮아지는 것에 반해 향리 상층부는 평균적인 양반을 능가하는 경제력을 보유하기에 이르렀다.

향리층의 양반 지향

이렇게 실력을 기른 향리층은 출신 모체를 같이하는 양반층으로의 진입을 지향하게 된다. 그러한 향리들의 선두에 선 것이 향리 가문에 태어났으면서도 과거에 뜻을 두고 과업에 전념하는 향손유업자鄕孫儒業者들이었다. 향리 신분은 향리가 되어 지방행정 실무에 종사하는 것이 그 직역이었다. 그러나 경제적으로 넉넉해지자 향리 신분이면서도 과거 공부에 전념할 수 있는 자들이 나타났다.

단안壇案 작성에서 상징되듯이 향리의 결속이 강했던 안동에서는 이미 1634년에 향리들이 '삼년상'을 허가해줄 것을 정부에 청원하였다. 조선시대 복상服喪은 예론禮論 논쟁에서 볼 수 있듯이 신분에 따라 엄격하게 그 기간이 정해져 있었다. 아버지가 죽은 경우 삼년상(실제로는 900일)은 양반들에게만 허용된 특권이었다. 안동 향리들은 양반과 동등한 특권을 요구한 셈이다.

남원 향교 사마재司馬齋
향교에는 조선시대의 귀중한 사료들이 소장되어 있는 곳이 많다. 이 남원 향교에도 남원 향안을 비롯한 많은 사료들이 남아 있다. 사마재란 향교의 학생들이 기숙한 건물이다. 남원시 향교동. © 장희운

18세기에 들어서서 안동 향리들은 자신들을 '유학幼學'이라고 부를 수 있도록 허가해주기를 요구하며 대규모 운동을 벌였다. 유학幼學이란 원래 과거의 예비시험인 생원시·진사시에 아직 합격하지 못하고 과거 수험을 준비하고 있는 자들의 호칭이었으니 그것도 양반들의 특권이었다. 어쨌든 1729년에 이 요구가 인정되었고, 향리층은 그들의 요구를 단계적으로 더욱 확대해갔다.

안동 향리들은 1773년에는 향교鄕校에서의 차별대우 철폐를 요구하고 나섰다. 향교란 각 읍에 마련된 국립교육기관으로서 과거 수험생들이 배우는 곳이다. 향교에는 동·서의 재사齋舍가 있어서 양반 자제들은 동재東齋에서, 향리나 양인 자제들은 서재西齋에서 배웠는데, 향리 자제들이 동재 입거를 요구한 것이다.

이렇게 향리들은 18세기에 이르면서 양반과 동등한 대우를 요구하는 운동을 활발히 벌여나갔는데 이러한 운동은 그들의 양반 지향을 나

타내는 것이었다. 그 가장 단적인 현상이 향리 가문의 족보 입록이다.

15세기에 만들어지기 시작한 족보는 원래 양반층의 전유물이었으며 가문의 족보가 있다는 것이 곧 양반이란 증거였다. 그러나 향리층이 사회적 상승을 도모하면서 그들도 족보 입록을 요구하기 시작한다. 대다수 양반 가문은 원래 향리 출신이었기 때문에 보통 친척 중에 향리 가문과 양반 가문이 병존해 있었고, 이것이 향리의 족보 입록 요구를 가져온 것이다.

지금까지의 연구에서 안동 권씨나 거창 신씨에 관해서 향리 가문의 족보 입록 과정이 구체적으로 밝혀졌다. 그에 따르면 족보에 향리 가문이 등장하기 시작한 것은 17세기부터이며, 18세기에 본격화된다. 그리고 처음에는 별보別譜 형식으로 양반 가문과 일단 구별되어 등장하지만, 차차 양반 가문과 그 구별이 없어지는 과정이 일반적으로 확인된다. 족보는 이미 양반들만의 전유물이 아니었던 것이다.

• • • 실학과 천주교

실학의 '발견'

실학實學이란 '실사구시實事求是의 학學' 즉 현실에 맞추어 그 안에서 진리를 구하는 학문 태도이다. 그러므로 실학이란 단어 자체는 시대와 지역을 초월해서 성립할 수 있는 개념인데, 18세기 조선에서 보이던 새로운 학문 풍조를 실학이라고 부르게 된 것은 1930년대부터이다.

1930년대라고 하면 국학=조선학의 연구가 본격화된 시기였다. 언어·문학·민속·역사 등의 연구가 조선 사람에 의해 활발하게 진행되었는데, 실학의 발견도 그러한 동향의 일환이었다. 당시 연구자들은 실학 속에서 민족주의와 근대사상의 맹아를 찾아냄으로써 가혹한 식민지 지배 속에서 민족성을 고수하려고 했다.

실학 발견의 움직임은 해방 후에 본격화되어, 특히 1960년대 이후에는 남한·북한에서 수많은 연구가 진행되었다. 한국에서 실학 연구의 선구자인 천관우千寬宇는 실학의 큰 흐름을 서술하기를, 반계磻溪 유형원柳馨遠에서 학문으로 성립하고, 성호星湖 이익李瀷에 이르러서 학파로 성립된 후, 다산茶山 정약용丁若鏞에 이르러서 시대사조의 지배적 경향이 되었다고 하였다. 이러한 줄기는 기본적으로 현재의 실학 연구에서도 계승되고 있다.

그러나 최근에는 종래의 실학 연구에 대한 비판이 등장하고 있다. 비판의 골자는 실학사상 안에서 근대적 맹아를 찾아내려고 한 나머지 당시 사상가들의 전체상全體像을 정확하게 파악할 수 없었다는 것이다. 또한 실학을 반反주자학적인 것으로 파악할 수 있는가 하는 데 대해서도 의문이 제기되고 있다.

이러한 비판은 한국사에서 사상사의 흐름을 근대화란 협소한 시각에서가 아니라 사상 내재적으로 보다 깊이 파악하려는 시도다. 실학사상이란 무엇인지, 지금 새롭게 문제제기되고 있는 것이다.

『열하일기』의 비판정신

대표적인 실학사상가의 한 사람으로 연암燕巖 박지원朴趾源이 있다. 반남潘南 박씨에 속하며, 조선왕조 건국 때 활약한 박은朴訔의 후손이다. 그는 1780년에 삼종형(증조할아버지 형제의 증손) 박명원朴明源이 연행사 燕行使로 북경에 갈 때 무관無官의 몸으로 사절 일행의 사행 길에 동행하였다. 이때의 기행문이 그 유명한 『열하일기熱河日記』다. 이 글의 문체는 정형적인 한문 스타일에 구애받지 않고 자유분방하게 쓰여져서 국왕인 정조가 눈살을 찌푸릴 정도였다.

『열하일기』안에 「호질虎叱」이란 제목의 글이 실려 있다. 이것은 중국인이 썼다는 짧은 글과 그에 대한 연암의 감상이라는 형식으로 구성되어 있다. 줄거리는 다음과 같다.

어느 마을에 벼슬을 경멸하는 북곽北郭 선생이란 선비가 있었다. "손수 교정을 본 책이 만 권이나 되고, 구경九經의 뜻을 풀이해 지은 책이 일만오천 권이었다." 같은 마을에 동리자東里子란 아름다운 과부가 있었다. 어느 새벽에 동리자의 방에서 북곽 선생의 목소리가 들렸다. 동리자의 자식들은 이것을 마침 여우가 북곽 선생으로 둔갑한 것으로 여겨 대처하러 나섰다. 북곽 선생은 허둥지둥 도망치다가 도중에 똥구덩이에 빠져 오물투성이가 되고 말았다.

간신히 기어올라와 머리를 들고 바라보니 뜻밖에 범이 길목에 앉아 있는 것이 아닌가. 범은 북곽 선생을 보고 오만상을 찌푸리고 구역질을 하며 코를 싸쥐고 외면했다.

"어허, 유자儒者여! 더럽다." 북곽 선생은 머리를 조아리고 범 앞으로 기어가 세 번 절하고 꿇어앉아 우러러 아뢴다. "호랑님의 덕은 지극하시지요. 대인大人은 그 변화를 본받고, 제왕帝王은 그 걸음을 배우며, 자식된 자는 그 효성을 본받고, 장수는 그 위엄을 취하며, 거룩하신 이름은 신령스런 용龍의 짝이 되는지라. 풍운이 조화를 부리시매 하토下土의 천신賤臣은 감히 아랫바람에 서옵나이다."

범은 북곽 선생을 여지없이 꾸짖었다. "내 앞에 가까이 오지도 말라. 내 듣건대 유儒는 유諛라 하더니 과연 그렇구나. 네가 평소에 천하의 악명惡名을 죄다 나에게 덮어씌우더니, 이제 사정이 급해지자 면전에서 아첨을 떠니 누가 곧이듣겠느냐."

참으로 통렬한 유학자 비판이다. 연암은 이 이야기를 중국인이 쓴 것으로 해서, 청대淸代 지식인의 현실을 비판한 예로서 제시하였다. 그러나 이는 동시에 당시 조선의 지식인에 대한 통렬한 비판이었음을 쉽게 알 수 있다. 『열하일기』에 실려 있는 연암의 짧은 글인 「양반전」도 양반 존재를 풍자한 글로 유명하다. 그러나 여기서 주의해야 할 점은 연암의 비판이 지식인이나 양반 존재 자체를 부정한 것은 결코 아니었다는 점이다.

식사 후, 후당後堂으로 들어갔다. 거인擧人 왕민호王民皞가 마중 나와 인사를 하였다. 왕거인은 호를 곡정鵠汀이라 하며, 산동도사山東都司인 지정志亭과 함께 있었다. …… 곡정은 우리 조선의 과거시험은 어떤 문장을, 또 어떤 논지를 채택하고 있는지 질문했다. 나는 간추려 답하였다. 또한 혼례 예식을 질문하였다. 나는 "관혼상제는 모두 주문공朱文公의 『가례家禮』에 따르고 있습니다"라고 하였다. 곡정은 "『가례』는 주부자의 미완성의 책입니다. 중국에서는 반드시 『가례』를 모범으로 삼지 않습니다." 곡정, "귀하의 나라의 장점을 몇 가지 들어주시오." 나, "우리나라는 동방의 한구석에 있으나 네 가지 우수한 점들이 있습니다. 일반적으로 유학을 존중하고 있는 점이 하나의 장점입니다. 황하와 같은 수해가 없는 것이 둘째 장점입니다. 해산물을 다른 나라에 의존하지 않는 것이 셋째 장점입니다. 여성이 재혼을 하지 않는 것이 넷째 장점입니다." 지정은 곡정을 보면서 잠시 무엇인가 말을 나누었다. 곡정은 "좋은 나라 같군요." 지정, "여성이 재혼하지 않는 것은 설마 나라 전체가 모두 그렇다는 것은 아니겠지요." 나, "나라 안에서 하천한 백성이나 노예들이 모두 다 실행할 수 있다는 것은 아닙니다. 사족이라고 불리는 자들이면 아무리 가난하고 몰락해서 삼종三從의 제약(여성은 어려서 부모를 따르고, 시집가서는 남편을 따르고, 늙어서는 아들을 따른다는 유교의 가르침)이 없어져도 평생 독신을 지키기 때문에 비녀婢女나 하인, 조례皀隷 등의 신분이 낮은 자들까지 저절로 풍습이 된 지 400년이 됩니다."(『열하일기』「태학유관록」중에서)

그로서는 유교의 가르침이 민중에게까지 펴져 있는 것은 자랑할 만한 일이었다. 비판받아야 할 것은 본래 모습에서 일탈한 지식인들이며 양반들이었다. 연암은 당시 조선의 위정자를 비판해 다음과 같이 말하였다.

지금 사람들이 진심으로 양이攘夷를 원한다면 무엇보다도 우선 중국의 법을 배우고, 우리 백성의 어리석음을 고쳐야 한다. 농업, 양잠, 제도製陶, 야금에서 공예, 상업에 이르기까지 모든 것을 배워 익히는 것이다. 남이 열 번 한다면 우리는 일백 번 해서, 우선 우리 백성들을 이롭게 하고, 우리 백성이 곤봉棍棒을 만들게 하고, 그것으로 상대방의 견고한 군사나 날카로운 병력과 싸워 이길 수 있게 되어야 비로소 중국은 볼 게 없다고 할 수 있다. 우리는 하등下等의 선비이다. 나는 이렇게 말하고 싶다. 장관壯觀은 와륵瓦礫에 있다. 장관은 분양糞壤에 있다고.(『열하일기』「일신수필」중에서)

실학사상가의 위치

실학파라 불리는 사람들의 사상에서 민족주의나 근대사상의 맹아를 찾을 수 있는지 여부는 제쳐두더라도, 그들이 종래 사상의 틀을 크게 넓힌 것은 사실이다. 문제는 왜 18세기에 들어서서 이러한 사상가들이 일제히 등장했을까 하는 데 있다.

이 문제를 생각하기 위해서 실학사상가라고 지목되는 사람들의 집안이나 경력을 살펴보자. 박지원은 명문 출신이다. 그의 아버지는 관직이 없었으나 할아버지 박필균朴弼均은 문과 급제, 지돈녕부사知敦寧府事(정2품)까지 올랐다. 박지원의 중국행 기회를 만든 박명원은 영조의 딸 화평옹주和平翁主(옹주는 국왕의 서녀)를 처로 삼아 영조의 총애를 받았다. 그러므로 박지원의 근친은 명문 일족의 지위를 유지했다고 할 수 있다.

그러나 박지원 자신은 정조 때의 권력자인 홍국영洪國榮으로부터 그의 라이벌인 홍락성洪樂性 일파로 지목되어, 그 때문에 화를 피해서 황해도 금천金川에 은거할 수밖에 없었다. 연암이란 호도 금천의 거처 가까이에 있던 연암협燕岩峽이란 골짜기에서 딴 것이다.

실학의 집대성자라고 여겨지는 다산 정약용의 경우를 살펴보자. 그는 압해 정씨押海丁氏 출신으로 어머니는 해남 윤씨 윤덕렬尹德烈의 딸

윤두서 자화상
해남 윤씨 윤선도의 증손이며 화가로 저명한 윤두서
(1668~1715)의 자화상. 조선시대에 자화상은 드물다.
윤두서는 숙종의 초상화를 그리는 화가로 선발되었
으나 소론 남구만의 반대로 실현하지 못했다. 그도 또
한 당쟁의 한가운데 있던 사람이었다. 해남 윤씨 종가
소장.

이다. 윤덕렬은 윤선도의 증손이며 화가로 유명한 윤두서尹斗緖의 아
들이므로, 다산은 윤선도의 6대손인 셈이다. 다산은 서울 교외의 광주
廣州에서 태어나 어려서부터 책을 좋아했지만, 어머니 친가에 있었던
윤두서의 장서가 그의 독서 취미를 만들어냈다고 한다. 그의 가문은
많은 과거 합격자를 냈는데 남인에 속한 탓으로 정권의 핵심에 참여하
지는 못했다. 다산 자신도 정조의 발탁으로 비로소 활약할 기회를 얻
게 되었음은 다음에 서술하는 대로이다.

　이와 같이 박지원과 정약용은 함께 대대로 서울 또는 그 근교에 살았
던 명문 출신이다. 그러나 정권을 장악하고 있는 세력으로부터 소외되
었고, 둘 다 정조에게서 그 재능을 평가받았다는 공통된 출신과 경력

을 가진 인물이다. 박지원을 스승으로 모신 박제가朴齊家, 이덕무李德懋, 서이수徐理修 등 실학사상가들도 명문에서 태어났지만 서자라는 이유로 출세하기 힘든 상황에 놓여 있었다. 유형원·이익과 같은 선구자들도 정권 다툼에서 패배하거나 싫증이 나서 서울을 떠난 경력을 가진 자들이었다.

실학사상가들의 경우에는 이러한 공통점을 많이 찾을 수 있다. 즉 그들은 모두 재경在京 명문 양반 출신이면서도 정권의 핵심에 참여하지 못했던 사람들이다. 정권에 거리를 둠으로써 새로운 사상적 지평을 개척할 수 있었다고나 할까? 현실 정치에 참여할 수 없었기 때문에 사상이 풍요로워지는 것, 여기에 실학의 의의와 한계가 있다.

그들이 모두 서울 혹은 그 근교 출신이었다는 사실도 흥미롭다. 그들의 사상은 각종 정보가 모여드는 서울이었기 때문에 가능할 수 있었다고 생각한다. 바꾸어 말하면 그들의 사상은 전국적으로 보면 고립된 것이며, 농촌에 많이 존재하는 재지 양반층에게는 거의 영향을 미칠 수 없었다. 예컨대 다산은 강진에서 18년이나 유배생활을 보냈으나 그의 사상이 그 지역에 영향을 미친 흔적은 거의 찾을 수 없다. 서울과 지방의 단절이 그들을 더욱 고립시켰다고 할 수 있다.

천주교의 전래

현재 남한과 북한에서는 가톨릭을 천주교, 프로테스탄트를 기독교라고 한다. 기독교는 19세기 말에 처음 전해졌으나 천주교는 이미 17세기에 중국을 통해서 알려졌다. 앞에서 소개한 북경에서의 소현세자와 아담 샬의 만남은 천주교 전래사 초기를 빛내는 한 장면이다. 소현세자뿐만 아니라 17~18세기 청나라에 간 연행사들은 한문으로 번역된 많은 서학 서적을 가지고 왔다. 실학적 사상조류가 발흥한 원인 중 하나도 이렇게 들여온 서학의 자극에 있었다.

서학 서적 안에는 수많은 천주교 관계 서적도 포함되어 있었지만, 조선에서 처음으로 천주교도가 탄생한 것은 1784년의 일이다. 북경에 간 이승훈李承薰이 그곳에서 세례를 받고 귀국한 것이 효시였다. 천주교도의 탄생이 이처럼 늦어진 것은 선교사의 입국이 없었기 때문일 것이다. 선교사의 포교에 앞서서 교도가 생긴 것인데, 이는 가톨릭의 세계 전도사상 희귀한 예이다. 선교사가 처음으로 조선에 온 것은 1794년으로, 중국인 주문모周文謨가 초대 선교사다. 조선의 교회사, 기독교사에서 이승훈의 세례에서 선교사 부임까지의 시기를 가假성직 시대라고 표현한다.

박지원이 청에 갔다온 지 3년 후, 이승훈은 그의 아버지 이동욱李東郁이 연행사의 서장관書狀官(서기관)으로 북경에 갈 때 동행하였다. 그리고 북경 교구장 구베아Alexandre de Gouvea(중국명 탕사선湯士選)를 만나 입교를 결심하게 되었다. 그 모습을 당시 북경에 있던 선교사 반타본은 다음과 같이 말하였다.

저희들은 하느님께서 영광을 보내고 있는 한 청년의 개종 사실을 위안의 말로 보고합니다. 그의 나라는 전에 선교사가 한 번도 방문한 적이 없는 조선이란 곳으로서 중국의 동쪽에 있는 반도입니다. 이 나라는 매년 종주국인 중국으로 사절을 파견합니다. …… 작년 말에 입경한 사절 일행이 우리 교회당을 방문했기에 포교서를 나누어주었습니다. 일행 중 두 번째 대관(세 번째 대관의 착오)의 아들로 27세 되는 이로서 남달리 학식이 깊고 쾌활한 청년이 있었는데, 그는 진실로 종교에 깊은 관심을 가지고 있었습니다. 저희들은 그가 만족할 때까지 각종 의문에 대해서 대답해주었습니다. 또한 저희들은 국왕이 그의 행위를 잘못이라고 해서 국법에 처할 경우의 결심을 확인하였던 바, 그는 결연하게 진리라고 확신하는 종교를 위해서라면 어떤 고통도 또한 죽음도 견딜 수 있다고 하였습니다. …… 드디어 그가 귀국할 때 교부教父의 허가를 받아 그라몽 사제가 대부가 되어 베드로라는 성명聖名을 주고 세례를 마쳤습니다.

−야마구치 마사유키山口正之, 『조선서교사朝鮮西敎史』

양반들의 천주교 수용

이승훈은 천주교에 대해 어느 정도 지식을 가지고 북경으로 떠난 것을 이 문장에서 알 수 있다. 그는 동지들과 함께 천주교 연구를 진행했던 것이다. 그러면 그 동지들이란 누구였을까?

다음의 도 9에 제시한 이승훈의 친족관계에 등장하는 사람들이 초기 천주교 수용의 중심인물들이다. 그들은 모두 남인에 속하는 양반 가문 출신이며, 서로 혼인관계로 굳게 결속되어 있다. 정약용 형제도 이에 속하며 이 책에 여러 번 등장한 해남 윤씨의 후손인 윤지충尹持忠의 이름도 보인다.

이승훈이 세례를 받은 후, 그들은 명동에 있던 김범우金範禹의 집에 모였고 거기에서 입교하는 자들이 속출했다. 그러나 주자학을 국시國

도 9 초기 천주교를 수용한 남인 가문

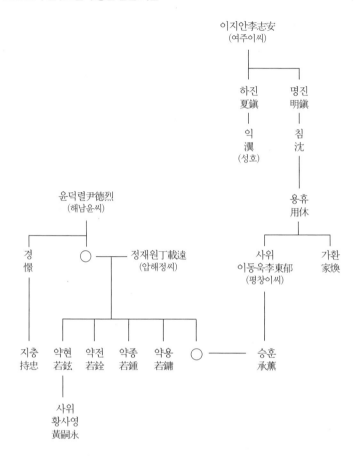

로 삼는 조선에서 천주교 신앙은 이단 중의 이단이 될 수밖에 없었
다. 그 후 천주교는 거듭 탄압=교옥敎獄을 입게 되었는데, 그 최초의 사
건이 1791년에 일어난 진산珍山 사건이었다.

　이 사건은 윤지충이 어머니 장례식 때 위패를 태워버린 일을 계기로
일어났다. 이 사건이 공개되어 국왕 정조는 윤지충에게 배교背敎를 촉

구했으나 그가 받아들이지 않아 결국 사형에 처했다. 윤지충의 이러한 행위는 조상 제사를 중시하는 유교에 대한 공공연한 도전이었다.

이리하여 천주교는 수용 당초부터 탄압을 받았지만 정조 재위 중에는 어느 정도 탄압이 제어되었다. 그러나 1800년에 정조가 죽자 천주교도에 대한 대탄압 사건이 일어났다. 1801년의 신유교옥辛酉敎獄이 그것이다. 이때 이승훈·정약종丁若鐘은 사형되고, 이가환李家煥도 옥사하였다. 신유교옥은 천주교도뿐만 아니라 남인에 대한 탄압의 성격도 지닌 것이었다. 정조의 총애를 받았던 정약용도 유배되고 남인 세력은 큰 타격을 입었다.

이때 탄압에서 재빨리 벗어난 정약현丁若鉉의 사위 황사영黃嗣永은 충청도 제천堤川에 숨어 있다가 체포되었는데, 거기에서 중요한 문서가 발견되었다. 즉 그는 탄압 양상을 보고하며 천주교 부흥을 위해 무력 개입을 요청하는 문장을 쓴 흰 비단을 가지고 있었던 것이다. 이른바 황사영백서사건黃嗣永帛書事件이다. 이 백서는 천주교와 외국의 결탁을 보여주는 것으로서 탄압의 더없는 좋은 구실이 되어 이후 천주교에 대한 박해는 더더욱 심해졌다.

중인층의 천주교 수용

자신의 집을 교도들의 집회 장소로 제공한 김범우는 중인中人에 속한 인물이었다. 남인 양반층과 더불어 초기 천주교 수용에서 중요한 역할을 한 것이 바로 중인층이었다. 중인이란 양반과 양인 중간에 위치하는 신분으로 서울에 거주하는 전문 기술관이나 중앙·지방 아전으로 구성된다. 적극적으로 천주교를 수용한 자들은 기술관에 속하는 사람들이었다. 기술관이란 천문학·의학·산학算學·외국어(중국어, 만주어, 왜어=일본어, 몽골어) 등 전문지식을 가진 정부직원이며, 그 선발은 잡과雜科란 과거로 하였다.

1785년 천주교도임이 발각되어 적발된 김범우는 역과譯科를 급제한 중인이었다. 그의 집안은 대대로 무과 급제자를 배출한 가문이었지만 김범우의 아버지 세대부터 역관으로 전신하였다. 역관이란 연행사를 수행하면서 외국에 대한 식견을 넓힐 수 있을 뿐만 아니라 무역활동에도 관어해 부富의 축석도 가능했다. 그러나 사회적으로는 양반 아래에 위치하며 양반 지배에 대한 도전자의 자격을 가진 존재였다.

신유교옥 이후 양반층은 거의 천주교에서 떠나고, 중인층이 천주교를 지탱하게 된다. 1831년에 로마 교황이 파견해서 처음으로 조선에 들어온 조선교구 주교 앵베르Laurent Joseph Marie Imbert(한국명 범세형范世亨)의 입국을 도운 현석문玄錫文도 역관이고, 그의 아버지도 신유교옥 순교자의 한 사람이었다.

이렇게 천주교 수용에는 남인 양반층과 중인층이 큰 역할을 했는데, 이것은 조선에서 천주교 수용이 지배체제에 대한 도전이라는 성격을 지녔던 것을 말해준다. 이러한 의미에서 실학의 대두와 비슷한 움직임이었다고 할 수 있다. 신향층이나 향리층의 양반에 대한 도전이 양반 지배에 참여하는 것을 지향한 데 비해 실학이나 천주교의 대두는 양반 지배 그 자체에 대한 비판이라는 의의를 가진다. 천주교에서는 특히 그러했다고 할 수 있다.

19세기에 들어서서 심화되는 탄압에도 불구하고 천주교는 착실히 그 교세를 넓혀나갔다. 수용층도 초기의 사회 상층에서 차차 하층부까지로 넓어졌다. 예를 들면 1868~1881년에 걸쳐 천주교도로 구속되어 유죄 판결을 받은 남성 131명의 직업 구성을 보아도 그것이 확인된다. 유자儒者 18명, 의사 7명, 군관 19명, 상인 15명, 농민 32명, 수공업자 12명, 천민 13명, 기타 5명으로 되어 있어서 천주교가 전 계층에 퍼져 있었음을 알 수 있다.

연행사와 통신사

앞에서 언급한 것처럼 실학의 발흥이나 천주교를 수용하는 데 연행사, 즉 청으로 파견된 사절들이 큰 역할을 하였다. 여기에서는 17~19세기 전반에 걸친 외교관계를 정리해보자.

두 번에 걸친 침략을 받고 복속하게 된 청과의 사이에는 조공朝貢관계가 맺어졌다. 그리고 조선에서는 원칙적으로 일 년에 세 번, 곧 새해와 청 황제와 황태자의 생일에 사절을 파견했다. 연행사란 청나라에 파견되는 사절들의 총칭이다. 청과 조공관계에 있었던 수많은 나라 중에서도 조선은 일년삼공一年三貢이라는 매우 밀접한 조공관계를 맺었다.

한편, 청나라에서도 국왕 즉위나 왕비 책봉 때에는 사절을 파견하였다. 청사淸使를 맞이하기 위해 서울에 영은문迎恩門과 모화관慕華館이 설치되었는데, 이는 청에 대한 복속을 상징하는 것이었다. 덧붙이자면, 19세기 말에 영은문과 모화관은 독립협회 회원들에 의해 철거되고 대신 독립문이 세워졌다.

다음으로 일본과의 관계를 보면, 도요토미豊臣 정권에 이은 도쿠가와德川 정권은 국교관계를 회복하기 위해 조선 정부에 적극적으로 공작하였다. 이에 응한 조선 측은 1607년에 일본으로 사절을 보내 도쿠가와 정권의 진의를 살피도록 하였다. 이후 1617년과 1624년에도 사절을 파견했는데, 둘 다 '회답겸쇄환사回答兼刷還使'란 명칭으로 파견되었다. 쇄환이란 임진·정유왜란 때 일본으로 연행된 조선인들을 찾아서 귀환시킨다는 뜻이다.

1636년의 사절부터는 통신사通信使라는 명칭으로 바뀌었고, 도쿠가와 막부의 장군이 교체될 때마다 통신사를 파견하는 일이 관례가 되었다.

조선통신사들이 에도江戸까지 방문하는 것이 원칙이었던 데 비해 일본에서 파견된 사절들은 부산에 마련된 왜관倭館에서 조선 측의 대접을 받았다. 무로마치室町 시대 일본의 사절은 서울까지 갔으나 임진왜란 때 일본군이 조선 지리에 밝았던 점에 놀란 조선 측이 서울에서의 응대를 거부했기 때문이다.

조선통신사 일행이 일본에서 받은 환대에 대해서는 각지에 남아 있는 그림이나 문서를 통해서 현재까지 많이 알려져 있다. 그러나 조선이 통신사 파견으로 얻은 이익은 거의 아무것도 없었던 것 같다. 이런 점으로 미루어볼 때 다양한 자극을 주었던 연행사와는 큰 차이가 있었다고 할 수 있다.

••• 정조의 꿈과 좌절

영조와 탕평책

조선왕조 21대 영조(재위 1724~1776)와 22대 정조(재위 1776~1800) 두 왕
은 조선 중흥의 명군주로, 4분의 3세기에 미치는 그 통치시대를 영정
시대라고 부른다. 두 왕의 묘호는 원래 영종英宗과 정종正宗이었으나
고종(재위 1863~1907) 때 영조, 정조로 묘호가 고쳐졌다. 고종이 국정의
모범으로 두 왕의 통치를 이상화한 까닭에 내린 조치였다.

영조는 경종의 동생이었으나 즉위 과정은 당쟁과 연결되어 수많은
우여곡절을 거쳤으며, 그 자신이 죽음의 위기에 빠진 적도 있다. 때문
에 영조는 즉위하자마자 '탕평蕩平'을 선언한다. 탕평이란『서경書經』
에 있는 "무편무당 왕도탕탕 무당무편 왕도평평無偏無黨 王道蕩蕩 無黨無
偏 王道平平"에서 유래된 말로 당쟁을 없애야 왕도의 실천이 가능하다는
뜻이다.

그러나 실제로는 영조 즉위 후에도 당쟁은 끊임없이 벌어졌고 1728
년에는 충격적인 사건이 일어났다. 이른바 무신란戊申亂이다. 이 난은
노론 주도 정권을 전복하고 소현세자의 증손인 밀풍군密豊君을 왕위에
올리려는 세력이 일으킨 것이다. 반란 세력은 남인 이인좌李麟佐를 주
도자로, 남인·소론 양반들이 많이 포함되어 있었다. 이인좌 세력은 충
청도 청주를 점령하고, 여기에 호응해서 경상도에서도 정희량鄭希亮이
거병했지만, 정부 측의 재빠른 대응 앞에서 모두 진압되었다.

무신란은 당쟁이 갈 데까지 갔다는 것을 말해주는 사건이었다. 탕평
의 의지를 더욱 굳힌 영조는 드디어 1741년 전랑통청권銓郞通清權(삼사

영조(1697~1776)

제21대 국왕으로 조선왕조 역대 왕 중에서 가장 오래 왕위에 있었던 영조의 초상화이다. 피폐해가던 왕조의 지배체제를 재편하기 위해서 법전 정비, 당쟁의 중지, 세제개혁 등에 힘썼다. 국립고궁박물관 소장.

요직을 선발하는 권리)을 혁파한다는 과감한 정책을 택했다. 이 조치에 대해서 이중환은 『택리지』에서 다음과 같이 말했다.

(무신란 이후) 소론파의 조문명趙文命과 노론파의 재상 홍치중洪致中이 탕평론을 주창해서 노, 소, 남, 북의 사색四色을 같이 쓰게 하였다. 경신庚申(1740년)에 연신筵臣들이 붕당의 화근은 전랑으로부터 비롯되었으니 이를 혁파할 것을 청하였다. 임금은 수긍하여 이를 허락하고, 명하기를 전랑이 스스로 (후임자를) 천거하는 것을 혁파하고 삼사통색三司通塞의 규정을 엄숙하

게 하였다. 따라서 300년의 규례인 전랑의 제도가 폐지되었다.

전랑, 즉 이조의 낭관(정랑, 좌랑)은 정3품 이하의 관원에 대한 인사권을 갖고 있었다. 또한 전랑의 후임자는 전임자의 추천에 의해 결정되어 그 인사에는 국왕도 개입할 수 없었다. 게다가 전랑과 삼사 사이에는 빈번한 인사교류가 행해져, 이것이 전랑·삼사의 힘을 강하게 하는 역할을 하였다. 이러한 제도는 앞에서 언급한 바와 같이 사림파의 정권 장악의 중요한 무기였다. 그러므로 전랑통청권의 폐지는 사림파 정권의 성립에 버금가는 정치제도상의 변화를 의미했다.

이 개혁으로 이조 낭관의 인사권은 재상에게 속하게 되었다. 사림파 정권에서 억제되었던 재상권이 이때 다시 강화된다. 리더십이 강한 영조·정조의 통치 중에는 그다지 표면화되지 않은 문제였지만, 19세기에 들어서서 어린 국왕이 연이어 즉위하면서 재상권이 왕권을 능가하는 기세가 나타났다. 19세기의 이른바 세도정치를 낳는 씨앗이 여기서 뿌려진 것이다.

영조 때에는 탕평책 이외에도 중요한 정책이 몇 가지 실시되었다. 앞에서 본 균역법의 실시도 그 하나다. 15세기에 편찬된『경국대전』이후 정령政令 등이 처음으로 집대성되어 1746년에『속대전續大典』으로 간행된 것도 조선의 제도사상 중요한 일이다.

그리고 1730년에는 노비 신분 귀속에 관한 중대한 변화가 생겼다. 그때까지는 아버지 또는 어머니 어느 한쪽이 노비 신분이면 그 자식은 노비가 되었다. 그러나 1669년에 이미 노奴와 양인 신분 여성 사이에서 태어난 아이는 양인 신분으로 하는 정책이 실시되고 있었다. 이 정책, 즉 신분 귀속의 종모법從母法에는 노비 소유자들의 반발이 커서 그 후 여러 번 정책이 변경되었으나 1730년에 이르러 종모법이 최종적으로 확정된다. 이 조치는 뒤에 보게 될 노비제 해체의 결정적인 요인이 된다.

정조와 규장각

1776년에 영조가 사망하고 50년이 넘는 그의 통치가 끝나면서, 영조의 손자인 정조가 즉위하였다. 정조는 영조의 아들인 사도세자思悼世子의 아들이다. 영조의 후계자가 될 인물이었으나 비명에 죽은 사도세자는 세자의 지위에 있을 때 당쟁에 휩쓸려서 영조에게 모반의 뜻이 있다는 의심을 품게 하였다. 신하의 참언讒言을 믿은 영조는 그의 지위를 박탈하고, 끝내 뒤주에 가두었다가 굶어죽게 하였다. 사도세자가 죽은 후 영조는 이를 깊이 애도하여 그에게 사도(생각할 사思, 슬퍼할 도悼)라는 시호를 내렸다.

이리하여 비극적으로 죽은 사도세자의 아들인 정조는 정치개혁에 큰 뜻을 가졌다. 할아버지 영조의 유지를 이어서 탕평책을 강력 추진함과 동시에 즉위 다음해에는 서류소통절목庶類疏通節目을 제정해서, 그때까지 과거 응시가 제한된 양반 서자들의 과거 응시 자격을 공인하였다.

정조의 정치개혁은 즉위 초부터 적극적으로 추진되었고, 이를 상징하는 것이 규장각奎章閣의 창설이다. 규장이란 원래 천자天子의 어필御筆을 의미하는 말이며, 규장각 창설에서 내건 목적도 역대 국왕의 어필을 보존한다는 것이었다. 그러나 진짜 의도는 규장각을 정치개혁의 거점으로 삼으려는 데 있었다.

때문에 정조는 규장각 기구에 대해서 여러 방법을 궁리하였다. 규장각은 내각内閣이라는 별칭에서도 나타나듯이 국왕의 직속기관이며, 그 인사는 홍문관·예문관 장관의 추천에 의한 것으로 하여 재상들의 인사개입을 막았다. 또한 직원으로 검서관檢書官 네 명을 두었는데, 여

「수원능행도水原陵幸圖」
정조는 비명에 죽은 아버지 사도세자의 묘소를 수원으로 옮기고 자주 수원을 방문했다. 이 그림은 그때의 모습을 그린 것으로 아래쪽에 수원의 팔달문이 그려져 있다. 김홍도가 그린 것으로 전해진다. 국립중앙박물관 소장.

기에는 주로 유능하면서도 서자인 탓에 벼슬길이 막힌 자들을 주로 임용하였다.

『북학의北學議』를 저술하여 이적夷狄인 청으로부터 배우자고 주창한 박제가, 『발해고渤海考』를 저술하여 발해를 조선민족의 역사에 처음으로 자리매김한 유득공柳得恭, 백과전서류인 『청장관전서靑莊館全書』의 저자 이덕무 등은 모두 서자 출신으로 규장각 검서관으로 정조가 발탁한 인물들이다.

규장각은 이른바 세종 시대 집현전의 재현이었다. 정조는 여기서 젊고 유능한 지식인들을 보아 왕권 강화를 시도했던 것이다. 정조는 그것으로 만족하지 않고 권신權臣들이 집중해 있는 서울을 떠나려는 의도에서 수도를 수원으로 옮기려고 했다. 이 수원 천도 계획에서 활약한 인물이 다산 정약용이다. 그는 그야말로 정조가 지극히 아끼는 인물이었다.

정조와 정약용

정약용은 1762년에 태어나 1783년 진사시進士試에 장원壯元(수석) 급제하여 정조 어전에서 『중용中庸』을 강의하는 영예를 얻었다. 1789년 문과에 급제하고 초계문신抄啓文臣으로 선발되었다. 초계문신이란 하급관료 중 우수한 자를 선발해서 매월 시험을 치러 성적이 좋은 자를 승진시키는 제도로 정조 때 시행되었다.

그는 수원 천도 계획에 수반되는 수원성 축조에 그 풍부한 재능을 유감없이 발휘하였다. 즉 청나라를 통해서 서양의 축성법을 도입하고,

다산 동상

다산의 존재가 세상에 널리 알려지게 된 것은 19세기 후반, 고종 연간이 되어서이다. 그리고 20세기에 들어서서 실학이 '발견'되면서 실학의 집대성자로 평가되었다. 현재 서울의 도로 이름에도 퇴계나 율곡, 세종과 함께 다산의 이름이 붙어 있다.

수원성의 축성 계획을 짜면서 동시에 기중기를 설계해 수원성 건설을 주도하였다. 이때 만들어진 성문 등은 한국전쟁 때 거의 다 파괴되었으나 현재 복구되어 이국적 정서를 느낄 수 있다.

다산은 이처럼 정조의 신임하에 활약의 터전을 마련했지만 그의 벼슬생활은 파란만장한 것이었다. 소수파인 남인에 속했을 뿐만 아니라 천주교도란 의심을 받았기 때문이다. 이 때문에 사직과 복직을 거듭해, 한때 충청도 해미에 유배된 적도 있다.

정조는 이러한 다산을 항상 비호했으나 정조가 사망하자 정적政敵의 정면 공격을 받아야만 했다. 그래서 1801년 신유교옥에 연좌되어 경상도 장기현으로 유배되었다가, 황사영백서사건이 일어난 뒤 전라도 강진으로 옮겨, 거기서 18년에 이르는 유배생활을 보냈다. 1818년에 겨우 귀향이 허락되어 출생지인 광주로 돌아와 1836년에 사망했다. 그의 문집 『여유당전서與猶堂全書』에 수록된 방대한 저작은 대부분이 유배 이후에 쓰여진 것들이다.

다산 초당
여기에서 다산은 18년간의 유배생활을 보냈다. 윤박尹博이란 인물이 그를 돌보았으며, 1989년에 필자가 이곳을 방문했을 때는 그 후손인 윤재찬尹在瓚 옹이 관리하고 있었다. 전면에는 남해 바다가 펼쳐져 있다. 강진군 도암면 만덕리.

다산이 태어난 해가 바로 루소의『사회계약론Du contrat social』간행 연도와 같다는 점 때문에 그의 민주주의적인 사상 경향을 루소와 비교해서 높이 평가하기도 한다. 그러나 그가 지향한 것은 어디까지나 성인聖人정치의 이상 실현이었다. 대표적인 저작물인『경세유표經世遺表』나『목민심서牧民心書』에서 그가 전개한 견해는 이 이상을 어떻게 실현하느냐 하는 점이었고, 그의 가슴에는 항상 정조가 있었던 것이다.

정조와 다산이 추구한 꿈은 다시 말하면 일군만민一君萬民의 정치체제를 만들어내는 것이었다. 그러나 이를 위해서는 유능한 국왕이 절대적으로 필요했다. 영조나 정조라면 혹 가능했을지도 모른다. 그러나 어리고 평범한 자가 국왕에 올랐을 때 그들의 꿈은 어김없이 깨지게 마련이었다. 그 꿈은 조선왕조 말기가 되어서야 국왕 고종에 의해 부활되었다.

···사회변동을 예감하다

신분제의 동요

18~19세기 조선에서는 신분제의 붕괴나 동요라고 할 만한 사태가 급속히 진행되었다는 것이 학계의 통설이다. 이에 반해 일부에서는 신분제 변동을 부정하고, 양반을 정점으로 하는 신분제 질서는 조선왕조 말기까지 견고했다는 견해도 있다. 이와 같은 견해 차이는 신분제를 파악하는 방법의 차이에서 유래하는 면이 크다. 여기에서는 신분제의 붕괴나 동요라고 불리는 사태의 실상과 그것이 의미하는 바를 밝혀보기로 한다. 이는 조선사회 신분제의 특성을 이해하는 측면에서도 중요하다.

과연 신분제란 무엇일까? 그것은 사회 내부에서 생긴 계층 차이가 혈연의 원리로 고정화된 것으로 일단 생각할 수 있다. 이를테면 이것은 사회적 신분제라고 해야 할 것이다. 그러나 사회적 신분제는 사회변동에 따라 유동적이 될 수밖에 없는데, 이 유동성은 원래 고정적인 신분제와는 양립되지 않는 것이기도 하다. 이때 필요해지는 것이 권력에 의한 신분제의 고정화이고, 이렇게 해서 성립하는 것이 국가적 신분제이다.

신분제를 이와 같이 생각한다면 조선의 신분제는 과연 어떠한 특성을 가진 것이라고 할 수 있을까? 우선 국가적 신분제로서는 양인과 천인 둘만이 법적으로 명확하게 규정된 신분이었다. 양반이란 양인 안에서 관료가 된 자와 그 3대 이내 친족을 가리키는 것이며, 원래 국가적 신분은 아니었다.

한편 사회적 신분제라는 측면에서 보자면, 조선사회에는 양반-중인-양인-천인이라는 4개의 신분계층이 성립되어 있었다. 이 경우 양반 신분이란 구체적으로는 각 지역의 향안에 등록됨에 따라 사회적으로 양반으로 인정된 사람들을 말한다. 중인은 정부의 전문 기술직이나 지방의 행정 실무직을 세습적으로 계승한 가문의 사람들로, 이것도 국가에 의해 법적으로 정해진 국가적 신분은 아니었다.

이와 같이 원래 조선사회에서 국가적 신분제와 사회적 신분제는 크게 차이가 있는 것이었으며, 양반층에게는 더욱 그러했다. 게다가 국가적 신분제와 사회적 신분제의 관계가 시대에 따라 변해서, 사회적 의미에서의 양반 개념이 국가적 신분제에도 반영되어갔다. 양반 자손들이 원칙적으로 군역이 면제된 것이 그 전형적인 예라고 할 수 있다.

이리하여 원래부터 불안정한 구조를 지닌 조선의 신분제는 18~19

표 3 신분별 호수와 그 비율

	양반호		양인호		노비호		총수	
I 기	290(호)	9.2(%)	1694(호)	53.7(%)	1172(호)	37.1(%)	3156(호)	100(%)
II기	579	18.7	1689	54.6	824	26.7	3092	100
III기	1055	37.5	1616	57.5	140	5.0	2811	100
IV기	2099	70.3	842	28.2	44	1.5	2985	100

표 4 신분별 인구수와 그 비율

	양반		양인		노비		총수	
Ⅰ기	1027(명)	7.4(%)	6894(명)	49.5(%)	5992(명)	43.1(%)	1만 3913(명)	100(%)
Ⅱ기	2260	14.8	8066	52.8	4940	32.4	1만 5266	100
Ⅲ기	3928	31.9	6415	52.2	1957	15.9	1만 2300	100
Ⅳ기	6410	48.6	2659	20.1	4126	31.3	1만 3195	100

주) Ⅰ기=1690년, Ⅱ기=1729, 32년, Ⅲ기=1783, 86, 89년, Ⅳ기=1858년.

세기에 들어서서 큰 변화를 보이기 시작한다. 호적대장戸籍臺帳에 등록된 직역職役 분포의 큰 변화가 그것을 단적으로 말해준다.

표 3, 표 4는 시카타 히로시四方博에 의해 밝혀진 경상도 대구 지방의 호적 분석 결과이다. 그중 표 3은 호적대장상의 호주의 직역 분포가 시기별로 어떻게 변화하는지를 나타낸다. 제1기, 즉 17세기 말에는 양반 호주가 전체의 9.2퍼센트를 점유할 뿐이었던 것이 이후로 차차 증가해서, 19세기 중반에는 전체 호주의 70.3퍼센트를 양반 직역 보유자들이 점유하였다. 이것과 역추세를 보이는 것이 노비호의 경우이며, 같은 시기 37.1퍼센트에서 1.5퍼센트로 격감한 것을 볼 수 있다.

표 4는 호적대장에 등장하는 전체 인구에 대해서 그 직역신분별의 시기별 분포 상황을 제시한 것이다. 여기서도 표 3과 같이 양반 인구가 차차 증가하고 있는데, 노비 인구는 19세기 중반에도 전체의 30퍼센트 이상을 차지해서 호주의 직역 변동과 큰 차이를 보이고 있다.

그러나 표 3, 표 4는 어디까지나 호적대장에 기재된 각 사람의 직역

명의 분포 상황을 제시하는 것이다. 다른 말로 바꾸어 말하면 국가적 신분제에서 비롯된 변화로, 여기서 당장 사회적 신분제도 똑같이 변화 했다고 할 수는 없다.

사회적 신분제에서도 향전鄉戰을 통한 향안으로의 신규 가입자가 증 대한 사태에서 보는 바와 같이 변화가 나타났다. 그러나 이러한 변화 는 사회적 신분질서를 부정하거나 새로운 질서를 만들어내는 것은 결 코 아니었다. 양반 대열로의 신규 진입이 어떤 면에서 이렇게 용이했 다는 사실은 양반이 사회적 신분제에 속함으로써 오히려 양반제의 강 인함을 나타냈다는 해석도 충분히 가능한 것이다.

호적이란 앞에서 언급한 바와 같이 국가가 개인의 직역을 파악하는 것을 일차적인 목적으로 작성되었다. 이러한 목적을 지닌 호적에서 양 반 직역(그 대부분은 유학幼學)을 가지는 자들이 다수를 차지했다는 것은 국가가 개개인의 직역 파악을 포기했다는 뜻이다. 그 배경에는 직역을 기초로 부과되었던 군역제軍役制 운용이 이정법里定法과 같은 마을을 단위로 한 부과 방식으로 실시되는 변화가 있었다.

노비제의 해체

18~19세기 신분제에서 가장 중요한 변화는 양반호·양반인구의 증대 보다 노비호의 소멸에 있었다. 표 3에서 볼 수 있듯이 19세기 중반에 노 비호는 전체 인구의 1.5퍼센트로 거의 소멸되기에 이르렀다. 어떤 과 정을 거쳐서 이러한 사태가 발생했을까?

근래 호적대장을 이용한 연구에 의해 노비 신분이 해방되는 과정이 구체적으로 밝혀지고 있다. 조선시대 노비는 공노비와 사노비의 두 종류로 대별되는데, 후자가 다수를 차지했다. 사노비에도 신역身役노비와 납공納貢노비의 두 종류가 있었다. 전자는 상전上典(노비 소유자)의 집안이나 주변에 거주하면서 상전의 가내 노동이나 농사에 종사하는 노비이다. 그중에는 상전의 집안에 거주하며 독립된 호적을 가지지 않는 신역노비를 특히 솔거率居노비라고도 했다. 후자인 납공노비는 독립된 가계를 꾸리고, 상전에게 매년 정해진 액수의 물품을 상납하는 의무가 있을 뿐이었다. 납공노비들 중에는 상전의 거주지와 멀리 떨어진 곳에 거주하는 자도 있고, 가끔은 다른 도에 거주하는 자도 있었다(외거外居노비).

노비가 상전의 지배를 피해서 노비 신분에서 벗어나는 사례는 납공노비의 경우에 많이 보인다. 신역노비에 비해 납공노비에 대한 상전의 지배력이 훨씬 약했기 때문이다. 그 경우 일반적으로 납공노비가 원래의 거주지를 떠나서 다른 지역으로 이주함으로써 상전의 지배에서 벗어나 점차 신분을 상승시켜갔다.

한편 신역노비의 경우는 상전의 지배에서 벗어나기가 훨씬 어려웠다. 그러나 그들 중에도 거듭 도망해서 상전의 지배에서 벗어나는 자들도 존재하였다. 대구의 직역 구성 변화(표 3, 표 4 참조)에서 노비호의 소멸과 노비 인구의 강고한 잔존이라는, 일견 서로 상반되는 듯이 보이는 현상은 이러한 노비들의 존재 형태에서 기인했을 것이다.

그러나 19세기 중반 시점에서 전체 인구의 30퍼센트를 차지했던 노비들도 그 존재 의미는 17세기까지와는 크게 달랐다. 17~18세기 노비 매매 가격의 변화를 보면 비가 노보다 훨씬 높은 가격으로 매매되는 경향이 두드러진다. 즉 경제적 가치면에서 비의 가격이 높다는 인식을 하게 된 것이다. 이것은 농사 노동에서 노의 역할이 감소된 데 비해 비의 가내노동 역할은 거의 변화가 없었기 때문이라고 할 수 있다. 노비의 인구 구성에서도 비의 수가 노의 수를 훨씬 웃돌게 된다. 농업의 집약화 진전에 따라 노를 썼던 조방식粗放式 경영이 감소된 것이 이러한 변화를 가져온 근본적인 원인이었다고 할 수 있다.

『춘향전』의 세계

판소리 『춘향전』은 대표적인 전통 예능으로 남한·북한에서 지금도 인기가 높다. 판소리란 노래를 부르는 사람과 반주하는 사람 둘만이 하는 연창인데, 현재는 음악극 형식으로 다수의 출연자들로 연출되는 것도 많다. 18세기 후반에 성립되었으며, 당시 시대상이 진하게 반영되어 있다.

　『춘향전』은 민중 예능으로 곧잘 불린다. 전라도 남원을 무대로 악질

판소리 상연 풍경
한 명의 소리꾼과 한 명의 북잡이로 상연된다. 소리꾼은 아니리(말로 연기하는 것)와 소리(唱)를 섞어서 이야기하고, 북잡이가 추임새를 넣는다. (『한국민족대관』 5에서)

광한루

『춘향전』의 클라이맥스인 이도령이 암행어사로서 남원 부사를 탄핵하는 무대가 이 광한루이다. 호남 제1루로 전라도 최고의 건축으로 꼽힌다. 현재의 건물은 1635년에 지어진 것이다. 남원시 천거동. ⓒ장희운

지방관의 부정을 폭로하고 춘향과 이도령의 사랑이 이루어진다는 이야기를 들으며 민중은 공감하고 즐거워한다. 민중적이라고 불리는 이유는 여기에 있다. 그러나 『춘향전』의 민중성에 대해서는 좀 더 깊이 생각해봐야 할 것 같다.

우선 하나의 문제로 『춘향전』에는 중국 고사故事가 수없이 인용되고 있다. 시작부터가 다음과 같은 식이다.

절세의 가인이 생길 때는 강산江山의 정기精氣를 타고나는 것.

저라산苧羅山의 약야계若耶溪에 서시西施가 태어났고, '군산만학부형문群山萬壑赴荊門'의 지세에 왕소군王昭君은 자라고, 수려秀麗한 쌍각산雙角山에서 녹주綠珠가 생겼으며, "금강錦江이 거침없이 흐르고 아미산蛾眉山이

솟아 설도薛濤가 환출幻出"했다. 호남 좌도左道의 남원부에는 동쪽으로 지리산, 서쪽으로 적성강이 있어. 그 정기가 어리어서 춘향이 생겼구나.

『춘향전』에는 많은 이본이 있으나 앞에 인용한 것은 제일 민중적이라고 평가받는 신재효申在孝의 텍스트이다. 신재효는 중인 출신으로서 19세기 중기에 판소리 작가로 활약하였다. 그의 텍스트에서도 이렇게 시작에서부터 중국 고사가 풍부하게 인용된다. 당시 민중들이 이러한 고사들을 어디까지 이해했는지 의문이지만, 어쩌면 그것은 그리 큰 문제가 안 될지도 모른다.

보다 큰 문제는 내용 자체에 있다. 춘향과 이도령의 사랑이 이루어지는 것은 이도령이 암행어사로 남원에 와서 춘향에게 집적거린 남원부사府使를 탄핵한 결과이다.

암행어사란 말하자면 국왕의 밀사로 지방관의 부정을 살피는 것이 임무이다. 그의 활약으로 두 사람의 사랑이 이루어진 까닭에 거기에는 민중의 국왕 환상이 반영되어 있다고 해도 무리는 아닐 것이다. 이는 춘향의 신분상승이란 현상에서도 볼 수 있다. 즉 텍스트가 새로워질수록 춘향의 신분은 천민의 딸, 무관武官의 딸, 양반의 사생아로 상승해간다. 민중의 신분상승 지향의 반영이라 할까?

그러므로 『춘향전』의 민중성을 단순히 반反양반의식이라든지 체제 비판의식으로 파악하면 안 된다. 거기에는 분명히 민중의 소원이 반영되어 있으나 그 소원 자체가 복잡한 구조를 지니고 있었던 것이다.

『춘향전』에서 또 하나 주목할 점은 양반이나 춘향의 화려한 생활 모습이다. 춘향의 어머니는 원래 기생이었는데 이도령이 처음으로 그 집

428

을 찾아갔을 때 환대하는 모습이 다음과 같이 그려져 있다.

> 잡술 상을 차리는데, 청결하고 맛이 있다. 나주칠羅州漆 팔모반盤에 행주질 정히 하고, 쇄금鎖金한 왜물倭物 젓가락 상하 알아 씻어놓고, 계란 다섯 수란水卵하여 청채기靑菜器에 받쳐놓고, 갖은 양념 많이 넣어 초지렁을 곁들이고, 문채文采 좋은 금쇄화기金鎖花器에 봉산鳳山 문배·임실任實 곶감·호도·백자柏子 곁들이고, 문어·전복·약포 조각 백채白菜 접시 담아놓고, 향단을 급히 시켜서 돈어치 약주藥酒 받아……
>
> ─한국고전문학대계 12 『신재효 판소리 사설』에서

16세기 유희춘의 검소함과 비교하면 그 호사한 모습이 하늘과 땅 차이다. 18세기 상품 경제 발달의 자취가 『춘향전』에 반영되어 있다.

••• 근대를 전망하며

민란의 시대

18~19세기의 사회 변동은 다양한 모순을 낳았다. 그 모순의 단적인 표출이 민란이다. 19세기는 민란의 시대였다.

19세기 첫 민란을 장식하는 것은 1811년에 일어난 홍경래洪景來의 난, 즉 평안도 농민전쟁이다. 주모자 홍경래는 본관이 남양南陽 홍씨로, 평안도 용강龍岡 출신, 1798년 사마시司馬試에 합격했다. 그러나 당시 평안도 출신에게 벼슬길은 기본적으로 막혀 있었기 때문에 과거를 단념하고 동지들과 도모해서 평안도 출신자에 대한 차별대우 철폐, 안동 김씨에 의한 세도정치 반대 등을 내걸고 평안도 가산嘉山에서 봉기하였다. 이것이 홍경래의 난의 발발이다.

반란군은 삽시간에 세력을 확대해서 평안도의 8개 읍을 점령하는 기세를 보였다. 반란군 지도부의 구성층은 홍경래 같은 불평 양반, 명문의 서자들뿐만 아니라 부유한 상인층도 포함되어 복잡하게 뒤섞여 있었다. 또한 참가자 안에는 일반 농민뿐만 아니라 18세기 말부터 활성화된 광산 채굴에 종사하는 광산 노동자들도 많이 보인다. 반란군은 정주성定州城에서 농성하며 4개월 동안이나 정부군에 저항했으나 끝내 내부 분열과 반反반란군이 정부군에 가담함으로써 진압되었다.

정부에 대한 대규모 반란은 무신난 이후 처음 있는 일이었다. 그러나 무신난이 기본적으로는 지배층 내부의 대립에서 비롯된 것으로 참가자도 한정되었던 데 비해, 이 반란은 보다 넓은 계층을 결집하였다. 이 난이 민란의 시대를 연 서곡으로 간주되는 것은 이런 까닭에서이다.

홍경래의 난에는 평안도의 특수한 사정이 크게 관련되어 있었지만, 19세기 중반이 되면 전국적으로 민란이 빈번하게 일어난다. 그중 최대 규모는 1862년 임술민란壬戌民亂이다. 경상도 진주에서 일어난 민란이 발단이 되어서 남부지방 일대로 확산된 임술민란은 각 지역의 실상에 따라 양상이 다양했으나 모두 18세기 이후 사회변동으로 인한 모순의 산물이었다. 정부는 국가 세금수입의 근간을 이루는 남부지역의 민란이었으므로 대응에 신경을 썼다. 그러나 결국 조세징수에 관한 미봉적 대책을 세웠을 뿐 민란의 원인인 지방통치체제 자체는 방치하였다.

임술민란이 일어나기 얼마 전에 경상도 경주에서 최제우崔濟愚가 동학東學을 창시하였다. 이 동학 조직을 중심으로 일어난 것이 1894년 갑오농민전쟁인데, 이것이야말로 19세기 최대의 민란이었다. 갑오농민전쟁 때 재지 양반층은 농민군 측에도 반농민군 측에도 참가하는데, 그것은 18세기 이후 향촌사회의 헤게모니 쟁탈의 귀결이기도 했다.

흥선대원군의 등장

1863년 국왕 철종은 후사가 없는 채로 사망하였다. 다음 국왕을 지명

「강화도행렬도江華島行列圖」
조선왕조 제25대 철종, 제26대 고종은 모두 이전 국왕에게 적자가 없어서 왕실 방계에서 왕위로 올랐다. 이 그림은 왕위에 오를 철종을 마중하려고 강화도에 파견된 사신들의 행렬을 그린 것이다.

하는 지위에 있었던 대왕대비(신정왕후) 조씨趙氏(철종의 형 익종의 비)는 외척外戚으로서 전횡을 휘두르던 안동 김씨를 억제하려고 흥선군 이하응李昰應의 둘째 아들 이재황李載晃을 왕위에 올렸다. 흥선군은 소현세자의 동생인 인평대군의 7대손으로 정조의 이복동생인 은신군恩信君의 양자인 남연군南延君의 아들이었다. 꽤 먼 혈연에서 국왕이 선출된 셈이다.

자신의 아들이 국왕에 오르자 흥선군은 대원군大院君으로 불리게 된다. 대원군이란 국왕의 아버지로 스스로는 왕위에 오르지 않았던 사람에게 주어지는 존칭으로서, 흥선대원군이 여기서 탄생하였다. 그는 왕족이라고는 해도 그 말류末流에 위치하면서 중앙 정계의 인맥과 인연이 전혀 없는 사람이었다. 젊을 때 불량배들과 어울린 적도 있었다고 전해지는데, 대원군의 지위에 오르면서 어린 국왕의 섭정으로 국정 개혁을 의욕적으로 추진하였다.

대원군이 등장할 때까지 중앙 정계는 19세기에 들어서서 세 명의 왕, 순조·헌종·철종의 왕비를 배출한 안동 김씨가 외척으로 절대적인 권력을 휘둘렀다. 131쪽의 표 2를 보면, 안동 김씨의 제5기, 즉 19세기에 이르러 문과 합격자 수가 전주 이씨 다음가는 지위를 점유하는데, 이것 역시 외척으로서 휘두른 권력의 반영이었다. 또한 재상급에 해당하는 삼의정三議政의 지위에도 다섯 명이나 취임하고 있다. 영조·정조가 시도한 왕권 강화책은 19세기에 들어서 어린 왕이 연이어 즉위하게 됨에 따라 국왕의 외척에 권력이 집중하는 왜곡된 형태로 계승되었다고 할 수 있다.

대원군이 우선 의도한 것은 이 안동 김씨의 기세를 꺾는 것이었다. 안동 김씨는 노론파에 속하므로 남인이나 북인으로부터 관료를 발탁함과 동시에 자신의 심복도 적극적으로 등용하였다. 그러나 대원군의 이러한 노력에도 불구하고 안동 김씨는 여전히 세력을 보유했다. 대원군의 섭정 시기에도 안동 김씨의 김병학金炳學이 영의정의 지위에 있었다.

대원군의 권력 기반

대원군이 실시한 개혁 중에서 특기할 만한 일은 수많은 서원書院의 혁파와 군역제軍役制 개혁 추진이었다. 서원은 16세기 이후 각지에서 건설되어, 애초에는 유교의 선현先賢을 모시고 양반 자제들을 교육시키는 사설 교육기관으로서 의미를 지니고 있었다. 그러나 면세되는 토지나 노비들을 많이 소유하는 등 차차 그 폐해가 두드러졌을 뿐만 아니라 재지 양반들이 결집하는 곳으로 당쟁의 거점 역할을 하게 되었다. 대원군은 국왕으로부터 사액賜額된 서원 중 47개 서원을 제외하고 나머지 모든 서원의 철폐를 명령한 것이다. 게다가 군역제에서 동포제洞布制나 호포법戶布法을 실시해서 양반으로부터도 군포를 징수하게 하였다. 이러한 군역제 개혁은 18세기부터 이미 일부 지방에서 시작되었던 이정법里定法을 이어받아, 직역職役을 불문하고 군역을 부과하는 방향을 전국적으로 확립하려고 한 것이었다.

　서원 철폐, 군역제 개혁은 모두 재지 양반층의 이익과 정면으로 대립하는 것들이었다. 대원군은 이러한 개혁을 추진하면서 왕권 강화와 국가재원 확대를 도모하였다. 그러나 조선왕조의 권력을 지탱하는 기둥이었던 재지 양반층과의 대립은 대원군으로서는 위험한 모험이었

흥선대원군 이하응
1820~1898년. 19세기 후반 굴지의 정치가였
던 그는 1873년 실각 후에도 1882년 임오군란
이나 1894년 개화파 내각 성립 때 불사조같이
복위했다.

다. 재지 양반을 대신하는 새로운 권력기반을 구축하지 않고 이러한
정책들이 강행된다면 국가기반 자체가 위기에 빠질 위험이 있었기 때
문이다.

　이상에서 서술한 대로 18세기 이후 조선사회에서는 다양한 변동이
일어나고 있었다. 신향층이나 향리층의 대두, 노비제 해체, 천주교의
전래와 침투, 농촌으로 파급된 상품경제 등이다. 이런 와중에 16세기
에 확립된 양반 지배체제는 크게 동요하기 시작했지만, 대원군의 정책
이 이러한 변화를 더욱 촉진시켜 새로운 권력 기반을 구축하려고 했던
것은 결코 아니었다.

　새로운 권력기반을 만들기 위해서는 아마도 유교 입국儒敎立國을 기
치로 내건 조선의 근본에까지 이르는 개혁이 필요했을 것이다. 그러
나 그것은 또한 정조나 정약용의 꿈을 크게 깨뜨리는 것일 수밖에 없었

다. 벽은 너무나 강고했다. 대원군은 결국 전국 유생들의 대원군 비판 상소上疏 운동 속에서 10년간의 섭정생활에 종지부를 찍었다.

9장

성세에서 위기로

···『홍루몽』과『유림외사』

청대의 사풍

청대 중기 사람들의 눈으로 되돌아보면, 명말의 사대부는 권력을 등에
업고 횡포를 부려 서민을 괴롭히는 자도 있었지만, 한편으로는 천하를
구제하려는 뜻을 가지고 강직하고 올곧은(侃侃諤諤) 언론으로 사대부
의 기개를 나타내는 자도 있었다. 그에 반해 청대의 사대부는 좋든 나
쁘든 얌전해졌다고 그들은 느끼고 있었다. 상주부常州府의 황앙黃卬이
라는 사람은 18세기 중반경에 쓰여진 책『석금지소록錫金識小錄』에서 대
략 다음과 같이 쓰고 있다.

명 일대一代의 인물로『명사明史』에 이름이 실릴 수 있는 사람들은 기개와
절도에서 뛰어난 자가 많았다. 용감하게 정론을 토해내고, 장형杖刑·유형流

刑 등 형벌을 받는 자가 어느 황제의 치세에도 있었던 것이다. …… 지금 과거科擧는 활발하고 언론 관직에 부임하는 자도 많지만, 권력자를 거슬러 백성의 괴로움을 대변하고 강직하고 올곧게 한 걸음도 물러나지 않는 명대의 사람 같은 자는 찾아볼 수 없게 되고 말았다. 근신소심해서 감히 방종한 행동거지는 하지 않지만, 그것도 보신을 위한 것이고 기개와 절의(氣節)와는 인연이 없는 것이다. …… 본 왕조의 향신은 명대에 비해 풍아風雅에 있어서는 훨씬 낫다. 시사詩詞에 뛰어난 자, 집에 들어앉아서 독서하며 경전이나 사서에 침잠하는 자……는 있지만, 명대와 같이 유예遊藝나 여색에 빠지고 노복을 앞세워서 다른 사람의 재물을 빼앗는 자는 없다.

이렇게 사대부가 점잖아진 것은 대개 청 왕조에 의한 '문자文字의 옥獄(청 왕조의 비위에 거슬리는 어구·문자를 썼다는 이유로 만들어진 탄압 사건)'을 비롯한 엄격한 단속 때문이었다고 한다. 그러나 명대에도 탄압이 없었던 것은 아니다. 그런데도 명대에는 죽음을 각오하고 스스로의 기개와 절의를 보여 명성을 얻으려는 자가 끊이지 않았다. 역시 거기에는 사람들의 기풍의 변화, 사회 분위기의 변화라는 것이 있었다고 생각하지 않을 수 없다.

확실히 청대 중기 사회에는 명 말기와 다른 일종의 분위기가 있다. 논리로 증명할 수 있는 것이 아니고 또 '시대정신'이라고 할 정도로 고상한 것도 아니지만, 말하자면 느낌이 다르다고나 할까. 그러한 느낌을 독자에게 전하는 것에 대해서 역사 연구는 아무리 노력해도 한계가 있다. 뛰어난 동시대의 소설일수록 그러한 느낌을 웅변으로 전해주는 것이 아닐까?

『홍루몽』논쟁

청대 중기를 대표하는 장편소설인 『홍루몽紅樓夢』과 그 시대 배경과의 관련에 대해서는 1950년대 중국에서 한바탕 논쟁이 있었다. 『홍루몽』의 작자는 조설근曹雪芹으로, 그의 조부인 조인曹寅이 강희제 때 강녕 직조江寧織造로서 정보수집 활동을 했다는 것은 앞에서 서술한 대로이다. 조인 이후 약 60년간에 걸쳐서 조씨 일족은 강녕 직조의 직을 대대로 계승하였다. 처음에는 강희제의 은총을 받아 소금이나 동 등 중요 물자를 취급하는 직무를 겸해서 거대한 부를 축적하였다. 강희제가 남방 순행으로 남경에 들렀을 때 직조의 관청을 행궁으로 했다는 것에서도 그 세력과 영화가 어느 정도였는가 알 수 있다.

그러나 그러한 접대나 정보활동에 관련된 비용도 거액에 이르러, 강희제 만년에는 조씨 집안의 공금 사용이 문제가 되었다. 강희제의 재위 중에는 그의 비호로 문제가 심각해지지는 않았지만, 옹정제 때에는 이전의 총애를 잃고 가산 몰수의 쓰라림을 당해 조씨 집안은 북경으로 이전하고, 일가는 급속히 몰락하였다. 그 때문에 조설근이라는 인물에 대해서도 잘 알려져 있지 않은데, 그가 『홍루몽』을 쓴 18세기 중반경에 그의 집은 죽으로 연명하는 빈궁한 생활 속에 있었던 것 같다.

『홍루몽』의 주인공 가보옥賈寶玉의 집은 선대의 훈공에 의해 대대로 고관을 배출하고, 황실의 인척이기도 한 최상류 계급이었다. 소년 가보옥은 부친이 강요하는 공부는 싫어한 반면, 호화주택에 동거하는 친척(親類綠者)인 아름다운 소녀들과 시를 짓고 풍월을 감상하는 풍류 생활만을 좋아했다. 만 1세 돌잔치 때는 여러 가지 물건 중 좋아하는 것을 잡게 하는 운명점에서 붓과 책 등에는 눈도 주지 않고 분과 비녀, 팔찌

가보옥(왼쪽)**과 임대옥**(오른쪽)

보옥이 마음속으로 생각하기를 '다른 사람이 나의 마음을 알아주지 않는 것은 그래도 좋지만, 나의 안중에도 심중에도 그대밖에 없다는 것을 그대는 모르고서 무조건 나를 몰아세우네 …… 나는 항상 그대만 생각하고 있는데, 그대의 마음속에 나 같은 건 없다네.(『왕희렴평본王希廉評本 신휴전부수상홍루몽新鐫全部繡像紅樓夢』에서)

로 바로 손을 뻗쳐 만지고 놀아서 부모를 탄식하게 하기도 했다. 자라서 열 살 정도가 되었어도 똑똑하긴 하지만 외고집이어서 "여자는 물에서 생겼고, 남자는 진흙에서 생겼다. 나는 여자를 보면 아주 좋은 기분이 되지만, 남자를 보면 냄새가 나서 메스꺼워진다!"고 제멋대로 말했으며, '장래 호색가가 되기에 의심의 여지가 없다'고 소문이 난 소년이었다.

가보옥의 생활에 대한 세부 묘사와, 소녀들과의 마음의 오해와 소통을 극명하게 묘사하면서 이야기는 진행되어간다. 그는 자존심이 세고 짜증을 잘 내는 미소녀 임대옥林黛玉과 서로 사랑함에도 불구하고 피차 마음을 잘 전하지 못한다. 사소한 질투에서부터 일부러 매정하게 대한다든가 큰 싸움을 하기도 한다. 쌍방 모두 다정다감하지만 고집 센 성격으로 충돌도 하는데, 미적인 취향까지도 완전히 일치해서 눈물이 날 정도로 좋아한다. 그렇지만 결국 가보옥은 온화한 현모양처 타입의 설보차薛寶釵와 결혼하게 되고, 병약한 임대옥은 원망을 품고 죽고 만다. 그러는 사이에 가씨 집안은 위세를 등에 업고 백성을 괴롭힌 죄로 가산을 몰수당하고, '나무가 쓰러지면 원숭이가 도망한다'는 비유대로 사람들도 이탈해간다.

이 소설은 청대 사람들의 마음을 사로잡아『홍루몽』의 세계에 빠져들어간 '홍미紅迷(홍루몽 마니아)'를 다수 만들어냈다. 19세기 전반에는 '홍학紅學' 즉 홍루몽학이라는 말까지 생길 정노였다. 민국 시대民國時代에 들어와서, 근대의 새로운 문학사조 중 후스胡適 · 위핑보俞平伯 등 '신홍학파新紅學派'는 작자 조설근의 인생을 있는 그대로 묘사하는 자연주의 문학의 걸작으로서『홍루몽』을 새삼스럽게 평가하고, 그 계통적 연구를 제창하였다. 스스로의 연애담을 묘사한 '정장참회情場懺悔'의 자서전으로서『홍루몽』을 분석하려는 이 입장은 문학 작품을 작자 개인의 소산으로 보는 근대적 문학관에 의해 뒷받침되었다고 할 수 있다.

이러한 '신홍학파'의 사고방식에 대해서, 이것을 부르주아 계급의 주관유심주의主觀唯心主義의 반동적 학설이라고 격렬하게 비판한 것이 중화인민공화국 성립 후 1950년대의『홍루몽』논쟁'이다. 비판파의 논점은 대략 다음과 같은 것이었다.『홍루몽』의 본질은 당시의 사회상황을 떠나서는 이해할 수 없다. 당시는 '건륭성세乾隆盛世'라는 미명 아래 계급투쟁이 첨예화하고 봉건 전제통치가 위기에 빠진 시대였다.『홍루몽』이 묘사한 것은 그러한 가운데 부패의 극에 달해 몰락해가는 귀족계급의 상황이고, 봉건 예교禮敎에 압살되는 사회에 반항하는 청춘남녀의 모습이다. 가보옥의 '여자는 물, 남자는 진흙'론은 남존여비의 봉건 사회에 반항하려는 민주주의의 맹아이다. 봉건 도덕에 대한 반역자로서 그는 임대옥과 마음이 통하면서도, 결국 봉건 도덕에 순종하는 설보차와 결혼하지 않을 수 없었다. 임대옥의 많은 근심과 병도 봉건 예교하에서 가보옥과 사랑을 관철할 수 없었던 좌절의 결과였던 것이다. '신홍학파'의 주장은 이러한 계급투쟁의 역사에 눈을 감고, 『홍루몽』을 단순한 개인의 연애 문제로 왜소화하려고 했다는 것이다.

『홍루몽』에 대한 다양한 독법의 역사도 또한 근현대 중국의 격동의 역사를 반영한다고 해야 할 것이다. 문학 전문이 아닌 필자로서는 『홍루몽』의 시대성에 대해서 확실한 논의를 전개할 수는 없지만, 막연히 그 시대답구나, 라고 느끼는 점이 몇 가지 있다.

첫째는 일상생활의 세부 리얼리티이다. 이 소설의 진행자역인 가우촌賈雨村의 이름을 중국어로 읽으면 '가어존假語存(거짓말이 남는다)'과 같아서 이 소설이 몽환夢幻 공간의 허구적인 건축물인 것을 스스로 강조하고 있다. 그럼에도 불구하고 이 소설을 다 읽고 난 느낌은 파란만장한 대大로망의 흥분이 아니라 예리하고 적확하게 새겨진 세부의 집적이 만들어낸 느낌, 섬세하게 조각한 경옥硬玉의 공예품과 같이 무언가 확실하고 강고한 것을 만지는 듯한 감각인 것이다. 이것은 상당히 황당무계한 것치고는 뻔뻔스럽게 사실성을 표방하는 명말의 시사소설 등과는 대조적인 것으로 느껴진다.

둘째, 사람의 마음속 부드러움에 대한 기호라고 해야 할 것이다. 가보옥이나 소녀들 사이에 토라진다든가 응석부린다든가 하는 관계에서는 생활을 등에 짊어진 책임 있는 어른의 경세제민적인 기개는 추호도 느낄 수 없다. 응석부리는 도련님과 아가씨의 일희일비라고 할 수 있다. 그러나 그럼에도 불구하고 '정론正論'이나 '도리道理'라는 투구에 덮여 있지 않은 섬세한 '아녀자의 정'에는 무언가 생경한 것, 진솔한 것이 있어서 우리를 감동시킨다. 유약하다면 유약하지만 그것은 단순히 다른 사람이 말하는 대로 되는 기질의 약함이 아니라, 부친에게 징계를 받아도 태도를 고치지 않았던 가보옥처럼, 옹고집 같은 미의식에 의해서 지탱되었다고 해도 좋다. 청대 중기 사람들은 특히 그러한 부드러운 마음의 굴곡에 한층 편안한 감성을 지니고 있었다고 생각한다. 총체적으로 말하자면, 허술한 대언장어大言壯語나 위압적인 명분론에 대한 혐오감이라고 할까. 역으로 말하면 섬세하고 적확한 것, 리얼하고 미묘한 것에 대한 호의라고 해도 좋을 것이다.

과거와 중국 사회

『홍루몽』과 함께 청대 중기를 대표하는 소설이『유림외사儒林外史』이다. 『유림외사』의 작자 오경재吳敬梓는 명말 청초에 진사를 배출한 명문가 출신이지만, 그 자신은 고작 생원이었다. 문장이 훌륭한 수재로 알려졌지만, 집안의 몰락과 함께 과거에 등을 돌리고 방탕한 생활을 보내 신세를 망쳤다. 18세기 중반경에 쓰여진 이 소설은 우아한 미소년·미소녀가 엮어내는『홍루몽』과는 대조적으로, 나오는 인물은 가난뱅이 서생이나 어정쩡한 퇴물 인텔리, 명리名利에 혈안이 된 관료나 설교하기 좋아하는 도학자 등, 가보옥 식으로 평하자면 '탁한 냄새가 코를 찌르는' 남자들뿐이다. 전체를 일관하는 주인공도 없고 이러한 사람들(등장인물이 631명이라고 한다)의 인간관계를 섭렵하는 형식으로 갖가지 일화가 옴니버스 식으로 이어져 있기 때문에 대강의 줄거리를 쓰라고 하면 이처럼 어려운 책도 없을 것이다.

이 책은 자주 과거제의 중압에 짓눌린 지식인의 생태를 묘사한 것으로 평가된다. 확실히 과거 때문에 머리가 이상해진 사람들도 등장한다. 가장 유명한 일화로 자주 인용되는 것은 오십이 넘어서도 동시童試에 붙지 못한 가난뱅이 서생 범진范進이 시험관의 대수롭지 않은 기분 덕에 생원이 되고, 이어서 거인擧人이 되는 과정에서 일어나는 대소동이다.

도저히 거인이 될 수 없을 것이라고 포기한 범진이 굶주리는 가족을 위해서 식료품을 사려고 시장에 닭을 팔러 간 사이에 합격 통지가 날아들어온다. 축하 의식을 재촉하는 합격 통지업자를 앞에 두고 가족은 망연할 수밖에. 집에 돌아와서 합격 통지를 본 범진은 딱 손뼉을 치며 "아, 붙었다!" 소리 지르고는 기절해버려서, 이웃 사람들이 물을 끼얹자 벌떡 일어나 밖으로 달려나가 시궁창에 빠져도 쑥대머리에 껄껄 웃는다는 이야기. 겨우 거인에 붙었는데 정신이 이상해진 것이 아닌가 초조해진 가족과 이웃은 평소에 범진이 두려워하던 정육점을 하는 장인어른을 불러와서 한방 때려 정신을 차리게 해달라고 부탁한다. 그는 덜떨어진 사위를 항상 꾸짖는 거친 남자였지만, '거인 양반을 때렸다가는 벌을 받아서 지옥에 떨어진다'고 두려워하는 것을, 무리하게 술 한 잔 마시게 해 힘을 내서 뺑 하고 때리자, 드디어 범진은 정상적인 의식을 찾는다. 찢어지게 가난했던 범진의 집에는 그 후에 토지를 기증하는 자, 가게를 기증하는 자, 노복이 되겠다고 의탁해오는 부부 등이 속속 생겨서 호화로운 집으로 이사한 것까지는 좋았는데, 환경이 격변하는 것을 따라갈 수 없었던 노모는 훌륭한 가재도구가 모두 우리 것이라고 알려주자 너무 좋은 나머지 혼절해 그대로 숨이 끊어진다.

확실히 이것은 과거科擧를 둘러싼 희비극이다. 그러나 만약『유림외사』에 묘사되어 있는 것이 과거의 등급으로 모든 것이 결정되는 사회에서 작자의 비판 대상이 그러한 과거지상주의를 고발하는 데 그쳤더라면, 이 소설은 좀 더 단순해졌을 것이다. 실제로『유림외사』에는 과거에 급급해하는 무리들을 경멸하고, 보다 고상한 문인을 흉내 내는 사람들도 많이 등장한다. 그러나 이러한 사람들에 대해서도 작자의 눈은 대개 똑같이 신랄하다.

그것은 그들의 목적 역시 과거 등을 고집하지 않는 속세를 초월한 사람이라는 명성을 얻어서 사회적 지위를 상승시키려는 데 있기 때문이다. 사회적인 세력은 과거 그 자체에 있다기보다는 그 사람의 명성, 부연해서 말하자면 명성이 있을 것 같다는 평판에서 생긴다. 따라서 이 소설의 대부분은 과거시험 그 자체가 아니라 지식인들의 교제와 그 와중에서 발생하는 허허실실의 줄다리기—허세를 부리고, 타인을 헐뜯어 끌어내리고, 세력가와의 교제를 자랑하고, 없는 문명文名을 있는 척하는 등등—묘사에 할애되어 있다. 이제 막 생원이 된 소박하고 졸렬한 젊은이 광초인匡超人을 향해서, 시문詩文으로 약간 이름이 알려진 항주杭州의 상인 경란강景蘭江이 그곳의 인물을 설명하는 장면이 있다.

경景: "이 호삼胡三 선생이라는 분은 손님을 좋아하지만 간담이 작은 분이네. 작년에 상서尚書 님(상서는 6부의 장관. 한국으로 말하자면 장관급)이 돌아가신 다음부터는 사람들한테 무시당하는 것을 두려워해 누구와도 만나려고 하시지 않아요. 요즈음에는 우리들이 어울려드리기 때문에 그분 집도 점점 번성하게 되어서 이제는 멸시하려는 자들도 깔보지 못해요."

광匡: "상서님 댁의 아드님인데 멸시하는 사람들이 있습니까?"

경: "상서란 게 옛날 일이지요! 지금은 아무도 조정에 계시지 않고, 그분은 생원에 지나지 않으니까요. '죽은 지부知府(부의 우두머리)가 산 쥐만도 못하다'고 하잖아요. 누가 그런 사람 상대해줍니까? 이제 세상은 권세와 부예요. 그런데 우리 친구인 조설재趙雪齋 선생(의사 겸 시인, 평민)은 시詩로 이름이 높고, 그 문전에 오늘은 황산黃傘(산은 관료가 쓰는 신분의 상징으로 관품에 따라 색깔의 차이가 있다)이 있는 가마가 오고, 내일은 딸린 사람 7, 8인이 벽제辟除를 하고 오는 식으로 지방 관료들이 많이 다니러 옵니다. 모두 무슨 이유인지 몰라도 조 선생을 두려워해요. 그 선생의 가마가 요즈음은 3일이 멀다하고 호삼공자胡三公子의 집을 찾는 것을 사람들이 보면, 저 호삼공자에게도 약간은 세력이 있지 않나 하고 모두들 생각하지 않겠습니까? 그렇기 때문에 요즈음은 저 도련님도 점포 임대료를 받는 데 고생하지 않고 받게 되어서 고맙게 생각하고 있어요."

지방 사회에서 '세력'이라는 것이 상당히 복잡한 구조 속에서 형성되어 있다는 것을 알 수 있다. 그것은 과거 자격에 의한 것은 물론이지만 과거 합격자도 포함해서 세력이 있는 사람들과의 부지런한 교제를 통해 지탱되는 것이다.

역사 연구자에게 『유림외사』는 청대에 인간관계를 맺는 방법의 여러 양상을 가르쳐주는 교과서이다. 청말의 한 판본 서문에서 "『유림외사』

이 한 책은 세고인정世故人情을 묘사하는 것, 정말로 솥에 여러 가지 사물과 사상事象을 쏟아부은 것처럼 온갖 도깨비들(魑魅魍魎)이 한 자 폭의 이 책 속에 모두 모습을 드러내고 있다"고 하듯이, 당시 사람들에게도 이 책의 매력은 여러 인물들의 비소함이나 임기응변의 음습함을 그려내는 표현의 리얼리티, 자기 일처럼 와닿는 묘사의 솜씨에 있을 것이다.『홍루몽』에서는 주인공들의 배경을 이루는 '속俗' '탁濁'의 사회가『유림외사』에서는 표면에 드러나 끈질기게 묘사되고 있다. 작자 자신이 모델이라는 등장인물 두소경杜少卿은 비교적 호의적으로 묘사되어 있는 몇 안 되는 인물 가운데 한 사람인데, 자연스러운 인간성을 찾는 그의 모습도 도깨비 같은 군상 속에서는 희미해지고 만다.『홍루몽』과『유림외사』는 '속' '탁'의 사회 속에서 진솔한 마음이 느끼는 소외감을 다른 측면에서 표현한 것이라고 할 수 있겠다.

청대의 고증학

건륭·가경, 즉 18세기 중반부터 19세기 초반의 중국 학문을 대표하는 것은 고증학考證學(고핵考覈·고거학考據學이라고도 한다)이라고 할 수 있다. 물론 과거시험에서는 주자학이 늘 주류였지만, 지식인 세계에서는 고증학이야말로 학문 중의 학문이라고 할 만큼 높은 평가를 받았다.

고증학이란 무엇인가? 그 성격과 역사적 위상에 대해서는 전문가 사이에서도 견해가 다르지만, 상식적인 범위에서 정리해보면 다음과 같다. 고증학이란 송대부터 명대에 걸쳐서 융성했던 이기학理氣學과 대비해서 한대漢代 학문의 부흥이라는 점에서 '한학漢學'이라고도 불렸다. 한대에서 당대까지의 유학을 '한당 훈고학'이라고 하듯이 경전 어구의 주석을 중심으로 한 데 비해, 주자학·양명학을 포함한 이기학은 '이理' '성性' 등 철학적 키워드의 고찰을 통해 인간 만물의 바른 존재방식을 묻는 실천적 지향을 가지고 있었다. '이', '성', '천天'이라는 말도 경전에서의 용법을 정확히 파악하려고 하기보다는 시대를 초월한 극히 일반적·보편적인 개념으로서 스스로의 생각을 입론한 것이다.

그와 비교해 청대의 고증학은 경전의 텍스트 자체에 주목하는 한대漢代의 방향을 다시 살려, 고대 문자의 형태학·의미학 나아가서는 그것이 어떻게 발음되었는가라는 음운학 등의 여러 분야에 걸쳐서 엄밀하고 체계적인 고찰이 이루어졌다.

이러한 방향은 종래의 학문에 대한 비판과 동일한 것이었다. 예를 들면, 18세기의 유명한 고증학자인 대진戴震은 이기학에 대해서 대략 다음과 같은 비판을 하고 있다. 경전을 배울 때는 먼저 글자의 의미를 생각하고 다음에 문장의 취지를 이해하라지만, 그 목적은 도道의 존재를 알기 위해 반드시 허심탄회하지 않으면 안 된다. ……송대 이후의 유학자는 자기 의견을 무리하게 옛 성인, 현인의 입언立言에서 나온 것이라고 말하는데, 실은 어언문자語言文字에 대해서는 무지하다. 천하의 일에 대해서 자기가 마음대로 생각한 '이'를 가지고 독단적으로 행하지만, 사물의 자세한 사정은 모르고 있다. 때문에 대도大道는 잃어버리고, 일체의 사물을 행하면 실패한다. ……성인의 길은 천하의 정情이 모든 것에 퍼지지 않는 곳이 없듯이, 각 사람의 욕구를 완수하려는 것이고, 이렇게 해서 천하는 다스려지는 것이다. 그런데 후세의 유학자(後儒)는 정이 그 미세한 구석구석까지 미쳐서 충족되기에 이르는 것이 바로 이理라는 것을 알지 못한다. 그들이 말하는 이른바 '이'라는 것은 이른바 혹리酷吏의 법과 다름없다. '이것이야말로 이다'라고 말하고, 아랫사람, 약한 사람을 압박한다. 혹리가 법으로 사람을 죽이듯이 후세의 유학자는 '이'로써 사람을 죽인다. 법에 의해 살해되면 그나마 다른 사람이 동정해주지만, '이'에 의해 살해된 자는 구제될 수 없다, 라고 말이다.

대진에 따르면 '이'의 의미는 본래 다음과 같다. '이'란 잘 관찰해서 조그만 것도 변별하는 것을 가리킨다. 물질에 있어서 '기리肌理'라든가 '문리文理'라는 것이 그것이다. 잘 분별하면 질서가 세워지고 혼란하지 않기 때문에 '조리條理'라고 한다. '이'란 정과 떨어져 있지 않은 것이다. 정에 맞지 않는데 '이'에 맞는다는 것은 있을 수 없다. 고대인이 말하는 '이'와 후세의 유자가 말하는 천리天理는 다른 것이다. 여기에서 말하는 '정'이란 사람들의 미묘한 존재방식과 떨어져서 독립된 실재물처럼 존재하는 것이 아니라, 그러한 현실의 자세한 변별 자체인 것이다.

고증학이라고 하면, 현실문제에서 유리되어 공부를 좋아하는 학자가 상아탑에서 몰두하는 지적 유희처럼 생각될지 모르지만, 그 밑바탕에 있는 문제의식은 결코 그렇지 않다. 근거가 없는 허장성세가 아니라 현실에 존재하는 사물의 미묘한 모습을 적확하게 표현해서, 그들 사실의 맥락을 체계적으로 사고해가는 데에서 당시 사람들은 지적 기쁨을 찾았다. 고증학의 전문적인 내용에 대해서는 필자 같은 문외한으로는 힘에 겨운 것이므로 무책임한 소개는 줄이기로 한다. 다만 여기에서는 '정'의 섬세성을 묵살하는 '이'의 강인성에 반항해 '실사구시(사실에 기초해서 바름을 추구한다)'를 제창하는 고증학의 한 측면이 당시 소설에서 보이는 세부의 리얼리티에 대한 관심이나 사람의 마음의 유연함에 대한 호기심과 일맥상통하는 것이 아닌가 하는 점을 지적하는 데 머무르고 싶다.

• • •'십전노인' 건륭제

판도의 확대

옹정제는 즉위 후 13년 만에 죽고, 넷째아들인 홍력弘曆이 뒤를 이었다. 최전성기의 청 왕조를 통치한 이 황제가 건륭제乾隆帝(재위 1735~1795)이다. 그는 만년에 스스로 '십전노인十全老人'이라고 칭했는데, 그것은 그가 자신의 치세 동안 열 차례의 전쟁을 해서 매번 승리한 것을 자찬한 말이다. 그중에서 청 왕조에게 가장 중요했던 것은 중가르 문제와 티베트 문제였을 것이다. 이 양자는 서로 깊은 관계가 있다.

원 왕조 때 몽골인 지배층이 티베트 불교와 깊은 관계가 있었다는 것은 잘 알려져 있지만, 원 왕조 멸망 후에 그 관계는 오랫동안 끊어져 있었다. 몽골과 티베트 불교의 관계가 부활한 것은 16세기 중반인 알탄 칸 때였다. 그보다 먼저 15세기 초반에 티베트 불교 중에는 엄한 계율을 중시하는 게룩파Gelug(황모파黃帽派)가 만들어져서 종래의 카르마파에 대립했는데, 그 게룩파의 법왕 소남 갸초Sonam Gyatso가 알탄 칸에게 초청받아 달라이 라마의 칭호를 수여받은 것이 양자 관계의 시작이다. 달라이란 몽골어로 큰 바다라는 뜻이고 달라이 라마란 '큰 바다(大海)와 같은 덕을 가진 어른'을 뜻하게 된다. 소남 갸초 이전 두 사람의

승려에게 1세, 2세의 칭호가 주어지고 소남 갸초는 달라이 라마 3세로 불리었다.

달라이 라마 4세가 된 것은 알칸 칸의 증손(유일한 몽골인 달라이 라마)이었고, 17세기 초반까지는 몽골 부部의 대부분이 게룩파의 신도가 되었다. 티베트에서는 게룩파와 카르마파의 대립이 계속되었는데, 4세에 이어서 달라이 라마가 된 5세의 시대에 게룩파는 오이라트 일파인 호쇼트부의 구시 칸Gushi−khan(고실한顧實汗)의 군대에 도움을 요청했고, 청해靑海에 다다른 구시 칸은 1642년에 티베트의 중앙부를 정복해 달라이 라마에게 바쳐 티베트에서 게룩파의 우위를 결정적으로 하였다.

종교적 권위인 달라이 라마와 그 시주施主이자 군사적인 후원자이기도 했던 청해 호쇼트의 칸, 그리고 직접 행정 실무에는 종사하기 어려운 양자를 대신해서 실제 행정을 행하는 섭정, 당시의 티베트 정치는 종교·군사·행정을 담당하는 이 3자에 의해 이루어졌다. 이 3자 사이에도 세력의 부침이 있고 또한 그 배후에 청 왕조와 중가르의 동향이 더해져서 17세기 후반의 티베트 정세는 복잡하게 전개되었다.

강희제의 중가르 원정과 갈단의 사망에 대해서는 앞에 서술했는데, 갈단의 사후, 중가르의 지배자가 된 체왕 랍단(갈단의 조카, 재위 1697~1727)은 호쇼트의 라산 칸과 결탁한 청 왕조에 대항해서 1717년에 티베트를 급습, 라산 칸을 살해하고 티베트를 지배하에 넣으려고 하였다. 그러나 이 시도는 성공하지 못했고, 1720년에 청 왕조는 티베트에 출병해서 중가르 세력을 쫓아내고, 1728년에는 청 왕조의 주장대신駐藏大臣(티베트 주재 대신)과 티베트 측의 지배자(초기에는 대신이 유력했지만, 50년대부터는 달라이 라마)가 협력해서 티베트를 통치하는 체제가 성립하였다.

오늘날 티베트가 역사적으로도 중국의 일부였다고 간주되는 것은 이러한 경위에 의한 것이다. 청 왕조 황제, 특히 옹정제나 건륭제가 티베트 불교를 각별히 보호한 것에서도 보이듯이 청 왕조와 티베트는 단순한 지배·피지배의 관계가 아니었다. 티베트 쪽에서 보면, 청 왕조 황제는 티베트 불교에 귀의해서 자신들을 지켜주는 불교의 옹호자이고, 그러한 관점에서 본다면 청 왕조의 티베트 지배는 티베트 불교의 가르침을 청 왕조까지 확대한 것이기도 하다. 실제로 청 왕조는 티베트 불교의 호화롭고 장엄한(豪壯) 사원을 북경이나 열하에도 건설했으

승덕承德의 보타종승묘普陀宗乘廟
열하에 세워진 티베트 불교 사원. 라사의 포탈라 궁을 모방해서 세워진 이 사원은 '작은 포탈라 궁'이라고도 불린다.

며, 티베트 불교를 단순히 소수민족의 종교로 허용하는 데 머무르지 않고 조정이 모두 열심히 지원했던 것이다. 한족에 대한 영향력은 크지 않았다고 해도 티베트 불교는 적어도 청 왕조를 지탱하는 세력의 하나인 몽골을 통합하는 중요한 열쇠였다.

그런데 중가르에 눈을 돌리면 체왕 랍단의 뒤를 이은 갈단첼렝(갈이단책릉噶爾丹策淩)이 1745년에 죽은 후, 오이라트 세력은 상속 싸움으로 분열 항쟁을 시작하였다. 항쟁에 패한 세력은 속속 청 왕조에 투항해 왔는데, 갈단첼렝의 외손 아무르사나Amursana(아목이살랍阿睦爾撒納)가 투항해오자 건륭제는 그 기회를 틈타 1755년에 출병해 곧 타림 분지를 제압하였다. 그 후 아무르사나가 다시 청 왕조에 반기를 들고, 또 천산 남로天山南路의 위구르족이 반란을 일으켜서 이슬람 왕국의 건설을 목표로 했지만 모두 청 왕조에 평정되고, 동투르키스탄 전역이 청 왕조의 지배하에 들어갔다. 청 왕조는 이 지역을 '신강新疆(새로운 영토)'이라고 칭하였고, 이것이 현재 신강 위구르 자치구 이름의 유래가 되었다.

'신강'의 주민은 주로 터키계 이슬람교도들이었는데, 청 왕조는 주요한 오아시스에 만주인·한인 관료나 군대를 두는 외에는 한족의 식민植民을 억제하는 방침을 취하였다. '베그'라고 불리는 터키계의 유력자가 지배자로서 임명되고 주민을 통치하였다. 한자나 유교도 침투되지 않고, 사람들은 주로 터키어로 말하고 읽고 썼다. 동투르키스탄의 서민들은 청 왕조의 황제를 자기들의 황제라기보다는 강력하지만 자기들의 지역 바깥에 있는 '칭의 하칸(청 혹은 중국의 황제)'이라는 먼 존재로 생각했던 것 같다. 무슬림 지배층의 입장에서 보면, 청 왕조 황제는 이교도이기는 하지만 반드시 지하드(성전)를 해서 쫓아낼 대상이라고는 파악하지 않았고, '소금과 빵을 나누어주는' 공정한 지배자로서 그 은의를 중시해야 한다는 시각이 강하였다.

달라이 라마를 책봉하는 금책金册
달라이 라마 등 티베트 불교 고승의 지위는 '전생轉生'에 의해 계승된다. 즉 어떤 고승이 죽은 뒤 1년 후에 태어난 아이들 중 예언이나 길상吉祥에 의해 한 아이가 그 고승이 다시 태어난 것이라고 인정하는 것이다. 청 왕조 지배기에는 티베트 측이 마음대로 결정하는 것을 막기 위해서 몇 사람의 '영동靈童' 가운데 추첨에 의해 한 아이를 선정하는 제도가 만들어졌다. 사진은 청 왕조가 제11대 달라이 라마를 책봉한 금책. (『중화고문명대도집中華古文明大圖集』에서)

청 왕조의 통치구조

이렇게 해서 건륭제 시대에 청 왕조의 영토는 최대로 확장되어, 영토의 범위가 명대의 그것을 훨씬 능가하게 되었다. 다만 영토라고는 해도 현재 우리들이 세계지도의 이미지에서 떠올리는 것 같은 확실한 경계선이 그어진 '영토'는 아니다. 어디까지가 '중국'인지 경계가 명확하지 않고 또한 '중국'이라고 생각하는 범위 안에서도 청 왕조의 지배는 같은 강도로 미치는 것이 아니었다.

그 '영토'를 청 왕조가 어떻게 구분해서 지배했는가, 그 틀은 상당히 복잡했지만, 그것은 자주 동심원을 비스듬히 반으로 나눈 형식의 모델로 설명된다(아래의 개념도 참조). 동북쪽에서 서남쪽으로 향해서 그어진 이 분할선에 의해 나누어진 동남의 반원(그림 중 '동남의 반달')과 서북의 반원('서북의 반달')이 대략 앞에 서술한 두 개의 얼굴 즉 중국 황제로서의

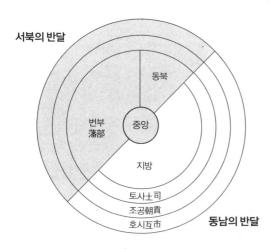

출전) 茂木敏夫, 『변용하는 근대 동아시아의 국제질서』, 山川出版社, 1997.

청대 묘족의 풍속
청대 중기에 그려진 묘족의 풍속도. 소를 잡아 조상에게 제사를 지내는 의식(왼쪽)과 「광여승람도廣輿
勝覽圖」에 그려진 묘족의 무용곡. 목가적으로 그려져 있지만, 한족과 소수민족이 뒤섞인 지역에서는 경
제적 분쟁에다가 문화적인 마찰이 얽혀서 반란도 자주 일어났다.

얼굴과 북방 민족 '칸'으로서의 얼굴에 해당한다고 해도 좋을 것이다.

먼저 동남 방면에서 중심으로부터 바깥쪽으로 향하는 형식을 보면
황제가 사는 북경에는 중앙 정부기관이 설치되어 있고, 대개 명의 지
배 영역에 상당하는 본토에는 18개의 성이 두어졌다. 성을 둔 지역(직성
直省이라고 한다)에서는 명 시대 부분에서 설명한 것과 대개 같은 지방관
제에 의해 과거 관료가 지방관으로 파견되어 통치하였다. 그 대부분은
한족의 거주지이다. 다만 18성 중에서도 서남(귀주·운남·광서 등)에 상
당수 거주하던 묘족苗族, 요족瑤族, 장족壯族, 기타 소수민족에 대해서
는 그 유력자를 '토사土司'로 임명해서 세습적인 통치를 행하는 제도가
있었다.

한인이 오지까지 이주해감에 따라, 소수민족은 압박을 받아 산중으
로 들어가 인구가 감소되든가 아니면 한족과 경제적·문화적으로 교류

해서 한어漢語를 말하고 한족의 풍습을 몸에 익히는 등 한화漢化해가는 사람들도 나온다. 그러한 움직임과 함께 점차 '개토귀류改土歸流(토사를 폐지하고 중앙에서 지방관을 파견함)'가 진행되었다. 특히 옹정제 시대에는 적극적으로 추진되었는데, 그것은 옹정제의 '중외불분中外不分'이라는 비전과도 관계가 있을 것이다.

그 바깥쪽은 예부가 관할하는 조공의 나라들이다. 1818년에 편찬된 행정규칙집『대청회전大淸會典』에 실려 있는 조공국은 조선, 류큐, 베트남, 라오스, 타이, 스루(필리핀 남부), 네덜란드, 버마, 서양(포르투갈, 로마 교황청, 영국)이다. 그중에는 무역의 이익을 구해 꽤 항상적으로 조공을 행하던 나라들(조선이나 류큐 등)이 있는가 하면, 왕조 교체나 이웃나라와의 분쟁 때 청 왕조의 비호를 구하는, 말하자면 '어려울 때 신을 찾는' 식으로 조공한 나라들(스루 등), 나아가 조공하려는 의식은 조금도 없이 다만 사절을 파견했기 때문에 조공이라고 받아들여진 나라들(로마 교황청, 영국)도 있다. 같은 '조공'이라도 그 실태는 갖가지라는 점에 주의할 필요가 있다.

나아가 사절을 파견하지 않았기 때문에 조공국에는 들어 있지 않지만 민간무역을 통해 접촉이 있는 나라들도 있다. 광주廣州에 내항한 유럽 국가들이나 일본 등이 그렇다. 그들은 조공국의 바깥에 '호시互市'의 나라로서 위치해 있다. 이들도 청 왕조의 눈으로 보면 천자의 덕을 흠모해서 천조天朝의 물산을 바란다는 의미에서 잠재적인 지배 관계의 틀 속에서 인식되었던 것이다.

그런데 서북 쪽으로 눈을 돌리면 그중에서 준準중앙이라고도 할 수 있는 특별지역이 동북이다. 청 왕조 발상지인 동북 지역은 특별행정구역이 되어 봉천奉川(현재의 심양)에는 수도 북경의 중앙관제에 준하는 관제(6부에서 이부를 제외한 5부 등)를 두는 외에 봉천·길림·흑룡강 지역의 세 장군이 지역을 나누어서 통치하였다. 청말에 이르기까지 이 지역에는 한인의 입식入植이 제도상 금지되었다.

그 서쪽으로부터 시계 반대 방향으로 내외 몽골, 신강新疆, 청해, 티베트라는 비非한족의 지배 지역이 늘어서 있다. 이들 지역은 그 통합 경위부터 이미 같은 비한족이라고 해도 묘족이나 요족 등과 달리 원래 상당히 자립적인 권력이 있었던 곳이었는데, 정복이나 투항 등에 의해 청 왕조의 지배하에 들어온 곳들이다. 이들 지역은 '번부藩部'로서 이번 원理藩院의 관할지역이 되어서 청 왕조의 감독하에 고유의 사회제도가 유지되었다. 즉 몽골에서는 몽골 왕후王侯가, 신강新疆에서는 터키계의

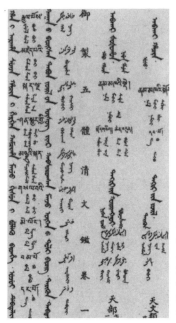

『오체청문감五體淸文鑑』
청 왕조 지배하에서 만주어·몽골어 등의 사전이 일찍 부터 만들어져 있었지만, 중가르 정복 후에 완성한 『오체청문감』은 만주어·티베트어·몽골어·위구르어· 한어漢語(왼쪽부터)를 대조한 사전이고, 청 왕조의 다민족적인 구성을 상징적으로 보여주는 것이라고 할 수 있다.

유력자 '베그'가, 티베트에서는 달라이 라마가 현지 지배자로서 존속한 것이다.

그 바깥에는 이번원이 관할하는 조공국이 있다. 네팔이나 중앙아시아 여러 나라, 나아가 러시아도 여기에 들어간다.

이상의 범위를 현재 중화인민공화국 영토와 비교해보면, 현재 영토는 청대의 지배영역 중 동심원상의 조공국 바깥을 제외한 번부·직성 지역에 대강 해당한다고 할 수 있다. 연해주 등 동북의 북부가 러시아령이 되고, 외몽골이 몽골국이 되고, 또한 청대에는 복건성의 일부였던 대만이 중화인민공화국 정부의 지배 밖에 있는 것을 빼고는 대략 중복된다. '번부'에 해당하는 지역은 현재 성급省級의 '자치구'가 되어 있는 곳이 많다. 서남 소수민족의 '토사' 지배 지역에는 자치현·자치주가 두어져 있는 곳도 있다. 현재 중화인민공화국의 영토적 골격은 대략 청대 중기에 형성되었다고 할 수 있다.

우리들이 생각하는 '중국'도, 또 중화인민공화국 정부가 '중화민족'이라고 파악하는 것도 대개는 이 범위의 지역이고 또 이 범위에 사는 사람들이다. 그러나 현재 이 범위에서 신강의 민족운동이나 티베트의 달라이 라마 망명정부 운동 등 중화인민공화국 정부의 지배로부터 떨어져 나가려는 움직임이 있는 것도 사실이다. 정부는 이들을 역사적으로 형성되어온 '중화 민족'을 분열시키려는 움직임이라고 비판하고 있다.

다만 무엇이 '중국'이고 무엇이 '중화민족'인가 하는 것은 매우 어려운 문제이고 역사적으로 판단하려고 해도 정확한 답변은 나오지 않는다. 청대 중기의 이 광대한 판도도 우연적인 갖가지 경위에 의해서 형성된 것이고 또 그 통합의 강약도 다양해서 오늘날 우리가 생각하는

청의 최대 영역

지도 범례:
청의 최대 영역
---- 현재 중화인민공화국 영역

지도 지명:
러시아, 바이칼 호, 네르친스크, 카흐타, 아이훈, 바르하시 호, 우량하이, 쿠론, 우리야스타이, 성경盛京, 길림吉林, 이리 강, 중가르, 이리, 할하, 우르무치, 투르판, 열하熱河, 쿠차, 북경北京, 산해관山海關, 조선, 한성漢城, 카슈가르, 타림 강, 양주涼州, 청, 천진天津, 야르칸드, 신강新疆, 청해青海, 황해, 일본, 티베트, 황하, 동중국해, 서안西安, 개봉開封, 성도成都, 한구漢口, 남경南京, 영파寧波, 네팔, 부탄, 장강, 무창武昌, 항주杭州, 갠지스 강, 중경重慶, 복주福州, 대만, 운남雲南, 하문廈門, 광주廣州, 미얀마, 마카오, 대월大越, 메콩 강, 남중국해, 타이

0   1000 km

'나는 중국인이다'라는 의식이 있었다고 단정할 수 없기 때문이다. 국가적·민족적인 정체성의 형성은 장기간에 걸친 복잡한 문제이기 때문에 우리는 우선 허심탄회하게 각각의 시대의 지배 모습이나 사람들의 의식을 고찰해볼 필요가 있는 것이다.

··· 호황의 시대

빈발하는 식량폭동

18세기 중반은 물가 등귀의 시대였다. 1730~1740년대에는 중국 전역에 걸친 쌀값 상승이 정부의 중대한 관심사였고, 중국의 중부·남부에서는 식량폭동이 빈발하기에 이르렀다.

> 일단의 흉포한 무법자들은 법률을 무시하고 흉년에 쌀값이 상승할 때 감히 신두에 서서 내중을 보아 부유한 집에 쌀의 대출을 강제하고, 그에 따르지 않으면 약탈을 하고, 동시에 인접 지방으로 쌀의 이출을 금지한다는 구실로 공연히 징을 울리고 팻말을 세워서 상인의 미곡 운반을 노상에서 차단해 쌀을 강탈한다. (호남, 1743년)

이러한 폭동은 커다란 자연재해가 없는데도 매년 빈발하였다. 게다가 평소부터 곡물이 부족한 강소·절강·복건·광동 등의 동남 연해지대뿐만 아니라 오히려 연해지대에 미곡을 이출하는 곡창인 호남·강서 등에서 빈번히 일어났다. 이는 이 시기의 식량 부족이 공급의 감소가 아니라 수요의 확대에 의해 일어났다는 것, 그리고 동남 연해지대에 대량의 미곡이 매입된 결과 이출지대의 미곡이 오히려 모자라게 된 것을 시사한다고 할 수 있을 것이다. 곡물이나 기타 상품이 너무 많이 팔려서 물품 부족이 되고 호경기의 시대가 도래한 것이다.

명말과 같이 도시만 번영하고 농촌이 궁핍했던 시대와 달리, 청대 중기의 붐은 오히려 경지 가격의 급상승에 따른 농촌 중심의 붐이었다. 당시 강남지방 상주부常州俯의 상황에 대해 황앙黃卬은 "요즈음은 도시에서 사는 자들 중 가난한 집이 많고 비축이 있는 자는 10분의 1에도 못 미치지만, 향촌의 백성은 부유한 자가 많다"고 말하였다. 명말에는 생산자보다도 은을 장악한 자가 부자였다. 그에 비해 이 시대에는 물가가 등귀한 가운데 미곡 등 현물을 장악한 생산자가 부유해진 것이다. 중국 속담으로 말하면, 명말은 '금생속사金生粟死(화폐가 강하고 곡물은 약함)'의 시대였지만, 청대 중기는 역으로 '속생금사粟生金死'의 인플레이션 시대였던 것이다.

이러한 호황에 힘입어 국고가 풍족해져서 건륭 연간 중반에는 북경

도 10 청대의 논(水田) 가격과 쌀값

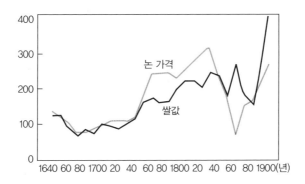

논 가격과 쌀값의 움직임이 거의 일치하는 것은 소작료가 얼마에 팔리는가에 따라서 토지의 가격이 결정되는 당시 토지 소유의 '투자'적 성격을 반영하고 있다. 이 그래프로부터 18세기 중반의 '토지 붐'을 명확히 읽을 수 있을 것이다. 19세기 중반에 쌀값이 오르고 토지 가격이 내리는 것은 태평천국반란의 영향이다.

주) 10년 평균. 1701~1710년을 100으로 한 지수.
출전) 팽신위彭信威, 『중국화폐사』(제3판, 상해인민출판사, 1965).
　　　Kang Chao, "New Data on Land Ownership Patterns in Ming-Ching China", *Journal of Asian Studies*, 40-4, 1981.

청대의 곡물유통

곡물이 부족한 동남 연안지대에 곡물을 공급하는 곡창지대는 장강 중상류 유역의 호남과 사천이었다.
한편 인구압력 때문에 사람들이 이동하는 곳도 사천 분지나 장강 유역의 산지가 많았다.

출전) Yeh-chien Wang, "Secular Trends of Rice Prices in the Yangzi Delta, 1638-1935"
in T. G. Rawski and L. M. Li eds., *Chinese History in Economic Perspective*, University
of California Press, 1992.

호부戶部의 은고銀庫에 8000만 량(약 3000톤)이나 되는 은이 축적되었다. 건륭제의 '십전무공十全武功'을 지탱한 것도 이 풍부한 재정이었다.

구미선 무역의 활성화

이 호황을 지탱한 배경으로서 은 유입의 증대를 들 수 있다. 18세기 중반 이후 해외무역의 한 특징은 그 이전까지 중국 범선의 남해무역의 융성에 대체될 수 있을 정도로 광주에 내항하는 구미선의 수와 무역액이 증가해간 것이다. 남해무역은 일본과 마닐라를 제외하면 반드시 은의 일방적인 유입을 가져온 것은 아니고, 중국의 직물·잡화와 동남아시

「성세자생도盛世滋生圖」(부분)

청대에 장강을 내려온 미곡 등의 물자가 모인 대시장이었던 소주蘇州는 최대 상업도시의 하나였다. 건륭 연간에 그려진 「성세자생도」는 소주의 번영을 그린 두루마리 그림으로 일명 「고소姑蘇(소주를 말함) 번화도繁華圖」라고도 한다. '자생'이란 '인구가 많다'는 의미인데, 세어본 사람에 의하면 이 두루마리 그림에는 4600명이나 되는 인물이 그려져 있다고 한다. 당시 소주성의 거주민은 약 10만 호, 1호당 4~5명이라고 한다면 100명 중 한 사람은 그려져 있다는 계산이 될까? 그러나 여성의 모습은 거의 보이지 않는다. 서양徐揚 그림. 요녕성박물관 소장.

아의 향신료·염료 등의 교환이라는 성격이 강하였다. 이에 대해 구미선의 경우는 조금 복잡하지만, (1)구미와 중국 사이의 간선幹線 무역, (2)아시아 여러 지역 간의 교역을 구미선이 행하는 것, 두 종류가 있어서 후자를 '지방 무역(컨트리 트레이드)'이라고 한다.

구미─중국 간의 간선 교역은 중국 상품의 수출이 수입보다 많아서 그 차액분으로 구미에서 은이 중국에 대량으로 흘러들어오는 수출 초과 경향이 강한 데 비해, 지방 무역 쪽은 반드시 그렇지는 않고 오히려 중국의 수입 초과 경향이 있었다. 18세기 말에는 지방 무역액이 상당히 증가하지만, 1770년대 무렵까지는 간선 무역 쪽이 압도적이어서 18세기 중반 중국에는 구미선을 통해서 대량의 은이 흘러들어왔다. 그 액수는 대략 연간 200만 량 전후로 추산할 수 있을 것이다.

이 시기에 구미선의 무역이 증가한 배경으로 유럽 경제의 변화를 들 수 있다. 유럽이라고는 해도 넓기 때문에 지역에 따라서 차이가 있는 것은 당연하지만, 물가를 중요한 지표로 하는 장기적 경제 국면의 변동을 보면 17세기 중반 이후 하강 국면이던 경제가 18세기 전반 이후 상승 국면에 들어간 것을 지적할 수 있다(202쪽의 도 7에서 '영국의 밀 가격' 참조). 영국 관점에서 말하자면 농업혁명이나 산업혁명의 배경을 이룬 경제의 활성화이다. 이러한 활황과 함께 사람들의 의식주 생활도 크게 변해갔다. 중국과의 관계에서 보자면, 가장 중요한 것은 차를 마시는 습관이 대중으로까지 확대되어 중국산 차의 수요가 급격히 높아졌다는 것이다. 생사나 도자기 등을 밀어내고 차는 중국 무역의 가장 중요한 상품이 되어 교역액의 증대를 이끌었다.

칸톤 시스템

그런데 청 왕조 쪽에서는 이러한 구미 무역선의 증대에 어떻게 대처했을까? 청 왕조의 대외 폐쇄성을 보여주는 것으로서 구미인에게 악명 높은 '칸톤 시스템'은 바로 이 시기, 1757년에 완성되었다. '칸톤 시스템'이란 구미선의 내항을 광주(칸톤) 한 항구로 제한하고 광동 13행行이라는 특정 상인들에게 독점 거래시키는 제도를 말한다.

1757년 이전에는 외국선의 내항을 광주로 한정한다는 명확한 규정은 없었지만, 관습상 대부분의 외국선이 광주에 내항하였다. 그러나 정규 세금 이외에도 '규례規禮' 등이라고 불리는 다액의 수수료나 관료들에게 바치는 뇌물류로 착취당하는 광주의 교역제도는 구미 상인의 원망의 표적이 될 수밖에 없었다. 때문에 그러한 정규·비정규 세금의 무게를 견딜 수 없었던 영국 동인도회사의 상인은 보다 자유로운 무역과 부담의 경감을 찾아서 1755년 광주를 피해서 절강의 영파寧波에 입항해 교역을 시도하였다.

이 사건은 지방관들의 주접奏摺으로 바로 황제에게 보고되었는데, 황제 입장에서 보면, 종래 중국선이 독점적으로 사용하던 항구에 유럽선이 마음대로 출입하는 것은 치안상으로도 바람직하지 않다고 느꼈다. 또한 외국선이 부담이 적은 영파 등에 집중해서 광주가 한산해져 버리는 것을 걱정한 광주 당국자 청원도 있어서, 황제는 영국 측이 요구한 영파 교역을 인정하지 않았고, 오히려 이 사건을 기회로 광주 이외에서 구미선의 무역금지가 명확해지는 결과가 되었다.

이러한 점에서 본다면, 1757년의 광주일항화廣州一港化 조치는 현상 유지를 목적으로 하는 것이었고, 청 왕조 정부에게 대외무역 자체를

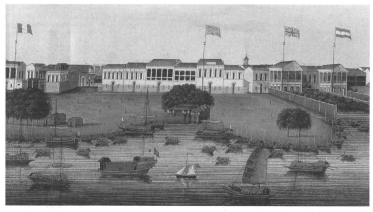

광주의 상관商館

'칸톤 시스템' 하에서 외국인은 광주의 시내에 사는 것이 허용되지 않았고, 주강珠江의 하안河岸에 특별구역을 지정받아서 살았다. 이 지역 혹은 그 건물을 '이관夷館(factory)'이라고 한다. 여성을 이관 내에 들여서는 안 된다든가 무역 시즌 이외에는 마카오에 체재해야 한다는 등 이관의 생활은 제한이 많았다. 외국 상인의 생활모습은 호사스러웠지만, 그것은 '금빛'으로 번쩍거리는 새장' 속의 생활이었다. 이러한 외국인 격리정책은 중국에만 있었던 것은 아니고, 나가사키의 데지마出島 등도 같았다.

적극적으로 제한하려는 의도가 있었던 것은 아니다. 관리를 엄격하게 하는 것과 무역을 제한하는 것은 별개이다. 오히려 그 후 광주에서 대對구미 무역액은 급속히 늘어났다. 1750년 전후의 연간 400~500만 량에서 1800년 전후에는 1500만 량 정도로 50년간 대략 세 배로 늘어났다. 수도꼭지는 하나인데 물이 흐르는 양은 도리어 늘어간 것이다. 해외로부터 흘러들어온 은이 도시의 관료나 상인의 손에 집중되어 도시의 고립된 번영을 가져온 명말과는 대조적으로, 청대 중기에 흘러들어온 은은 전국의 농촌을 윤택하게 하고 농촌을 중심으로 한 호황을 가져왔다고 할 수 있다. 그러한 광범위한 인민 생활의 안정이 청대 중기 정치적 안정의 기반이었다고도 할 수 있다.

• • • 산구 경제와 종교반란

동서의 '인구론'

건륭제 치세 말기에 가까운 1793년, 강남 출신의 학자 홍량길洪亮吉은 당시의 물가고를 50년 전의 물가와 비교해서 인구증가로 인한 물자부족에 경종을 울렸다. 그는 다음과 같이 말하였다.

선조 대에 예를 들어 부부 두 사람이 1경頃(약 7헥타르)의 토지를 가지고 있었다면 상당히 여유 있는 생활이었을 것이다. 그런데 아들이 셋이 있어서 각각 처를 얻는다면, 가족 수가 10명 전후가 되어 생활은 겨우겨우 유지된다. 그러나 다음 세대에는 가족이 20여 명이 되어 의식이 부족해지고 만다.

선조 대에는 토지나 가옥에 여유가 있어서 이용하다 남는 부분도 있었는지 모르지만, 토지나 가옥의 증가 방식은 2배, 잘하면 3배, 5배이다. 그러나 인구는 같은 기간에 10배, 20배로 증가해버린다. 따라서 토지나 가옥은 항상 부족해지고 인구는 넘치게 되는 것이다.

┌「의언意言」

생산자재의 증가방식과 인구 증가방식의 차이에 주목한 점에서 홍량길을 '중국의 맬서스'라고 부르는 연구자도 있다. 맬서스Thomas Robert Malthus의 『인구론*An Essay on the Principle of Population*』 초판이 나온 것이 1798년이기 때문에 실제는 홍량길 쪽이 조금 빠르지만 대략 동시대인이다. 유라시아의 동쪽 끝과 서쪽 끝에서 같은 시대에 비슷한 논의가 나온 것은 우연이 아닐 것이다. 18세기 중반 이후의 장기적인 경제 상승 국면에 동반한 인구증가, 그 압력이 심각하게 느껴지는 시기가 되었던 것이다.

이주민의 사회

청대 중기 인구증가 시대는 동시에 이주와 개간의 시대이기도 하였다. 청대 중기의 주된 이주처로는 사천四川 분지나 장강 유역의 산지, 나아가 동북 지방이나 대만 등을 들 수 있는데, 18세기 말 백련교白蓮敎의 난의 무대가 된 한강漢江 상류의 사천·호북·섬서의 성省 경계지대도 주요한 이주 지역의 하나였다.

백련교의 난 전후의 사천·호북·섬서 3성의 경계가 엇갈리는 지대의 사회경제 상황에 대해서는 엄여익嚴如熤이라는 인물이 상세한 조사에 기초해서 『삼성변방비람三省邊防備覽』이라는 책을 남기고 있다.

그의 기록에 따르면, 3성 경계지대의 산지에서는 한편으로는 옥수수 등 자급작물로 지탱하면서 다른 한편으로 상품 경제에 깊이 포섭된 특색 있는 경제가 전개되고 있다.

수십 년 전에는 산중山中에서 가을의 수확은 조가 중심이었지만, 조의 이익이 옥수수에 미치지 못하기 때문에 요즈음에는 산도 골짜기도 옥수수뿐이다. …… 산에 사는 주민들에게 쌀은 굶주림을 이길 수 없지만 옥수수는 배가 부르기 때문이다. 쪄서 주식으로 하고, 떡을 만들고 술을 빚고, 돼지를 기르는 등 모두 이에 의존한다. …… 그렇기 때문에 여름의 수확은 보리, 가을의 수확은 옥수수, 그 수확량으로 그해의 풍흉豊凶이 결정되는 것이다.

　일반적으로 산지 개발을 담당한 것은 '붕민棚民'이라고 불리는 이주자들이다. 그들은 '붕棚'이라고 불리는 간단한 임시 오두막에 살면서 삼림을 벌목해서 밭을 만들고, 삼이나 쪽 등 상품작물을 재배하였다. 그들의 식량이 된 것은 척박한 산지에서 잘 자라는 옥수수나 고구마 등 16세기에 신대륙(아메리카)으로부터 도입된 새로운 작물이었다. 농업 기술면에서 말하자면 명·청 시대에 그다지 커다란 기술 혁신이 없었음에도 불구하고 급속한 인구증가를 지탱할 수 있었던 것은 이 새로운 작물의 도입에 의존한 바가 크다.

　이 지방에서는 상당히 대규모의 수공업도 행해졌다. "산내山內의 목재, 죽순, 제지, 목이버섯, 표고버섯, 철, 숯, 금 등의 작업장은 모두 흘러들어온 이주민의 생활 근거지였다. 그중에서도 제재製材공장은 규모가 크고 특히 통나무를 다루는 곳이 컸다." 이들 제재소에서는 커다란 나무를 잘라내 그것을 강변으로 운반해가서 강에 흘려보내 하류에서 받는다. 자본을 내는 것은 섬서에 사는 상인이 많았고, 실제로 경영을 하는 책임자('장궤掌櫃', '당가當家'), 회계나 문서를 관리하는 담당자('서변書辯'), 수운의 책임자('남두攬頭'), 노동자의 책임자('포두包頭') 등 갖가지 직무로 나뉘어 있었다. 커다란 제재소에서 제재나 운반에 사역된 노동자는 3000~5000명이나 되었다고 한다. 그곳에서는 군대와 같은 규율 아래 작업이 행해졌고, 상인은 거기에서 커다란 이익을 얻었다고 한다. 제재업 이외에도 청대의 산지 경제를 지탱한 광산업이나 정염업 井鹽業(우물을 파서 소금물을 끌어올려 소금을 취하는 일) 중에는 놀랄 만큼 규

사천의 제염업
깊이 1킬로미터에 가까운 샘을 파서 소금물을 끌어올려 천연가스로 끓여서 소금을 취하는 사천의 제염업은 장기간의 대규모적인 투자, 수백 명의 노동자를 필요로 하는 청대 굴지의 대기업 시스템이었다. (도쿄대학 동양문화연구소 소장 『사천염법지四川鹽法志』에서)

모가 큰 것도 있다. 이러한 작업장은 현대 중국 역사학에서 공장제 수공업(매뉴팩처)의 전형으로서 주목을 받았다.

　다만 이러한 대규모적인 작업장이 가진 불안정성도 간과해서는 안될 것이다. "산내가 풍작으로 옥수수 가격이 내리면, 작업장은 융성해져 사람은 더욱 몰려든다. 만약 옥수수가 흉년이어서 가격이 오르면 작업장은 조업 정지가 된다. 그러나 일단 모인 사람들은 바로 다른 곳으로 갈 수 없어서 싸움이 분분하게 일어나고 질서를 지키는 것이 어려워진다." 옥수수는 산지에서도 비교적 잘 되지만 언제나 풍작이라고 보증할 수는 없다. 삼림을 잘라내서 점차 경지를 확대해가는 것은 장기적으로 보면 토양 유출이라는 환경 파괴의 원인도 되었다. 실제로 그즈음에는 홍수가 자주 일어나서 개발의 막다른 골목이 느껴지기도 했다.

　산지 경제는 풍작으로 경기가 좋을 때는 좋지만, 흉작이나 불경기에

약한 불안정한 성격을 가지고 있었다. 따라서 지방관으로서는 머리 아프고 분쟁 많은 거친 사회였다.

사천·섬서의 변경에는 토착민은 10분의 1, 2에 지나지 않고, 호광胡廣으로부터의 이주자가 약 5할, 안휘·하남·강남으로부터의 이주자가 합해서 3, 4할이다. 전국의 백성이 잡거하고, 종족의 연결은 없고, 예교禮敎의 억제력도 없다. 친구라고 불러모아 같은 부류들이 모이면 곧 큰형(孟兄)이라고 칭하고(의형제의 계를 맺음), 인척 외에 의리의 친척(맹약에 의한 가짜 부자·친척관계)이 만들어진다. 왕래나 거주도 가족 내외의 구별이 없고, 간음이나 유괴가 일어나지 않는 날이 없다. 도리는 피폐해지고 사변이 자주 일어나는 것도 당연하다.

가경 백련교의 난

건륭제는 재위 60년을 계기로 황제 자리에서 내려와 아들인 가경제嘉慶帝를 즉위시키고 스스로는 태상황제太上皇帝로서 '훈정訓政'을 행하였다. '가경 백련교의 난'으로 유명한 대규모 반란이 호북·사천에서 발발한 것은 가경제 즉위 후 얼마 되지 않은 1796년의 일이다.

이 반란은 집중된 지도체제를 가진 것이 아니라 몇 명의 교수敎首에 의한 반란의 집합이라고도 할 수 있는데, 봉기에 이르는 경위를 찾아보면 20년쯤 전으로 거슬러 올라간다. 1775년 하남성에서 일어난 사교邪敎 탄압 사건으로 유송劉松이라는 인물이 체포되었는데, 그때 도망한 교수 중 한 사람인 유지협劉之協이 한 어린이에게 우팔牛八(합해서 명나라의 국성國姓인 '주朱'가 된다)이라고 이름 붙이고 명의 후손이라고 칭한다. 또한 유송의 아들이 세상을 바로잡기 위해 파견된 미륵불의 환생이라고 칭하며 교세를 회복하려고 하였다. 유지협은 뒤에 체포되었고 오늘날 남아 있는 공술서에 따르면, 반란에 이르는 경과를 대략 다음과 같이 서술하였다.

나는 쭉 면화를 매매하고 있었습니다. 백련교를 배운 것도 다른 사람을 감화시켜 선인善人을 만들려고 한 것뿐으로 다른 이유는 없습니다. …… 내가 주창하던 주경呪經은 "영산靈山을 떠나서 집을 잃었기 때문에 사바娑婆의 생활은 죽을 정도로 고생. 무생노모無生老母가 편지를 보내 모두 고향에 돌아오기를 기다리고 있다"는 것으로, 매일 향을 태우고 이것을 외면서 내세를 위해 수행하려고 한 것입니다. …… 우리 선생인 유송은 유배처인 감숙甘肅에서 편지를 보내 한 어린이를 찾아서 우팔牛八이라고 이름지어 명 황실의 자손이라고 칭해 사람들의 마음을 움직이도록 지시하였습니다. …… 그러나 유송도 우팔이라고 한 어린이도 잡혀서 처형되어버리고, 각 주현州縣에서

유지협 지명수배 벽보
휘주 지방에 남아 있는 지명수배 벽보. 문 앞에 붙여두도록 지시를 내렸다. 현상금은 3500량의 고액. 유지협의 인상은 '키가 크고 적당한 살집에 얼굴은 사각으로 황색, 수염은 2촌 정도로 반백' 이라고 되어 있다. (『휘주천년계약문서』에서)

사교邪教 관계자를 체포하는 움직임이 긴박해오기 때문에 나는 동료인 요지 부姚之富, 제왕씨齊王氏와 상담해 '만약 모반을 일으키지 않으면 깨지고 말 것'이라고 해서 가경 원년 3월 10일을 기해 입교한 사람이 일제히 봉기하는 것으로 결정하였습니다.

유지협의 주경에 보이는 '무생노모'란 명말부터 청대의 '보권寶卷(민간 종교의 포교용 경전)'에 자주 보이는 어구이고, '무생노모·진공가향眞空家鄉'은 백련교의 '팔자진언八字眞言'이라고 한다. 여러 보권이 설하는 것을 정리하면 대개 다음과 같다.

아직 천지도 일월도 없는 묘묘명명杳杳冥冥한 혼돈의 최초에 기를 모아 형체를 만들고, 빛 속에서 태어난 것이 '무극천진고불無極天眞古佛' 그리고 '무생노모'이다. '무생노모'는 우주만물을 창조하고 96억의 자녀들을 낳았다. '무생노모'는 자녀들을 서천西天에서 동토東土로 가게 하였는데, 그들은 바로 홍진紅塵(속계)에 혹해서 본래의 가家('진공가향') 로 돌아갈 수 없게 되었다. 그 때문에 자녀들은 하원갑자下元甲子의 해

『보권寶卷』
민간종교의 포교용 경전이다. 『보권』은 조잡한 인쇄물 형식으로 민간에 널리 보급되었다. (『보권 초편』에서)

에 10만 8000년의 기한이 끝나서 찾아오는 말겁末劫(세계의 파국)을 벗어나는 것이 곤란해졌다. 그때에 '무생노모'는 구제자를 지상에 파견하고, 자녀들을 진짜 가향으로 귀환시킨다. 그들은 거기에서 '무생노모'와 만나 장생불사하게 되는 것이다.

이 세상의 집도 향리鄕里도 가짜이고, 진짜인 어머니 곁으로, 진짜인 가향家鄕으로 돌아가지 않으면 안 된다. 여기에서 사람들의 공동성의 원점을 이루고, 사람들의 고독과 불안을 근원에서 감싸 안아주는 것은 '모母'의 이미지이다. 원대元代 이래 백련교의 난에서 여성 교수敎首가 자주 나타니는 것도 그것과 무관하지는 않을 것이다. 유지협의 자술서에 보이는 제왕씨도 그중 한 사람으로, 관의 기록에 따르면, 곱고 섬세한 여성이었지만 조금은 교만하고, 적들과 함께 들에 다니고 산에서 자며(野逐山眠) 그의 이름은 여러 적수에서 가장 위에 있었다. 어버이에게 효도하고 군주에 충성할 것을 설하는 유교의 정통적인 가르침 또한 천하의 부모인 황제와 아이로서의 인민이라는 혈연의식 아래 사람들과의 공동성에 대한 바람을 감싸 안으려는 것이었지만, '무생노모'의 가르침은 그러한 유교 사상의 부정으로서 불안한 사회에서 살아가는 사람들을 끌어당기는 또 하나의 자극을 이룬 것이다.

반란 초기에 교군敎軍(반란군)은 몇 개의 현성縣城을 점령했는데, 현성을 청군에게 다시 빼앗긴 뒤에는 산간부에서 게릴라전을 전개하였다. "적이 닥치면 병兵은 사라지고, 병이 오면 적이 없으니, 불쌍한 병과 적, 언제가 되어서야 말날 꺼나"라는 속요俗謠가 몇몇 사료에 기록되어 있는데, 청 왕조는 대량의 군대를 투입했음에도 불구하고 교군에게 타격을 주는 일이 좀처럼 가능하지 않았다. 청군의 병사들 입장에서도 교군과 만나는 것을 피해 급료를 받아가면서 부근의 촌락이나 약탈하면 그것이 가장 편안한 일이었다.

이러한 상황이 청 왕조의 우세로 전환된 것은 1799년쯤부터이다. 전환의 커다란 계기는 지방 주민의 자위력을 강화해서, 이로써 교군과의 싸움을 진행하게 한 것이다. 청 왕조는 지방 주민에게 토벽이나 해자로 둘러싼 '보채堡寨'를 만들게 하고 주민을 그 안에 수용하였다. 이처럼 교군과 주민을 분리시키는 '견벽청야堅壁清野'책에 의해 교군의 보급원을 끊으려고 한 것이다. 또한 지방 주민에게 '단련團練(향촌 자위조직)'을 만들게 해 훈련시켜 소수의 교군 정도는 격퇴시킬 수 있도록 하였다. 지방 주민을 끌어들이는 이러한 작전으로 인해 교군 세력은 점차 쇠퇴하고, 1804년에는 반란 진압의 종료가 황제에게 보고되었다.

확대·팽창 기조였던 18세기 상황과는 너무나 다르게, 19세기의 청 왕조는 안팎으로 다사다난한 시기에 들어가서 수세에 몰렸다. 그 커다란 전기의 하나가 이 백련교의 난이었음은 의심의 여지가 없을 것이다. 이 반란을 진압하는 데 든 전비戰費는 합계 1억 량 이상에 이르고, 건륭 연간 후반에 8000만 량이나 되었던 호부戶部 은고銀庫의 축적은 1000~2000만 량 정도로 떨어져 이후 청 왕조는 만성적인 재정난에 허덕이게 된다. 또한 이 반란진압 과정에서 나타나는 지방의 무장화武裝化도 중요한 요인이다. 19세기에 청 왕조의 힘이 점차 약해진 데에는 아편전쟁 전후에 시작되는 열강의 압력뿐만 아니라 지방에서 자립적인 권력이 성장해간다는 것, 즉 안으로부터의 분해 움직임에서도 기인한다. 그러한 지방의 자립화는 바로 이 반란진압 과정에서 나타난 지방의 무장화·군사화 경향과 밀접하게 관련되어 있다.

10장

사람과 사회 – 비교 전통 사회론

··· 중국의 '가'와 사회단체

'차등적 질서구조'

일본인의 눈에 비친 중국 사회는 개개인이 각자의 이해타산에 기초해서 따로따로 행동하는 결속력 약한 사회로 보이기도 한다. 한편 가족의 강한 단결력이나 친구 간에 서로 돕는 우애는 일본인이 도저히 미치지 못하는 바라고 경탄하는 일도 자주 있다. 타산적인데 윤리적이며, 이기적인데 친화적인, 이러한 상반된 이미지는 현대 중국 사회뿐만 아니라 명·청 시대의 사료를 읽어도 강하게 느껴지는 것이다. 왜 우리는 이렇게 느끼는 것일까? 이 양 측면은 모순된 것일까?

중국 사회학의 초창기를 개척한 사회학자 페이샤오퉁費孝通은 1947년에 쓴 '차등적 질서구조(차서격국差序格局)'라는 글 중에 중국인의 '사私(이기주의)'를 논하며 다음과 같이 서술하였다.

중국인은 자주 '사私'적이라고 비난받는데, 그것은 중국인의 무능이나 부도덕 탓이라기보다는 사회의 구조(格局) 즉 자타自他의 경계를 어떻게 만드는가에 대한 사고방식이 타국인과 다르기 때문이다. 서양 사회의 구조는 우리들이 짚을 묶을 때 하는 방법과 비슷하다. 먼저 한 줌의 짚을 묶어서 다발로 하고, 그 다발을 몇 개 합해서 묶어 큰 다발을 만들고, 더 큰 다발 몇 개를 엮어 큰 짚을 만든다. 이 경우 어떤 한 개의 짚이 어느 다발에 속해 있는가, 같은 다발에 속한 것이 어느 짚인가는 명료하다. 다발은 차차 묶여져서 큰 다발이 되는데, 다발과 다발의 경계는 각 단계마다 명확하다. 사람을 짚에 비유하자면, 서양 사회는 이렇게 안과 밖을 명확히 나누고 또 단체의 중층적인 통합으로 만들어진다. 이것을 '단체구조團體構造'라고 이름 붙여두자.

　　그것과 비교할 때 중국 사회에서는 단체의 경계가 애매하다. '가家'라는 말을 보아도, 영어로 패밀리라고 하면 부부와 미성년 아이들을 가리키는 것이 상식이지만, 중국에서 '가家(지아·jiā)'는 가리키는 범위가 신축적이고 자유자재여서 부부만을 가리키는 경우도 있지만 친족 전체를 가리키는 경우도 있고 나아가 친족 이외까지 포함한 친구들을 널리 가리키는 경우도 있다.

　　왜 중국에서는 가장 기본적인 사회 단위라고 할 수 있는 '가'의 범위부터가 이렇게 애매할까? 그것은 중국 사회가 서양과 같은 '단체구조'가 아니라 연못에 돌을 던질 때 나타나는 동심원상의 물결과 같은 구성을 가지고 있기 때문이다. 각 사람은 각각 그 물결의 중심에 있고, 그 물결이 미치는 범위의 인간관계를 가진다. 중심으로부터 주변으로 넓어지는 데 따라서 그 관계는 차차 옅어진다. 각 사람을 중심으로 넓어지는 물결은 서로 겹치는 것이 일치하지도 않고 또 그 넓어지는 범위도 다양하다. 세력 있는 사람의 물결은 멀리까지 미쳐서 현縣이나 성省을 넘어서 넓어지는 것도 있지만, 세력이 없는 사람의 물결이 미치는 범위는 기껏 근처의 몇 집에 지나지 않기도 한다. 유교 사회도덕론의 중심적 어휘인 '윤倫'이라는 것은 '윤輪'이라는 형태로 넓어지는 파문의 한 층 한층의 상대적인 관계, 그 차등적인 질서를 말한다. 개인을 중심으로 엷어지면서 넓어져가는 사회관계―그 겹침으로서 이러한 사회의 구조를 '차등적 질서구조'라고 부른다.

서양의 경우, 사람들은 자기가 속한 단체의 안과 밖을 명확히 나누어 단체의 질서를 지키고 단체의 공동 이익을 증진하려고 한다. 그에 비해 중국에서는 자기를 억제해서라도 지켜야 할 단체의 틀이 명확하지 않다. 유교 경전인 『대학大學』의 '수신제가치국평천하修身齊家治國平天下(자신을 수양해서 집안을 구제하고 나라를 다스리며 천하를 평안하게 한다)'라는 말처럼, 어떤 사람은 자신을 중심으로 한 공동성을 무한히 넓혀서, 나라를 넘어 천하를 위해서 진력하려고 한다. 그러나 반대로 많은 사람들은 천하는 물론이고 국가의 일도 이웃 친척의 일도 관계하지 않고 끝없는 이기주의에 빠질 수 있는 것이다. '지공무사至公無私(지극히 공평하고 사사로움이 없음)'와 '이기주의', 두 방향은 반대지만 실제 자기를 중심으로 신축伸縮하는 '차등적 질서구조'의 두 가지 측면이 이 양 방향에 나타나 있는 것이다.

이상 페이샤오퉁의 '차등적 질서구조'론은 가벼운 에세이식으로 쓰여 있지만, 중국 사회의 특징을 예리하게 파악한 것이라고 느껴진다. 중국 사회를 관찰하는 사람은 종족宗族(공통의 선조로부터 내려온 남계 혈연집단)이나 촌락 등의 혈연·지연단체는 물론 동업단체나 비밀결사 등 사회단체의 다양함과 그것들이 사람들의 생활상에서 가지는 커다란 의의에 주목하지 않으면 안 된다. 개인을 통제하는 '공동체'의 강력함에 주목하고, '공동체'를 기초로 해서 중국 사회를 이해하려는 시도는 일본의 중국 연구자들에게 큰 설득력을 가져왔다. 그러나 다른 한편 그러한 사회단체가 개인의 생사를 넘어서 존재하는 영속적인 사회의 기초단위가 아니라 오히려 개인이 상황과 필요에 따라 결합하는 탄력적인 인간관계라는 '개인 중심'적인 측면 또한 많은 연구자의 주목을 끌어왔던 것도 사실이다.

이들 단체는 개인 자유의 확대에 의해 무너질 성격의 것이 아니다. 반대로 사회 혼란기나 변경의 신개척지 등 제각각인 개인이 격렬하게 경쟁하는 국면에서야말로 중국 사람들의 단체 형성 의욕과 능력은 충분히 발휘된다. 이들 단체는 이해타산적으로 형성된 측면을 강하게 갖고 있으면서도 자기희생을 아끼지 않는 강한 끈으로 개인을 묶는다. 중국에서 이러한 '단체 형성 방식'을 지탱하는 공동의 감각은 어떠한 것이었을까? 이제 '가家'를 중심으로 간단히 살펴보자.

'가'란 무엇인가

이 책에서 다룬 명·청 시대와 시기적으로 겹치는 일본의 에도시대에도 '가家' 의식은 매우 강하였다. 그러나 일본의 '가家(이에·いえ)'와 중국의 '가家(지아·jiā)' 사이에는 커다란 차이가 확인된다. 에도시대 일본의 '가'는 '가업'의 관념과 떨어질 수 없는 것이었다. 무사武士의 가라면 치

교知行(무사들에게 지급된 봉토, 또는 봉록)로서 세습적으로 주어진 고쿠다카石高(쌀로 준 무사의 녹봉 수량)에 따라서 각각 정해진 군사·행정적인 직무를 하는 것. 농민의 가라면 대대로 전해내려온 논과 밭을 지키고 농경에 전력을 기울여 연공年貢을 납부하는 것. 상인의 가라면 각각의 상호商號를 지켜 점포를 망하게 하지 않고 번성시켜가는 것. 나아가 장군가도 천황가도 각각 군사·행정을 통해, 혹은 제사·학문을 통해 일본 전체의 안전과 질서를 지킨다는, 가로서의 직무를 다해야 한다고 생각되었다. '가'에는 각각의 가명家名이 있고 그것과 연결된 가산家産과 가업家業(家職)이 있었다.

그러한 '가'의 집합으로서 사회 전체가 이미지화되어 있는 것이고 사회 속에서 할당된 그 가의 역할을 올바로 수행하는 것에 가의 본래 존재 의의가 있었다고 할 수 있다. 어떤 가에 태어난 사람은—혹은 그 가에 시집오거나 양자로 온 사람은—그 가의 일원으로서 가업의 발전에 봉사할 것을 요구받는다. 오늘날의 회사가 사장이나 사원의 교체에도 불구하고 계속 유지되는 것처럼 가라는 것은 개인을 넘어선 단체로서, 같은 가에 속한 사람들과의 공동의식은 혈연관계 그 자체보다도 가의 목적을 위해 공동으로 일함으로써 지탱된다.

그에 비해 중국의 경우는 그러한 '가업'이라는 관념이 거의 존재하지 않았다. 페이샤오퉁이 지적한 것처럼 중국에서 가라는 개념의 범위는 반드시 일정하지 않다. '동거공재同居共財' 즉 같은 집에 살고 가계를 함께하는 집단을 가리키는 경우도 많지만 보다 넓은 종족을 가리키는 게 보통이다. 그러나 어느 쪽이든 가가 특정 생업을 행하는 단위라고 생각하지는 않았다. 농민의 가에서 태어난 어린이도 능력이 있다면 공부해서 과거를 보아 관료가 되는 것은 칭찬받아야 할 것이고, 하나의 가속에서 각자의 적성에 따라서 장남은 농민, 차남은 상인, 그리고 삼남은 과거를 목표로 학문에 전념하는 것처럼 다양한 생업을 선택할 수 있었다. 출생에 따라서 직업이나 사회적 지위가 결정되는 사회를 신분제 사회라고 한다면 중국은 바로 비非신분제 사회였다고 할 수 있다.

그렇다면 같은 형제라도 다른 일을 하고, 그래서 사회적 지위도 달라지면, '가'의 결속을 담보하는 것은 어떻게 가능한 것일까? 그리고 1대나 2대라면 모르지만, 긴 경우에는 십수 대를 거쳐 몇 백 명에 미치는 구성원을 가지는 종족의 결속을 넓은 범위에서 볼 수 있는 것, 그리고 그것이 중국 사회의 한 특색을 이루고 있는 것은 어떻게 설명할 수 있을까?

중국인에게 '가' 의식의 근본에 있는 것은 남계男系의 피를 통해 면면히 계승되는 생명의 흐름이었다고 할 수 있다. 그 흐름은 왕왕 '기氣'라고 표현된다. 중국에서 자주 사용되는 비유를 써서 말하면, '하나의 수원水源에서 많은 지류가 나뉘어가듯이', '하나의 줄기에서 무수한 가지와 잎이 무성하게 나듯이' 선조의 생명은 부父로부터 자子로 그리고 손孫으로 가지가 나뉘면서 넓혀져간다. 부와 자의 육체는 물론 나뉘어 있지만, 그 육체는 말하자면 그릇에 지나지 않는 것이고 그 그릇을 채운 생명(즉'기')은 같은 것이다. 개인이 살아 있는 한 그 사람의 직업이 무엇이든 그 속에는 선조의 생명이 살아 있다. 조부로부터 부로, 부로부터 자로, 자로부터 손으로 계승되는 개인의 생명은 커다란 생명의 일부에 지나지 않는다. '가'의 본질은 자기의 생명 그 자체로서 사람들 안에 있다. 개인이 봉사해야 할 대상으로서 개인의 밖에 있는 것이 '가'인 것은 아니다.

장자단독상속長子單獨相續이 기본인 에도시대의 '가'와 달리, 중국에서 재산이 남자 사이에 균등 상속된 것은 같은 핏줄이 가지가 나누어지듯이 넓혀져가고, 그 가지나눔을 한 핏줄에게 재산도 균등하게 나누어준다는 사고방식이라고 할 수 있다. 물론 형제가 재산 나눔을 해서 따로 살고 다른 생업에 나아가 각각 따로따로 생계를 영위하는, 그러한 과정이 몇 대나 계속되어간다면, 동족이라는 의식도 약해져 상호관계도 분명치 않게 되는 것은 당연할 것이다. 그러나 상호 도움이 필요한 때에 결속의 끈으로서 먼저 사람의 마음에 호소하는 것은 같은 생명을 나누어 가졌다는 동족의식이다. 동족은 '타인'이 아니다. 비록 떨어져 살아 만난 적이 없는 사람이라도 '기'가 같다는 것은 자기 자신의 연장이라는 것을 의미한다. 그 감각에 광범하고 강고한 동족의 결집을 가능하게 하는 열쇠가 있다.

명 · 청 시대의 종족 형성

명말부터 청대까지의 시대는 사회 유동성이 높은 시기였다. 명 말기 농촌으로부터 도시로의 유입 혹은 청대 신개척지나 해외로의 유입 등의 유동성이 활발해지면서 전근대적인 혈연집단은 붕괴의 길을 걷는 것이 자연스럽다고 생각할지도 모른다. 그러나 반대로 명말부터 청초까지의 시기는 대규모의 종족 조직이 형성되는 시기였다. 사회학자 후쿠타케 다다시福武直는 중국의 동족 결합을 평해 "(본래 중국의 동족 결합은) 균등주의로 규정된 가족의 분산적 성격 때문에 공고하다고는 할 수

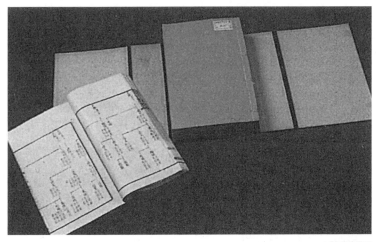

청대의 족보
족보는 큰 것은 수십 책에 이르러, 계보뿐만 아니라 주요 인물의 전기, 묘·공유지의 위치, 가훈 등이 수록되어 있다. (도쿄대학 동양문화연구소 소장 「남해구강주씨가보南海九江朱氏家譜」에서)

없는데, 그것이 강한 것은 그 배후에 분산적 성격을 저지하려는 심대한 노력이 있기 때문이라고 생각한다"고 서술했는데, 명말 청초는 바로 그 '노력'이 정력적으로 행해진 시기였다.

그렇다면 종족을 '형성한다'는 것은 구체적으로 무엇을 어떻게 하는 것일까? 첫째로 종보宗譜의 편찬을 들 수 있다. 종보란 어떤 선조(보통은 시천조始遷祖, 즉 최초로 그 지방에 이주해온 인물)를 제1대로 해서 그 아들 세대, 손자 세대……로 연결되는 남계男系의 계도系圖를 작성하고 거기에 각 족인族人의 생몰연월일 등을 정리하고, 주요한 인물의 전기, 족인의 묘나 일족 공유지에 관한 기재 등을 첨부해서 정리한 책이다. 몇 대 전의 시천조 등은 이미 잘 알 수 없게 되는 것이 보통인데, 동족 노인 등에게서 전해들으면서, 말하자면 뿌리를 찾아가는 것이다. 그러한 종보는 초고인 채로 전승되어가는 경우도 있지만, 유력한 종족은 인쇄해서 일족에게 배포한다. 선장본線裝本(책의 등 부분을 끈으로 꿰매는 전통적인 제본 방법)으로 수십 책에 이르는 것도 드물지 않다. 그러한 종보의 편찬·배포에 의해서 보통은 얼굴도 몰랐던 사람들이라도 동족의식을 가질 수 있는 것이다.

둘째로 선조를 제사지내는 종사宗祠의 건설을 들 수 있다. 이것은 종족 전체가 만드는 것도 있고 또 그 가운데 지파支派마다 만드는 것도 있지만, 공통의 선조를 공동으로 제사지냄으로써 동족의식을 고양한다. 그리고 셋째로 동족 결합의 물질적인 버팀대를 만드는 것으로서 족전族田 등 공유재산의 설정이 있다. 족전의 수익은 제사 비용이나 일족 중 빈곤자의 구제 혹은 우수한 어린이에게 과거에 정진하도록 하기 위한 학비 보조 등 다양한 용도로 쓰인다.

이러한 종족 형성의 활발함과 종족 결합의 강고함은 지역에 따라 다양하다. 복건·광동 등의 화남華南 지역에서는 동성同姓 사람들만 집거하는 동족 촌락이 발달해 있고, 종족 공유지가 개인 소유지를 상회해서 커다란 비중을 차지하는 곳도 적지 않다. 사소한 대립을 계기로 일족이 모두 무기를 들고 종족 상호간에 죽는 자가 나올 정도로 격렬하게 싸움('계투械鬪'라고 한다)을 하는 것도 이 지방의 나쁜 풍속으로 유명하다. 화남 지역의 종족 결합이 강고했던 데 비해 대개 화북 지역은 동족 촌락이 적고, 대규모의 종족 형성도 드물었다. 이러한 차이는 종족이라는 것이 자연적인 생활의 기초라기보다는 사람들의 필요에 따라서 만들어져온 형성물形成物이라는 데서 찾을 수 있다. 어떤 지역에서는 경쟁의 치열함이 단결의 필요성을 강화하지만, 어떤 지역에서는 그렇지 않다. 어떤 지역에서는 강하게 단결할 수 있는 조건이 있지만, 어떤 지역은 그렇지 않다. 다양한 상황에 따라서 사람들의 '노력' 방법도 달라지는 것이다.

'동기'의 감각과 사회집단

종족의 형성은 종족의 안과 밖을 구분하는 차별의식을 강화하기도 한다. 그러나 동시에 종족 형성을 지탱하는 '동기同氣'의 감각이 실제 혈연관계의 틀을 넘어서 전혀 모르는 사람과의 사이에 의사擬似 혈연적인 관계를 만들어가기도 한다. 원래 종족관계가 반드시 실제 혈연관계의 확실한 증명 위에 성립하는 것이라고 할 수는 없었다. 고염무가 '50년 이래 통보通譜의 풍속은 천하에 보편적인 것', '오늘날 동성 사람들 중에는 통보를 만들지 않는 자가 거의 없다'고 서술한 것처럼, 동성이라면 혈연관계가 입증될 수 있는가 없는가에 관계없이 계보를 연결하는 연종통보聯宗通譜의 풍조가 명말에 크게 유행하였다. 중요한 것은 실제 혈연관계가 아니라 단결의 계기가 되는 혈연감각이고 동기의식이었다.

그리고 명·청 시대의 다양한 사회적 결합을 볼 때, 그 밑바닥에는 모두 혈연관계에 준하는 직접적인 일체감각이 발견된다. 예를 들면 명말에는 유력자 집안에 '투고投靠'해서 노복이 되는 것이 유행했는데, 노복은 '의남義男', '가인家人' 등으로 불리며 주인의 '가'에 예속되는 의사적擬似的 가족원으로 간주되었다. '결배형제結拜兄弟' 즉 『삼국지연의三國志演義』의 도원결의와 같이 타인끼리 의형제의 맹세를 하는 것도 명·청 시대에 성행하였다. 신묘神廟에 공물을 바치고 그 피를 섞은 술 등을 번갈아 마시며 형제의 순서를 정해 '이제부터는 (같은 신체의) 수족手足이 될

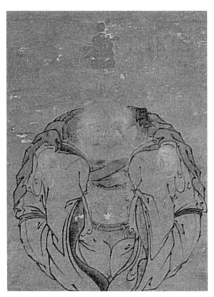

「일단화기一團和氣」그림
언뜻 보면 뚱뚱한 인물 한 명을 묘사한 것처럼 보이지만, 잘 보면 좌우 합해 세 명의 인물이 '융합'되어 있
는 것을 알 수 있다. 명대 중기에 그려진 이 그림은 「일단화기」라는 제목으로, 육조시대의 유교·불교·
도교의 교류를 그린 것이라고 한다. 하지만 민간의 계약 등에서 '일단화기'라고 말하는 경우에는 자립한
개인의 '협력'이라기보다는 오히려 '한 사람의 인물'로서 합체되는 것 같은, 직접적인 일체감각을 노린
것이다. 북경 고궁박물원 소장.

것'이라고 맹세한다. 농촌에서 산림보호의 서약을 할 때, 또 운수 노동
자가 동업결사를 만들 때 등등 다양한 상황에서 '삽혈동맹歃血同盟' 즉
피를 들이마시고 맹세하는 의식이 행해졌다. 이들 단체가 만들어진 계
기는 필요에 의한 타산적인 것이라고 하더라도 거기에 상정된 관계는
단순한 주고받기가 아니라 타인을 자기 자신의 일부로 느끼는 것과 같
은 직접적인 일체감각으로 지탱되는 무한정의 헌신인 것이다. 그리고
원래 자기희생을 아끼지 않는 강한 단결이야말로 개인을 지켜주는 집
단의 효용이 최대한 발휘되는 것이고 그러한 헌신을 지탱하는 궁극적

인 일체감을 만들어낼 수 있는 데 혈연감각의 중요한 역할이 있었다고 할 수 있다.

맹약과 같은 확실한 형식을 취하지 않아도 혈연·동기의 비유는 사회 구석구석에 침투해 있었다. 다양한 성姓의 사람들이 섞여 사는 촌에서도 '가방지배街坊之輩(동네식구들)'라고 해서 가족과 같은 세대 질서를 상정해 백부·조카 등의 호칭으로 부르는 경우가 있다. 자본을 내서 공동경영을 하는 계약서 등에서도 '일단화기一團和氣' 즉 '기'가 확실히 섞이도록, 이라는 글귀가 자주 보인다. 더구나 지현知縣을 부모관父母官이라고 하고, 인민을 '황상皇上의 자식'이라고 하는 것처럼 국가의 지배체제 자체가 부모 자식 관계로 비유되고 있다. 그리고 청 왕조를 뒤흔든 백련교의 난에서도, '무생노모無生老母' 밑으로 돌아가는 아이들이라는 이미지가 그 결합의 근저에 있었던 것은 앞에 살펴본 대로이다.

왕양명의 수제자였던 섭표聶豹는 종족에서 천하로 넓어져가는 공동성에 대해 다음과 같이 서술하였다.

> 족보의 보譜란 '골고루 널리 미치다'라는 것이다. 스스로 경애敬愛의 기분을 천하 국가에 널리 미치게 하는 것이다. 『역경易經』에 "종족으로 모이는 것이 인색하면 문을 나서서 널리 사람과 교제할 수 없다"고 되어 있는데, 이는 경애를 종족 내부에 한정하는 것을 비판하는 것이다. 하물며 같은 종족 사람에게 전혀 경애하는 것 없이 아무 관계도 없는 사람처럼 적대시하는 것은 말할 것도 없다.

동족 사람을 대하는 것과 같은 일체적인 애정을 천하 국가로 확대해가는 것이 그들의 이상이었다. 그 극한에는 양명학의 중요한 슬로건의 하나인 '만물일체' 즉 동식물까지도 포함해서 천하 만물을 피를 통한 자기의 일부로 느끼는 경지가 있다고 할 수 있다.

격렬한 항쟁과 불안으로 가득 찬 사회에서 사람들은 의심의 여지가 없는 직접적·일체적인 인간관계를 원한다. 엄격한 이해상황 속에서 타산적이 되면서, 게다가 개인이 무화되는 것 같은 다양한 사회집단— 혈연 동기의 감각이 그러한 역동적인 집단 형성을 지탱하고 있었다. 타산적이면서 윤리적이고, 이기적이면서 친화적—인, 이 장의 처음에서 서술한 중국 사회의 어찌 보면 이중적인 성격은 바로 이 혈연 동기 감각으로 설명할 수 있는 것이 아닐까.

···조선의 사회조직 – 중간단체를 중심으로

헨더슨의 정치사회론

조선시대 사회조직의 모습을 논하는 단서로서 미국의 정치학자 그레고리 헨더슨Gregory Henderson의 논의를 소개하겠다. 그는 미국의 국무성에 근무하던 때 수년간 한국에 체재했는데, 그 경험을 기초로 1968년『소용돌이의 한국 정치』라는 책을 저술하였다. 출판된 지는 오래되었지만, 거기에 서술되어 있는 정치사회론은 아직 검토할 가치가 있는 내용을 포함하고 있다.

책의 목적을 헨더슨은 다음과 같이 말하였다.

조선의 정치적 추세 즉 농업을 기초로 하는 중앙집권적 과두정치의 경향은 세계에서도 드물게 보는 예이다. 조선만큼 안정된 판도에서 이 정도로 지속적인 정치적 틀을 가지고 이 정도로 획일적인 민족, 문화, 언어의 환경 속에서 이러한 크기의 나라에 뿌리를 내린 전통은 다른 곳에서는 그 유례를 찾을 수 없다. 또 조선만큼 지방세력의 싹을 완전히 잘라버려서 오랜 기간 중앙 지배를 흔들림 없이 지속한 나라도 적다. ……

(그러나) 조선은 서구와 접촉한 최초의 수십 년 동안 정치적·경제적·군사적 문제들을 해결하기 위해 이러한 우위성을 발휘할 수 없었을 뿐만 아니라, 민주주의 제도의 틀 밖에 있었다고 해도, 그 우위성이 조선의 진로를 용이하게 하는 결정적인 힘이 되었다고는 생각지 않는다. 정치학자는 이 명백한 실패의 이유를 구명하지 않으면 안 된다.

즉 헨더슨은 근대화 여부라는 측면에서 조선의 전통적인 정치사회의 특징을 파악하려고 한 것이다. 그리하여 그가 내린 결론은 다음 문장에 집약적으로 나타나 있다.

나는 본서에서 조선의 단일성과 동질성이 '대중사회'를 만들어내는 작용을 했다고 논하였다. 이 단일성과 동질성은 이웃 중국의 핵을 이루는 주민(한족漢族-인용자)에게도 대강 작용하는 것이었다. 여기에서 말하는 '대중사회'란 촌락과 왕권 사이에 강력한 제도나 자발적 단체가 형성되어 있지 않은 사회이고, 독립된 행보와 정치 행동의 중심이 되어야 할 응집력을 준비한 성시城市, 봉건 영주, 궁정宮廷, 반半독립적인 상업사회, 도시국가, 길드, 여러 계급 등을 거의 모르는 사회이다. 이러한 '대중사회'는 전형적으로 원자화原

子化된 개체로 구성되어, 개체 상호의 관계는 주로 국가 권력에 대한 관계로 규정되어서 '조정 능력이 있는 집단들의 힘이 약하기 때문에' 엘리트와 대중이 직접 대결해서 정형화되지 않은 대중과 사회적 관계들에 있어서 고립을 특징으로 하는 사회이다.

이렇게 조선 전통사회의 특징을 국가와 개인 사이에 존재하는 중간단체들이 형성되어 있지 않은 '대중사회'로 파악했고 그러한 사회의 모습은 기본적으로 중국과 같다고 보았다.

그리고 대중사회에서 정치사회의 모습을 상징하는 말로서 '보텍스 Vortex', 곧 소용돌이형 사회라는 말이 사용되고 있다. 소용돌이형 사회에서는 사회의 다양한 개인이 하나의 정점을 목표로 해서 전체 소용돌이 속에 휩쓸려간다. 따라서 비록 중간단체가 존재한다고 해도 그 구성원은 스스로가 속한 중간단체들의 이익을 위해 헌신하기보다는 차라리 그 전체의 소용돌이 속에 휩쓸려들어가 보다 높은 권력을 목표로 행동한다. 국가와 대립하는 듯한, 혹은 국가에 대해 단체의 권리를 강고하게 주장하는 듯한 중간단체라는 것은 형성되었다고 해도 매우 약하다. 항상 구성원이 단체의 이익보다는 개인의 이익을 위해 소용돌이 속에 휩쓸려가는 사회라고 파악하는 것이다.

헨더슨이 조선의 전통사회에서 중간단체가 전혀 존재하지 않았다고 보는 것은 아니다. 구체적으로 향리鄕吏조직이나 상인조직 등은 꽤 강고한 조직력을 갖고 있었다. 그렇다고 해도 이들은 사회단체 속에서는 예외적인 것으로, 중간단체들이 국가로부터의 자립성이 취약했다는 특징을 부정할 정도의 것은 아니다.

조선의 중간단체들

그러나 헨더슨의 주장과는 달리, 조선사회에는 다양한 차원에서 다양한 형태의 중간단체가 존재하였다. 이 책에서도 이따금 이들 중간단체에 대해 언급해왔지만, 여기에서 다시 한 번 정리해보자. 여기에서는 중간단체라는 것을 국가와 가족의 중간에 존재하는 단체의 의미로 해석해서 이야기를 전개하기로 한다.

혈연집단에 관한 중간단체로서는 문중 조직이 가장 중요하다. 앞에 서술한 것처럼 문중 조직은 동족집단 속에 특정 선조를 공유하는 사람들로 구성된다. 이 조직은 17세기경부터 본격적으로 형성되기 시작하지만, 가장 중요한 기능은 양반인가 아닌가의 판별이 문중 단위로 결정되는 것이다. 바꾸어 말하면 문중 조직을 형성해서 그 구성원이 되는 것이 양반으로 인지되는 때의 가장 중요한 기준이 되는 것이다.

다음으로 혈연에 의하지 않은 중간단체로는 먼저 각 계층마다 조직된 자치적인 조직을 들 수 있다. 양반층으로 구성된 향안조직이나 향리층으로 구성된 단안檀案조직이 그에 해당한다. 이것은 모두 읍을 단위로 조직되었다. 바꾸어 말하면 양반이나 향리의 사회적 인지가 읍을 단위로 행해졌다는 것을 의미한다. 그렇기 때문에 어떤 읍에서 양반이라고 인정되어도 그 사람 혹은 그 자손이 다른 읍에서는 양반으로 인정되지 않는 경우도 있고 오히려 그것이 일반적이었다.

일반 농민층을 보면, 촌계村契 등으로 불리는 촌락 단위의 중간단체가 18세기 후반경부터 다수 보이게 된다. 조선시대의 촌락은 양반들이 다수 거주하는 양반촌(반촌班村)과 양반이 전혀 또는 소수밖에 존재하지 않는 상민촌(상촌常村)으로 양분할 수 있다. 그래서 전자는 보통 동족 촌락의 형태를 취하는 데 비해 후자는 잡성촌락이었다. 그러나 18세기 쯤부터 양자의 혼주混住가 일어나는데, 촌계는 이러한 과정에서 성립해가는 것이다. 군역제에서 이정법의 실시 등도 촌락단체의 성장과 표리관계를 이루는 것이었다.

이상이 중간단체의 보편적인 예라고 한다면, 특수한 중간단체로는 상인들이 형성한 조직을 들 수 있다. 예를 들면, 서울의 특권 어용상인이었던 전인廛人들의 조직이나 장시를 순회하는 보부상들의 조직이 이에 해당한다. 이것들은 모두 극히 폐쇄적인 조직으로, 특히 후자는 전국적인 조직으로서 강한 결속력을 자랑하였다.

이렇게 조선사회에는 중간단체가 다수 존재했지만, 이외에 임의의 구성원이 수시로 조직한 계契라고 불리는 조직도 다양하게 존재하였다. 계는 관혼상제나 농업 수리水利, 농삿소 구입, 산림 이용 등 여러 목적을 위한 것이었다. 농작업을 공동으로 행하는 '품앗이'라고 불리는 공동 노동조직도 계의 일종으로 볼 수 있다. 이들 계의 대부분은 항상

장승
지금도 농촌에 가면 마을 입구에 서 있는 장승을 볼 수 있다. 민간신앙의 대상인 장승은 장생長柱(長生)이라고도 부른다. 사진은 전라북도 남원시 운봉읍 권포리에 있는 것이다. (『장승』에서)

보부상의 '신표信標'

보부상들은 전국의 장시를 도는데, 이것은 그들이 행상할 때에 휴대한 '신표'라고 불린 통행증이다. 보부상들은 개성에 있던 임방任房(총본부) 하에 통할되었다. (『문화재대관』에서)

적인 것은 아니었지만, 촌계라는 명칭이 상징하는 것처럼 항상적인 중간단체도 조선인에게는 일종의 계라고 의식되었다고 생각할 수 있다.

　헨더슨이 문제 삼은 중간단체와 근대화의 관련에 대해서는 다음과 같이 생각할 수 있을 것이다. 18세기 이후 각종 중간단체의 경향적인 변화로서 중요한 것은 지방사회 향안조직의 약화와 촌계 조직의 강화였다. 즉 16세기에 확립된 향안조직을 통한 지방 지배체제가 동요하기 시작하는 한편으로 촌락 조직이 성장해가는데, 19세기 후반에는 이러한 변화에 대응하는 체제가 아직 확립되지 않았던 것이다. 따라서 헨더슨처럼 조선의 전통사회에서 중간단체의 부재 혹은 약화라는 점에서 근대화의 실패를 설명하는 것은 올바르지 않다. 문제는 각 중간단체의 역사적 변천을 구체적으로 명확히 하는 가운데 19세기 후반의 시대적 특징을 이해하는 일일 것이다.

중국·일본과의 비교

조선의 중간단체를 이해하기 위해서 중국이나 일본과 비교하는 것도 하나의 유효한 방법일 것이다. 종래 이러한 시도는 가족·친족제도에 대해서는 어느 정도 이루어져왔지만 중간단체 전체를 시야에 넣은 비교 연구는 거의 이루어지지 않았다. 여기에서는 시론적으로 세 사회의 비교를 시도해본다.

먼저 중국(엄밀히 말하면 한족이라고 해야 할 것)과 비교해보면, 예를 들면 향안조직에 해당하는 단체는 중국에는 존재하지 않았다. 명·청 시대에 대해서는 향신鄕紳 지배라는 말이 자주 사용된다. 그러나 지방에 거주하는 향신들이 어떤 항상적인 조직을 만들어 그것에 의거해서 지방사회를 지배하는 일은 보이지 않는다. 다만 청말이 되면 각지에 공국公局이라고 불리는 것이 조직되었는데 그 유력한 담당자가 향신층이었다고 한다. 즉 왕조의 통치력이 약화되어가는 가운데 이러한 조직이 만들어지기 시작한 것으로, 조선에서처럼 향신층의 조직이 왕조의 지배체제에 편입된 것은 아니었다. 또 공국 등의 조직도 항상적으로 전국 조직된 것은 아니고 어디까지나 자발적인 성격의 것이었다.

이렇게 양반과 향신에서 드러나는 조직의 차이가 다른 중간단체에서도 공통으로 보이는 것 같다. 예를 들면 중국의 종족과 조선의 동족 조직을 비교해보자. 종족에서는 통합과 분산의 움직임이 동족조직보다도 훨씬 빈번하게 보인다. 그중에서도 연종통보聯宗通譜에 의한 다른 종족끼리의 통합은 조선에서는 거의 보이지 않는 현상이다. 따라서 중국의 종족은 조선의 동족조직에 비해 융통성이 풍부한 반면 결속력에서는 약한 특징을 갖고 있다고 할 수 있다.

왜 이러한 차이가 생겼을까? 하나의 힌트가 되는 것은 중국에서는 혈연조직 이외의 단체를 형성할 때에도 혈연관계를 의제화擬制化하는 경우가 보인다는 것이다. 그 전형적인 예가 거주지가 같으면 혈연관계가 없는 사람도 혈연관계가 있는 것처럼 간주하는 '가방지배街坊之輩(동네식구들)'이다. 이는 조선에서는 전혀 보이지 않는 현상으로, 중국에서 이러한 의제화가 가능한 것은 '기'라는 것과 관계있다고 보는 것이 필자의 추측이다. 즉 한족이 공유하는 기라는 감각은, 필요한 때에 필요한 범위에서 중간단체를 형성시킬 수 있는 비밀이 아닐까 생각한다.

이에 대해 기라는 감각을 갖지 않은 조선민족의 경우에는 중간단체는 단체마다 다른 원리로 조직될 수밖에 없다. 따라서 항상적·고정적인 조직이 아니면 단체로서 원래 성립되지 않는 것이다.

조선민족은 기라는 감각을 갖지 않았다고 말했는데, 거꾸로 말하면 기라는 감각을 갖는 것이 한족漢族인 것이다. 한족은 옛날부터 항상 주변의 비非한족을 계속 흡수해왔고 이것은 현재도 진행중이다. 비한족이 한족화하는 경우에 가장 중요한 계기가 되는 것이 기의 감각을 갖게 되는 것이라고 하면 지나친 비약일까? 조선민족은 기의 수용을 거부했기 때문에 조선민족일 수 있다고 생각한다.

중국과 비교한 조선의 특징 중 많은 부분이 또한 일본 중간단체의 특징이기도 하다. 그렇다면 일본과 비교했을 때 조선의 중간단체는 어떻게 특징지을 수 있을까?

일본 근세에서 중간단체로서 가장 먼저 머리에 떠오르는 것은 무라(村·むら)이다. 이 일본의 무라와 비교하면 조선의 마을은 단체로서의 강고성은 적고, 그 역사가 얕은 것도 부정하기 어렵다. 그러나 다른 한편 일본에서는 향안조직이나 단안조직 같은 광역 계층별 중간단체는 존재하지 않았다. 그것이 일본을 '종적(縱·다테たて) 사회'라고 말하는 이유이다. 양반들은 읍을 단위로 해서 향안조직을 결성하고 있을 뿐만 아니라 때때로 학벌이나 혼인 등을 통해 읍을 넘어서는 결집도 보인다. 이에 비해 예를 들어 일본의 무사층이 번藩을 넘어서 결집하는 것은 에도 막부 말기 시대와 같은 예외적인 시기를 제외하고는 있을 수 없었다. 이러한 차이도 근원은 같을 것이다.

일본 중간단체의 강고함은 '이에家'라는 것의 강인함에 기초할 것이다. 가업·가산·가명家名을 삼위일체로 해서 단독 상속하는 것과 함께 이에를 위해서는 타인을 양자로 삼는 일도 꺼리지 않는 것은 조선에서는 있을 수 없다. 가업이라고 하는 것은 과업科業 즉 과거를 보아 관료가 되는 것을 목표로 하는 경우에만 성립할 수 있는 것으로 농農이라든가 상商은 중국과 마찬가지로 결코 가업이 될 수 없었다. 농도 상도(상은 일단 불가능했지만) 목표로 하는 것은 과업이었다.

일본 이에의 강고함을 지탱한 것은 궁극적으로는 천황제였다고 생각한다. 즉 각각의 가업을 갖고 사회적 분업의 일익을 담당하지만, 그 정점에 위치하는 것이 천황가였던 것이다. 일본에서 이에가 가장 강고해진 것이 근대 천황제하에서였다는 것은 결코 우연이 아니다.

이에 대해서 조선의 '집家'은 훨씬 유동적이었다. 천황제 같은 응집력을 갖고 있지 않기 때문이다. 조선을 건국한 이성계도 아래에서부터 올라온 사람이고 최고 권력으로의 길은 가능성으로서 항상 존재하였다. 이러한 전통을 모르고서는 오늘날의 한국이나 북한의 정치 풍토를 이해하기란 도저히 불가능할 것이다. 집이 유동적이었기 때문에 그 위의 중간단체들도 유동적 또 개방적이 되지 않을 수 없었던 것이다. 헨더슨의 정치사회론은 이러한 유동성·개방성을 일면적으로 강조한 것이라고 할 수 있다.

이렇게 중국·일본과 비교해서 보면 조선 중간단체의 특징은 통일적인 아이덴티티의 결여일 것이다. 중국에서의 기氣, 일본에서의 천황제에 필적하는 존재를 갖지 않은 조선에서는 다양한 중간단체를 관통하는 공통의 원리가 존재하지 않은 것이다. 비한족非漢族, 반일反日이라는 민족주의의 언설言說이 오늘날에도 강조되는 것은 통일적인 아이덴티티의 창출을 위한 노력이라고 보여진다.

그러나 필자가 주목하고 싶은 것은 통일적인 아이덴티티의 부재가 가지는 적극적인 면이다. 오늘날 해외에 정주하는 한국인·조선인의 수는 본국 내 거주 인구와의 비율로 보면 세계 최대의 이민국이라고 말하는 중국을 훨씬 상회하고 있다. 그 왕성한 정착력은 그들 아이덴티티의 유연성에서 오는 것이 아닐까? 오늘날까지 끊임없이 계속되어온 재일 한국인·조선인의 일본 사회와의 '공생' 노력은 그들의 유연한 아이덴티티 확립의 노력임과 동시에 일본인의 협소한 아이덴티티에 대한 계속적인 문제제기이기도 하다.

대담*

'왜구적 상황'에서 '쇄국'으로

(대담: 아라노 야스노리,** 기시모토 미오, 미야지마 히로시)

'세계지도' 정보의 흐름

아라노   최근 저는 세계지도에 관심이 많습니다. 근세의 일본인이 일본, 아시아, 세계를 어떻게 보고 있었는가를 당시의 일본인이 그린 세계지도를 자료로 고찰하고 있기 때문입니다. 그래서 이 책이 1402년에 조선에서 만들어진 세계지도「혼일강리역대국도지도混一疆理歷代國都之圖」에 대한 기술에서 시작하고 있는 점이 주목되더군요. 이 그림을 모델로 한 세계지도가 일본에 지금도 여섯 점 정도 남아 있고 그중에 구마모토熊本 시 혼묘지本妙寺에 소장되어 있는 한 점은 조선 침략 때 도요토미 히

---

* 대담은 이 책의 원저인 일본 주오코론샤中央公論社 『세계의 역사世界の歷史』 시리즈 월보 18(제12권 부록)을 번역한 것입니다.

** 아라노 야스노리荒野泰典. 역사학자. 현재 릿쿄立教대학 문학부 교수. 전공은 근세일본사 · 국제관계론. 저서로 『근세 일본과 동아시아』, 『아시아 속의 일본사』(공편)가 있음.

데요시豊臣秀吉가 가토 기요마사加藤清正에게 주었다는 이야기가 전해 내려오기 때문에 그 무렵까지 이 지도가 남아 있었다고 할 수 있습니다. 오지 도시아키應地利明 씨는『그림지도의 세계상』에서「혼일강리역대국도지도」가 15세기의 조선이 동아시아의 지리정보센터였다는 것을 보여준다고 말하더군요.

미야지마 그 무렵 조선에서는「해동제국기」지도 등 여러 가지 지도들이 만들어지고 있었습니다. 해외정보에 민감하지 않을 수 없었기 때문에 그러하였지만, 나중에는 그렇게 중시되지 않았습니다. 왜구 문제나 여진 관계가 안정되어갔기 때문에 대외정보에 대한 절실한 요구가 줄어든 거지요.

아라노 미일안보체제하의 일본과 비슷하지 않습니까? 국제적인 위기관리를 미국에 맡겨버린 국제 감각 제로의 정치가가 많지 않습니까? (웃음)

기시모토 왜구가 문제일 때는 중국에서도 일본 연구를 했습니다만, 그 후에는 해외정보를 적극적으로 수집했다고는 여겨지지 않습니다.

미야지마 에도시대 조선통신사의 관심은 일본이 다시 공격해올 위험성이 없는가 하는 것뿐입니다. 그 외에는 전혀 관심이 없었습니다.

아라노 세계지도를 필요로 하는 측의 문제였을지도 모르겠군요. 중국은 어떠한 상태였습니까?

기시모토 중국에서는 명대 중기 이후 정보화 사회가 되어 일용백과전서 같은 것이 나옵니다. 그러한 책들을 통해 동아시아 지역들에 대한 정보를 보통의 상인 정도 사람들도 어느 정도 알고 있었다고 생각합니다.

아라노 유명한 마테오 리치의 「곤여만국전도坤輿萬國全圖」 사본 조각을 니가타新潟 현에 있는 옛 오쇼야大庄屋(지역의 지도자) 집에서 본 적이 있습니다. 그것이 언제 어떠한 계기로 그 집에 들어갔는지는 알 수 없습니다만, 일본에는 중앙의 정보가 특정한 사람들에게 점유되지 않고 각지에 확산되어가는 루트가 있었습니다.

기시모토 명의 일용백과전서에 실려 있는 것은 전혀 정확한 정보들이 아닙니다. 「곤여만국전도」 같은 최첨단 정보가 일본 각지의 쇼야庄屋에게까지 간 것은 대단한 일이군요.

아라노 통설에 따르면 「곤여만국전도」가 1602년에 만들어지고 곧바로 일본에 들어와 일본인의 세계인식에 커다란 영향을 주었다고 합니다만, 그것도 수수께끼예요. 그 전도를 대본으로 해서 그리고 인쇄하여 발행한 것은 18세기 후반 나가쿠보 세키스이長久保赤水입니다. 그 사이에 1세기 반 남짓의 시간차가 있습니다. 이른바 「세키스이도赤水圖」는 몇 차례 판을 거듭해서 베스트셀러가 됩니다.

미야지마 조선의 경우, 서학의 지식이든 실학이든 중앙에 있는 양반과 지방에 있는 양반 간에는 정보량에서 차이가 매우 큽니다. 다만 재지 양반이 정보를 가지지 않았느냐 하면 그렇지 않고 중앙정부의 인사라든가 세력관계의 정보들이 매우 빠르고 정확

하게 들어왔습니다. 그러나 서학이라든가 새로운 사상 관련
정보는 그렇지 못했습니다.

기시모토 그것은 어떠한 매체들을 통해 전해졌습니까?

미야지마 정부의 인사 등에 대해서는 관보 같은『조보朝報』가 있었고, 구
전口傳도 있었습니다. 중국의 서적을 보고 싶었던 정약용은
전라도 유배중에도 서울에 정보망이 있어서 북경에 가는 사
절에게 부탁해서 가져오게 합니다. 그러나 그 정보들이 그가
있던 지역의 양반들에게는 전혀 확산되지 않습니다. 정보에
대한 관심의 방식이 매우 달랐으니까요.

기시모토 16세기 전반 중국에서「진신일람縉紳一覽」이라는 관료 명단 같
은 것이 나왔는데, 그것을 조선 사절이 가지고 돌아가 국왕에
게 보고를 합니다. 중국의 인사에까지 관심이 있었던 거지요.
(웃음)

미야지마 그렇습니다. 그러한 전통은 지금도 이어지고 있어서 한국의
대학선생들은 정부의 인사에 대해 매우 민감합니다.

아라노 실제로 자신의 지위와 관련이 있겠군요.

미야지마 그래요. 일본과는 달리 지금도 대학교수가 국무총리나 정부
각 부처의 장관이 되기 때문이지요.

'여러 민족 잡거雜居'하의 여자와 남자

아라노 미야지마 씨가 썼습니다만, 청(후금)과 조선의 전후戰後 처리

에서 최대 문제는 청에 잡혀간 사람들을 어떻게 데려올 것인가 하는 것이었는데, 대체로는 사오게 됩니다. 근대 이전에는 사람이 상품이었습니다. 히데요시도 조선인을 몇 만 명이나 일본으로 잡아왔고, 더 나아가 그들을 동남아시아에 전매轉賣하기도 했지요.

기시모토 근대 이전에는 기근 때 아이들을 판다든가 하는 인신매매가 일상적으로 행해졌습니다. 16~17세기에 중국에 온 유럽인들이 놀란 것 중 하나는 중국인이 자기 자식을 파는 것이었어요. 유럽 사람들 입장에서 보면 인신매매란 이민족 등 자기들과 동류가 아닌 사람들만이 대상이었으니까요.

아라노 에도시대 초기에 히라도平戶의 영국 상관장商館長이었던 리처드 쿡스의 일기를 읽어보면 '누가 그것을 얼마에 샀다', '영국인 누구로부터 얼마에 샀다'는 기술이 나옵니다. 팔린 사람은 영국인의 잔심부름을 하는 일본인 '시녀', '메이드'라고 불렸는데, 아이까지 낳는 여성들도 있었습니다. 그러나 당시 일본인들이 본다면 그들은 봉공奉公하고 있을 뿐이지요. 선불로 급료를 받았기 때문에 일본인이 본다면 몸을 팔고 있는 것입니다.

기시모토 봉공과 노비가 되는 것 사이에 그다지 차이가 없군요.

아라노 경계선이 매우 애매하다고 할까, 뭐 없었다고 할 수 있지요.

기시모토 저당잡히는 것이나 저당하는 것의 관계 같은 것이겠군요.

아라노 그렇습니다. 1630년대에 이른바 '쇄국' 상태에 들어가기 이전 일본은 여러 민족이 잡거하는 상태로 외국인 남성과 일본인

506

여성의 관계가 오히려 자유로웠습니다. 그러나 네덜란드인과 중국인이 나가사키의 데지마出島와 당관唐館에 갇히게 되면서 일본인 여성과의 관계는 창부에 한정되어버립니다. 그것이 막부 말기까지 계속되었고요. 조선의 부산 왜관에는 남자밖에 없었는데, 조선 국가에서 기생을 제공하는 일은 없었습니까?

미야지마 없었습니다.

아라노 국가권력이 성에 대해 뒤치다꺼리를 하고, 막부 말기에 하코다테函館가 개항하게 되면서 유곽을 설치하는 이야기가 연결되어 나옵니다.

미야지마 종군위안부 문제와도 이어지겠군요.

아라노 그렇습니다. 한편 에도시대에 중국인이 나가사키에 온 것은 나가사키 마루야마丸山의 유녀遊女들과 만나기 위해서라는 기록이 있습니다. 중국에서는 매춘공인제도가 없었기 때문이라고 합니다만…….

기시모토 제도적으로는 18세기 전반 옹정제의 천민해방으로 매춘이 금지되었다고 보는 것도 가능합니다만, 실제로는…….

아라노 1630년대에 외국인과 일본인 관계가 크게 변화하는 사건이 발생했습니다. 나가사키의 네덜란드인이 일본인 처와 한이불 속에 있다가 적발되어 사형에 처해진 일입니다. 율령 시대 이래 일본은 속인주의屬人主義로서 외국인은 대죄를 범해도 죽이지 않았습니다. 그런데 이 네덜란드인을 죽인 것은 공의

公儀(막부)에서 남의 처에게 손을 댄 것과 함께 일본 순혈주의純血主義에 배치된다(혼혈아를 만드는 행위를 했다)고 판단했기 때문입니다. 당시에는 조선인 여성을 처로 맞는 다이묘大名들도 있었습니다만, 순혈주의가 지배하게 되면서 모친이 조선인 여성이라는 사실을 감추게 됩니다. 그러나 저는 순혈주의라는 말로 고찰하기는 싫습니다.

기시모토 조루리淨瑠璃(에도시대의 가면 음악극)나 가부키歌舞伎(에도시대의 전통극)의 「국성야합전國性爺合戰」 초연 때 관객들은 와도나이和藤內(정성공鄭成功이라는 일본과 중국 혼혈아)의 활약을 어떻게 보았습니까?

아라노 와도나이에게는 일본인 피가 흐르고 있다는 점에서 관객들의 동정심은 컸다고 생각합니다. 1669년에는 아이누 샤크샤인이 봉기하는데, 샤크샤인이 용장勇壯하고 강하다는 소문이 퍼지자, 미나모토노 요시쓰네源義經의 후예이기 때문에 그렇다고 해버리는 면도 있었습니다. 일본 사회는 기본적으로 이주민에 대해서는 관대한 부분이 있었는데, 1630년대 이후에는 그것이 금지되고 맙니다. 조선은 고려시대까지 이주민에게 관대한 사회였던 것 같고요.

조선인이 된 에도시대 사람

미야지마 이 책에서는 조선 후기에는 국제적인 감각도 약해지고 고려와 비교하면 막힌 사회가 되어간다는 점을 강조했습니다만,

실제로는 그렇지 않은 점이 많이 있습니다. 바다를 통해 러시아와도 상당히 교류가 있었고, 개항 전부터 조선인이 나가서 벌이를 했습니다. 19세기가 되면 국경을 넘어서 중국 동북부 쪽으로 이민을 갑니다. 또한 산동반도와의 왕래는 조선 후기에도 많이 있었던 것 같습니다. 송환체제가 만들어졌던 일본과의 사이에도 일본 표류민보다는 조선 표류민 쪽이 훨씬 많았습니다. 조선인은 밖으로 밖으로 확산해가는 경향이 있었기 때문에 무언가 역으로 틀을 만들지 않으면 안 되었는지도 모르겠습니다. 지금 한국이 단일민족국가라는 것을 일본 이상으로 강조하고 내셔널리즘을 고취하는 것처럼 보이는데, 그렇지 않으면 제동이 걸리지 않을 거라고 생각하기 때문일 겁니다.

기시모토 중국에서는 청말에 개혁파들이 중국인은 단결하는 정서가 없어서는 안 된다고 해서 내셔널리즘을 강조했습니다만, 조선에서도 그러한 움직임이 있었습니까?

미야지마 그것은 어려운 문제입니다. 내셔널리즘 주장이 확실히 나오는 것은 매우 늦은 편으로 식민지가 되면서부터가 아닐까요. 흔히 조선민족을 단군 이래 5000년의 무조건적인 존재라고 일컫습니다만, 몽골이 고려에 들어왔을 때나 여진이 침입해왔을 때 조선 내부에서 그들에게 호응하는 움직임이 있었습니다. 이것을 단순히 매국의 움직임이라고만 파악해도 좋을 것인가······.

아라노 그것은 일본에서도 같습니다. 히데요시의 조선침략 때 사야가沙夜可 김충선金忠善이라는 일본인 무장이 부하들을 이끌고 조선 측에 투항하고 토지를 받아 정착해버린 일이 있습니다. 이는 일본 역사에서 말살되고 말았습니다만, 실은 에도시대에도 조선인이 된 일본인이 있었습니다.

미야지마 아, 그렇습니까? 언제쯤입니까?

아라노 18세기 중반입니다. 이 사람은 오사카大坂의 상가에서 데치丁稚(견습생) 봉공을 했습니다만, 돈을 수금하는 데 실패해서 어떻게든 손해를 보충하려고 나가사키로 갑니다. 그러나 나가사키에서도 되는 일이 없어서 쓰시마對馬로 갔고, 그곳에서 조선에 건너가면 무언가 될 것이라는 말을 듣고 부산으로 갑니다. 부산에서 여러 경험을 합니다만, 결국 하급 관리의 사위가 됩니다. 제가 한국인 연구자에게 '이러한 실례가 있는데 믿을 수 있겠습니까' 하면 한마디로 '믿을 수 없다'고 합니다. (웃음)

기시모토 그 관리는 사위를 잘 얻었군요. (웃음)

아라노 그런데 그가 1748년 조선통신사 일행에 섞여서 일본에 옵니다. 조선인 모습을 하고 오사카의 이전 주인집에 가서 조선 돈으로 갚으려고 합니다만, 주인이 받으려고 하지 않습니다. 한 건뿐입니다만, 이런 기록을 읽으면 민족이란 무엇인지를 정의할 수 있는가 어떤가를 생각하게 됩니다.

기시모토 한족漢族이란 무엇인가를 정의하기도 매우 어렵습니다. 광동어, 복건어처럼 각 지역의 말이 서로 다릅니다. 언어학자인

하시모토 만타로橋本萬太郎 씨는 '한자를 알고 있는 사람들 및 한자를 알려고 하는 사람들'이라고 정의합니다만, 그렇다면 우리도 약간은 한족이라는 느낌도 있지요……. (웃음)

아라노 일본인도 그렇고, 베트남인도 들어갈지 모릅니다. (웃음)

기시모토 그레도 굳이 말한다면 한족은 역시 한자로 인해 결속된 면이 크지 않겠습니까?

아라노 1635년에 포르투갈인에게 종전대로 무역을 허락할 것인지 말 것인지가 문제되었을 때 나가사키 대관代官인 스에쓰구 헤이조末次平藏가 네덜란드 상관원 프랑수아 카론에게 물어본 일이 있습니다. 포르투갈인에게 일본 풍속—촌마게丁髷(일본식 상투)를 묶고 일본의 복장을 입는다—을 강제하면 따를 것인가라고요. 포르투갈인은 무역을 위해서는 울면서라도 따를 것이라고 네덜란드인이 대답한 것 같습니다. 그러나 기독교를 포기하라고 하면 따를 것인가라고 묻자, 죽어도 기독교는 버리지 않을 거라고 답했습니다. 그것으로 일본과 포르투갈의 관계가 끊어지게 됩니다. 요컨대 17세기 초에 일본인임을 구별할 수 있는 것은 일본 풍속(언어도 포함해서)과 비기독교라는 것, 두 가지밖에 없었습니다.

일본식 상투와 전족

기시모토 청 왕조는 한족에게 변발을 강제했습니다만, 민족의 풍속 가운데 머리카락은 복장과 같이 바꿔입을 수 없기 때문에 A민족과 B민족을 나눌 때 지표가 되겠군요.

아라노 일본에서는 중국인 등 왜구가 잡아온 자들을 사서 사역할 때
촌마게를 묶게 했습니다. 일본 풍속을 하게 해서 도망가지 못
하게 한 것이지요. 그러나 아이누에게는 촌마게 묶는 것을 허
락하지 않았습니다. 오키나와 사람도 독특한 마게(髷)를 묶었
습니다. 머리 형태는 민족을 구분하는 중요한 지표가 될 수 있
지요.

기시모토 그러나 여성은 머리 모양으로 나눌 수가 없어요. (웃음) 촌마게
같은 것을 묶지도 않고…… 특별히 묶어도 좋겠지만. (웃음) 중
국 여성의 경우 한족과 그 외 민족을 구별하는 풍속은 전족입
니다.

아라노 아 그렇습니까.

기시모토 그때까지 한족 여성들은 전족을 하고 있었습니다. 어떤 면에
서는 엄격한 집안일수록 그랬지요. 그런데 청 왕조는 명분상
으로 전족을 금지했습니다.

아라노 전족은 명 이래의 한족 풍속입니까?

기시모토 기원은 확실하지 않습니다만, 이미 당나라 때부터도 있었습
니다. 그것은 한족의 습관입니다. 그런데 만주인도 흉내 내서
청대에는 여러 민족에게로 확대됩니다. 그런 의미에서 여성
에게 전족을 하게 함으로써 타민족과 약간 차이를 두려고 한
건지도 모릅니다.

아라노 서민 여성들은 전족을 하지 않았습니까?

기시모토 서민도 상당히 했습니다. 중국의 남쪽은 전족을 하지 않는다든가 지역에 따라서는 차이가 있습니다만, 전족을 하지 않으면 시집을 갈 수 없다는 느낌이기 때문에……

아라노 그렇습니까? 그러나 보통 사람이 전족을 하면 일을 할 수 없지 않습니까?

기시모토 전혀 일을 못한다고는 할 수 없습니다. 전족을 한 여성은 너무나 약해서 다른 사람에게 의지하지 않으면 걸을 수 없다고 생각하지만, 중국 남성이 좋아하는 전족을 한 여성은 걸을 수 없을 정도는 아니었고 작은 발로 가볍게 걸어갈 수는 있을 정도입니다. (웃음) 얌전하다는 느낌이죠. 높은 하이힐로 사뿐사뿐 걸어가는 듯한 느낌이 아닐까요.

아라노·미야지마 정말 그렇군요.

아라노 예전에 일본 여성은 결혼하면 눈썹을 밀어버리고 이를 검게 칠했지요(오하구로鐵漿). 그것은 중국에도 조선에도 없었던 풍습입니다.

기시모토 그렇지요. 아, 앤서니 리드가 쓴 『대항해시대의 동남아시아』를 읽으면 동남아시아에는 그런 풍습이 있는 것 같습니다.

미야지마 조선에서 일본에 온 사람들은 반드시 일본 여성의 오하구로 풍습에 대해 써서 남기고 있습니다.

아라노 저희 어머니 쪽의 할머니까지도 오하구로를 했습니다. 가네

鐵라고 말했지요. 조선 사람들에게도 그러한 민족의 지표가
될 만한 풍속이 있었습니까?

미야지마 민족적인 지표라면 무엇이 될까요, 흰 옷(白衣)이 될까요.

아라노 스타일이 독특하지요.

미야지마 그러나 그러한 복장이 언제부터의 것인지, 그다지 거슬러 올
라가는 것은 아닐 겁니다. 풍속이라고 하니 제가 지금 한국에
서 놀라는 일은 여성은 물론 남성도 활발하게 성형수술을 하
는 것입니다. 유교 국가인데도……. (웃음)

'좋은 시대'로 나아가기 위해서

아라노 지금 일본인의 생활문화, 예를 들면 일일삼식 一日三食이라는
것도 무로마치시대 정도부터 겐로쿠元祿 무렵까지 형성된 것
이 계속되고 있다고 생각합니다. 그렇다면 17세기는 일본인
에게 커다란 획기입니다. 중국인에게도 17세기에 변화가 컸
습니까?

기시모토 17세기 청 왕조가 되어 큰 변화가 있었습니다만, 복장 등은 변
했어도 생활문화가 그만큼 변했을까요? 오히려 16세기에 변
화가 격렬했던 것은 확실합니다. 그때까지는 통제가 엄격한
사회로 질박하다고 말할 수 있는 시대였지만 16세기에 크게
변화해서 상업적·시장적인 사회가 되기 때문입니다. 명말은
경쟁이 격렬하고 모두가 무언가 열기에 들뜬 것 같은 시대분

위기가 있지요. 그에 비해 청대에 들어오면 열기가 조금 식어서 세상이 차분해지고, 학자 등도 진지하게 경전을 공부하려는 식이 됩니다. 시대분위기로 말하자면, 저는 청대 쪽이 성격에 맞습니다. (웃음) 아라노 씨는 역시 동란기 쪽이 좋지 않습니까?

아라노 저는 어느 쪽도 아니지 않을까요? (웃음) '쇄국'이라는 말의 출처인 켐벨의 『일본지日本誌』를 읽으면, 그는 17세기 말의 일본을 일종의 이상적인 사회로서 긍정하고 있습니다. 또한 켐벨과 대략 동시대의 인물인 나가사키의 니시카와 조켄西川如見의 시대인식도 켐벨과 거의 같습니다. 이전 시대에는 자유로운 반면 동란으로 날을 지새웠으나, 지금은 다소 부자유스럽더라도 나라의 안팎이 평화롭고 풍요롭게 살아가고 있다는 견해입니다. 조선에서는 어떻습니까?

미야지마 18세기경 세상이 안정되고 살기 좋다는 인식은 적어도 기록으로는 남아 있지 않습니다. 당시의 조선인이 정말 어떻게 보고 있었는가는 알 수 없습니다……. 살기 좋은 사회가 되었다는 인식이 널리 공유된 것은 근래 10년 정도의 한국이 처음 아닐까요. 그런데 지금 그것이 경제위기를 맞이하고 만 상황입니다.

기시모토 청대 중기의 사람은 명말에 대해서 좋든 나쁘든 난폭한 시대라고 보고 있고, 오히려 명말 무렵에는 사대부 쪽이 기개가 있고 훌륭하다는 사고방식도 있는 것 같습니다.

미야지마 한국에서 일본에 온 사람은 자주 "일본은 풍요한 나라라고 들고 왔습니다만, 일본인 한 사람 한 사람의 생활을 보면 결코 풍족하지 않더군요"라고 말합니다. 일본인의 자기만족 상태에 대한 비판입니다. 제 입장에서 본다면 한국 중상류층 사람의 생활은 소비생활면에서 일본인보다 풍요할지도 모르겠습니다만, 여러 가지 사회적 스트레스가 있어서 결코 바람직한 생활이라고는 할 수 없습니다. 이 감각의 차이가 어디에서 오는 것인지는 모르겠습니다만……

아라노 지금까지 근세는 부정되어야 할 대상으로 여겨졌습니다. 쇄국하고 있어서 해외와 교류가 없고, 농민 반란이 일어나고, 가난하고…… 결코 좋은 시대라고 보지 않았습니다. 그러나 그러한 선입관을 전부 배제하고 당시 살아가던 사람들의 시선에 서서 시대를 보면 어떨까, 라고 생각해봅니다.

기시모토 정말 그렇습니다. 당시 일본인은 자기들의 국가를 좋다고 생각하고 있었군요.

아라노 에도시대의 일본인은 왜구를 싫어했습니다. 왜구와 전국시대의 전란과 기독교를 연결해서 인식했는데, 그것을 억눌러서 평화로워졌다고 생각했기 때문입니다. 왜구를 다시 평가한 것은 메이지시대 사람들이었습니다. '명이나 조선을 떨게 했던 왜구로 돌아가자. 영국도 해적이 아닌가'라고요. (웃음) 그렇기 때문에 현재의 일본에는 여러 나라 사람들이 와서 신주쿠新宿의 가부키초歌舞伎町뿐입니까, 어느 시골에 가도 '왜구적 상황'인 것입니다만, 이러한 리듬으로 점점 열어갈 것인가, 아니면 1630년대 이후의 일본과 같이 폐쇄하는 방향으로

갈 것인가는 일본인의 커다란 선택 문제입니다.

기시모토 16세기부터 17세기의 경우, 각국 사람들의 선택도 있었지만 동아시아 전체의 흐름으로 보면 각 나라가 폐쇄하는 방향으로 나아갔습니다.

아라노 지금의 연구 상황에서는 왜 그렇게 되었는가에 대한 검토가 좀 부족하다고 생각합니다. 어떠한 상황 속에서 생겨났든 각 정권은 동시대성의 방향을 공유하는 것이 있습니다. 그렇기 때문에 저는 개별적이고 우연한 대외관계가 아니라 전근대의 국제관계론에 대해서 연구하지 않으면 안 된다고 생각하는 바입니다.

미야지마 그렇군요. 일본의 역사교육은 일본사와 세계사로 나뉘어 있어서 세계사에 일본사가 거의 들어가 있지 않습니다. 그렇게 되면 세계사라고 해도 '외국사'여서 진짜 세계사는 아닌 것입니다. 일본사를 넣은 진짜 세계사를 만들어가기 위해서는, 예를 들면 전근대의 국제관계론을 생각하는 것이 필요할 것입니다.

기시모토 100년 후, 200년 후 사람들이 21세기 말의 역사를 쓸 때 이 '국경 없애기(보더리스)'의 움직임을 어떻게 평가할 것인가, 지금 누구도 그것을 확인할 수 없겠지만 새삼 궁금해지는군요.

−1998년 3월 14일, 동경에서

조선과 명 · 청 <small>(조선 관계 사항은 고딕체, 명 · 청 관계 사항은 명조체로 표시)</small>

1328 　주원장朱元璋 태어남.

1335 　**이성계 태어남.**

1337 　하남河南에서 호윤아胡閨兒의 백련교의 난 일어남.

1344 　황하 대범람. 산발적인 백련교의 난 일어남.

1348 　태주台州의 소금 행상 방국진方國珍의 반란.

1350 　초법鈔法 개혁 실패, 인플레이션 일어남.

1351 　황하의 치수공사 시작. 유복통劉福通, 한산동韓山童 · 한림아韓林兒를 옹
　　　　립해서 거병. 홍건紅巾의 난 일어남.

　　　　공민왕 즉위.

1352 　곽자흥郭子興 거병. 주원장, 곽자흥 군에 가담함.

1353 　소금 중개인 장사성張士誠 거병. 국호 대주大周.

1355 　한림아, 황제에 즉위. 국호 송宋.

1356 　장사성, 소주蘇州를 점령해서 수도로 함. 주원장, 집경集慶(南京)을 점령
　　　　해서 응천應天이라고 개칭.

　　　　**공민왕, 반원反元운동 개시, 정동행성이문소征東行省理問所 · 쌍성총관부雙
　　　　城摠管府 폐지.**

1359 　홍건적紅巾賊, 서한을 고려에 보냄.

1360 　주원장, 응천에 유기劉基 · 종렴宗濂 등을 초빙해서 수뇌로 함. 진우량陳
　　　　友諒, 서수휘徐壽輝를 살해하고 황제를 칭함. 국호 한漢.

1361 　**장사성, 사신을 고려에 보냄. 홍건적, 삭주朔州 · 이성泥城에 침입.**

1363	주원장, 파양호鄱陽湖 전투에서 진우량을 격파함. 장사성, 소주에서 오왕吳王을 칭함.
1364	주원장, 오왕이라 칭함.
1366	주원장, 장사성 군에 대해 공격 개시. 한림아가 해전에서 사망. 전민변정도감田民辨正都監을 둠.
1367	주원장 군, 소주를 점령함. 장사성 자살.
1368	주원장, 응천에서 즉위(洪武帝). 국호 대명大明. 원 순제順帝가 도망하고 명군이 대도大都에 입성함.
1369	명, 사신을 고려에 보냄.
1370	명의 대통력大統曆을 사용하고, 홍무洪武 연호를 씀.
1371	명, 회량친왕懷良親王을 '일본국왕'에 봉함.
1372	명, 류큐琉球에 사절을 파견. 류큐가 입공을 시작함.
1373	『대명율大明律』완성.
1374	공민왕 사망하고, 우왕 즉위.
1376	공인空印의 옥獄 일어남.
1377	북원北元의 책봉을 받음.
1380	호유용胡惟庸의 옥獄 일어남. 중서성中書省·승상丞相 폐지.
1381	이갑제里甲制 제정. 부역황책賦役黃册 편성 착수.
1382	이성계, 동북면도지휘사東北面都指揮使가 됨.
1388	토쿠스 테무르가 살해되어, 원 왕조가 멸망함. 이성계, 요양遼陽으로 출병하는 도중에 위화도에서 군을 돌림(위화도회군). 우왕·최영을 추방하고, 실권을 장악함.
1389	류큐 왕, 사신을 고려에 보냄.
1390	호유용과의 관계를 물어, 이선장李善長 등을 처형함.
1391	과전법 실시, 사전私田의 폐를 개혁함.
1392	황태자 주표朱標 사망. 정몽주 살해됨. 이성계 왕위에 즉위하고 고려가 멸망함.

1393	남옥藍玉의 옥옥獄 일어남.
	국호를 조선이라고 바꿈. 과거를 실시함.
1394	한양에 천도하고 다음해에 한성漢城이라고 이름 지음.
1397	이노인제里老人制 제정. 아시카가 요시미쓰足利義滿, 명에 사신을 파견.
	류큐 중산왕中山王, 사신을 보냄.
1398	홍무제洪武帝 사망. 손자인 주윤문朱允炆 즉위(建文帝).
	정도전, 모반죄로 살해됨.
1399	연왕燕王 주체朱棣, 거병함(靖難의 役).
1400	박포朴苞의 난 일어남. 이성계의 제5자 방원 즉위(太宗).

- -

1401	아시카가 요시미쓰, 명 및 조선에 사신 파견.
1402	연왕군燕王軍, 남경을 점령. 연왕, 제위에 즉위함(永樂帝). 방효유, 처형됨.
1403	북평北平을 국도國都로 정하고 북경北京이라고 개칭함.
	명明 사절, 태종에 고명誥命 · 인장印章 · 조칙詔勅을 줌.
1404	명明 사절, 아시카가 요시미쓰와 회견, 감합무역勘合貿易을 시작함.
1405	정화鄭和의 남해원정 시작됨.
1406	북경 조영造營 시작됨.
1407	명, 베트남을 평정. 교지포정사사交趾布政使司를 둠.
1409	티베트에서 총카파가 황모파黃帽派를 창시.
1410	영락제永樂帝, 제1회 몽골 원정.
1411	명, 누르칸 도사都司 설치.
1418	세종 즉위.
1419	명군, 요동의 망해과望海堝에서 왜구를 대파.
	왜구 진압을 목적으로 쓰시마를 공격(己亥東征=應永의 왜구).
1421	명, 북경에 천도.

1424	영락제 사망. 홍희제洪熙帝 즉위.
1425	홍희제 사망, 선덕제宣德帝 즉위.
1427	명군, 베트남에서 철수.
1429	이즈음 상파지尙巴志, 류큐 삼산三山을 통일.
	『농사직설』 간행.
1432	설순偰循 등 『삼강행실도』 편찬.
1433	명, 강남에서 세의 일부 은납화(金花銀). 최후의 남해 원정(제7회) 종료.
1435	선덕제 사망. 정통제正統帝 즉위.
1439	오이라트의 토곤 사망하고, 에센이 계승함.
1441	북경 정도定都 확정.
1442	건주삼위建州三衛 성립.
1443	일본과 계해약조癸亥約條 체결함.
1446	'훈민정음' 반포.
1448	복건福建에서 등무칠鄧茂七의 난 일어남.
1449	에센이 이끄는 오이라트군 침입, 정통제를 체포함(土木의 變). 대신 경태제景泰帝 즉위. 우겸于謙이 이끄는 명군, 북경을 방위.
1453	에센, 대大칸을 칭함.
1454	에센, 살해됨.
1455	세조 즉위.
1456	세조 즉위에 반대한 사육신, 처형됨.
1457	정통제가 제위에 복귀(天順帝).
	단종을 노산군魯山君으로 격하하고, 영월에 유배.
1464	천순제天順帝 사망, 성화제成化帝 즉위.
1466	과전을 폐하고, 직전職田을 둠.
1467	이시애李施愛의 난 일어남.
1469	성종 즉위.
1472	명, 오르도스 방면에 장성 건설.

1474	『경국대전』 반포(1485년 시행).
1487	성화제 사망함. 홍치제弘治帝 즉위. 구준丘濬, 『대학연의보大學衍義補』 를 바침.
1488	몽골의 다얀 칸의 침공 시작됨.
1494	연산군 즉위.
1498	무오사화 일어남.

1505	홍치제 사망, 정덕제正德帝 즉위.
1506	중종 즉위.
1508	왕수인王守仁, 용장龍場에서 돈오頓悟 (양명학의 성립).
1510	삼포三浦의 왜인, 무역통제 강화에 반대해 폭동 일으킴.
1512	일본과 임신조약壬申條約 체결, 세견선歲遣船을 반감半減함.
1517	포르투갈 사절, 명에 다다름. '여씨향약呂氏鄕約' 시행을 각 도에 명함.
1519	영왕寧王 주신호朱宸濠의 반란 일어남. 정덕제, 친정親征을 칭하며 남경 에 다다름. 기묘사화 일어나, 사림파의 지도자 조광조 처형됨.
1521	정덕제 사망. 가정제嘉靖帝 즉위. 대례의大禮議 논쟁이 일어남.
1523	영파쟁공사건寧波爭貢事件 일어남.
1533	대동大同에서 병사兵士의 반란 일어남.
1540	이즈음부터 몽골 알탄 칸의 침입 격화.
1543	백운동서원白雲洞書院 건립(조선 최초의 서원).
1545	명종 즉위, 을사사화 일어남.
1547	주환朱紈, 절강순무浙江巡撫가 되어 왜구를 단속함. 양재역벽서사건良才驛壁書事件 일어나고 유희춘이 유배됨.
1550	알탄군, 북경을 포위(庚戌의 變).

1553	이즈음부터 해적 집단의 습격 격화(嘉靖의 大倭寇).
1557	호종헌胡宗憲, 해적 왕직王直을 체포. 포르투갈인의 마카오 거주를 허가.
1563	척계광戚繼光, 복건 연안에서 왜구를 대파.
1566	가정제 사망. 융경제隆慶帝 즉위.
1567	장거정張居正 입각入閣. 이즈음 해금海禁을 완화하고 중국인의 해외 도항을 허가함.

선조 즉위. 유희춘, 유배가 해제됨.

1570	바한나기, 명에 투항. 몽골과 화의 성립. 이성량李成梁, 요동총병관遼東總兵官이 됨.

이황李滉 사망.

1571	알탄을 준의왕遵義王으로 봉함. 대동大同 등에서 마시馬市를 엶. 레가스피, 마닐라 건설.
1572	융경제 사망. 만력제萬曆帝 즉위. 마닐라-아카풀코 간 범선 무역 개시.
1575	**동서 당론 일어남(당쟁의 시작).**
1578	장거정의 장량丈量 시작됨. 티베트의 소남 갸초, 알탄과 회견해 달라이 라마 칭호를 증여받음.
1581	명, 전국적으로 일조편법一條鞭法 시행함.
1582	장거정 사망. 장거정에 대한 탄핵 일어남. 마테오 리치, 마카오에서 중국 포교를 개시.
1583	누르하치, 명에서 칙서를 얻어 자립.
1588	누르하치, 건주부建州部 통일.
1589	**정여립鄭汝立의 난 일어남.**
1590	**황윤길黃允吉 등을 일본에 파견.**
1591	**이순신, 전라좌도수사全羅左道水使가 됨.**
1592	영하寧夏에서 보바이의 난 일어남.

임진왜란 일어나고, 일본군이 전토를 석권함. 각지에 의병이 일어남. 이여송李如松 지휘하의 명군 참전함.

1593	유성룡柳成龍, 영의정이 됨.
1594	파주播州에서 양응룡楊應龍의 난 일어남.
1596	재정난 타개를 위해, 명 정부는 환관을 파견해서 광산의 개채開採를 명함 (鑛稅의 禍).
1597	정유재란.
1598	이순신 전사. 도요토미 히데요시豊臣秀吉의 사망으로 일본군 철수.

1601	마테오 리치, 북경에 옴. 소주에서 직용織傭의 변變 일어남. 누르하치, 팔기제도八旗制度를 창설.
1602	이지李贄, 옥중에서 자살. 마테오 리치, 『곤여만국전도坤輿萬國全圖』를 간행.
1604	고헌성顧憲成 등, 무석無錫에서 동림서원東林書院 설립. 부산교역을 재개.
1605	누르하치, 서신을 조선에 보냄.
1607	회답겸쇄환사回答兼刷還使 여우길呂祐吉 등을 일본에 파견.
1608	이성량, 요동총병관에서 해임됨. 광해군 즉위, 경기에 대동법 실시.
1609	일본과 기유약조己酉約條 맺음.
1610	『금병매金瓶梅』 간행. 허준 등 『동의보감』 저술.
1616	누르하치, 허투알라에서 칸의 지위에 즉위. 국호는 대금大金(後金).
1618	누르하치, 명에 침공해 무순성撫順城을 공략.
1619	후금군, 사르후의 전투에서 명·조선군을 격파함.
1620	만력제 사망. 태창제泰昌帝 즉위 후 바로 사망하고, 천계제天啓帝 즉위함.
1621	후금군, 요양遼陽·심양瀋陽을 점령. 모문룡毛文龍, 피도皮島를 거점으로 후금에 대항. 환관 위충현魏忠賢, 궁중에서 전권을 휘두름.

1623	네덜란드, 팽호도澎湖島·대만臺灣을 점령.
	광해군을 폐하고, 인조가 즉위함(인조반정).
1624	네덜란드, 안평安平에 젤란디아 성을 축성함.
1625	위충현의 동림파東林派 탄압 시작됨.
1626	후금군, 영원성寧遠城 공략에 실패. 누르하치 사망하고 홍타이지 즉위.
	소주에서 개독開讀의 난 일어남.
1627	천계제 사망. 숭정제崇禎帝 즉위. 위충현파에 대한 추궁이 시작되고 위충현 자살.
	정묘호란이 일어나 후금군의 침략을 받음.
1628	정지룡鄭芝龍, 명에 귀순. 섬서陝西에서 왕가윤王嘉胤 등의 반란 일어남.
1629	강남 지식인이 복사復社 결성함.
1630	장헌충張獻忠, 섬서에서 거병.
1633	전 모문룡의 부장部將 공유덕孔有德·경중명耿仲明 후금에 투항.
1634	차하르의 린단 칸, 청해靑海에서 병사.
1635	후금, 차하르를 시켜 대원전국大元傳國 옥새를 입수.
1636	홍타이지, 국호를 대청大淸이라고 하고 황제를 칭함.
	병자호란이 일어나 청군 침략.
1637	송응성宋應星『천공개물天工開物』간행.
	삼전도三田渡에서 청군에 항복. 소현세자 등 볼모로 심양瀋陽에 보내짐.
1639	서광계徐光啓의 유작『농정전서農政全書』간행. 이즈음부터 전국적인 기근 발생.
1641	네덜란드, 대만 전토를 점령.
	광해군, 제주도에서 사망.
1642	청군, 송산松山에서 명군을 격파하고 명의 총독 홍승주洪承疇가 청에 투항. 티베트에서 구시 칸의 후견에 의한 게룩파의 달라이 라마 정권 성립.
1644	이자성李自成, 서안西安에서 대순국大順國을 세움. 장헌충군, 사천四川에 들어감. 이자성군, 북경을 점령하고 명의 숭정제는 자살. 청군과 오삼

계군은 이자성군을 격파해 북경 입성. 순치제, 북경에서 즉위. 남경에서 명의 복왕福王이 황제에 즉위(弘光 정권).

1645	청군, 남경을 점령하고 중국 전토의 정복을 진행시킴. 청 왕조, 체발령薙髮令 발포. **소현세자, 심양에서 귀국.**
1646	도쿠가와德川 막부, 정성공鄭成功 등의 걸사乞師를 거부. 명의 계왕桂王을 옹립한 영력永曆 정권 발족.
1649	**효종 즉위, 송시열 등용됨.**
1656	청, 해금령을 강화.
1660	허목許穆, 자의대비의 복상服喪 3년설을 주장, 남인·서인의 예론 일어남.
1661	순치제 사망. 강희제康熙帝 즉위. 청, 천계령遷界令 발포. 영력제永曆帝, 미얀마에 들어가자 청군에 인도됨. 정성공, 대만 영유領有.
1662	영력제, 오삼계에게 살해됨. 정성공 사망.
1663	황종희黃宗羲, 『명이대방록明夷待訪錄』 완성.
1665	양광선楊光先, 서양 역법을 공격.
1669	양광선 실각. 서양 역법 채용을 결정. 강희제, 오보이를 체포. **공사천公私賤의 신분 귀속을 종모법從母法으로 바꿈.**
1670	중가르의 갈단, 칸에 즉위.
1673	삼번三藩의 난 일어남.
1674	**갑인예론甲寅禮論 일어나서, 남인 정권 성립.**
1676	왕보신王輔臣, 경정충耿精忠이 청에 항복.
1677	**호패법 시행함.**
1678	오삼계, 제위에 즉위하고 병사. **상평통보 주조, 이후 전국적으로 유통되기 시작. 공사천의 신분 귀속을 종부법從父法으로 되돌림.**
1680	**허적許積·윤휴尹鑴 사사, 서인 정권 성립.**
1681	청군, 운남雲南을 정복하고, 삼번의 난이 끝남.

1682	고염무顧炎武 사망.
1683	청군, 대만을 점령하고, 정씨鄭氏가 항복함. 여유량呂留良 사망.
	서인, 노론과 소론으로 분열.
1684	강희제의 제1회 남순南巡. 청, 연해 성들의 해금을 해제함.
1685	청군, 알바진에서 러시아군과 교전.
1688	갈단, 할하를 공격. 할하는 청에 보호를 구함.
1689	청·러시아 사이에 네르친스크 조약 체결.
1691	강희제, 돌론노르에서 회맹을 주최하고 할하를 복속시킴.
1696	강희제가 이끄는 청군, 갈단군을 격파함.
1697	갈단 패사敗死함.

- -

1704	로마 교황, 예수회의 포교 방법을 금지함.
1706	강희제, 전례典禮를 부정하는 선교사를 추방.
1708	강희제, 황태자 윤잉胤礽을 폐함.
1712	백두산에 정계비 세움(조선·청의 국경 확정).
1716	『강희자전康熙字典』 완성.
1717	중가르군, 라사를 공략하고 라산 칸을 살해함.
1720	청군, 티베트에 출병해서 중가르군을 쫓아냄.
	삼남(충청·전라·경상 3도) 양전量田.
1722	강희제 사망. 옹정제 즉위.
1723	옹정제, 산서山西 등의 악호樂戶의 적적籍을 해제함(천민해방 시작).
1724	영조 즉위.
1727	청·러시아 사이에 캬흐타 조약 체결.
1728	증정曾靜사건 일어남.
	무신란戊申亂 일어남.
1729	청, 군기처軍機處를 설치. 『대의각미록大義覺迷錄』 발행.

1735	옹정제 사망. 건륭제乾隆帝 즉위.
1741	청 왕조 첫 전체인구조사, 약 1억 4000만 명.
	전랑통청권銓郎通淸權, 한림회천翰林回薦의 규칙을 폐함.
1742	탕평비蕩平碑를 서울 반수교泮水橋에 세움.
1748	쌀값 등귀로 각지에서 식량폭동 일어남.
1750	균역법 실시.
1754	중가르의 아무르사나, 청 왕조에 망명. 『유림외사儒林外史』의 작자 오경재吳敬梓 사망.
1755	청군, 중가르에 출병해서 타림 분지를 제압. 아무르사나, 청에 대해 반란. 영국 동인도회사 선박, 영파寧波에서 무역을 요구함.
1757	아무르사나, 청군에 쫓겨 러시아에 들어가 병사病死. 청, 유럽선의 내항을 광주 한 항구에 한정함.
1759	청군, 동투르키스탄 평정.
1762	왕세자 사사賜死(후에 사도세자로 시호함).
1764	『홍루몽』의 작자 조설근曹雪芹 사망.
1769	유형원柳馨遠의 『반계수록』 간행.
1776	정조 즉위, 규장각을 설치.
1777	학자 대진戴震 사망.
	서류소통절목庶類疏通節目을 제정함.
1782	『사고전서四庫全書』 완성.
1783	이승훈李承薰, 북경에서 천주교 세례를 받음.
1789	장헌세자莊獻世子(사도세자)의 묘를 수원으로 옮기고, 다음해 용주사龍珠寺 건립.
1790	청의 인구 조사 수치, 3억을 넘음.
1791	진산珍山 사건 일어나서, 윤지충尹持忠 등 처형됨.
1793	영국 사절 매카트니, 열하熱河에서 건륭제를 알현. 홍량길洪亮吉, 『의언意言』에서 인구 문제를 논함.

1794	청의 신부 주문모周文謨, 비밀리에 입국.
1796	건륭제, 가경제嘉慶帝에 양위. 호북湖北에서 백련교의 난 시작됨. 수원성 완성.
1799	건륭제 사망. 가경제의 친정 시작됨.
1800	백련교군 지도자 유지협劉之協, 체포 살해됨.

1801	신유교옥辛酉敎獄 일어나, 이승훈李承薰·정약종丁若鍾 등 사형, 정약용은 유배에 처해짐. 황사영백서사건 일어남.
1802	안동김씨 김조순金祖淳의 딸을 왕비에 책봉함.
1804	백련교의 난 진정됨.
1811	평안도농민전쟁(홍경래의 난) 일어남. 통신사, 쓰시마對馬에서 역지빙례易地聘禮(최후의 통신사).
1839	기해교옥己亥敎獄 일어나, 정하상丁夏祥 등 처형됨.
1860	경주의 몰락 양반 최제우, 동학 창시.
1862	남부지방에서 임술민란 일어남.
1863	고종 즉위, 흥선대원군 이하응李昰應, 실권을 장악함.

기타세계와 일본(일본은 고딕체)

1328	프랑스에 발루아 왕조 일어남.
1331	오스만 왕조, 비잔티움 제국의 니케아 점령.
1333	가마쿠라鎌倉 막부 멸망함.
1334	겐무建武의 중흥.
1338	아시카가 다카우지足利尊氏, 정이대장군征夷大將軍이 됨.
1339	영국과 프랑스 백년전쟁 시작.
1348	전 유럽에 흑사병.
1350	요시다 겐코吉田兼好 사망(1282~).
1352	샴, 캄보디아의 앙코르 톰 공략.
	아시카가 다카우지, 아우인 나오요시直義를 가마쿠라에서 독살.
1356	신성로마황제 카를 4세의 금인칙서金印勅書.
1358	아시카가 다카우지 사망(1305~).
1362	오스만 제국, 무라드 1세 즉위.
1364	아스테카 제국의 수도 테노치티틀란 건설.
1368	아시카가 요시미쓰足利義滿, 장군이 됨(~1394).
1370	티무르가 서투르키스탄을 지배하고 티무르 왕조 수립함.
1381	영국에서 와트 타일러의 난 일어남.
1386	폴란드 · 리투아니아 통합.
1389	오스만 제국, 코소보 전투에서 세르비아 평정.
1392	남북조南北朝 합일.
1396	오스만 제국, 니코폴리스 전투에서 유럽연합군을 격파함.
1397	북유럽 삼국 연합(칼마르 동맹).
	긴카쿠金閣 건립.
1400	제아미世阿弥(1363?~1443?) 『가덴쇼花傳書』 저술.

1402	오스만 제국, 앙카라 전투에서 티무르군에 패배함.
1405	티무르, 명나라 원정 도중 사망.
1408	아시카가 요시미쓰 사망(1358~).
1414	콘스탄츠 종교회의(~1418).
1426	오미近江의 바샤쿠馬借 반란.
1428	쇼초正長의 도잇키土一揆(농민 봉기) 발생.
1429	잔 다르크, 프랑스군 사령관이 됨.
	하리마국播磨國 반란.
1453	오스만 제국, 콘스탄티노플 점령. 비잔티움 제국 붕괴.
1457	오타 도칸太田道灌, 에도성江戸城 축성함.
1462	러시아에서 이반 3세(대제) 즉위(~1505).
	야마시로山城의 쿠니잇키國一揆 발생.
1467	오닌應仁의 난(~1477).
1480	모스크바 대공국, 킵차크 한국에서 자립.
1481	잇큐一休 사망(~1394).
1488	바르톨로뮤 디아스, 희망봉에 도달함.
1492	콜럼버스, 신대륙에 도달함.
1496	렌뇨蓮如, 이시야마혼간지石山本願寺 축성함.

1501	이란에 사파비 왕조 성립(~1736).
1502	소기宗祇 사망(1421~).
1506	셋슈雪舟 사망(1420~).
1509	에라스무스『우신예찬』저술.
1511	포르투갈, 말라카 정복.
1516	토머스 모어『유토피아』저술.

1517	루터 '95개조 반박문'.
1518	『간긴슈閑吟集』 성립.
1521	코르테스, 아스테카 제국 정복.
1526	이와미오모리石見大森 은산銀山 채굴 시작.
1532	피사로, 페루 정복.
1533	잉카 제국 멸망.
1538	오우치大内 씨가 조선에서 불교 · 유교 서적 수입.
1541	칼뱅, 제네바에서 종교개혁.
1543	코페르니쿠스 『천구天球의 회전에 대하여』(지동설).
	포르투갈선, 다네가시마種子島에 표착(鐵砲의 전래).
1549	프란시스코 자비에르, 가고시마鹿兒島에 내항(기독교 전래).
1555	아우크스부르크 종교화의, 신구 양교를 공인.
	가와나카지마川中島 전투.
1558	잉글랜드, 엘리자베스 1세 즉위(~1603).
1560	오케하자마桶狹間 전투.
1562	프랑스 종교전쟁(위그노 전쟁, ~1598).
1565	오스만 제국, 튀니지를 점령.
	마쓰나가 히사히데松永久秀 등, 선교사 빌레라, 프로이스를 교토京都에서 추방함.
1568	오다 노부나가織田信長, 교토에 들어감.
1571	레반트 해전.
1573	무로마치室町 막부 멸망.
1575	나가시노長篠 전투.
1576	무굴 제국, 벵골을 병합.
1581	네덜란드 독립선언.
1582	혼노지本能寺의 변變.
1583	시즈가타케賤ヶ岳 전투.

1587	도요토미 히데요시豊臣秀吉, 기독교 금령.
1589	프랑스, 부르봉 왕조 성립.
1592	주인선朱印船을 명에 보냄.
1595	반反오스만 제국 동맹 성립.
1598	사파비 왕조, 이스파한에 천도.
	도요토미 히데요시 사망(1536~).
1600	영국 동인도회사 설립.
	세키가하라関ヶ原 전투.

- -

1603	에도江戸 막부 개부開府.
1605	세르반테스『돈키호테』(~1616) 저술.
1609	그로티우스『해양자유론』.
	네덜란드, 히라도平戸에 상관商館 개설.
1613	러시아, 로마노프 왕조 성립.
1614	오사카大坂 겨울 전투.
1615	오사카 여름 전투. 도요토미 가문 멸망.
1618	30년 전쟁 시작됨.
1620	필그림 파더스, 북미에 도착.
1623	사파비 왕조, 바그다드 점령.
	영국, 히라도 상관 폐쇄.
1628	무굴 왕조, 사자한 즉위(~1658).
1630	아유타야 왕조의 중신重臣 야마다 나가마사山田長政 암살됨.
1632	러시아·폴란드 전쟁 일어남.
1636	나가사키의 데지마出島 완성.
1637	데카르트『방법서설』저술.
1639	포르투갈선의 내항 금지. 쇄국의 완성(~1854).

1641	네덜란드, 포르투갈로부터 말라카를 탈취.
	네덜란드인을 데지마에 옮김.
1643	프랑스, 루이 14세 즉위(~1715).
1644	네덜란드 상관장, 『화란풍설서和蘭風說書』를 막부에 제출.
1645	다쿠앙澤庵 사망(1572~).
1649	영국, 찰스 1세 처형, 공화국 성립.
	'게이안 오후레가키慶安御觸書' 제정.
1651	홉스『리바이어던』저술.
1657	도쿠가와 미쓰쿠니德川光圀, 『대일본사』편찬 개시(~1906).
1660	영국, 왕정복고.
1669	마쓰마에 번松前藩에서 아이누족 지도자 샤크샤인 봉기.
1670	러시아에서 스텐카 라진의 대반란.
1673	분지제한령分地制限令.
1680	도쿠가와 쓰나요시德川綱吉, 5대 장군이 됨.
1682	러시아, 표트르 1세 즉위(~1725).
1685	처음으로 살생금지령(生類憐れみの令)을 내림.
1687	뉴턴『프린키피아』저술.
1689	영국, 명예혁명.
1690	쇼헤이자카 학문소昌平坂學問所 창설.
1691	무굴 제국의 판도 최대가 됨.
1693	이하라 사이카쿠井原西鶴 사망(1642~).
1694	마쓰오 바쇼松尾芭蕉 사망(1644~).
1697	베트남, 기독교 엄금.

| 1701 | 스페인 계승 전쟁(~1714). |
| 1703 | 지카마쓰몬자에몽近松門左衛門 「소네자키신쥬曾根崎心中」 초연. |

1709	도쿠가와 쓰네요시 사망(1646~). 살생금지령 폐지.
1714	영국 하노버 왕조 성립.
1716	도쿠가와 요시무네德川吉宗, 8대 장군이 됨. 교호享保의 개혁(~1745).
1720	한역양서漢譯洋書 수입 완화.
1722	사파비 왕조, 사실상 멸망.
1728	덴마크인 베링, 북태평양에서 해협발견(베링 해협).
	오규 소라이荻生徂来 사망(1666~).
1731	교호享保의 대기근.
1733	폴란드 계승전쟁(~1735).
1740	오스트리아 계승전쟁(~1748).
1748	몽테스키외『법의 정신』저술.
	다케다 이즈모竹田出雲「가나데혼 주신구라假名手本忠臣藏」초연.
1754	야마와키 도요山脇東洋 · 고스기 겐테키小杉玄適 첫 인체 해부.
1756	7년 전쟁 일어남(~1763).
1757	인도, 플라시 전투.
1760	가모노 마부치賀茂眞淵(1697~1769)『만요코萬葉考』저술.
1762	러시아, 예카테리나 2세 즉위(~1796).
1768	우에다 아키나리上田秋成(1734~1809)『우게쓰 모노가타리雨月物語』저술.
1772	제1차 폴란드 분할.
	다누마 오키쓰구田沼意次, 로주老中(정무 최고책임자)가 됨.
1774	스기타 겐바쿠杉田玄白 · 마에노 료타쿠前野良澤 등『해체신서解體新書』를 간행.
1775	아메리카 독립전쟁(~1783).
1783	파리조약, 아메리카 독립 승인.
1787	간세이寬政 개혁(~1793).
1789	프랑스 혁명, 인권선언.
1790	간세이 이학異學의 금지.

1792   락스만, 다이코쿠야 고다유大黒屋光太夫를 동반해 네무로根室에 내항.

1793   제2차 폴란드 분할.

1795   제3차 폴란드 분할. 폴란드 멸망.

1797   러시아인, 에토로후토択捉島에 상륙.

1799   네덜란드 동인도회사 해산.

1800   이노 다다타카伊能忠敬, 에조치蝦夷地 측량을 시작함.

- -

1801   영국, 아일랜드 병합, 대브리튼 아일랜드 연합왕국 성립.

1802   짓펜샤 잇쿠十返舎一九『도카이도추히자쿠리게東海道中膝栗毛』저술.

1804   나폴레옹, 황제에 즉위.

1812   나폴레옹, 러시아 원정.

1832   덴포天保의 대기근.

1837   오시오 헤이하치로大鹽平八郎의 난.

1839   반샤蠻社의 옥獄.

1848   마르크스『공산당선언』저술.

1854   일미화친조약日美和親條約 체결.

1858   무굴 제국 멸망.

        일미수호통상조약 체결.

1859   안세이安政의 대옥大獄.

1861   아메리카에서 남북전쟁 시작됨(~1865).

전체에 걸친 문헌

溝口雄三 外 編, 『アジアから考える』1~7, 東京大學出版會, 1993~94

『ゆらぐ中華帝國』, 《世界の歴史》11, 筑摩書房, 1961

『岩波講座 世界歴史 12: 中世 6 東アジア世界の展開 2』, 岩波書店, 1971

森政夫 外 編, 『明清時代史の基本問題』, 汲古書院, 1997

小野和子 編, 『明清時代の政治と社會』, 京都大學人文科學研究所, 1983

岩見宏 外 編, 『明末清初期の研究』, 京都大學人文科學研究所, 1989

小野和子 編, 『明末清初の社會と文化』, 京都大學人文科學研究所, 1996

橘樸, 『支那社會研究』, 日本評論社, 1936

『宮崎市定全集 13: 明清』, 岩波書店, 1992

『宮崎市定全集 14: 雍正帝』, 岩波書店, 1991(中公文庫, 1996)

宮崎市定, 『科擧』, 中公新書, 1963(『宮崎市定全集 15: 科擧』, 岩波書店, 1993)

安部健夫, 『清代史の研究』, 創文社, 1971

北村敬直, 『清代社會經濟史研究』, 朋友書店, 1973

田中正俊, 『中國近代經濟史研究序說』, 東京大學出版會, 1973

重田德, 『清代社會經濟史研究』, 岩波書店, 1975

百瀨弘, 『明清社會經濟史研究』, 研文出版, 1980

濱島敦俊, 『明代江南農村社會の研究』, 東京大學出版會, 1982

吳金成, 渡昌弘 譯, 『明代社會經濟史研究』, 汲古書院, 1990

小山正明, 『明清社會經濟史研究』, 東京大學出版會, 1992

L. E. イーストマン, 上田信 ほか 譯, 『中國の社會』, 平凡社, 1994

岸本美緒, 『淸代中國の物價と經濟變動』, 硏文出版, 1997

萩原淳平, 『明代蒙古史硏究』, 同朋舍, 1980

宮脇淳子, 『最後の遊牧帝國: ジューガル部の興亡』, 講談社, 1995

佐久間重男, 『日明關係史の硏究』, 吉川弘文館, 1992

鄭樑生, 『明 · 日關係史の硏究』, 雄山閣, 1985

松浦章, 『中國の海賊』, 東方書店, 1995

濱下武志, 『近代中國の國際的契機: 朝貢貿易システムと近代アジア』, 東京大學出版會, 1990

濱下武志, 『朝貢システムと近代アジア』, 岩波書店, 1997

相田洋, 『中國中世の民衆文化: 呪術 · 規範 · 反亂』, 中國書店, 1994

朝鮮史硏究會 編, 『朝鮮の歷史』(新版), 三省堂, 1995

武田幸男 編, 『朝鮮史』, 《世界各國史》 17, 山川出版社, 1985

강만길 외 편, 『한국사』 7~10, 한길사, 1994

伊藤亞人, 『暮らしがわかるアジア讀本: 韓國』, 河出書房新社, 1996

宮嶋博史, 『兩班: 朝鮮社會の特權階層』, 中公新書, 1995

江守五夫 · 崔龍基 編, 『韓國兩班同族制の硏究』, 第一書房, 1982

李泰鎭, 川尻文彦 譯, 「朝鮮時代の兩班」, 『中國―社會と文化』 8, 1993

尹學準, 『歷史まみれの韓國: 現代兩班紀行』, 亞紀書房, 1993

송준호, 『조선사회사연구』, 일조각, 1987

최재석, 『한국가족제도사연구』, 일지사, 1983

阿部吉雄, 『日本朱子學と朝鮮』, 東京大學出版會, 1965

中村榮孝, 『日鮮關係史の硏究』 上 · 中 · 下, 吉川弘文館, 1965~69

中村榮孝 · 島尻勝太郎 · 谷川建一 編, 『日本庶民生活史料集成 27 三國交流誌』, 三一書房, 1981

538

渡部學, 『近世朝鮮教育史研究』, 雄山閣, 1969

金台俊, 安宇植 譯註, 『朝鮮小說史』, 平凡社東洋文庫, 1975

金東旭, 『朝鮮文學史』, 日本放送出版協會, 1974

尹學準, 田中明 譯詩, 『朝鮮の詩ごころ: 時調の世界』, 講談社學術文庫, 1992

韓國圖書館學研究會 編, 『韓國古印刷史』, 同朋舍, 1978

安宇植 編譯, 『アリラン峠の旅人たち: 聞き書·朝鮮民衆の世界』(增補), 平凡社, 1994

安宇植 編譯, 『續アリラン峠の旅人たち: 聞き書·朝鮮職人の世界』, 平凡社, 1988

『末松保和朝鮮史著作集 5: 高麗王朝史と朝鮮王朝史』, 吉川弘文館, 1996

李泰鎭, 六反田豊 譯, 『朝鮮王朝社會と儒敎』, 法政大學出版局, 2000

李海濬, 井上和枝 譯, 『朝鮮村落社會史の研究』, 法政大學出版局, 2006

薛盛璟, 大谷森繁·西岡健治 譯, 『春香傳の世界 その通時的研究』, 法政大學出版局,
　　　2003

俞弘濬, 大野郁彦·宋連玉 譯, 『私の文化遺産踏査記』1-3, 法政大學出版局, 2000-05

山內弘一, 『朝鮮からみた華夷思想』, 山川出版社, 2003

宮嶋博史, 「朝鮮時代の科擧 全體像とその特徵」, 中國社會文化學會, 『中國—社會と文
　　　化』22, 2007

宮嶋博史, 「朝鮮の族譜 東アジアにおけるその位置」, 鈴木董 編, 『系譜の比較史』, 刀水
　　　書房, 2008

石橋崇雄, 『大淸帝國』, 講談社, 2000

岩井茂樹 編, 『中國近世社會の秩序形成』, 京都大學人文科學研究所, 2004

上田信, 『中國の歷史 9 海と帝國 明淸時代』, 講談社, 2005

神田信夫, 『淸朝史論考』, 山川出版社, 2005

岸本美緒, 『東アジアの'近世'』, 山川出版社, 1998

岸本美緒 編, 『岩波講座世界歷史 13 東アジア·東南アジア傳統社會の形成 16-18世
　　　紀』, 岩波書店, 1998

『田中正俊歷史論集』, 汲古書院, 2004

平野聰, 『興亡の世界史17 大淸帝國と中華の混迷』, 講談社, 2007

夫馬進 編, 『中國東アジア外交交流史の研究』, 京都大學學術出版會, 2007

『森正夫明淸史論集』 全3卷, 汲古書院, 2006

和田正廣, 『明淸官僚制研究』, 汲古書院, 2002

제1장

谷口規矩雄, 『朱元璋』, 人物往來社, 1966

檀上寬, 『明の太祖朱元璋』, 白帝社, 1994

檀上寬, 『明朝專制支配の史的構造』, 汲古書院, 1995

志部昭平, 『諺解三綱行實圖研究』 全2卷, 汲古書院, 1990

姜信沆, 梅田博之日本語版協力, 『ハングルの成立と歷史』, 大修館書店, 1993

『河野六郎著作集1 朝鮮語學論文集』, 平凡社, 1979

中村完, 「訓民正音: この朝鮮文化」, 『朝鮮史研究會論文集』 20, 1983

宋希璟, 村井章介 校注, 『老松堂日本行錄: 朝鮮使節の見た中世日本』, 岩波文庫, 1987

田中健夫, 『中世對外關係史』, 東京大學出版會, 1975

應地利明, 『繪地圖の世界像』, 岩波新書, 1996

제2장

寺田隆信, 『永樂帝』, 中公文庫, 1997

川越泰博, 『明代建文朝史の研究』, 汲古書院, 1997

河內良弘, 『明代女眞史の研究』, 同朋舍, 1992

宮崎正勝, 『鄭和の南海大遠征: 永樂帝の世界秩序再編』, 中公新書, 1997

三田村泰助, 『宦官: 側近政治の構造』, 中公新書, 1963

村井章介, 『アジアのなかの中世日本』, 校倉書房, 1988

高良倉吉, 『琉球の時代』, 筑摩書房, 1980

トメ・ピレス, 生田滋 ほか 譯註, 『東方諸國記』, 《大航海時代叢書》 5, 岩波書店, 1966

何炳棣, 寺田隆信 外 譯, 『科擧と中國近世社會: 立身出世の階梯』, 平凡社, 1993

滋賀秀三, 『淸代中國の法と裁判』, 創文社, 1984

藍鼎元, 宮崎市定 譯, 『鹿洲公案: 淸朝地方裁判官の記錄』, 平凡社東洋文庫, 1967

奥崎裕司, 『中國鄕紳地主の硏究』, 汲古書院, 1978

赤嶺守, 『琉球王國』, 講談社, 2004

新宮學, 『北京遷都の硏究: 近世中國の首都移轉』, 汲古書院, 2004

川越泰博, 『明代長城の群像』, 汲古書院, 2003

阪倉篤秀, 『長城の中國史』, 講談社, 2004

제3장

旗田巍, 『朝鮮中世社會史の硏究』, 法政大學出版局, 1972

이수건, 『嶺南士林派의 形成』, 영남대학교 민족문화연구소, 1979

최이돈, 『朝鮮中期 士林政治構造 硏究』, 일조각, 1994

田川孝三, 「鄕案について」, 『山本博士還曆記念東洋史論叢』, 山川出版社, 1972

崔永浩, 渡部學 譯, 「朝鮮初期の科擧における良人」, 『韓』 6-10, 7-5, 1977, 78

宋俊浩, 松嶋光保譯, 「韓国における家系記録の歴史とその解釋」, 『韓』 9-8, 1980

宋俊浩, 田中明譯, 『朝鮮時代の科擧と兩班および良人』, 『韓』 6-8, 1977

이성임, 「16세기 朝鮮兩班官僚의 仕官과 그에 따른 收入: 柳希春의 『眉巖日記』를 중심으로」, 『역사학보』 145, 1995

이성임, 『朝鮮中期 어느 兩班家門의 農地經營과 奴婢使喚: 柳希春의 『眉巖日記』를 중심으로」, 『진단학보』 80, 1995

田花爲雄, 『李朝鄕約敎化史の硏究: 歷史編』, 鳴鳳社, 1972

전형택, 「17세기 潭陽의 鄕會와 鄕所」, 『한국사연구』 64, 1989

藤本幸夫, 「眉巖過眼書錄」, 『富山大學人文學部紀要』 7, 1983

백승종, 「고소설 『홍길동전』의 저작에 대한 재검토」, 『진단학보』 80, 1995

E. L. アイゼンステイン, 別宮貞德 監譯, 『印刷革命』, みすず書房, 1987

제4장

寺田隆信, 『山西商人の研究』, 東洋史研究會, 1972

小葉田淳, 『金銀貿易史の研究』, 法政大學出版會, 1976

石原道博, 『倭寇』, 吉川弘文館, 1964

村井章介, 『中世倭人傳』, 岩波新書, 1993

宋應星, 藪內淸 譯註, 『天工開物』, 平凡社東洋文庫, 1969

大木康, 『明末のはぐれ知識人: 馮夢龍と蘇州文化』, 講談社, 1995

B. マンデビィル, 泉谷治 譯, 『蜂の寓話: 私惡すなわち公益』, 法政大學出版局, 1985

張岱, 松枝茂夫 譯, 『陶庵夢憶』, 岩波文庫, 1981

島田虔次 編, 『王陽明集』, 朝日新聞社, 1975

島田虔次, 『中國における近代思惟の挫折』(改訂版), 筑摩書房, 1970

島田虔次, 『朱子學と陽明學』, 岩波新書, 1967

溝口雄三, 『中國前近代思想の屈折と展開』, 東京大學出版會, 1980

荒木見悟, 『明代思想研究』, 創文社, 1972

余英時, 森紀子 譯, 『中國近世の宗教倫理と商人精神』, 平凡社, 1991

黃仁宇, 稻田耕一郎・岡崎由美 譯, 『萬曆15年: 1587 '文明'の悲劇』, 東方書店, 1989

小野和子, 『明季黨社考: 東林黨と復社』, 同朋舍, 1996

谷川道雄・森正夫 編, 『中國民衆反亂史 4: 明末～淸 II』, 平凡社東洋文庫, 1983

酒井忠夫, 『中國善書の研究』, 國書刊行會, 1972

駒田信二 譯, 『水滸傳』 上・中・下, 《中國古典文學大系》 28～30, 平凡社, 1967～68

小野忍 · 千田九一 역, 『金瓶梅』 상 · 중 · 하, 《中國古典文學大系》 33-35, 平凡社, 1967~69

J. ハーバーマス, 細谷貞雄 譯, 『公共性の構造轉換』, 未來社, 1973

大木康, 『明末江南の出版文化』, 硏文出版, 2004

岸本美緖, 『明淸交替と江南社會』, 東京大學出版會, 1999

島田虔次, 『中國思想史の研究』, 京都大學學術出版會, 2002

中砂明德, 『江南』, 講談社, 2002

제5장

Anthony Reid, *Southeast Asia in the Age of Commerce, 1450-1680,* Vol. 2, *Expansion and Crisis,* Yale University Press, 1993

永積洋子, 『近世初期の外交』, 創文社, 1990

三田村泰助, 『淸朝前史の研究』, 東洋史研究會, 1965

和田正廣, 『中國官僚制の腐敗構造に関する事例研究: 明淸交替期の軍閥李成梁をめぐって』, 九州國際大學社會文化研究所, 1995

松浦茂, 『淸の太祖 ヌルハチ』, 白帝社, 1995

佐藤文俊, 『明末農民反亂の研究』, 硏文出版, 1985

谷川道雄 · 森正夫 編, 『中國民衆反亂史 3: 明末~淸 I』, 平凡社東洋文庫, 1982

彭遵泗 外, 松枝茂夫 譯, 『蜀碧 · 嘉定屠城紀略 · 揚州十日記』, 平凡社東洋文庫, 1965

井上進, 『顧炎武』, 白帝社, 1994

後藤基巳 · 山井湧 編譯, 『明末淸初政治評論集』, 《中國古典文學大系》 57, 平凡社, 1971

黃宗羲, 西田太一郎 譯, 『明夷待訪錄: 中國近代思想の萌芽』, 平凡社東洋文庫, 1964

增淵龍夫, 『歷史家の同時代史的考察について』, 岩波書店, 1983

石原道博, 『明末淸初日本乞師の研究』, 富山房, 1945

J. スペンス, 山本英史 譯, 『ある農婦の死: 17世紀, 中國の現實と夢幻世界』, 平凡社, 1990

柳成龍, 朴鐘鳴 譯註, 『懲毖錄』, 平凡社東洋文庫, 1979

池內宏, 『文祿慶長の役』(復刻), 正・別・附, 吉川弘文館, 1987

北島万次, 『朝鮮日日記・高麗日記: 秀吉の朝鮮侵略とその歷史的告發』, 《日記・記錄
    による日本歷史叢書 近世編》4 そしえて, 1982

北島万次, 『豊臣秀吉の朝鮮侵略』(新裝版), 吉川弘文館, 1995

貫井正之, 『豊臣政權の海外侵略と朝鮮義兵研究』, 青木書店, 1996

宇田川武久, 『鐵砲傳來: 兵器が語る近世の誕生』, 中公新書, 1990

제6장

稻葉君山, 『光海君時代の滿鮮關係』(復刊), 國書刊行會, 1976

田川孝三, 「藩館考」, 『小田先生頌壽記念朝鮮論集』, 同記念會, 1934

H. ハメル, 生田滋 譯, 『朝鮮幽囚記』, 平凡社東洋文庫, 1969

ダレ, 金容權 譯, 『朝鮮事情: 朝鮮教會史序論―その歷史, 制度, 言語, 風俗および習慣に
    ついて』, 平凡社東洋文庫, 1979

田川孝三, 『李朝貢納制の研究』, 東洋文庫, 1964

須川英德, 『李朝商業政策史研究: 18・19世紀における公權力と商業』, 東京大學出版
    會, 1994

朝鮮總督府, 『朝鮮の市場』, 朝鮮總督府, 1924

善生永助, 『朝鮮の姓氏と同族部落』, 刀江書院, 1943

제7장

ブーヴェ, 後藤末雄 譯, 『康熙帝傳』, 平凡社東洋文庫, 1970

A. グレロン, 矢澤利彦 譯, 『東西曆法の對立: 淸朝初期中國史』, 平河出版社, 1986

山脇悌二郎, 『長崎の唐人貿易』, 吉川弘文館, 1964

吉田金一, 『近代露淸關係史』, 近藤出版社, 1974

岡田英弘, 『康熙帝の手紙』, 中公新書, 1979

大谷敏夫, 『淸代政治思想史研究』, 汲古書院, 1991

佐藤愼一, 『近代中國の知識人と文明』, 東京大學出版會, 1996

マテオ リッチ, 川名公平 譯, 『中國キリスト教布敎史』1・2, 《大航海時代叢書第Ⅱ期8
        ・9》, 岩波書店, 1982, 83

矢澤利彦 編譯, 『イエズス会士中國書簡集』1~6, 平凡社東洋文庫, 1970~74

後藤基巳, 『明淸思想とキリスト敎』, 硏文出版, 1979

後藤末雄, 矢澤利彦 校訂, 『中國思想のフランス西漸』1・2, 平凡社東洋文庫, 1969

伊東貴之, 『思想としての中國近世』, 東京大學出版會, 2005

松浦章, 『淸代海外貿易史の研究』, 朋友書店, 2002

제8장

『末松保和朝鮮史著作集6 朝鮮史と史料』, 吉川弘文館, 1997

服部民夫, 『韓國: ネットワークと政治文化』, 《東アジアの國家と社會》4, 東京大學出版
        會, 1992

原武史, 『直訴と王權: 朝鮮・日本の「一君萬民」思想史』, 朝日新聞社, 1996

四方博, 『朝鮮社會經濟史研究』中・下, 國書刊行會, 1976

武田幸男 編, 『學習院大學藏朝鮮戶籍臺帳の基礎的研究』1~3, 學習院大學東洋文化研
        究所, 1983, 91, 97

平木實, 『朝鮮社會文化史研究』, 國書刊行會, 1987

이준구, 『조선후기 신분직역변동연구』, 일조각, 1993

이훈상, 『조선후기의 향리』, 일조각, 1990

朴趾源, 今村与志雄 譯, 『熱河日記: 朝鮮知識人の中國紀行』1・2, 平凡社東洋文庫,
        1978

千寬宇, 田中明 譯, 『韓國史への新視點』, 學生社, 1976

鄭聖哲, 金哲央 外 譯, 『朝鮮實學思想の系譜』, 雄山閣, 1982

金泰俊,『虛學から實學へ: 18世紀 朝鮮知識人洪大容の北京旅行』, 東京大學出版會, 1988

宮嶋博史,「朝鮮社會と儒敎」,『思想』750, 1986

山口正之,『朝鮮西敎史: 朝鮮キリスト敎の文化史的研究』, 雄山閣, 1967

山口正之,『ローマ法王廳古文書館所藏 黃嗣永帛書の研究』, 全國書房, 1946

姜在彦, 鈴木信昭 譯,『朝鮮の西學史』,《姜在彦著作選》IV, 明石書店, 1996

小田省吾,『辛未洪景來亂の研究』, 小田先生頌壽記念會, 1934

진덕규,『19세기 韓國傳統社會의 變貌와 民衆意識』, 고려대학교 민족문화연구소 출판부, 1982

J. Palais, *Politics and Policy in Traditional Korea*, Harvard University Press, 1975

許南麒 譯,『春香傳』, 岩波文庫, 1956

申在孝, 姜漢永・田中明 譯註,『パンソリ: 春香歌・沈淸歌他』, 平凡社東洋文庫, 1982

제9장

曹雪芹, 伊藤漱平 譯,『紅樓夢』上・中・下,《中國古典文學大系》44～46, 平凡社, 1969～70

吳敬梓, 稻田孝 譯,『儒林外史』,《中國古典文學大系》43, 平凡社, 1968

木下鐵矢,『'淸朝考證學'とその時代: 淸代の思想』, 創文社, 1996

安田二郎・近藤光男 編,『戴震集』, 朝日新聞社, 1971

中川忠英, 孫伯醇, 村松一弥 編,『淸俗紀聞』1・2, 平凡社東洋文庫, 1966

P. キューン, 谷井俊仁・谷井陽子 譯,『中國近世の靈魂泥棒』, 平凡社, 1996

山口瑞鳳,『チベット』上・下, 東京大學出版會, 1987, 88

片岡一忠,『淸朝新疆統治研究』, 雄山閣, 1991

黑田明伸,『中華帝國の構造と世界經濟』, 名古屋大學出版會, 1994

坂野正高,『近代中國政治外交史』, 東京大學出版會, 1973

マカートニー, 坂野正高 譯註, 『中國訪問使節日記』, 平凡社東洋文庫, 1975

鈴木中正, 『淸朝中期史研究』, 燎原書房, 1971

山田賢, 『移住民の秩序: 淸代四川地域社會史研究』, 名古屋大學出版會, 1995

澤田瑞穂, 『增補寶卷の研究』, 國書刊行會, 1975

石濱裕美子, 『チベット佛教世界の歷史的研究』, 東方書店, 2001

平野聰, 『淸帝國とチベット問題』, 名古屋大學出版會, 2004

茂木敏夫, 『變容する近代東アジアの國際秩序』, 山川出版社, 1997

山田賢, 『中國の秘密結社』, 講談社, 1998

제10장

費孝通, 『鄕土中國』, 上海觀察社, 1947

費孝通, 小島晋治 ほか 譯, 『中國農村の細密畵: ある村の記錄 1936~82』, 硏文出版, 1985

淸水盛光, 『支那家族の構造』, 岩波書店, 1942

福武直, 『中國農村社會の構造』, 大雅堂, 1946(『福武直著作集』 第9卷 東京大學出版會, 1976)

仁井田陞, 『中國の農村家族』, 東京大學出版會, 1952

仁井田陞, 『中國の社會とギルド』, 岩波書店, 1951

滋賀秀三, 『中國家族法の原理』, 創文社, 1967

旗田巍, 『中國村落と共同體理論』, 岩波書店, 1973

M. フリードマン, 田村克己 ほか 譯, 『中國の宗敎と社會』, 弘文堂, 1987

上田信, 『傳統中國: ‘盆地’ ‘宗族’ にみる明淸時代』, 講談社, 1995

夫馬進, 『中國善會善堂史研究』, 同朋舍, 1997

G. ヘンダーソン, 鈴木沙雄・大塚喬重 譯, 『朝鮮の政治社會: 渦卷型構造の分析』, サイマル出版會, 1973

金宅圭, 伊藤亞人·嶋陸奧彦 譯, 『韓國同族村落の研究』, 學生社, 1981

김필동, 『한국사회조직사연구』, 일조각, 1992

鈴木榮太郎, 「朝鮮農村社會の研究」, 『鈴木榮太郎著作集』 5, 未來社, 1973

中根千枝 編, 『韓國農村の家族と祭儀』, 東京大學出版會, 1973

朴桂弘, 『韓國の村祭り』, 國書刊行會, 1982

井上徹, 『中國の宗族と國家の禮制』, 研文出版, 2000

井上徹·遠藤隆俊 編, 『宋-明宗族の研究』, 汲古書院, 2005

역사인식 공유의 길을 찾아서

　이 책은 1998년 주오코론샤의 《세계의 역사》 시리즈의 하나로 처음 출판되었고, 10년 후인 2008년에 주코분코中公文庫 문고판이 나왔다. 한국어판은 2003년에 역사비평사에서 나왔고 이번에 초판의 오류를 가능한 한 바로잡으려고 노력한 끝에 개정판이 새로이 나오게 된 것이다.

　이 책의 '개정판에 부쳐 1'에서 기시모토 교수가 요약하였듯이, 이 책의 특징은 일국사적인 역사인식에서 벗어나 세계사적 관점에서 동아시아의 역사를 보자는 것이다. 그런데 아직도 '민족사의 정통성'이니 '국가의 정체성'이니 하는 근대 민족주의적 역사인식에서 한 발자국도 벗어나지 못한 주장이 난무하고 있는 것도 현실인 듯하다. 그러한 점에서 십수 년이 지난 시점에서도 이 책의 의미는 아직 유효하다고 할 수 있겠다. 이에 10여 년 전에 썼던 옮긴이 후기로 개정판 옮긴이 후기를 대신한다.

그 사이에 기시모토 교수는 도쿄대학교에서 오차노미즈お茶の水여자

대학교로 학교를 옮겼고, 미야지마 교수는 이번 봄 정년을 맞이하였지만 성균관대학교 동아시아학술원 특임교수로 계속 재직하고 있다. 번역자의 한 사람인 문순실 선생도 일본 주오中央대학교의 전임교수가 되었다. 역자는 30여 년간 근무하였던 국사편찬위원회에서 조만간 정년을 맞이할 예정이다. 저자와 역자들의 근황을 보고하는 것으로 역자 후기를 마무리하고자 한다.

일본의 중학교 역사교과서 문제로 한일 간의 외교관계가 한참 경색된 적이 있다. 그에 즈음하여 역자는 과연 한국인과 일본인 사이에 역사 대화는 가능한 것인가 하는 의문에 빠지게 되었다. 그런데 어떤 한국인은 『친일파를 위한 변명』이라는 책을 써서 일약 일본에서 베스트셀러가 되고 일본의 우익 지식인들과 동렬에 서서 양국의 역사를 이야기하기까지 하였다. 그 대담 가운데 이른바 '새로운 역사교과서를 만드는 모임'의 지도적 인사 한 사람은, 자신은 한일 간 역사인식의 공유는 불가능하다고 생각했는데, 그 베스트셀러 저자를 만나고 나서야 비로소 한일 간의 역사 대화가 가능하게 되었다고 말해 역자는 고소를 금할 수가 없었다.

과연 각 나라의 역사 인식을 공유할 수 있는 길은 없는 것인가? 마르크스-레닌-스탈린 식 세계사의 보편적 발전법칙이 역사학계를 지배하던 시대는 지났다고 생각한다. 그럼에도 불구하고 각 나라의 특수성을 인정한 위에서 역사상의 공통점과 차이점을 인식하려는 노력은 필요할 것이다. 특히 지금까지 한일 간 역사인식의 괴리도 한 나라만의 역사인식, 즉 일국사적 역사인식에서 비롯되었다고 여겨진다. 지금까지도 우리나라 대학의 '한국사학과'는 '국사학과', '한국어한국문학과'는 '국어국문학과'를 칭하고 있다. 이른바 일국사의 인식틀을 벗어나고 있지 못한 것이다. 세계화, 국제화가 제창되고 있는 21세기에 이러한 일국사의 시각은 벗어나야 할 것이라고 생각한다.

그러기 위해서는 한국사뿐만 아니라, 이웃인 중국사·일본사를 포함한 동아시아사에 대한 이해가 필요하고, 더 나아가 세계사 속의 한국사를 인식해야 할 것이다. 그러한 점에서 일본 주오코론샤(中央公論社)에서 《세계의 역사世界の歷史》 시리즈 중 한 권으로 출판된 『명청과 이조시대明淸と李朝の時代』라는 한국과 중국의 근세사는 동아시아사, 나아가 세계사 속에서, 세계사적인 관점에서 각 나라의 근세사를 서술하고 있는 것이어서 일국사적인 역사인식의 틀을 뛰어넘었다고 생각한다.

이 책의 중국사 부분 필자인 기시모토 교수는 도쿄대학교를 졸업하고 현재 같은 대학에 재직하고 있는 중견 중국사 연구자이다. 최근 지역사회론적인 관점에서 중국사를 볼 것을 제창해 중국사 연구자들의 주목을 받고 있다. 조선사 부분의 필자인 미야지마 교수는 교토대학교를 졸업하고 이 책을 출판할 당시에는 도쿄대학교에 근무했었는데, 현재는 우리나라 성균관대학교 동아시아학술원 교수로 재직하고 있다. 이전에도 『조선토지조사사업사의 연구』와 『양반−우리가 몰랐던 양반의 실체를 찾아서』(한국어 번역본: 2014, 너머북스) 등의 책을 저술하여 우리의 주목을 끈 바 있고, 최근에는 조선사회를 소농사회론적인 관점에서 바라보고 있다.

역자가 이 책을 번역한 것은 일본에서 근무하는 기간이었는데, 함께 번역한 문순실 선생은 이 책의 장점을 다음과 같이 이야기하였다.

- 전 30권의 세계사 통사 시리즈의 하나임에도 불구하고, 조선왕조 시대와 중국의 명·청 시대를 개별적으로 독립시켜 기술하지 않고 한 권의 책 속에서 연대와 테마에 따라서 하나로 정리하여 기술한 점.
- 저자가 각각 조선시대와 명·청의 사회경제사 전문가로서 조선왕조 시대와 명·청 시대를 '소농사회의 형성'이라는 공통 인식하에서 각각의 사회 분석을 행하고 있는 점.
- 조선과 명·청을 각각 동시대적인 과제를 가지고 기술한 점.
- 또한 때로는 세계사 속에 각각의 사회를 위치지우고 있는 점. 예를 들면 '제5장 화이변태華夷變態' 등은 두 명의 저자가 각각의 전문 분야(조선과 명·청) 관점에서 동아시아적인 문제로 취급해서 한 사람이 기술하지 않고 공동 집필한 점.
- 이상에서 조선왕조의 역사를 조선반도에 한정하여 위치짓는 이른바 조선시대사의 틀을 넘어서 역사를 읽어낼 수 있게 되었다는 점. 그것은 일국사적인 역사인식에 대한 비판이기도 하고 넓은 역사인식을 가져다주는 것이라고 생각한다.

역자도 문순실 선생의 이러한 이해에 대하여 충분히 동의한다. 게다가 이 책의 장점은 전문적인 식견을 알기 쉽게 풀어쓰고 있다는 점이다. 그야말로 일반 서민들의 이야기에서부터 궁중 비사에 이르기까지 각 장마다 흥미진진한 스토리가 끊이지 않는다.

또한 마지막 장에서는 한국과 중국, 일본 3국 사회를 역사적인 관점에서 비교하고 있다. 이른바 훌륭한 비교사의 시도인 것이다. 똑같이 '가家'라는 한자어를 쓰면서도 '집', '이에', '지아'라고 읽혀지는 만큼이나 동아시아 3국 사회는 각각 다른 측면을 가지고 있는 것이다.

번역에서 초벌 번역은 역자와 문순실 선생이 각각 분담하여 (1·2·5·6·9·10장-김현영, 3·4·7·8장-문순실) 했고, 그 후 전체적인 문체의 통일이나 윤문은 김현영이 담당하였다.

번역에서는 가능한 한 원본인 일본의 주오코론샤에서 만든 책의 장점을 그대로 살리려고 하였다. 또한 일본 학술출판계에서만 볼 수 있는 부록 형식의 월보도 번역하여 책 뒤에 수록하였는데, 월보에는 이 책의 저자인 기시모토 교수와 미야지마 교수, 그리고 일본근세사 전공자인 아라노 교수가 이 책의 주요한 주제를 둘러싸고 전개한 대담을 기록한 것이다. 근세 동아시아 3국의 관계사 및 비교사가 무척 유익하고 재미있게 이야기되고 있어, 원래의 책에는 수록되지 않은 것임에도 불구하고 번역하여 첨부하였다.

동아시아 근세사 전문가인 기시모토 교수와 미야지마 교수의 훌륭한 글이 번역의 잘못에 의해 혹 손상되지 않을까 하는 걱정을 하면서 이 책이 우리나라의 일반 독자들뿐만 아니라 역사연구자들에게도 하나의 자극이 되기를 기대하면서 역자의 말에 대신한다.

2014년 8월

옮긴이를 대표하여 김현영 씀